相约经典 走进名著

（中国古典卷）

主编 袁湛江
副主编 李莉 欧阳凯

中国人民大学出版社
·北京·

编委

毕本弓　陈菊飞　程素芳　程载国　黄宏武　黄玉华　雷自平
李吉海　李霄飞　李玉合　林春波　林思俭　罗秉相　倪　江
欧阳林　钱洲军　邵迎春　孙　立　王　静　王丽营　王　媛
王召强　于树泉　袁雪峰　袁卫星　查婺波　章　宏　张　悦

前　言
让阅读成为一种习惯
——致中学师生的一封信

亲爱的老师和同学们：大家好！

新学期，新课程，新征程。祝贺大家共同进入一个课程改革的新时代。您手中的这本书，是长三角新语文教师联盟与中国人民大学出版社联手为您精心打造的一份礼物！

根据教育部 2020 年修订的《普通高中语文课程标准》和 2022 年发布的《义务教育语文课程标准》的最新精神，针对语文教学在实践中遇到的重点和难点问题——如何稳妥推进、有效落实"整本书阅读"，我们汇聚了一批优秀的一线语文教师、教科研人员和部分高校相关专家，聚焦问题、集中攻关，挖掘、优化、整合各地阅读经验和策略。经过长三角地区几十所不同层次学校的实验，逐步将整本书的阅读纳入常态的语文教学轨道，激发阅读兴趣，掌握阅读方法，提高阅读效率，在语文教师的有效指导下，初步建立了学生自主阅读的机制。今天推出这本书，希望为整本书阅读有困难的学生提供一种解决问题的思路，希望大家共同探索，逐步完善高中语文教学的常态阅读体系。

下面谈三个问题：这是一本什么书？为什么要编写这本书？怎样用好这本书？

一、这是一本什么书？

简单地说，这是一本引导、规范并提升中学生有效进行整本书阅读的书。"引导"就是激发阅读兴趣，解决"不想读"的问题；"规范"就是培养阅读习惯，提醒学生在阅读的过程中哪些是应该做的，哪些是不能做的，解决"不会读"的问题；"提升"就是建立科学的读书方法，指导学生哪些是有效率的阅读，哪些是无效率或者是低效率的阅读，解决"读不好"的问题。那么我们通过什么手段来解决"不想读""不会读"和"读不好"这三个问题呢？

首先看看我们的"菜谱"（目录），有没有引起各位的"食欲"？按照经典性、时代性、贴切性原则，我们选择了不同时代、不同风格但都是有较高成就并产生一定影响力的代表性作家的经典作品，同时也是中学生比较喜欢并深受影响的重要作家作品作为阅读推荐对象。时间上按照中国现当代、中国古代、外国三个序列，各编一本书，每本书选择 30 部左右成就突出、特色显著、影响巨大的代表性作品建立阅读训练体系。三本书加起来大约囊括古今中外 100 部最杰出的经典著作。我们的期望是：每位中学生能从中选择 30 本作为自己中学时代的整本书阅读对象，进行系统深入的课外研读，在这个过程中，扩大眼界，培养情趣，提高素养，提升境界。

本册作为这套系列丛书的第二册（中国古典卷），入选的作品均来自中国古代，涵盖了中国有史以来至 1919 年五四运动以前的有记载的文学史，与第一册（中国现当代卷）相衔接，形成一条清晰的文学发展脉络。顺序基本按照传统的诗歌、散文、戏剧、小说四类文学体裁编排，其中，诗歌入选 15 部，散文入选 14 部，戏剧入选 2 部，小说入选 8 部，本册一共推荐了 39 部中国古代最有代表性的经典名著。

其次说说这本书的体例。每部作品的导读与互动分为相互关联的8个部分（见下面），每一个部分虽然有简明扼要的提示，但重点不在这里，而在于设置的那些有温度、有情趣也有思维含量的问题，每一个问题都体现了编写者的深入思考与呈现方式，但是没有提供参考答案，目的就是引导学生通过切实走进"整本书阅读"的行动，来形成自己的看法，完成自己的积累。8个部分各起什么作用呢？

1. 导语——揭示本书的阅读价值，或者提示最微妙的阅读切入点；

2. 关于作者——用最简练的文字与你互动：关于作者的"那些事儿"；

3. 内容解析——伴随着你的阅读进程，通过互动的方式，逐步呈现作品的主要内容以及思想情感价值取向；

4. 艺术鉴赏——与你一起感悟作品的艺术魅力，并学会简要分析；

5. 争鸣商榷——共同参与，呈现不同视角对作品的评价与批判；

6. 学以致用——即读后感，联系自身或社会实际做好文化迁移；

7. 阅读建议——教师根据自己的经验和体会给你提供的阅读建议，其中很多具有操作价值，比如阅读的关注点、切入点、节奏、效率、比较、检测、读写关联、思考与练习、阅读反思等，你可按需汲取；

8. 相关链接——为有兴趣深入研究该作品的学生提供一个定向延伸拓展的阅读空间。

二、为什么要编写这本书？

第一，从教育部2017年印发《普通高中语文课程标准》到2022

年《义务教育语文课程标准》的出台,都清晰地呈现了一条主线:"整本书阅读"已经延伸到整个基础教育阶段,成为新课改的标识。如果说上一轮课改因为出现了"模块"的概念而吸引了人们的眼球,突出了课程的三维价值,强调了语文学科的工具性与人文性统一的基本特点,那么本轮课改最引人关注的是提出了18个"学习任务群",其中"整本书阅读"位列第一。

"学习任务群"强化的是语文学科的"核心素养"(语言建构与应用、思维发展与提升、审美鉴赏与创造、文化传承与理解)。用心体会,我们会发现这里既有一脉相承的语文专业思想,也有教育功能的转化和飞跃。因此"整本书阅读"作为18个"学习任务群"中的基本任务,是大势所趋,势在必行。

第二,目前中学语文界在操作层面遇到的实际困难是,中学生面临巨大的考试升学压力,诸多学科需要大量的时间来刷题,整本书阅读如何落实?在严峻的现实面前,美好的理想目前还大多停留在设计层面。学校、教师、学生该何去何从,不仅需要在理论上澄清概念,重塑价值,更亟须的是在操作层面得到破解,为教师的指导和学生的行动找到一条出路。本书的目标就是要试图通过实际操作模式,引导学生有效进入并完成第一个任务群——"整本书阅读",从而为本轮语文课程改革做出先锋式的探索。

整本书阅读的价值不仅在于扩大学生的文化视野,培养阅读兴趣,获得阅读的快乐,提升语言建构和审美能力,而且在于深化人生感悟,改善思维能力,提升人生品质,进而对人类文明的理解与传承从自发走向自觉。因此,整本书阅读应该是一种沉浸式的自主阅读,教师的作用在于引领学生感悟到他们的阅历不太能够感悟到的东西,起到的是脚手架的作用,而不是把相关的知识整理出来,喂给他们。

如果说，整本书阅读是在让学生阅读经过我们过滤缩编的二手书，将是阅读的倒退和整体的失败。发达国家的教育显示，孩子入学，就从绘本等读物开始，坚持让孩子每天在固定的时间读书 20 分钟，以此养成孩子终身阅读的习惯。每本书后附一些题，考查是否通篇读完，有什么感悟，很简单。老师每周记录一次，作为学期考核的一部分。这部分内容既是对孩子阅读的督促和检查，也是对孩子思维的引领。这些经验给了我们很大的启发。目前，人民教育出版社新编的中学语文教材也提出了类似的要求，但在学校实际的教育教学过程中能否得到落实？我们认为，如果不采取有效措施，结果不容乐观。

整本书阅读，需要师生合作才可能完成。对教师而言，要逼着自己读书，重读、细读，读出独到的感悟，唯其如此，才有指导学生的欲望和底气，才能适应现代学生的需求，在此基础上，研究学生整本书阅读的推进策略。对学生而言，首先是"读什么？"的问题。面对文化经典，浩如烟海，汗牛充栋，而学生又必须科科兼顾，分秒必争。如何甄别，如何取舍？其次是"怎么读？"的问题。怎样读才是有效率的阅读？怎样解决阅读与考试的关系？怎样处理整本书阅读与其他各学科学习的矛盾？没有兴趣怎么办？没有方法怎么办？没有时间怎么办？没有效果怎么办？我们希望本书在实践操作层面为师生找到一条解决困惑与纠结的出路。

三、怎样用好这本书？

怎样用好这本书，这是在推进落实整本书阅读过程中最关键的问题，不同的读法，效果大相径庭。鉴于以往中学生课外阅读的经验教训，我们提出几点建议，供大家参考。

第一，在使用本书的过程中，希望语文教师参与并指导。一方面，教师的阅读经验毕竟比学生丰富，自然承担答疑解惑的指导任务；同时，教师也需要不断改善自己的知识结构，扩大阅读视野，以便找到更多与学生交流的话题与途径。但是我们教师个体孤军奋战，实乃力不从心，大家需要资源整合，建立一个平台或者一种机制，而这本书的使用，至少可以解决教师面对整本书阅读无从下手的困境。每位教师都可以在本书的基础上根据自己学生的实际水平做出调整、提出要求，既可以让学生选择，形成计划，也可以利用本书的问题设计布置和定期检查学生的答题。这样不仅可以大量节省大海捞针的时间，而且可以提高准确定向、定位的阅读效率。

第二，建立读书小组很有必要。虽然每位学生选择阅读的重点书目是不完全相同的，但是对于一本具体的书而言，一定会形成一个自然的读者群体，实际上会形成一个以书为中心的读书组织。教师应该充分利用这个自然形成的小组，每个小组选出负责人，制定阅读计划，定期举行交流分享活动，既可以提升学生的阅读速度，也有利于提升阅读的质量。

第三，充分利用本书的资源。书的名字叫作《相约经典　走进名著》，"经典"和"名著"虽然在概念上还有细微的区别，但都是具有较高审美价值的作品；"相约"和"走进"表示我们的阅读行动已经开始从自发走向自觉；我们在每一个标题下面都加入了一个动词——"走进"，请注意是"走进"而不是"走近"，旨在提醒和强调：要"通读原著"！对于重点部分要深读细读，反复研读，而不是象征性地读读简介，了解大意，这是整本书阅读的要义。

参与编写本书的作者，是从全国知名学校选拔出来的语文名师，他们对自己推荐的作家作品情有独钟，有专门的研究。如果你对该作品还有更多的问题需要研讨，可以通过每一篇文章标题下面的联系方式与作者取得联系，深入交流与分享。

如果说这本书有什么特色，我觉得是把过去若干年形成的名著导读精华缩编的功能做了一个根本性的改变——把知识性的封闭导读体系变成了一种以问题为导向的开放性阅读体系。请注意，我们是想尽各种办法让学生"走进整本书阅读"，并在阅读中养成科学的阅读方法和有质量的思考习惯，我们的责任不是代替学生的阅读，也不是把我们认为的精华提炼出来给他们，而是激发他们的兴趣，让他们自己去发现、去尝试、去体验、去感悟、去迁移、去创造，甚至去犯错！我们的任务是引导他们进入这个轨道，并且给他们提供一个交流与分享的平台。因此，本书的焦点在于问题的设计，我们力图将我们的心血和智慧集中渗透在设计的问题中，希望老师和同学们在使用的过程中着意领会。当然，这种写法对问题的设计质量提出了更高的挑战——教师只有"读进去"了，他们的文字才会有温度，他们的激情才会转化为学生的兴趣；同时，教师只有学会"跳出来"，他们的文字才具有理性，设计的问题才会具有洞察力和启发性。

至于是不是达到了这个设计的目标，只有读者才有评价的资格和权利。

如果阅读得法，我们有理由期待：各位同学不仅是只会解答问题的高手，而且是能够发现问题和提出问题的有心人和创造者，是在阅读过程中感知快乐、体验审美、改善三观、胸怀祖国、不断进步、充满潜力的青年。

袁湛江

目录

第一部分　诗歌　/　1

生命的怒放
　　——走进《诗经》　/　3

逸响伟辞　卓绝一世
　　——走进《楚辞》　/　19

悠然见南山
　　——走进《陶渊明诗文集》　/　31

口吟乐府　心得自在
　　——走进《乐府诗集》　/　44

明珠璀璨　气象万千
　　——走进《唐诗三百首》　/　59

仰天大笑出门去
　　——走进《李太白全集》　/　73

百年歌自苦　万世有知音
　　——走进《杜工部集》　/　87

文章已满行人耳
　　——走进《白香山集》　/　101

生命的律动　美丽的优雅
　　——走进《宋词选》／ 118

一点浩然气　千里快哉风
　　——走进《东坡集》／ 133

一树梅花一放翁
　　——走进《陆游集》／ 148

众里寻他千百度
　　——走进《稼轩长短句》／ 162

人比黄花瘦　词如青史长
　　——走进陈玉兰评注本《李清照》／ 176

在声音中寻找词的另一半灵魂
　　——走进《白香词谱》／ 196

人间有味是清欢
　　——走进《人间词话》／ 210

第二部分　散文　/ 223

溯天地本原　赏千古奇书
　　——走进《周易》／ 225

在图文中揽胜
　　——走进《山海经》／ 237

上善若水　道法自然
　　——走进《道德经》／ 249

学而时习之
　　——走进《论语》／ 264

从"兵法"到"活法"
　　——走进《孙子兵法》／ 281

成思危难之间　流传千载之后
　　——走进《孟子》／ 299

最贴心的哲学　最浪漫的文学
　　——走进《〈庄子〉今注今译》／ 311

笔墨之下，尽现春秋风云
　　——走进《左传》／ 324

史家之绝唱　无韵之《离骚》
　　——走进《史记》／ 337

知者行之始　行者知之成
　　——走进《传习录》／ 352

穷游·乐游·智游
　　——走进《徐霞客游记》／ 366

"劝诫醒世"的智慧
　　——走进《菜根谭》／ 381

览历代精华　入古典殿堂
　　——走进《古文观止》／ 394

无尽奇珍供世眼　一轮圆月耀天心
　　——走进《梁启超论中国文化史》／ 407

第三部分　戏剧　／ **421**

情不知所起　一往而深
　　——走进《西厢记》与《牡丹亭》／ 423

第四部分　小说　／ **437**

真名士自风流
　　——走进《世说新语》／ 439

英雄的史诗　智慧的宝藏
　　——走进《东周列国志》／ 454

鬼狐有性格　笑骂成文章
　　——走进《聊斋志异》／ 466

乱世英雄的悲歌
　　——走进《水浒传》／ 478

英雄东逝水　青山依旧在
　　——走进《三国演义》　／　490
奔驰与坚守
　　——走进《西游记》　／　502
科举制度下的儒林百态
　　——走进《儒林外史》　／　515
见红楼　见苍生　见自己
　　——走进《红楼梦》　／　528

后记　／　**542**

第一部分

诗歌

诗歌是人类表达思想、交流情感最古老的艺术形式。

它起源于劳动，依赖于口口相传，后来有了文字，才得以记录和留存。

中华民族是充满诗意的民族，在其历史文化长河中处处闪耀着诗的光辉。

《诗经》是我们见到的最早的诗歌总集；《楚辞》开启了浪漫主义的先河。

建安风骨，乐府民生，唐诗恢宏，宋词理性，构成了中华诗歌长河的波澜壮阔；

陶潜潇洒，李白飘逸，杜甫沉郁，东坡豪放，稼轩忧愤，易安清婉……没有一个民族产生过这么多世界级的诗人，异彩纷呈，美不胜收，举世瞩目，彪炳千秋。

让我们捧起心仪的经典，走进诗人的心灵，去触摸他们的温度，感受他们的智慧吧！

生命的怒放
——走进《诗经》

设计者：张丽萍（宁波市鄞州中学）

微信：DD20130613

一、导语

捧起《诗经》，我们便来到了中华民族文学的源头，步入了一个广袤而活泼的生命世界：这里不仅有对统治者压迫的反抗与呐喊，还有青年男女追求爱情的执着和义无反顾，也有远离尘嚣的隐士、生不逢时的书生、及时行乐的酒鬼……这是一群质朴而鲜活的生命，蕴含着人性的丰盈和张力，在葱茏的草木之中跳跃，演绎着中华民族纯真烂漫的童年时代。同学们，让我们带着憧憬，一起走进充满魅力的《诗经》吧！

☆ 问题来了：

1. 同学们，除了《关雎》《蒹葭》《伐檀》《硕鼠》《氓》等耳熟能详的篇目，你还知道《诗经》中的哪些篇目或诗句？请你将印象最深的几句写在下面。

_____

_____

2.《诗经》的最初形态是歌，是歌词的记录册。请你回想一下曾经最打动你的一首歌，先唱一遍，然后把歌词写下来，想一想，它为什么能打动你？

二、关于作者

《诗经》共305篇，原创者不下数百人，他们中间有平民，也有士兵；有男子，也有女子；有下级官吏与奴隶仆人，也有达官显宦与王室成员。《风》是各地的民歌，来源于民间；《雅》《颂》中的一些典礼唱和的诗多出自王公贵族或巫祝之手。关于诗歌的采集，一说为周朝设立专门的采诗官，收集整理后交给专门的乐官谱曲演奏；一说为周朝名相尹吉甫采集。后来孔子修订《诗经》，对"风"做了梳理，也使"雅、颂"各得其所。虽然原作者的真实姓名大都无法考证，但是在这片土地上劳作的先民，是野性茁壮的生命，没有被专制思想淹没，没有被物质枷锁禁锢，他们有感而发，有情而诉，率真而简洁地表达自己，虽年代久远，但血肉丰满，生命的温度依然触手可及。

☆ 问题来了：

1. 这是淳朴的生命在天地间的咏叹，想要走近他们，你须洗去铅华，回归到与自然同行的时代。请你调动自己的知识积累，想象进入他们的生活：他们住的房屋主要是由什么建造的？他们的房屋内会有什么？他们吃什么？穿什么？每天都做些什么呢？请你假定一个情境（打猎或求爱等），成为其中的一个男主人公或女主人公，用文学的语言描绘他们一天的生活。

2.《诗经》最初是民间传唱的歌，后来经过了采诗官及孔子等人的修订，历代学者都对它进行了阐释。有人认为这些人也应该算是作者，尤其是采诗官和孔子，在搜集整理诗歌时一定有自己选择的价值标准。请问，你认为采诗官、孔子和这些学者们可以看作《诗经》的作者吗？为什么？

三、内容解析

《诗经》的内容分为风、雅、颂三部分，反映了周初至周晚期约五百年间的社会面貌。

"国风"有160篇。"风"即音乐曲调，"国风"即各地区的乐调，如同今人说的"陕西调""河南调"等。《诗经》中有十五国风。其中周南、召南是指周初周公、召公分陕而治各自统辖的地区，邶、鄘、卫都可归为卫国。因此实际上只有十一国的国风。"风"产生的地域基本是陕西、山西、河南、河北、山东及湖北北部。

"雅"是"正"的意思，周人把正声叫作"雅乐"，正如周人的官话叫"雅言"。"雅"往往有乐器伴奏，主要是贵族间宴客时使用的歌。雅乐又分为"大雅""小雅"两个部分。"大""小"之别，有人认为是产生时间的先后，也有人认为是适用场合的不同或曲调不同等。《大雅》31篇，大部分是叙事诗，内容上歌功颂德的比较多；《小雅》74篇，多为怨刺诗，表达下层贵族牢骚不平的情绪和平民的疾苦,与"风"的风格相近。

"颂"是用于宗庙祭祀的乐歌,计40篇,分《周颂》《鲁颂》和《商颂》。《商颂》全是祭祀祖先的歌,《周颂》以宗庙乐歌、颂神乐歌为主,也有部分描写农业生产。《鲁颂》中《闷宫》和《泮水》是歌颂鲁僖公的,风格似"雅"。《駉》和《有駜》风格类"风"。

☆ **问题来了:**

1. 有人统计,《诗经》中涉及的草本植物有105种,木本植物接近75种,兽67种,昆虫29种,鱼20种,各类器物300多种。你可以选择一类记录下它们的名字,然后思考:《诗经》中记录的动植物和器具与我们现在的有哪些相同?哪些进化或改进?这些不同之处给你带来哪些思考?

_____

_____

2. 《诗经》作为先民的诗歌总集,记录了先民生活的方方面面。我们常把汉唐及其以后的诗歌内容做如下分类:咏史怀古诗、托物言志诗、羁旅思乡诗、送别怀人诗、边塞征战诗、山水田园诗、闺怨诗、哲理诗等。不过这一分类对《诗经》未必适合,如果请你分类,你如何划分?

_____

_____

3. "诗言志",下面从"喜""怒""哀""忧"四个角度,举例对《诗经》所表达的情感做了一个大致的梳理。请你根据自己的阅读进行补充和修正。

(1)《大雅·生民》"实方实苞,实种实襃。实发实秀,实坚实好。实颖实栗,即有邰家室"写出了收获的喜悦。

(2)《召南·行露》"谁谓女无家?何以速我讼?虽速我讼,亦不女从!"写出了对欺霸现象的愤怒与反抗。

(3)《召南·小星》"肃肃宵征,抱衾与裯。实命不犹!"写出了小人物终日奔波的哀叹。

(4)《周南·关雎》"悠哉悠哉,辗转反侧"写出了男子对女子的忧思。

4. 在经典诵读中,很多读者对《诗经》中的"风""雅"比较感兴趣,对"颂"缺乏深入探究的愿望。"颂"就是国歌,在国家大典时要唱的歌。大部分内容是祭祀祖先、天地、山川、百神,将祭祀、颂美、祈祷融合在一起,写得古朴、庄重,表达清晰,意旨明赡,大气得体,感情真切。据王国维先生的考证,演奏时声音舒缓是"颂"的一个特点。请你结合一首具体诗作,想象演奏时的情境和效果,分析"颂"的文化价值。

5. 孔子说:"《诗》三百,一言以蔽之,曰:'思无邪'。""思无邪"可以从两个方面来理解,一是作者的态度和创作动机都非常真诚,表现了诗人的真性情;二是"乐而不淫,哀而不伤",符合中庸之道。比如《周南·关雎》中那个男子思慕窈窕淑女至夜不能寐,这是多么真挚的感情，但是他没有强取豪夺，而是在礼的约束下"琴瑟友之""钟鼓乐之"；比如《卫风·氓》中那个女子"不见复关，泣涕涟涟。既见复关，载笑载言"，这是沉醉于爱情中的真挚情感，当她被遗弃时，也只是"静言思之，躬自悼矣""反是不思，亦已焉哉"。自己默默地承受，而未有反击报复。比如《小雅·鹿鸣》表达了宴饮嘉宾之乐，并且用"我有旨酒，以燕乐嘉宾之心"表达了"君使臣以礼"的谦逊风度。

这样的示例不胜枚举，请你再找一些篇目进行赏析，体会《诗经》的"思无邪"。

_____

_____

四、艺术鉴赏

《诗经》多采用重叠复沓式的篇章结构，主要表现手法是赋、比、兴。

赋者，"敷陈其事而直言之者也"，把思想感情及与其紧密关联的景观物象、事态现象、人物形象和性格行为等按照一定的顺序铺陈出来。如《豳风·七月》铺陈了一年四季的农事生活。

比者，"以彼物比此物也"，可以分为比喻和比拟。用来作比的事物比本体事物更加生动具体、鲜明浅近，便于人们联想和想象，形象生动鲜明，突出事物的特征。比如《卫风·硕人》几乎通篇都是比喻，《魏风·硕鼠》把贪得无厌的统治者比作大老鼠。

兴者，"先言他物以引起所咏之词也"，就是因为某一事物，而触发了你想写的内容。兴往往可以渲染气氛或比附象征中心题旨，构成诗歌艺术境界不可缺的部分。比如《黄鸟》"交交黄鸟，止于棘"与下文中子车家的三个儿子为秦穆公殉葬没有联系，"兴"起到了提示渲染气氛的作用，起到了从日常生活到诗歌欣赏的过渡作用。

"比"和"兴"有什么区别呢？第一，"兴"是首先被外物触动，然后内心萌发出一种情意。"比"则是心中已有情意，要借一个东西来表达。第二，既然"兴"是先被触动，有感而发，那么就是感性的，直觉的成分大一些，未必很有逻辑，有时候可能只是音韵上的联系。而"比"是刻意要找一个东西来借比，因此需要理性思维来推敲。

☆ 问题来了：

1. 质朴与野性之美。在人类发展和进化的链条上，《诗经》的创作者还是天真烂漫的孩子，与他们肌肤相摩的是各种各样的植物、泥土及其他欢腾的生命：在风中作响的大树，在荒野中奔跑的麋鹿，他们亲切地呼唤这些事物的名字，以它们起兴或作比。他们没有受到诸多文明的拖累，没有那种曲折怪异的思绪，更没有那么多的神经衰弱，让《诗经》散发着一种质朴与野性之美。首先，他们的想象来源于生活。他们经常选用的喻体充满了草木气息。把美人的手指比喻为初生的"柔荑"；把牙齿比喻成"瓠犀"，葫芦籽儿；还有"螓首蛾眉"，形容女子的前额开阔饱满，细长弯曲的眉毛就像蚕蛾的触须；把白嫩丰润的脖颈比喻成"蝤蛴"，天牛幼虫。只有常年生活于林中的人才会注意到树中隐藏的虫子，它们白白胖胖，常常是令人垂涎的美食。而且，一只幼虫对光的敏感反应，娇羞、躲闪，都让人联想到娇羞的女子。他们视小小虫儿为亲近、亲昵的对象，并没有让诗句受到一丝贬损。其次，在表现形态上，他们心口如一，自然淳朴，天真烂漫，大胆奔放。请你结合《召南·行露》《邶风·静女》《鄘风·柏舟》《卫风·木瓜》《王风·大车》《郑风·出其东门》《秦风·晨风》等篇章,分析爱情中的男女是怎样展现出质朴野性之美的。

———————————————————————————
———————————————————————————
———————————————————————————

2. 独有的审美张力。"兴"在《诗经》中广泛存在而在其他作品中较为少见,需要我们重点探讨。先民在与自然的朝夕相处中,细致入微地观察植物的形态、颜色、习性,并根据植物的不同特点为它们取了相得益彰的名字,并在与这些植物相律动的时节赋诗,使这些植物具有了特定的情感场域,因而获得了极为丰富的内涵。首先,所言之物不仅可以成为背景,营造氛围,还可成为一种象征隐喻。比如《淇奥》里的绿竹,同时让人想到君子纯净娴雅、含蓄内敛、胸襟光明磊落。其次,"兴"还形成曲折往复之美。比如《召南·甘棠》中,诗人反复咏唱那棵甘棠的茂盛、硕大以及浓浓的绿荫。这棵高大的杜梨树就像一个永不消逝的标志物,在那里生长繁衍,成为一座纪念碑。本来要细致而热烈地赞颂一个具体的人,对于他,歌者有多少感人至深的颂辞即将脱口而出。可他克制了、省略了,只是不断地吟唱这棵大树。这种迂回之美,远胜直取。最后,"兴"比直接言说更能激发读者丰富的想象力。"汉之广矣,不可泳思"马上让人联想到我与你距离之远——不止有长度还有宽度;"江之永矣,不可方思"还让人想到思念如江水一样永远流淌,无法消逝。比如《蒹葭》,这首诗以水、芦苇、霜、露等意象营造了一种朦胧、清新又神秘的意境,这里的"伊人"可以是贤才、友人、情人,可以是功业、理想、前途,甚至可以是福地、圣境、仙界;这里的"河水",可以是高山、深堑,可以是宗法、礼教,也可以是现实生活中可能遇到的任何障碍。只要有追求、有阻隔、有失落,就都是它的再现和表现天地。所以凡世间一切因受阻而难以达到的种种追求,都可以在这里发生同构共振和同情共鸣。《诗经》中还有不少诗歌借助"兴"的手法释放这样的审美张力。请在《周南·关雎》《邶风·式微》《卫风·木瓜》《郑风·风雨》《唐风·椒聊》《陈风·宛丘》中选择一首进行分析。

3. 重章叠句的音乐美。《诗经》的句式以四言为主,杂有二言至八言不等。二节拍的四言句带有很强的音乐美感,在重复中更换的新词能丰富诗歌的内涵。四字句节奏鲜明而略显短促,杂以双声叠韵的语词,又显得节奏舒卷徐缓。请归纳《诗经》中重章叠句的结构类型,并思考诗中的韵脚与表达的情感之间的关联性。

4.《诗经》是一首多声部的交响乐。首先,《诗经》中对世间万物形与声的直接摹绘交织成一个彼此回响的世界,如"关关""将将""薄薄""肃肃""坎坎""交交""簌簌""汤汤""呦呦""喈喈""哕哕""发发""钦钦"……一直响彻下去;其次,《诗经》中有大量独唱的作品,有很多在劳动或祝颂仪式上的小合唱,还有很多集体演奏的音乐。另外,整体看来,"国风""小雅"活泼灵动,表达民众最真实的喜怒哀乐,"大雅"和"颂"典丽铺张,书写历史和信仰,别具厚重之美,就像交响乐中不同的声部。下面10首诗歌,你能辨识出哪些是独唱,哪些是合唱,哪些是集体演奏的音乐吗?

《周南·樛木》《召南·甘棠》《邶风·柏舟》《鄘风桑中》《卫风·木瓜》《郑风·溱洧》《齐风·东方未明》《魏风·汾沮洳》《唐风·椒聊》《周颂·清庙》。

_____
_____
_____

五、争鸣商榷

《诗经》中作品的篇幅都较为短小,语言也极为简约,很多细节被省略,很容易造成神秘感和多解性,尤其是后续的封建社会文明中,对很多篇目都有歪曲或过度阐释,这些阐释可以作为思考文化演变过程的资料。但是还有一些诗篇,哪怕以现在的视角来读,仍然存有很强的多义性。下面列举的是两组关于诗歌内容和主题的争鸣,供大家参考。

(一)夫妻之恋还是战友之情

《邶风·击鼓》中"死生契阔,与子成说。执子之手,与子偕老",这几句是战士回忆对妻子的誓言还是战士与战友说的话,历来有些争议。

1. 余冠英先生在注解中就认为"子"指他的妻子。

2. 曲黎敏先生认为"是这个战士在黑夜的树林中的回忆,也许他身上还带着伤、流着血,在临近昏迷的那一刻,想起了当年与妻子执手发誓那最幸福、最难忘的一刻"。

3. 流沙河先生在《点醒诗经》中认为:"这哪里是在战场上对他的家属讲的,家属不可能过来,就是他的战友,跟他有了恋爱关系。究竟这个话是对谁说的,历来的解释都是他对他的妻子说的。其实他们心里都明白,这首诗只有这样解释,才能够把同性恋的真实性掩盖起来,因为古人一般认为那些都叫丑闻,不像我们现在有科学观念。"

4. 张炜先生也认为这是同性恋。"从古至今,人们更愿意相信这段动人心扉的歌咏描述的是男女之间的爱情誓言:因为不能回家陪伴结发之妻,不能一起走向终老而痛苦万分。然而从整篇歌咏去揣摩,'死生契阔'的海誓山盟也许发生在尸横遍野的战场上,在战友之间。这是经过鲜血洗礼之后的情感告白,是同性之间不离不弃的钢铁誓言和生命期许。如此,就具有了更加令人战栗的力量。""包含着更为复杂和隐秘的内容。"

5. 笔者认为是爱情誓言。原因有四:(1)前文第三四两句"土国城漕,我独难行"已经看出战士很不愿意从军。前文七八两句"不我以归,忧心有忡"再次表达渴望回家。(2)流沙河先生的证据"在惨烈的战场上战马都丢了,突然写到妻子有些突兀"并不准确,"爰居爰处,爰丧其马"是说战场惨烈,也正说明了战士厌恶这慌乱的战场,从而想起与妻子的誓言。(3)有人觉得古人忌讳说死,"死生契阔"不可能是临别誓言,从而否定这是与妻子的誓言。这个推理也不准确,不是临别誓言,完全可能是新婚时的誓言,此时想起来未尝不可。(4)最后四句"于嗟阔兮,不我活兮。于嗟洵兮,不我信兮"。"于嗟"在《诗经》中常表感叹,"阔"是远的意思,"洵"有远的意思,也有美好的意思。这里应该是战士与妻子相守的愿望不能实现后的感慨:回家的路太远了,我也未必能活着回去,想到那些美好的誓言,妻子肯定不会再相信我了。认为是说给战友的,逻辑不太合理。

(二)讽刺还是赞美

《曹风·鸤鸠》很多人认为这是讽刺诗,因为太渴望英明的君主却不得,从而讽刺。有人认为是赞美曹国国君,还有人认为这是赞美周天子。

1. 《毛诗序》："刺不壹也。在位无君子，用心之不壹也。"

2. 方玉润《诗经原始》：非开国贤君，未足当此，故以为"美振铎"之说者，亦庶几焉。后人因曹君失德而追述其先公之德之纯以刺之，故曰"胡不"者，疑而问之之词也，以为尔能"正是国人"胡不福尔子孙于亿万斯年，不然，颂其德矣，何云"胡不"？

3. 傅斯年认为《鸤鸠》是颂美其上之辞。

4. 张凌翔在《诗经全鉴》中解释：这是一首赞美统治者的诗。全诗四章，每章都以鸤鸠及其子起兴，用鸤鸠爱护雏鸟的天性来比喻君主的仁慈善良，德行高远。

5. 李山认为《鸤鸠》是颂扬周天子的诗篇，称赞他能"正四国"，祝福他寿"万年"。很可能是因为曹国参与了拥立周敬王的活动，所以将诗篇以鸤鸠七子取譬，实际是表周王得众多诸侯拥护，也就是表周敬王的地位合法。

6. 笔者认为是赞美本国国君。原因有四：（1）通篇都是赞美一个淑人君子雍容华贵、言行如一可作为各国榜样，讽刺从文本本身看不出。（2）春秋时期直刺或者间接刺君主的诗很多，却没发现全篇文字都是赞美，言外之意却是讽刺的诗。（3）《汉书·地理志》记载曹地"民犹有先王遗风，重厚多君子，好稼穑，恶衣食，以致蓄藏"。曹国存国 636 年，西周初年实是一方大国，民众对优秀的国君产生赞美，未为不可。（4）很多资料判断的依据是《曹风》中四首诗歌都产生于春秋时期，那时候曹国已经沦为二流诸侯国，统治者却奢侈腐化，因此民众失望讽谏，并以其他三首的创作时间大概相近为理由。但是《曹风》中诗歌采集时间未必统一，即使采集时间统一也不表示创作时间统一。而且我们并未知道每一位曹国国君的品性，也许春秋时期也有一位优秀的国君令国民赞颂。李山先生所说的"正是四国",理解为各国的榜样,某个国君成为各国国君的榜样未尝不可。

☆ 问题来了:

请你用上述方法探讨《召南·羔羊》《召南·小星》《邶风·燕燕》《邶风·雄雉》《邶风·旄丘》《鄘风·桑中》《唐风·扬之水》《桧风·隰有苌楚》等诗的主旨。大家先要认真阅读诗歌,再搜索多种解读,经过比较分析,形成自己的观点。要求:理解一定要建立在诗作本身的逻辑之上,可以指出被你否定的观点中例句和推理的错误之处。

_____

_____

_____

六、学以致用

子曰:"小子何莫学夫诗?诗可以兴,可以观,可以群,可以怨。迩之事父,远之事君,多识于鸟兽草木之名。"

孔子教导自己的儿子:"不学诗,无以言。"《诗经》产生之初就有广泛的实用价值。一是作为学乐、诵诗的教本;二是作为宴享、祭祀时的仪礼歌辞;三是在外交场合或言谈应对时作为称引的工具,表情达意。《左传》记载的外交辞令中,就有很多引用《诗经》的事例,比如秦穆公帮助晋文公重耳返回晋国时。《诗经》社会功用的另一方面,是社会(包括士大夫与朝廷统治者)利用它来宣扬和实行修身养性、治国经邦。

☆ **问题来了：**

阅读指导人生。海德格尔说："我们要诗意地栖居在大地上。"中国是一个诗的国度，《诗经》是诗歌的源头。中国人始终有一种能力来提升平庸的生活，始终用诗性来丰富对生命的高度敬仰和高度赞美。而极端细腻、曲折而多层次地表现现实生活的诸多情感，是中国诗歌的显著特点。阅读《诗经》，除了丰富词汇、增强表达力外，我们也可以从个人修养和公民素质两个角度汲取精神养料，管理好自己的性情、情感、性格、心态，从而更幸福地生活。结合作品，谈谈你在阅读后个人修养上的提升。

_____

_____

_____

七、阅读建议

《诗经》是远古的一个最美的微笑，这些文字之间飞舞着一个个激越的灵魂，包含了生命所应有的一切复杂性，洋溢着健康、自由与野性，当你也以相同的姿态面对时，便能真正地进入。下面老师根据自己的阅读体会，给出一些方法参照。

1. 破除文字障碍。你可以搜索"《诗经》中常见虚词汇总"等关键词，先了解《诗经》中常见词的用法。当你发现有些实词反复出现的时候，也可以迅速做个积累，如"隰、维、牡、绥、洵、陟、徂、罔极"等，可以帮你接下来的阅读更流畅。还有些特定的句式也可以积累。大家还要着重注意《诗经》中的衬字——和谐声音与整齐节奏，而不带任何特定意思的字词。如"言""薄言""于嗟""止""思""维"等，这是我们语言运用的源头。读完《诗经》，你的文言文阅读能力必然有很大的提升。

2. 掌握背景知识。因年代久远、史料不足，只能大概推测：春秋之前的统治者主要因高贵的德行在民众中确立威信，民众会感念优秀的统治者甚至充满自豪，对贵族阶级的漂亮俊美由衷地夸赞，心甘情愿地承认他们的优越性，当然也抱怨怒斥或反抗那些令自己失望的行为。统治阶级开始用天意合理化自己的统治地位，但是非常重视民意，民众的言论自由基本得到保障，虽然有阶级，社会利益分配不均，但整体看来还是处于各得其所的秩序中，直到春秋时期物质更加繁荣富足后，人的贪婪才肆意地释放出来。

3. 随文释义，不求甚解。《诗经》中有一些篇目或诗句，简洁却韵味无穷，可以触发我们多方面的感受，让我们在生活中的诸多情境中联想起这些诗句，增加生活的美感和心灵的舒适感。比如"死生契阔，与子成悦"这样的诗句，有怎样的背景、怎样的政治教化功用，我们暂时可以不必细究。

4. 借助资源，深化理解。比如《汉广》一诗，除了感受那种思念而不得的情绪，当我们知道这样的背景：出土器物铭文表明，周朝长期在此地驻扎军队，如此就容易发生军士不守纪律，欺负当地女子的现象，从而招致明暗各种反击，致使一些周朝军士吃了亏。《汉广》就是针对上述这样的情况告诫，便又增加了感受的丰富性。

八、相关链接

1. 如果你想了解《诗经》中最精彩的篇目，并让它还原为有韵律的诗，你可以选择：

◆ 余冠英. 诗经选［M］. 北京：中华书局，2012.

2. 如果你想了解《诗经》丰富的趣味性，拥有更当代的解读视角，你可以选择：

◆ 曲黎敏．诗经：越古老，越美好［M］．南京：江苏凤凰文艺出版社，2016.

◆ 流沙河．诗经点醒［M］．成都：四川文艺出版社，2018.

◆ 张炜．读《诗经》［M］．北京：中华书局，2019.

3. 如果你特别想认知诗歌中涉及的动植物，你可以选择：

◆ 骆玉明．诗经（风、雅、颂三卷册）［M］．西安：三秦出版社，2018.

4. 如果你想了解《诗经》背后蕴藏的深厚的文化，你可以选择：

◆ 周振甫．诗经译注［M］．北京：中华书局，2016.

◆ 程俊英．诗经译注［M］．上海：上海古籍出版社，2016.

◆ 李山．诗经析读（上下）［M］．北京：中华书局，2018.

◆ 金性尧．大家小书：闲坐说诗经［M］．北京：北京出版社，2012.

逸响伟辞　卓绝一世
——走进《楚辞》

设计者：时靖（宁波诺丁汉大学附属中学）

QQ：61807135

一、导语

《楚辞》是中国浪漫主义文学的开端。它以奇诡多变的想象、绮丽多彩的语言、热烈忠贞的思想形成了自己独特的文学"王国"。梁启超先生曾言："吾以为凡为中国人者，须获有欣赏《楚辞》之能力，乃为不虚生此国。"如果你想游历几千年前的荆楚大地，如果你想一窥三闾大夫的内心世界，如果你想找到独属于中国文学的浪漫基因，就请翻开它，我们一起走进《楚辞》的世界吧！

☆ 问题来了：

1. 屈原是第一位在中国文学史上留名的诗人，你知道他的哪些故事呢？

_____

_____

_____

2. 你读过《楚辞》中哪些作品？初次接触有什么样的印象？

_____

_____

_____

二、关于作者

屈原,名平,字原,战国时楚国人。他出生于贵族之家,楚怀王时曾任左徒,深受君王赏识并被委以重任,后因小人挑拨被疏远流放汉北。顷襄王即位后召回,但很快又受到令尹子兰和上官大夫的诬陷,再次被流放到江南。在秦攻陷楚国国都后,屈原投汨罗江自杀殉国。在流放途中,屈原将自己的满腔愁绪和忧国之思用楚国地方特色的乐调、语言、名物抒发出来,形成了中国浪漫主义文学的源头——"楚辞"。

☆ 问题来了:

1. 一方水土养一方人,任何人都不可能独立地存在于世间。《楚辞》的诞生与孕育它的楚文化有着千丝万缕的联系。请查找资料,说说楚文化的特点。

_____

_____

_____

2. 屈原的爱国思想和人生境遇对其创作有着重要的影响。闻一多曾说屈原是"中国历史上唯一有充分条件称为'人民诗人'的人";冯友兰评价"继吴起之后,在楚国主张变法的政治家就是屈原。他是在楚国推行'法治'的政治家,是一个'黄老之学'的传播者"。屈原到底经历了什么?请结合司马迁《屈原贾生列传》制作一份屈原的生平年表。

_____

_____

_____

三、内容解析

"楚辞"之名,司马迁的《酷吏列传》中已经提到。西汉末年,刘向将屈原、宋玉的作品以及后人淮南小山、东方朔、王褒和自己承袭之作一共16卷编辑在一起,合成《楚辞》一书。后东汉王逸在刘向的基础上增入自己所作的《九思》一卷形成《楚辞章句》。至此这17卷(共65篇)《楚辞章句》成为后世通行本。该书收录屈原作品25篇,分别为《离骚》、《九歌》(11篇)、《天问》、《九章》(9篇)、《远游》、《卜居》、《渔父》。(其中《九章》的部分篇章以及《远游》《渔父》的作者是否为屈原,学界尚有争论。)另外《楚辞》中还收录宋玉等作者的《九辩》、《招魂》、《大招》、《惜誓》、《招隐士》、《七谏》(7篇)、《哀时命》、《九怀》(9篇)、《九叹》(9篇)、《九思》(9篇)。

《离骚》是《楚辞》中最重要的作品,是屈原带有自传性质的抒情长诗,全诗近2 500字。《离骚》给我们塑造了一个品性高洁、坚贞不屈的抒情主人公形象。文章通过三次求女的失败抒发了屈原对当时楚国政治黑暗的愤慨和想要为国效力却被怀疑的愤懑与不甘。《九歌》是当时流行于楚地的祭祀歌谣,一共11篇,介绍了楚国的诸位神灵。大部分讲述的是人神之恋,也表达了人对神灵的敬重。《天问》是一首奇诗,全文由172个问句组成。诗人通过对上天的发问探讨了万事万物变化的道理。

在屈原之后,还有很多著名的文人继承了屈原的抒情传统。宋玉《九辩》把对秋景的描绘和自己身世结合起来,形成了悲愤深沉的风格。其中对景物的描写肆意铺陈,也开了汉大赋的先河。

☆ **问题来了:**

1.《楚辞》中保留了大量的上古神话。茅盾在《中国神话的保留》一文中写道:"《离骚》尚不过是引用一些神话材料;《天问》几乎全部是中国的神话与传说……《九歌》大概是古代南方民族祭神时的颂歌,也是宝贵的神话材料,并且使我们知道中国神话里也有希腊神话的 Nymph 一类的水泉女神。《招魂》一篇,大概是屈原取当时流行的巫辞(人死招魂时用)而加以修改的;这里面述四方的险恶与上天下界的境况,都是难得的神话材料。中华民族在原始时代对于死后的见解,关于幽冥世界的神话,只有《招魂》里还保存了一二。"由此可见《楚辞》中保存了完整的神界、人界和幽冥界。请尝试用思维导图的形式建构屈原的神话世界,并比较三界的异同点。

2. 班固在《离骚赞序》中探讨了屈原创作的动机,他认为"屈原以忠信见疑,忧愁幽思而作《离骚》。离犹遭也;骚,忧也,明己遭忧作辞也。是时周室已灭,七国并争,屈原痛君不明,信用群小,国将危亡,忠诚之情,怀不能已,故作《离骚》"。屈原也在诗中说道:"国无人莫我知兮,又何怀乎故都?既莫足与为美政兮,吾将从彭咸之所居。"述说了自己的人生困境和"美政"理想。通过阅读,请尝试总结出屈原的人生困境和"美政"理想的具体内容。

3. 屈原之所以被后人尊敬,不仅在于他对中国文学的贡献,还在于他自身的人格魅力。司马迁对屈原给予了很高的评价,"其文约,其辞微,其志洁,其行廉。其称文小而其指极大,举类迩而见义远。

其志洁，故其称物芳；其行廉，故死而不容。自疏濯淖污泥之中，蝉蜕于浊秽，以浮游尘埃之外，不获世之滋垢，皭然泥而不滓者也。推此志也，虽与日月争光可也"。你在屈原的诗歌中看出了他的哪些品格？

4. 类似屈原的遭遇，后世的很多有志之士都遭遇过，因此屈原的精神就如一盏灯塔照亮后代知识分子的前行之路。他们面对黑暗势力绝不妥协、面对不公勇于反抗的精神铸成了中国文人的脊骨。请列举几位中国历史上秉承屈原人格精神的文人并做出评价。

四、艺术鉴赏

楚辞在楚文化中孕育，天生就有着楚人自由、直爽、爱幻想的特点。在句式和结构上与《诗经》相比更加自由多变：打破了《诗经》的四字结构，长短交错并富于变化；长度没有严格的规定，让诗人在创作时能更加自由地抒发内心的情感。楚人尚巫，对自然有着诸多的想象，这种想象运用到诗歌之中，加上华丽的语言和诗人着力的渲染，为楚辞营造出一种天马行空的绚丽意境。而象征手法的运用更是发展了《诗经》比兴的文学传统，比如由屈原开创的"香草美人"手法就得到了后代文人的认同。正如鲁迅《汉文学史纲要》所说："较之于《诗》，则其言甚长，其思甚幻，其文甚丽，其旨甚明，凭心而言，不遵矩度……其影响于后来之文章，乃甚或在三百篇以上。"

☆ 问题来了：

1. 《楚辞》中塑造了很多鲜明生动的"神女"，如湘夫人、山鬼、少司命等。这些"神女"兼有人性和神性。你对哪个形象的印象最深？请结合原文分析诗人是如何塑造的。

_____

_____

2. 当代学者潘啸龙在《〈离骚〉的抒情结构及意象表现》一文中提道："《离骚》的抒情结构，是一种复沓纷至，'变动无常，溯渤不滞'的情意结构。它的推进线索是情感，它的展开形式是幻境。幻境由情感化生，又随情感变化而幻灭。"由此看出，屈原善于根据自己的情感来营造诗境。请选取书中的片段来分析他是如何营造出与情感相符的意境的。

_____

_____

3. 《楚辞》中的象征是一个非常复杂的系统。王逸在《离骚经序》中写道："离骚之文，依《诗》取兴，引类譬喻。故善鸟香草以配忠贞，恶禽臭物以比谗佞，灵修美人以媲于君，宓妃佚女以譬贤臣，虬龙鸾凤以托君子，飘风云霓以为小人。"其实，光是《离骚》一篇文章中提到的植物就有23种，其中香草17种。请大家找出至少三种香草的名称，并指出它们各自象征的内涵。

_____

_____

4. 宋玉是屈原诗歌艺术的直接继承者。据《史记·屈原贾生列传》载："屈原既死之后，楚有宋玉、唐勒、景差之徒者，皆好辞而以赋见称。"虽然在艺术成就上远不及屈原，但是宋玉却继承了屈原"言秋"的主题并有所发展，所著《九辩》成为中国"悲秋"主题的发端。请比较屈原和宋玉对秋的描绘，探究宋玉创新之处。

_____

_____

_____

五、争鸣商榷

屈原是我国伟大的爱国诗人，他的精神被一代又一代的中国文人继承。最终他以身殉国投汨罗而亡，无数人为此唏嘘不已。对于他自沉殉国这一举动，从古至今人们持有不同的看法。

观点一（班固《离骚序》）："且君子道穷，命矣，故潜龙不见，是而无闷。《关雎》哀周道而不伤，蘧瑗持可怀之智，宁武保如愚之性，咸以全命避害，不受世患，故《大雅》曰：'既明且哲，以保其身。'斯为贵矣。今若屈原，露才扬己，竞乎危国群小之间，以离谗贼。然责数怀王，怨恶椒兰，愁神苦思，非其人，忿怼不容，沈江而死，亦贬絜狂狷景行之士。"

观点二（洪兴祖《楚辞补注》）："古人有言：'杀其身有益于君则为之。屈原虽死，何益于怀、襄？'曰：'忠臣之用心，自尽其爱君之诚耳。死生、毁誉，所不顾也。故比干以见戮，屈原以放自沉。比干，纣诸父也。屈原，楚同姓也。为人臣者，三谏不从则去之。同姓无可去之义，有死而已。'《离骚》曰：'阽余身而危死兮，览余初其犹未悔。'则原之自处审矣。或曰：'原用智于无道之邦，亏明哲保身之义，可乎？'曰：'愚如武子，全身远害可也。有官守言责，斯用智矣。山甫明哲，固保身之道。然不曰夙夜匪解，以事一人乎！士见危致命，况同姓，兼恩与义，而可以不死乎！且比干之死，微子之去，皆是也。屈原其不可去乎？有比干以任责，微子去之可也。楚无人焉，原去则国从而亡。故虽身被放逐，犹徘徊而不忍去。生不得力争而强谏，死犹冀其感发而改行，使百世之下，闻其风者，虽流放废斥，犹知爱其君，眷眷而不忘，臣子之义尽矣。非死为难，处死为难。屈原虽死，犹不死也。'"

观点三（张啸虎《屈原生死观的美学探讨》）："赞美人生、热爱生活的诗人屈原，在做出自沉汨罗的最后抉择之前，经历着长期的、反复的、严重的思想斗争。他的许多诗句以震撼人心的力量，表现着这种内心斗争的变化过程，显示了诗人的理想美与人格美，特别是他的心灵美。像屈原这样对于人生美的执着追求者，在那样的主客观条件下，最后如此从容地走向自己所抉择的死亡道路；这同样是出于对人生美的追求，是这种追求的必然归宿。"

观点四（曹大中《屈原——爱国诗人之我见》）："屈原在他的诗篇中，对他的政治行动的动机曾做了不厌其烦的反复的表白。但未曾有只言片语涉及爱国的原则，这除了说明他的内心根本不存在爱国观念之外，还能做何解释呢？从这一分析中我们可以看出，屈原至死不离开楚国，最后怀沙自沉的思想动机不是出于爱国，而是忠于向其委质的同姓君主。"

观点五（李金善《屈原与先秦士文化精神》）："从春秋末到战国时代，士人开始关注生命和生命价值的问题，思考的结果也是不尽相同的。在屈原的意识当中，生命短暂，但生命的价值无限，因此人应该在今生今世有所作为。尤其是在对待死亡的问题上，无论在理论上还是实践上，都实现了生命精神的新升华。屈原对死亡的选择是一种理性的选择，是他对生命与生命价值思考的结果。屈原以自沉的形式实行了自主死亡，从而也就走完了伟大的悲剧历程，屈原的悲剧基本上可以说是战国士人的悲剧。"

观点六（董楚平《从屈原之死谈到他的爱国、人格、气质》）："从作品中看，对楚国的绝望，反而断绝了他去国之念。这说明，生活实践进一步教育了屈原，使他不再把楚国的'溷浊'看成孤立的现象。坚持人格的完美，保全人的美好的自然本性（即人性美），不愿妥协从俗，是屈赋的主旋律。屈赋对后世文人影响最大的正是这一点……在屈原的作品里，既追求'内美'的完好，又追求'美政'的实现，比较而言，追求'内美'的完好是主要的，'美政'只是'内美'的体现。屈原用生命捍卫的'内美''清白'，类同庄子笔下的人之自然本性，都带有明显的理想主义色彩。这是伟大作家对现实的超越。"

观点七（廖群《屈原精神与中国古代传统文化》）："屈原那种迷狂般执着的殉道精神因有悖于传统的人伦——生命哲学而被排斥。中国古代传统哲学和文化不会产生那种为着某种理念信仰殉道的宗教情绪，不会让人固守一隅，执于一端，往往是名儒可以兼善老庄，隐士也不反对待机出仕，走所谓'终南捷径'。屈原的激烈、坚执乃至走向死亡虽可以唤起人们对美的惊叹，却因其有损生命以至无益于现世功利而讲究生命哲学的文化中难以发生实际效应。"

观点八（网友羊角角）："每当端午节就会想起为国自杀的屈原先生。我很赞赏他的勇气和人品，但是我不赞同他的做法。屈原曾经'入则与王图议国事，以出号令；出则接遇宾客，应对诸侯'，说明他在政治上很有实力，再加上秦国虽然攻陷郢都，但是根基未稳不得人心，复国并不是完全没有希望。生命是可贵的，有勇气自杀为什么不能像张良一样保存实力图谋复国呢?"

观点九（网友粉色小兔兔）:"虽然屈原选择了自杀,但是在《楚辞》中我们还是看到他对生命的热爱。他不止一次地述说想要协助君王治理好国家让百姓安居乐业的理想和对时光流逝之快的悲伤。他的自杀并不能掩盖他对生命的真挚热爱。"

☆ **问题来了：**

从古至今,从学者文人到普通读者,都对屈原"自杀殉国"的行为进行了分析并提出了自己的看法。其实,屈原虽然最后以身殉国投汨罗而亡,无数人为之悲叹,但是在《楚辞》的多处都体现了他对生命的热爱和对时间流逝的痛惜,试着在《楚辞》中找到屈原对生命的看法。如果你能穿越回屈原跳江的前一天,与屈原有一次"面对面"的交流机会,你会对他说什么呢?

_____
_____
_____

六、学以致用

《楚辞》是中国文学的瑰宝。有人说,它自由奇幻的想象为中国文学添加了一份灵性;有人说,它象征、渲染手法的运用让中国文学多了几分艺术魅力;有人说,它字里行间流露的忧国忧民之情是后代士子永不敢忘的重任;有人说,它为了理想永不屈服的精神为中国文化注入了一股刚强之气;有人说,它的反抗与坚守成为中国知识分子永远挺立的脊梁。

郑振铎在《屈原作品在中国文学史上的影响》一文中评价《楚辞》道:"像水银泻地,像丽日当空,像春天之于花卉,像火炬之于黑暗的无星之夜，永远在启发着、激动着无数的后代的作家们。"这就是楚辞与中国文化斩不断的关系，它的精神已经成为中国文化的基因，融入中华儿女的血肉之中，正如鲁迅所言："逸响伟辞，卓绝一世。"

☆ 问题来了：

读完《楚辞》之后，也许你会醉心于书中天马行空的想象，也许你会为屈原人生的抉择而伤心，也许你会为《九歌》中人神的悲剧爱情而意难平，也许你想尝试为《天问》作答……一切有益的阅读，终极价值都是对生命质量的提升，请选择一个你最感兴趣的切入点，结合现实生活，写一篇读后感。

七、阅读建议

1. 版本选择：楚辞虽是我国文化的瑰宝，但毕竟距离我们有几千年，又是用楚地方言所著，因此很容易由于其文字的艰涩而被拒之于它的艺术殿堂之外。初次阅读，建议选择带注释和译文的版本。

2. 阅读的切入点：建议从篇幅相对较短的篇章（如《九歌》）开始，容易获得阅读成就感。

3. 鉴赏优美的诗歌语言：在阅读时可以摘抄一些优美的诗句并及时记录自己的感悟，这样既能促进对诗歌的理解，又能提升自己的文字感悟能力。

4. 感悟文字背后的思想：屈原之所以被后世文人所推崇，不仅是因为其文学的艺术性，更在于他那颗赤子之心和面对困境勇往直前的人生态度，这也是楚辞思想的闪光之处。

楚辞是文学中的"胜境"，"而世之奇伟、瑰怪，非常之观，常在于险远""故非有志者不能至也"。因此，希望大家能坚持到底，相信当你克服种种困难读完它后一定能有所收获，领略它的美好，汲取它的营养。

八、相关链接

1. 如果你想深入了解屈原，就去读读司马迁的《屈原贾生列传》或者郭怡汾的《屈原——汨罗江畔的悲吟》。前者距屈原时代未远，是研究屈原生平的可靠材料；后者在讲述屈原生平的同时，将他的文学作品融入故事，结合故事情节进行赏析，文字生动有趣。

◆ 郭怡汾．屈原——汨罗江畔的悲吟［M］．北京：人民文学出版社，2019.

2. 如果你对到底什么样的文化可以孕育出这样的杰作感到好奇，那么推荐阅读赵辉《楚辞文化背景研究》和张正明《楚文化史》。这两本书都非常细致地论述了楚文化的发展脉络，专业性强。

◆ 赵辉．楚辞文化背景研究［M］．武汉：湖北教育出版社，1995.

◆ 张正明．楚文化史［M］．上海：上海人民出版社，1987.

3. 如果你想了解更多的楚国神话，可以参考闻一多的《神话与诗》和巫瑞书等主编《巫风与神话》，它们都细致地考证了楚辞中神话的起源与演变，能让你更全面地了解中国神话。

◆ 闻一多．神话与诗［M］．北京：北京联合出版公司，2014.

◆ 巫瑞书等．巫风与神话［M］．长沙：湖南文艺出版社，1988.

悠然见南山
——走进《陶渊明诗文集》

设计者：苗雪（宁波诺丁汉附属中学）

QQ：15145879006

一、导语

他的诗，只需轻轻吟诵，那天籁般的美感即扑面而来，一句"采菊东篱下，悠然见南山"，不仅表达了自己的一种优雅的审美情怀，更让千百年来多少世人摒除了尘世浮躁与杂念，奔向了灵魂的自由。他的诗，"开其心扉"，毫无掩饰地展示着他的个性，忠实记录了一个谦和自耕的诗人的生活史和他对自然与人生的深刻思考。他的诗表现出一种与自然环境和谐一致的冲淡闲适的奇妙意境，营造了中国哲学的最高境界。

今天，就让我们一起走近陶渊明，走进他的诗文吧！

☆ 问题来了：

1. 你阅读过陶渊明哪些诗文？他的诗文给你的印象是什么？

_____

_____

2. 阅读《陶渊明诗文集》，你还想了解关于他及他的诗文的哪些方面呢？

_____

_____

二、作者简介

陶渊明（约 365—427 年），名潜，字渊明，又字元亮，自号"五柳先生"，世称"靖节先生"，浔阳柴桑人。东晋末至南朝宋初期伟大的诗人、辞赋家。曾任江州祭酒、建威参军、镇军参军等职。最末一次出仕为彭泽县令，八十多天便弃职而去，从此归隐田园。他是中国第一位田园诗人，被称为"古今隐逸诗人之宗"。

陶渊明的生平经历大体分为三个阶段：

第一阶段：积极入世（29 岁之前）：陶渊明过着田园读书的生活，受到良好的教育，博学儒家与道家思想，深受孔子济人救世思想的影响，心中怀有远大志向，渴望为人民、为社会、为国家奉献自己的热情。二十岁时，陶渊明开始了为实现政治理想的官宦生涯。

第二阶段：艰难选择（29—41 岁）：陶渊明在建功立业、大济苍生思想的支配下选择了出仕；但是黑暗的现实使他的理想不可能得以实现，出仕的生活很不得志，数次出仕又退隐闲居。陶渊明 29 岁到 41 岁的 13 年中，他过着出仕—闲居—出仕—闲居的动荡摇摆的生活。

第三阶段：躬耕田园（41 岁以后）：陶渊明的晚年，对统治者完全绝望，选择的是一条洁身自好的道路。他放弃了"大济苍生"的宏愿，以儒家"独善其身"为主导思想，采取道家"委运乘化"的人生态度。在此期间，陶渊明创作了大量田园诗，声名渐盛。

☆ 问题来了：

1. 你还知道有关陶渊明的哪些逸事？请写下来跟同学分享。

_____

_____

_____

2. 陶渊明所生活的时代既经历了东晋王朝，又迎来了南北朝。这两个王朝所属的年代均有一个特点，那就是分裂。这样的历史背景对陶渊明本人及诗歌创作产生了哪些影响？请写下你的看法，与同学们一起去探究一下。

3. 《饮酒》（其五）前两句刻画了诗人自己的形象，请你说一说这是一个怎样的形象？"采菊"这一动作包含了作者怎样的志趣？

4. 《读山海经》（其十），有人说这首诗实际上是诗人的自白之语，借精卫、刑天来反映自己的遭遇。你认为这种说法有道理吗？请简述你的理由。

5. 陶渊明能够平安地走完一生，得益于他的儒家思想与道家思想的有机融合，请同学们结合《桃花源记》谈谈他的这一思想特征的具体体现。

三、内容解析

陶渊明的文学创作以诗歌的成就最突出,他历来是以诗人的身份被载入文学史册的。他现存诗 120 首,现存文章有辞赋 3 篇、韵文 5 篇、散文 4 篇,共计 12 篇,体裁多样,内容丰富。从题材上来看,他的诗可以分为田园诗、咏怀诗、咏史诗、行役诗、赠答诗五类。

☆ **问题来了:**

通读《陶渊明诗文集》,请按上述标准各找出几例。

按照内容分类	诗名
田园诗	
咏怀诗	
咏史诗	
行役诗	
赠答诗	

(一) 田园诗

陶渊明不仅是魏晋南北朝最负盛名的诗人,还是第一个以田园生活为题而进行大量诗歌创作的诗人。他的田园诗创立了我国古典诗歌的一个新流派——田园诗派,被历代诗人推崇备至。其田园诗主要内容有:

1. 描写田园景物的恬美、田园生活的简朴,表现自己归隐田园之后的喜悦、悠然自得的心境。如《归园田居》五首、《饮酒》二十首、《杂诗》八首等。

2. 描写躬耕的生活体验,具有浓郁的生活气息。如《归园田居》(其三)、《庚戌岁九月中于西田获早稻》等。

3. 反映农村生活的艰辛与农村的凋敝,具有鲜明的写实性。如

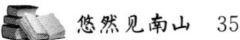

《归园田居》(其四)、《怨诗楚调示庞主簿邓治中》等。

4. 表现美好的理想追求。如《桃花源诗》。

☆ 问题来了：

1. 《归园田居》共有五首，任选其中一首，分析其内容和思想倾向。

_____

_____

2. 探究一：请结合以下材料，以"陶渊明与中国菊花文化"或者"陶渊明与酒文化"为题写一篇探究性小论文。

材料一：陶渊明以酒入诗，后人认为其诗中几乎篇篇有酒；他还以"饮酒"为题，写下《饮酒》诗二十首。此二十首组诗，是其归隐田园十二年之后所写，带有明显的借酒抒情言志的特点。

材料二：陶渊明志隐味深，菊正是他情绪深沉凝聚的载体，陶渊明将全部感觉投诸菊花，菊也深得其韵。

_____

_____

3. 探究二：作品不仅是作家外在生活的呈现，更是作家精神生活的镜子。不容否认，陶渊明的田园诗有"颖脱不羁，任真自得"的个人情趣。但是由于他早年政治上极度苦闷，晚年生活上极度贫困，可以看出他心灵深处的痛苦与挣扎。请结合他的某一首田园诗歌探究其矛盾思想。

_____

_____

(二)咏怀诗和咏史诗

"咏怀"之名最早见于阮籍《咏怀诗》八十二首,他开创了咏怀诗之先河。陶诗继承阮籍、左思诗歌的传统,又有自己的特点,即围绕出仕与归隐这个中心阐发幽怀。

陶诗流传下来的不过 120 篇,其中直接以怀古为主题的有《拟古》9 首、《咏贫士》7 首、《癸卯岁始春怀古田舍》两首、《咏二疏》《咏三良》《咏荆轲》《扇上画赞》等,其他如《饮酒》《读山海经》《杂诗》等也多具怀古内容。所咏怀的古人既包括其先祖如陶舍、陶青、陶茂、陶侃等,也包括荷蓧丈人、长沮、桀溺、孔子、董仲舒、许由、颜回、伯夷、叔齐、荆轲、杨公孙、钟子期、俞伯牙、庄周等,都是古代的高人义士。

他用自己的笔墨在咏史诗中塑造了一个用以寄托个人情操的天地。

☆ 问题来了:

1. 研读陶渊明的咏史诗,借用相关资料,推究陶渊明在作品中塑造了怎样的自我形象。

_____
_____
_____

2. 结合陶渊明咏怀诗、咏史诗,概括其精神追求。

_____
_____

(三)行役诗

行役诗是诗人因公务在外跋涉时所写下的反映当时心情和经历的

诗。他的行役诗，多半有着明确的时间、地点，对其所涉之务也记载得很清楚，是我们解读陶渊明心理变化最好的材料。陶渊明的行役诗并不多，只有寥寥 5 首，基本上都写于他仕桓玄、刘裕和刘敬宣时。若加上《杂诗》中涉及行役主题的第九首和第十首，总共也不过 7 首。但就是这 7 首诗明确记录了诗人当时的心理状况，成为我们揭示陶渊明仕隐心路历程的钥匙。

☆ **问题来了：**

研读陶渊明的行役诗，你能从中窥探到陶渊明怎样的心路历程？

_____

_____

_____

（四）赠答诗

陶渊明的赠答之作包括四言的《赠长沙公》《酬丁柴桑》《答庞参军》和五言的《示周续之祖企谢景夷三郎》《怨诗楚调示庞主簿邓治中》《答庞参军》《五月旦作和戴主簿》《和刘柴桑》《酬刘柴桑》等。

☆ **问题来了：**

请同学们从创作背景、主题倾向、意象选择、意义和影响等方面任选一个角度对陶渊明的赠答诗进行探究。

_____

_____

_____

四、艺术鉴赏

陶渊明开创了中国文学的田园诗派，不仅表现在内容上，也表现在艺术上。他一改魏晋以来的玄言诗风,将"自然"提升为一种美的至境。陶渊明的诗歌具有高超的艺术境界,是"原始自然艺术的顶峰"。其诗歌的艺术特色主要表现为"平淡自然"。下面我们从几个角度进行探析。

(一) 情、景、事、理的浑融

陶诗常选用典型的景色画面,情寓于景,含蓄地表达作者的高洁志向,绘形绘色,诗情画意,生机盎然,悦人耳目,将自身的感受、自然的景物、人生的哲理结合在一起,浑然一体,《饮酒》(其五)就是这方面的代表作。

☆ **问题来了:**

请同学们赏析《饮酒》(其五)寓理于情、融情入景的写作手法。

_____

_____

(二) 精当而不露痕迹的语言锤炼

陶渊明的诗,语言贴近生活,几近"田家语"。这与他生活的环境有直接关系。在大部分陶诗中,对于景物的描写都融入了诗人对自然的审美情趣。因此,陶渊明的田园诗语言质朴、清新,很少铺排,很少用典,淡淡着墨。

☆ **问题来了:**

请结合陶诗,举例说明这一语言特色。

_____

_____

（三）平淡中见警策，朴素中见绮丽

陶诗很少用华丽的辞藻、夸张的手法，只是白描，朴朴素素。苏轼概括为"质而实绮，癯而实腴"。李白有两句名言："清水出芙蓉，天然去雕饰。"用这两句话来赞美《归去来兮辞》再恰当不过了。前人说此赋"沛然如肺腑中流出，殊不见有斧凿痕"。

☆ **问题来了：**

1. 请朗读《桃花源记》，结合其中具体诗句，谈谈你对这一艺术特色的理解。

_____

_____

2. 请从情感表达和语言运用两方面谈谈你对《归去来兮辞》的理解。

_____

_____

五、争鸣商榷

陶渊明的诗歌成就有目共睹，尤其以田园生活为题材的诗作，更受到各界名人大家的好评。同时他又是一位大隐士，历代文人在高度推崇陶渊明人格的同时，对于他的隐逸也提出了质疑和批评。

（一）正面观点

1. 朱熹："陶渊明诗，人皆说是平淡，据某看他自豪放，但豪放得不觉耳。其露出本相者，是《咏荆轲》一篇，平淡底人如何说得这样的言语出来。"

2. 苏轼《东坡题跋·评韩柳诗》:"外枯而中膏,似淡而实美。"

3. 龚自珍:"陶潜酷似卧龙豪,万古浔阳松菊高。莫信诗人竟平淡,二分《梁甫》一分《骚》。"

4. 梁启超:"自然界是他爱恋的伴侣,常常对着他笑。"

5. 梁实秋:"绚烂之极归于平淡,但是那平不是平庸的平,那淡不是淡而无味的淡,那平淡乃是不露斧凿之痕的一种艺术韵味。"

(二) 反面观点

1. 李白一方面欣赏"清风北窗下,自谓羲皇人。何时到栗里,一见平生亲"(《戏赠郑溧阳》),"梦见五柳枝,已堪挂马鞭。何日到彭泽,长歌陶令前"(《寄韦南陵冰》),一方面对陶渊明的归隐提出了批评,"龌龊东篱下,渊明不足群"(《登巴陵道酒》)。

2. 杜甫既说过"焉得思如陶令手,令渠述作与同游"(《江山值水如海势》),又嫌陶渊明不够"达道":"陶潜避欲翁,未必能达道。有子贤与愚,何其挂怀抱。"(《遣兴》)

3. 王维曾经想学陶渊明的归隐:"不厌尚平婚嫁早,却嫌陶令去官迟。"(《早秋山中作》)"酌醴赋归去,共知陶令贤。"(《送六舅归陆浑》)却又讥笑陶渊明不为五斗米折腰是"一惭之不忍"招来"屡乞而多惭"。(《与魏居士书》)

☆ 问题来了:

1. 陶渊明辞官不做,你认为是消极避世吗?

_____
_____

2. 结合以上各界名人的评价浅析"归隐"生活对陶渊明"田园诗"创作的影响。

六、学以致用

读书的过程是我们在吸纳他人知识并努力将之内化为自己所用的过程。阅读《陶渊明诗文集》，书中一定会有一首诗、一篇文章触动你的心灵，一定会有那么几行精美的诗句、几个传神的文字感染着你，一定会有些遣词造句、艺术手法、结构布局值得你学习。

☆ 问题来了：

1. 读完《陶渊明诗文集》之后，你感觉自己对陶渊明诗文的赏析有哪些方面的提升？对你提升赏析古典诗词能力有哪些帮助？

2. 陶渊明对自然的"真热爱"、对世俗的"真鄙视"恐怕是古今中外的知识分子很难做到的。你从中获取了什么样的启示？

七、阅读建议

《陶渊明诗文集》不同于一般的整本书阅读，首先它是非连续文本，同时每篇文本就是一首诗或一篇文章，因此阅读《陶渊明诗文集》有以下建议：

1. 准备。阅读本书之前，先搜集一下陶渊明的生平资料，将他的经历按照年月日进行整理，这样在阅读陶渊明诗文时更容易理解，也更容易入境。

2. 分类。了解诗文创作背景，梳理诗文字面含义，将这些诗文按照不同题材内容分类。

3. 精读。按照所分类别逐一精读。可以借助网络、书籍对诗文的内容、思想、艺术特色多方面进行解读，同时也可以查阅相关论文和诗评，有助于我们更深刻地理解和把握诗人及作品。

4. 勾连。在精读基础上，寻找不同类诗歌创作的异同，从宏观上把握作者的思想形成过程、诗歌创作的整体风格和特色。比如：将陶渊明不同时期的作品进行比较，会发现诗人不同时期创作内容、风格的不同，从而窥视诗人不同的心路历程，进而了解人生的经历对诗人创作的影响。

5. 比较。拓宽思维，将与陶渊明诗歌风格相似的作品或者经历相似的诗人对比阅读。

例如：陶渊明的"田园诗"和谢灵运的"山水诗"在中国文学史上都占有举足轻重的地位，两人的诗歌有着许多相同点和不同点。你可以将陶诗《归园田居》（其一）与谢诗《游南亭》进行比较赏析。陶渊明和王维都是我国古代文学史上著名的田园诗人，一个是晋代田园诗的开山鼻祖，一个是唐代山水田园诗的代表。陶渊明的田园诗和王维的山水田园诗尽管都有写田园农家的成分，但他们所表达的田园情结不尽相同。你可以将陶诗《归园田居》（其一）和王诗《渭川田家》做对比分析。咏史诗是中国古代诗歌中重要的一个类别，在汉魏六朝这一特定的大动荡时代，左思的《咏史》诗和陶渊明的《咏贫士》可谓这一阶段咏史诗的突出代表，可从思想、内容和用典三方面进行比较研究。

八、相关链接

1. 如果想对陶渊明的作品有更多了解，从而进入其诗文艺术鉴赏之境，可以参考以下书目：

◆ 龚斌. 陶渊明集校笺［M］. 上海：上海古籍出版社，1996.

◆ 逯钦立. 陶渊明集［M］. 北京：中华书局，1979.

◆ 上海辞书出版社文学鉴赏辞典编纂中心. 陶渊明诗文鉴赏辞典［M］. 上海：上海辞书出版社，2012.

2. 如果你想深入了解作者的人生经历及在诗歌中蕴含的情感，可以参考以下作品：

◆ 李长之. 陶渊明传［M］. 北京：新世界出版社，2017.

◆ 随园散人. 只为山水来此人间［M］. 南京：江苏凤凰文艺出版社，2019.

◆ 高维生. 归去来兮陶渊明［M］. 北京：二十一世纪出版社，2017.

3. 如果想通过一些有声资料来了解陶渊明，可以关注：

◆ 华中师范大学戴建业教授的讲座《走进陶渊明》，可到优酷等平台观看相关视频。

口吟乐府　心得自在
——走进《乐府诗集》

设计者：许和琴（浙江安吉天略外国语学校）
QQ：1004222900

一、导语

汉武帝时，设立了专门掌管音乐的机关，取名"乐府"。其主要工作是收集歌辞、制作乐谱和训练音乐人才。后来，人们将乐府机关采集的诗篇称为"乐府"或"乐府诗"。于是"乐府"便由官府名称变成了诗体名称。郭茂倩编的《乐府诗集》就是一部收录我国古代乐府歌辞的诗歌总集。虽时隔久远，但"长驱蹈匈奴，左顾凌鲜卑"的保家卫国的气势，"君失臣兮龙为鱼，权归臣兮鼠变虎"的忧国意识，"盛衰各有时，立身苦不早"的积极入世的思想，读来依然感荡心灵。我们尚未成熟的心智需要这样的精神食粮来滋养。请与我一起翻开这本《乐府诗集》吧！

☆ 问题来了：

1. "乐府双璧"是指哪两首作品？你能用白话文讲讲这两首乐府诗的内容吗？

_____

_____

2. 喜欢读书的你还知道哪些著名的乐府诗，与大家分享一下吧！

二、关于作者

郭茂倩（1041—1099），字德粲，郓州须城（今山东东平）人。《四库全书总目》中说："《建炎以来系年要录》载郭茂倩为侍读学士郭褒之孙，源明之子，其仕履未详。"神宗元丰七年（1084 年）为河南府法曹参军（《苏魏公集》卷五九《郭君墓志铭》），编有《乐府诗集》百卷传世，因解题考据精博，为学术界所重视。

☆ 问题来了：

1. 古人有名有字，名与字的意义往往有联系，或同义，或反义，或相关。请查阅字典，研究郭茂倩的名与字之间的联系。

2. 郭茂倩编的《乐府诗集》，给我们提供了丰富的乐府诗，为研究乐府诗提供了很大方便。也许收集乐府诗只是郭茂倩的业余爱好，但他把爱好的事做到了极致（"征引浩博，援据精审，宋以来考乐府者，无能出其范围"）却世间罕见。郭茂倩编成了《乐府诗集》，也因《乐府诗集》而名垂千古，你对此有何感想？

三、内容解析

《乐府诗集》主要辑录了汉魏到唐、五代的乐府歌辞以及先秦至唐末的歌谣、乐章，共5 000多首。按照曲调分为12类，分别为郊庙歌辞、燕射歌辞、鼓吹曲辞、横吹曲辞、相和歌辞、清商曲辞、舞曲歌辞、琴曲歌辞、杂曲歌辞、近代曲辞、杂歌谣辞和新乐府辞。我们向大家推荐的《国学典藏书系·乐府诗集》，对郭茂倩编辑的《乐府诗集》进行了大量的删减，其中"燕射歌辞"因几乎为糟粕而全部删除。留下来的240首诗歌都是诗歌史中的精品，值得大家细细品味。

卷一 郊庙歌辞，大部分是祭祀天地神明的乐曲，如《天地》是祭祀天地时表明自己对神灵的忠诚，希望神灵赐福；《日出入》是祭祀日神时，表明自己想成仙的愿望。

卷二 鼓吹曲辞，是用短箫铙鼓的军乐，多为揭露战争灾难的作品，如《战城南》；也有一些抒发个人心志的作品，如《将进酒》。

卷三 横吹曲辞，是用鼓角在马上吹奏的军乐，多刻画戍边军人。如《木兰诗》塑造了英武豪迈的巾帼英雄形象；《紫骝马》刻画了军人即将远赴边塞时的矛盾心情。

卷四 相和歌辞，多为巷陌讴谣。如《江南》里采莲人的欢笑，《薤露》里送葬的哀歌；《陌上桑》里"托心自有处"的坚贞，《短歌行》里"但为君故，沉吟至今"的渴望等。

卷五 清商曲辞，首推张若虚的《春江花月夜》，诗人运用富有生活气息的清丽之笔描绘了一幅宁静、朦胧、邈远的春江月夜图，抒写了游子思妇真挚动人的离情别绪以及富有哲理意味的人生感慨。

卷六 舞曲歌辞，分为雅舞、杂舞。雅舞是祭祀天地和祖庙时所用的舞乐，杂舞是宴会所用的舞乐。《碣石篇》里，你可以看到波涛汹涌、吞吐日月的大海，感受到曹操一统天下的壮阔胸襟；《白纻辞三首》里，你可以欣赏到北方佳人的曼妙舞姿。

卷七 琴曲歌辞，这里收录的7首均为李白依据乐府旧题创作的乐府诗。

卷八 杂曲歌辞，杂曲的内容有写个人心志、抒情思、发怨愤，如曹植的《白马篇》；有言征战行役，如鲍照的《出自蓟北门行》。因兼收并载，所以称为杂曲。

卷九 近代曲辞，也是杂曲，因为作品是隋唐时代的诗人（如白居易、刘禹锡、王建等）创作的，于是就称为近代。在这里，大家会遇到许多熟悉的诗歌，如王维的《渭城曲》，刘禹锡的《竹枝词》，白居易的《忆江南（三首）》；还会遇到李白赞美杨贵妃的诗句。

卷十 杂歌谣辞，是没有伴奏、清唱的歌谣。有的用于提醒时刻，如《鸡鸣歌》；有的借以倾吐心中的悲苦，如《戚夫人歌》；有的抒发对家乡的热爱，如《敕勒歌》。诗歌多采自民间的歌谣。

卷十一 新乐府辞，是唐代新歌，辞拟乐府，但没有配乐。内容多为讽刺时事。如白居易的《卖炭翁》揭露了"宫市"的本质，鞭挞了统治者掠夺百姓财物的罪行，《上阳白发人》揭露了封建帝王荒淫无耻、摧残无辜女性的罪恶行径；杜甫的《兵车行》揭露了统治者穷兵黩武、横征暴敛的罪行；张籍的《征妇怨》反映了百姓的反战情绪；等等。

古诗十九首，作品创作时期为东汉，内容或写游子思妇的相思别离之情，或写追求功名富贵的强烈愿望与仕途失意的苦闷哀愁，如《青青水中蒲（二首）》描写思妇的离情别绪，《今日良宴会》抒发"贫士失职而志不平"的愤激之情。

☆ 问题来了：

1. 仿照例文，尝试在下面的空格里填入恰当的内容。

例：读《西北有高楼》，一种对高飞远举的追求，一种甘于寂寞、处身高洁的持守荡涤着我的心灵。读《青青河畔草》，这个"空床难独守"的"倡家女"警醒我：为了表现自己不择手段，急功近利，难免上演"一失足成千古恨"的人生悲剧。

读《_____》，一种_____荡涤着我的心灵；读《_____》，这个_____（人物形象）警醒我：_____
_____。

2.《乐府诗集》中收录了曹操、陆机、李白三人的《短歌行》。主题方面，曹操的是"求贤歌"，希望有大量人才为己所用，表现了建功立业的雄心；陆机的则是感叹人生短促，应当及时行乐；李白的在喟叹生命短促的同时，表达了对光阴的珍惜、对人生有所为的渴望。就诗歌主题来说，你最欣赏谁的作品？结合诗句说说你的理由。

3. 无论男女，无论老少，每个人的心里都装着一个"侠"。"侠"如一束光，温暖着我们的人生，又在远方招引着我们。《乐府诗集》中有不少游侠诗，如"杂曲歌辞"中的《侠客行》《白马篇》《结客少年场行》等，你能说说这些侠客的异同点吗？

4.《乐府诗集》的诗句里，有许多令人难忘的形象。如"闻君有他心，拉杂摧烧之。摧烧之，当风扬其灰"。(《有所思》)看，这位女子性情多刚烈、做事多果决啊！当其听闻恋人有他心，便"拉杂摧烧"掉恋人曾经赠予的信物，还"当风扬其灰"。刀斩情丝之快，令人瞠目。又如"恩疏宠不及，桃李伤春风"(《上之回》)，"功名不早著，竹帛将何宣"(《长歌行》)，"利剑不在掌，结友何须多"(《野田黄雀行》)……许多渴望得到赏识、建立千秋功业的饱学之士，是不是在向你倾吐衷肠？你在阅读《乐府诗集》时，对哪一个形象记忆深刻呢？从《上邪》《木兰诗》《白马篇》三首诗中选一首，跟大家聊一聊吧！

_____

_____

5.《乐府诗集》里，有很多感人的画面。譬如卷四"相和歌辞"中《妇病行》："妇病连年累岁，传呼丈人前一言。当言未及得言，不知泪下何翩翩。属累君两三孤子，莫我儿饥且寒，有过慎莫笞，行当折摇，思复念之！"短短53字，描绘了一个长年生病的妇人在即将离世时，将自己的孩子托付给丈夫的情景。妇人将撒手人寰，却依然挂念孩子的饥寒，担心孩子受皮肉之苦。心有爱而体不支的无奈，不忍别却即将别的凄凉，溢满纸面，令人落泪。你能从白居易的《卖炭翁》、杜甫的《兵车行》中择几幅感人画面与大家分享吗？

_____

_____

6. 关于乐府诗的起源，郭茂倩说："乐府之名，起于汉魏。自孝惠帝时，夏侯宽为乐府令，始以名官。至武帝，乃立乐府，采诗夜诵，有赵、代、秦、楚之讴。则采歌谣，被声乐，其来盖亦远矣。"可以这样说，《乐府诗集》是古代流行歌曲的歌词本。它反映了当时人们的文化生活和精神面貌，表现了那个时代人们的爱情观、人生观，体现了百姓的心声。譬如《上邪》那刻骨铭心的爱情誓言："上邪，我欲与君相知，长命无绝衰。山无棱，江水为竭。冬雷震震，夏雨雪，天地合，乃敢与君绝！"又如李白《短歌行》中"吾欲揽六龙，回车挂扶桑……富贵非所愿，为人驻颜光"等诗句，显示了诗人珍惜年华、奋发有为的精神。

在当代，流行歌曲依然体现着我们这个时代人们的爱情观、人生观。譬如当代流行歌曲《当》，歌词"当山峰没有棱角的时候，当河水不再流，当时间停住日夜不分，当天地万物化为虚有……当春夏秋冬不再变化，当花草树木全部凋残，我还是不能和你分散，不能和你分散"，人们心里燃烧的爱情之火，与《上邪》一样浓烈。又如《怒放的生命》："……我想要怒放的生命，就像飞翔在辽阔天空，就像穿行在无边的旷野，拥有挣脱一切的力量；我想要怒放的生命，就像矗立在彩虹之巅，就像穿行在璀璨的星河，拥有超越平凡的力量"，激昂高亢的旋律寄托着人们希望能真正进入让生命怒放的、非常快乐的境界。那么，你能找一首乐府诗与当下的某一首流行歌曲进行一个细致的比较，从题材或文笔的角度说说其中的异同吗？

四、艺术鉴赏

《乐府诗集》是一幅画，或写意，或工笔，让我们穿越历史目睹人生百态；《乐府诗集》是一首曲，时而柔婉，时而高亢，让我们在沉醉中体味人间百态：《子夜四时歌》有着江南的柔美与凄清，《木兰诗》不乏塞北的刚健和豪迈……

《乐府诗集》中的语言朴实自然、真挚动人，或寓情于事，或寓情于景，如《卖炭翁》开头写卖炭翁烧炭艰辛的四句，饱蘸着诗人对卖炭翁的同情。句式上，有音律齐整的七言诗，也有错综参差的杂言诗。前者读起来朗朗上口，如李白的《采莲曲》；后者增强了诗歌的表现力，如杜甫的《兵车行》。

《乐府诗集》中运用的表现手法十分丰富。叙事或采用第一人称，或采用第三人称；描写人物或直接描写，或侧面衬托；抒情时或直抒胸臆，或间接抒情；写景时或虚实结合，或以动衬静；渲染、比喻、排比、叠词、双关等表现手法的巧妙运用，有力地强化了诗歌主题的表现和诗人情志的抒发。

☆ 问题来了：

1. 人物塑造。辛延年的《羽林郎》塑造了一位"贵贱不相逾"的坚贞美丽女子，谱写了一曲反抗强暴凌辱的赞歌。诗人写胡姬之美，主要运用了正面描写，如"长裾连理带，广袖合欢襦"，从服饰、穿着上直接描写女子的美丽。"不惜红罗裂"至最后八句，写胡姬义正词严地拒绝"金吾子"的调戏。诗人通过描写人物柔中带刚、委婉得体的语言，展现了女子坚贞自洁的一面。

《陌上桑》的立意与《羽林郎》相同，请结合具体细节分析李白描写秦罗敷的手法（至少两种）。

2. 现实主义。现实主义是《乐府诗集》中许多诗歌的创作手法，它们以真实的细节使读者如入其境、如见其人，以典型的形象再现当时的生活、揭示生活的本质。譬如《饮马长城窟行》中"远道不可思，夙昔梦见之。梦见在我傍，忽觉在他乡"，"长跪读素书，书中竟何如？上言加餐食，下言长相忆"，细腻地描写了妇人思念漂泊在外的丈夫。思念不得，只能在梦中与之相依；好不容易盼到丈夫的书信，信中却没有一个字提到归期，妇人心中何等失落！读之，一位思夫心切的重情女子形象呼之欲出。又如《木兰诗》《妇病行》《十五从军征》《孔雀东南飞》等，都运用了现实主义创作手法，请就其中一首加以赏析。

3. 构思技巧。《乐府诗集》中很多诗歌构思灵动、新奇。譬如，《将进酒》诗篇发端"君不见"两组排比长句，如天风海雨向读者迎面扑来，具有惊心动魄的艺术力量。从悲慨人生短暂，到对月痛饮狂欢；从"将进酒，杯莫停"的狂放，到"钟鼓馔玉不足贵，但愿长醉不复醒"的愤激；从"古来圣贤皆寂寞，惟有饮者留其名"的忧愤，再回到"五花马、千金裘，呼儿将出换美酒"的狂放。整首诗大起大落，节奏先慢后快，诗情忽翕忽张，散发出震撼人心的气势与力量。另外如《孟冬寒气至》，全诗以"我"自诉衷肠的口吻写就；《客从远方来》巧妙截取"客来遗绮"这一生活片段来描写思妇情感。

请就杜甫的《兵车行》,从前呼后应、层层递进的严密构思谈谈你的理解。

4. 语海拾贝。《乐府诗集》中的语言,有的质朴自然,灵动可爱。如《木兰诗》,"爷娘闻女来,出郭相扶将;阿姊闻妹来,当户理红妆;小弟闻姊来,磨刀霍霍向猪羊",运用排比描写木兰回家亲人迎接的场景,展现了浓郁的亲情。人物举止符合各自的年龄、身份、性别,读来如临其境、亲切感人。有的语言含蓄隽永,令人回味。如《迢迢牵牛星》,"盈盈一水间,脉脉不得语",抒情委婉,富于韵味。有的语言巧用修辞,锦上添花。如《明月皎夜光》,"南箕北有斗,牵牛不负轭。良无盘石固,虚名复何益"四句诗,借南箕星不能盛物、北斗星不能酌浆、牵牛星不能负轭,来比喻徒有同窗共学之友的虚名,却无坚如磐石的真挚友情的交友情状,可谓恰到好处,令人拍案叫绝。又如《迢迢牵牛星》,"迢迢""皎皎""纤纤""札札""盈盈""脉脉"等叠词运用,精练准确,韵味无穷。

请阅读《行行重行行》,写100字赏析其语言特色。

五、争鸣商榷

"乐府双璧"之一《孔雀东南飞》是汉乐府民歌中最长的一首叙事诗。本诗讲述了一个凄美的爱情故事:才貌双全的刘兰芝,17岁时嫁给庐江郡的一个小官吏焦仲卿，虽然与丈夫情真意切，却被婆婆遣回娘家。后刘兰芝哥哥逼迫其改嫁。在迎娶当日，刘兰芝投水自尽，其前夫焦仲卿也殉情而死。"孔雀东南飞，五里一徘徊。"刘兰芝与焦仲卿这对恩爱夫妻的爱情悲剧是什么原因造成的呢？不同的读者表达了不同的声音。

观点一（吴世娟《〈孔雀东南飞〉悲剧根源探析》）："《孔雀东南飞》是我国古代文学史上以歌颂爱情为主题的名篇……造成焦刘两人悲剧的原因，从表象上看有两个：焦刘两人性格上受到自身局限性的影响，有其软弱性的一面，这是内因；外因是来自焦母和刘兄即封建家长制的迫害。但是深层原因应该从当时的社会环境来分析，是封建文化思想直接导致了他们的悲剧发生。"

观点二（赵永涛《再论〈孔雀东南飞〉悲剧原因》）："……但是我认为封建礼教、家长制和门第观念作为悲剧的深层次的原因似乎不大有说服力……悲剧产生的原因正在于焦氏家庭内部的婆媳关系之中，表现在焦母与兰芝不可调和的心理、性格冲突上。仅把刘焦悲剧归罪于封建礼教和封建家长制是不够的。"

观点三（黄玲青《〈孔雀东南飞〉的悲剧原因与思想意义新探》）："《孔雀东南飞》中刘焦爱情悲剧的形成有多方面的原因，其中最重要的是情与礼的矛盾、青年尤其是女性缺乏独立自主的权利与封建家长的蔑视爱情、专制自私。"

观点四（唐弢《谈故事诗〈孔雀东南飞〉》）："《孔雀东南飞》的主题思想之所以如此鲜明、如此深刻，就因为作者把矛头直接指向了封建制度。"

观点五（赵莉《〈孔雀东南飞〉与汉代婚姻家庭》）："《孔雀东南飞》真实地反映了汉代母权的高高在上，出嫁女子的卑微下贱，汉代愚孝之风的盛行以及女子再婚的习俗。"赵莉认为是汉代的封建婚姻制度和社会习俗酿成了悲剧。

观点六（张丽红《爱情契约与男权契约矛盾冲突酿成的悲剧——〈孔雀东南飞〉主题的另一种解读》）："男权制社会中，社会成员作为隐性的签约者，他们必须履行男权制契约的约定，违背这一契约就必将受到惩罚，无论签约者的追求、行动多么具有进步性，多么符合人性的要求。《孔雀东南飞》展示的就是各种契约冲突下的人生悲剧、爱情悲剧、婚姻悲剧。"

观点七（武松静《以现代人视角浅谈〈孔雀东南飞〉的家庭悲剧原因》）："纵使刘兰芝与焦仲卿的爱情悲剧是焦母遣媳引起、焦仲卿不懂世故加剧的，但是当把这场爱情的变故作为家庭矛盾来看待，刘兰芝这个儿媳无疑是应该负有一定责任的。从个人的品质来说，刘兰芝的傲骨是值得欣赏的，但从一个家庭出发，她没有儿媳的姿态，没有与家人的沟通，这对于造成一家人之间的隔膜是有一定责任的。"

☆ **问题来了：**

上述众多学者以自己的研究，探讨并分析了《孔雀东南飞》爱情悲剧形成的原因，有理有据。反复研读这首诗，对悲剧形成的原因，你也一定有话想说吧！

_____
_____
_____
_____

六、学以致用

"艺术的真正意义在于使人幸福，使人得到鼓舞和力量。"乐府亦然。翻开《乐府诗集》，聆听这些来自时间深处的歌，仍可以触摸到那些诗人鲜活的生命，感受到作者高洁的心志和丰富的情感世界。

《乐府诗集》之于我，如水之于岸石。每一次水波轻拍，我的内心都为其所触动。要追问这触动的缘由，大概是凡被选入乐府的诗歌，皆来源于生活，感于人生遭际，言人之无法言尽的常情吧！譬如《东城高且长》中"东城高且长，逶迤自相属"，写的是东城的城墙又高又长，逶迤相连，给人以隔绝之感。城内的世界，对城外的人是拒绝的、排斥的。这不禁使人联想到现实生活中也存在很多这样的"世界"，拒我们于"城墙"之外。"回风动地起，秋草萋已绿。"光阴不等人，"惟草木之零落兮，恐美人之迟暮"，青春不能永驻，朝青丝暮白发的无奈与悲苦，何人又能逃脱？更何况"晨风怀苦心"？谁人不期人生志满，但现实中又有几人得圆满？谁人不期富贵显达，但富贵显达又有几人？我读《东城高且长》，如白居易在浔阳江口遇琵琶女，压抑多时的痛苦在这里找到倾泻的出口。但人生还得走下去。如何走下去呢？"思为双飞燕，衔泥巢君屋。"当周围的人为名利不择手段的时候，当整个社会都在堕落的时候，当个人的理想被"城墙"隔绝的时候，我愿意衔泥做巢，在你的屋檐下永远陪伴着你。初心不改，一往情深。这样的生命个体，怎能不令人心生敬意！

像这样扣人心弦的诗歌，在《乐府诗集》里俯拾皆是。《西北有高楼》中的弦歌，"清商随风发，中曲正徘徊。一弹再三叹，慷慨有余哀"，你可以从中体会到一种高飞远举的向往追求，还可以体会到一种甘于寂寞的操守；读李颀的《古从军行》，"年年战骨埋荒外，空见蒲桃入汉家"，我们一边控诉战争的无情，一边也更珍惜当下的和平；读刘希夷的《白头吟》，"年年岁岁花相似，岁岁年年人不同"，我们慨叹于自然永恒、人生短暂，也更懂得人生应只争朝夕，不负韶华;读白居易的《卖炭翁》,"可怜身上衣正单,心忧炭贱愿天寒",我们感受到诗人"穷年忧黎元,叹息肠内热"的悲悯情怀,也学会了用一颗善良之心,去关心身边的弱小群体。

我以为,乐府具有感化人、塑造人、拯救人的力量,是我们的精神食粮。古代《晋书·乐志》说:"是以闻其宫声,使人温良而宽大;闻其商声,使人方廉而好义;闻其角声,使人恻隐而仁爱;闻其徵声,使人乐养而好使;闻其羽声,使人恭俭而好礼。"我把《乐府诗集》推介给你,是愿你且行且吟,从而获得人生自在。

☆ 问题来了:

结合具体的诗句,就"乐府具有感化人、塑造人、拯救人的力量,是我们的精神食粮"这句话,来谈一谈阅读《乐府诗集》对你的现实意义。

_____

_____

_____

七、阅读建议

1. 借力古诗文网。《国学典藏书系·乐府诗集》每一首诗歌都配有注释、译文、赏析,帮助我们理解;但不如古诗文网详尽。古诗文网赏析诗歌更细化,另外还有创作背景、诗人生平的介绍,是我们阅读的好帮手。

2. 与读者切磋。学习贵在切磋,在切磋中可加深对诗歌的理解。可以与身边的同学交流心得,也可以在"百度学术""中国知网"等平台中搜索前人的学习成果。譬如学习高适的《燕歌行》,"中国知网"中有赵锐的《高适〈燕歌行〉赏析》,有胡勇的《讽刺还是歌颂——试论高适〈燕歌行〉的主旨》,有王笑梅的《高适〈燕歌行〉的互文性分析》等。站在前人的肩膀上,你会看得更远。

八、相关链接

1. 古诗大全

◆ https://www.gushiwen.org/gushi/

2. CCTV-10 科教频道《百家讲坛》"赤壁之战与《短歌行》"

◆ http://tv.cctv.com/2016/06/23/VIDEJ4PPLNl1Mzt7HmPPlpVZ160623.shtml

3.《行行重行行》诵读

◆ https://www.ixigua.com/i6705184373123056135/

4.《孔雀东南飞》诵读视频

◆ https://haokan.baidu.com/v?vid=12168154310261135034

5. CCTV-10 科教频道《百家讲坛》"当爱情遭遇婚姻"

◆ http://tv.cctv.com/2015/08/25/VIDE1440479889243197.shtml

6. 电视剧《花木兰传奇》

◆ http://tv.cctv.com/2013/07/18/VIDE1374154041780669.shtml

7. 花木兰 MV——BGM:尚雯婕《木兰诗》——经典咏流传

◆ https://www.bilibili.com/video/BV1cW41147xK/?spm_id_from=333.788.videocard.1

明珠璀璨　气象万千
——走进《唐诗三百首》

设计者：潘海霞（浙江省江山中学）

QQ：346801429

一、导语

　　诗歌是语言艺术的精品，唐诗是中国古典诗歌的高峰。充沛的情感、磅礴的气势、谐和的音律和隽永的语言，让我们对它产生了一种特殊的亲切感和文化的认同感。清代文学家蘅塘退士编选的《唐诗三百首》从几百种唐诗选集中脱颖而出，"风行海内，几至家置一编"，成为最有影响力的一本唐诗选集，被世界纪录协会收录为中国流传最广的诗歌选集，值得成为你我的案头书。

　　☆ 问题来了：

　　1. 翻开这本书之前，你一定已经阅读了不少唐诗，请写出你印象最深的诗句。

_____

_____

　　2.《唐诗三百首》不仅以前流行，现在也一样。现实生活中，我们可以看到它的各种传播形式：字帖、儿歌、微电影、动画片……阅读这样一本书，你有什么新的期待吗？

_____

_____

二、关于作者

《唐诗三百首》的编者"蘅塘退士",清代人,原名孙洙(1711—1778),字临西,一字苓西,号蘅塘,晚号退士,生于无锡,祖籍安徽休宁。自幼家贫,但勤勉好学,寒冬腊月读书的时候,没有钱买炭火取暖,便在手里握着一块木头,谓"木能生火",可以帮他抵御严寒。15岁考中秀才,33岁中举,40岁进士及第,历任顺天府大成县知县、直隶卢龙县知县、山东邹平县知县、江宁府学教授等职。他为官勤于政事,爱民如子,清廉如水,深受百姓爱戴。因为有感于当时供儿童学习的《千家诗》存在诸多问题,便在继室夫人徐兰英的协助下,编选了《唐诗三百首》。

☆ **问题来了:**

1. 孙洙认为《千家诗》"随手掇拾,工拙莫辨",选诗标准不严,体裁不备,体例不一。请阅读《唐诗三百首》的目录,从入选诗歌的作者和体裁角度总结一下他的选诗标准。

_____

_____

2. 历史上编选唐诗选集的不乏名人,如大名鼎鼎的王安石、王夫之、王士祯等。孙洙既不是著名的诗人、诗评家,也没当过什么高官,然而他编选的《唐诗三百首》却打败了诸多名家编辑的唐诗选集,成为唐诗的经典选本,至今流传不衰。他成功的原因是什么?

_____

_____

3.《唐诗三百首》问世后便一炮走红,但当时人只知道这本书的编者是蘅塘退士,却不知道他的真实姓名。中华人民共和国成立后,经专家学者考证,世人才知道"蘅塘退士"即孙洙。如果放在当今时代来看,孙洙也算是个文化界的名人,但他却选择默默无闻。不妨搜集一下有关他的资料,了解一下当时的社会背景,探究一下其中的原因。

三、内容解析

全书共八卷,"差不多都是历代公认的好诗"①,这些诗多数易于记诵。至于书中收录的诗歌到底有多少首,蘅塘退士本人也没有明确,只是说"共三百余首",较为通行的有 310、313、318、321 首等不同版本。

所选诗歌内容丰富,题材广泛。有的反映时代动乱,书写民生疾苦;有的记录山林美景,表达隐逸情怀;有的抒发人生抱负,表露精神节操;有的表达异域怀乡,感慨身世飘零;有的再现闺阁生活,展现女子情思……当然,《唐诗三百首》也是大唐气象的缩影。它是唐朝政治经济、军事文化、国计民生、文人处境等丰富多彩社会现实的艺术再现。作为 21 世纪的读者,阅读这些诗歌,虽然语言上难免有些障碍,但流淌在文字之中的情愫总会让我们的内心泛起涟漪,唤起我们与古人之间跨越时空的共鸣。可以说,读《唐诗三百首》,就是在经历波澜壮阔的唐朝历史,体验酸甜苦辣的悲喜人生。

---

① 朱乔森. 朱自清全集.《唐诗三百首》指导大概 [M]. 南京:江苏教育出版社,1988.

☆ **问题来了：**

1. 《唐诗三百首》选录的诗歌体裁有古体诗、乐府、律诗、绝句等，这些不同的诗体各有怎样的特点？请查阅相关资料，用简洁的语言分条概括，完成以下表格。

体裁	特点
古体诗	
乐府	
律诗	
绝句	

2. 《唐诗三百首》未选李贺诗，曾引起了诸多争论。有人认为这是《唐诗三百首》的缺陷，有人认为这是由蘅塘退士编选的标准决定的。请查阅相关资料，看看大家是如何论述的，再结合蘅塘退士《序》以及你对李贺诗歌的了解，谈谈你的看法。

_____

_____

3. 世人素来称李白的诗似天马行空，不受作诗规则的拘羁，但也有人认为李白诗并非无法，只是达到了"神超乎技"的最高境界。请结合本书中选入的李白诗，简要分析李白诗的"神"与"技"。

_____

_____

4. 杜甫是唐代伟大的现实主义诗人，他的诗被称为"诗史"，为什么？你能举些例子来说说吗？

_____

_____

5. 优秀的诗人往往能从朴素的生活中发现美，让我们感受到生活的趣味。如李端笔下"鸣筝金粟柱，素手玉房前。欲得周郎顾，时时误拂弦"（《听筝》）的情趣；韦应物笔下"春潮带雨晚来急，野渡无人舟自横"（《滁州西涧》）的野趣；陈子昂笔下"前不见古人，后不见来者。念天地之悠悠，独怆然而涕下"（《登幽州台歌》）的理趣等。阅读《唐诗三百首》，你感受到了怎样的趣味？能再写出几句加以印证吗？

_____

_____

_____

6. 我们现在知晓的很多名胜古迹都与古代诗人的题咏有关。如张继的《枫桥夜泊》成就了"枫桥"，韦应物的《滁州西涧》让人们记住了滁州和滁州城西的西涧（俗名上马河），崔颢的《黄鹤楼》让"黄鹤楼"声名远播，王之涣的《登鹳雀楼》让"鹳雀楼"传颂千古。这样的名胜还有很多，不妨找一找《唐诗三百首》中还有哪些诗歌成就了流传古今的胜迹。

_____

_____

_____

7. 班里要开展一次"我读《唐诗三百首》"的读书交流活动。要求围绕书中的诗歌自选一个主题进行分享。请你写出你的读后感提纲，为读书交流活动做好准备。

_____

_____

_____

四、艺术鉴赏

《唐诗三百首》编选的是脍炙人口的典范之作，所选诗歌皆注重诗歌本身的艺术性和韵味，意境精美，情感深厚，能给予我们良好的审美体验。大部分诗歌的语言虽较为浅近明白，但含蓄隽永，诗意无穷。就像李白的《月下独酌》写的是月明之夜，饮酒行乐，但与"月""影"对酌的热闹背后，却是与月"永结无情游，相期邈云汉"的孤独之苦和无限愁闷。不仅如此，书中所选诗歌多半承继《诗三百》的传统，以"温柔敦厚"为旨归，风格上多端庄典雅，表现出愤而不激、怨而不怒、怒而不淫的儒雅风范，比如张九龄《感遇（其一）》、王维《酬张少府》、孟浩然《留别王维》、韩翃《寒食》等，阅读这样的诗歌，有助于我们的品性得到良好的熏陶。

☆ **问题来了：**

1. 《唐诗三百首》以盛唐诗歌为主，这些诗歌呈现出笔力雄壮、气象浑厚的盛唐气象。请举例说一说它们是怎样表现这种盛唐气象的。

_____
_____
_____

2. 《唐诗三百首》选入了一些平时不被人注意的小人物的诗歌，比如金昌绪、西鄙人、杜秋娘等。这些人的作品为什么能得到编者的高度赞赏？它们在艺术上有什么突出特色？

_____
_____
_____

3. 苏轼曾评论王维的诗是"诗中有画"。请以他的一首山水田园诗为例，说一说王维的诗是如何体现画意美的。

_____

_____

4. 边塞诗是唐代诗歌的主要题材，这类诗或记录边塞军旅生活，或描写奇异的塞外风光，或反映戍边的艰辛。请梳理出《唐诗三百首》中的边塞诗，分析一下这类诗歌的风格特征。

_____

5.《唐诗三百首》选诗时将诗歌的结构也作为其收编的重要标准，所选诗歌一般紧扣诗题，结构上讲究"起承转合"。以卷一五言古诗李白的《下终南山过斛斯山人宿置酒》为例：

暮从碧山下，山月随人归。却顾所来径，苍苍横翠微。（四句下山）

相携及田家，童稚开荆扉。绿竹入幽径，青萝拂行衣。（过斛斯山人）

欢言得所憩，美酒聊共挥。长歌吟松风，曲尽河星稀。我醉君复乐，陶然共忘机。（宿置酒）

（注：括号内为蘅塘退士做的注解）

其中前两联是"起"，三四联"承"，五联是"转"，六七联"合"，表达二人今朝有酒今朝醉的悠然恣意之情。实际上，起承转合的结构是古人写诗的通则。试着再举一个例子并加以具体分析。

_____

_____

_____

6. 诗歌的表达技巧丰富多样，除了我们常见的比喻、比拟、对比、衬托、用典、虚实结合、动静结合等之外，有些时候诗人换一个表达的视角，便能收到意想不到的艺术效果。比如杜甫本来要写自己在外想家，却在《月夜》中抒写妻子在想念他，让感情变得曲折而深刻；又如王维《九月九日忆山东兄弟》，本是写自己在怀念故乡的兄弟，但是诗歌的后两句却是逆写兄弟们在想他，凄凉之感倍增。

试着选择书中的某一种题材，将书写这一题材的相关诗歌放在一起，比较不同作者的写作视角和表达效果有什么不同。

_____

_____

7. 古人写诗讲究炼字，"妙着一字"，往往能"境界全出"。比如柳宗元《渔翁》中"欸乃一声山水绿"和王安石《泊船瓜洲》中"春风又绿江南岸"两句，着一"绿"字，全境俱活。又如杜审言《和晋陵陆丞早春游望》中"梅柳渡江春"一句中的"渡"字，让我们感受到江南花发木荣的春天是杨柳为之，竟不是一种自然的物候。又如王维《过香积寺》中的"泉声咽危石，日色冷青松"，一"咽"一"冷"写尽了山中的幽静和深僻。类似的例子在《唐诗三百首》里还有很多。

试着和你的小组同学一起讨论，把你们认为用字巧妙的诗句摘录下来，写段赏析文字，和班里的其他同学分享。

_____

_____

五、争鸣商榷

读完这本书，你觉得有什么值得商榷的地方吗？读了下面这些读者的不同观点，你会有怎样的想法？不妨在评论区写下你的所思所想吧。

观点一（邹坤峰《〈唐诗三百首〉研究》）近今所行唐诗诸选，当以蘅塘先生所编三百首为最善本，第限于篇幅，名作多遗，学者不能无憾。

观点二（朱乔森《朱自清全集·〈唐诗三百首〉指导大概》）不过在现在的教育制度下，这部书给高中学生读才合适。无论它从前的地位如何，现在它却是高中学生最合适的一部诗歌选本。唐代是诗的时代，许多大诗家都在这时代出现，各种诗体也都在这时代发展。这部书选在清代中叶，入选的差不多都是经过一千多年淘汰的名作，差不多都是历代公认的好诗。虽然以明白易解为主，并限定诗篇的数目，规模不免狭窄些，却因此成为道地的一般的选本，高中学生读这部书，靠着注释的帮忙，可以吟味欣赏，收到陶冶性情的益处。

观点三（著名学者、北京大学教授吴小如《说"唐诗三百首"》）它能比较准确而概括地反映唐代诗歌发展的全貌，多选盛唐诗歌而又不执拗于"盛唐气象"，兼顾同一作家的不同风格和手法，不仅关注有名作家，也注意到作者名气不够大，甚至无名的若干篇突出的名作，同时有意照顾初学者等方面是值得肯定的，但由于受到时代的限制，对具有思想性的诗篇注意得不够，但如果只从客观效果来看，确可作为一本供初步研读唐诗用的标准入门书。

观点四（江南大学法政学院教授张和增《〈唐诗三百首〉与蘅塘退士孙洙》）《唐诗三百首》是唐诗的缩影。这本包纳三百多首唐诗的册子充分体现了唐诗的风骨，展示了唐诗的精髓，凸显出唐诗的灵魂。《唐诗三百首》不但是学习旧体诗的入门之作，也是研究唐诗的基础之作。两百多年来没有哪一个知识分子不读《唐诗三百首》，没有哪一个知识分子不从《唐诗三百首》中吸取养料，获得教益。《唐诗三百首》是我们中华民族永远引为自豪的精神食粮和精神财富。

观点五（当代著名文艺理论家、上海师范大学文学研究所教授马茂元和著名出版人、上海古籍出版社原总编辑赵昌平《关于孙洙〈唐诗三百首〉及其编选的指导思想——〈唐诗三百首新编〉前言》）书中确实选了不少"童而习之，白首亦莫能废"的雅俗共赏的好诗。然而，它的艺术趣味比较单调，所展现的艺术天地不够宽广，远远不能反映唐代诗歌丰富多彩的全貌，更不能从中窥见唐诗承传因革关系和发展线索。对于这份珍贵的文学遗产，如何撷取精英，以少总多，今天读者有着更高的历史主义的要求，是不可能从孙编《唐诗三百首》里得到满足的。

观点六（潘海霞，浙江省江山中学语文教师，本文作者）从作为唐诗选本的角度来看，《唐诗三百首》是公认的优秀诗歌选集。但就其所选的诗歌作品来看，确有一些值得商榷的地方。作为一名老师，我感到最为困惑的是书中竟然选入多首宫怨诗，如李白《玉阶怨》、王昌龄《闺怨》《春宫怨》《长信怨》、刘方平《春怨》、顾况《宫词》、刘禹锡《春词》、白居易《宫词》、朱庆余《宫中词》，等等。蘅塘退士要编写的是一本供儿童学习的家塾课本，这些诗作虽然艺术上可资借鉴，但是否适合儿童学习，值得讨论。此外，还有一些奉和应制之作、乞仕之作，这些诗作的选入同样值得商讨。

观点七（网名为"一水间"的读者）《唐诗三百首》就是小学时买的，那时候好多字还不认识，便找了本新华字典，挨个找，再注上拼音，无聊的时候、饭前睡前，便拿出来读读。那是多么神奇而美妙的感觉，明明不解其意，也不懂什么抑扬顿挫，却油然而生一种诗意的享受，仿佛整个精神世界都升华了，单纯地沉浸于那些唐诗所营造的无法言说的美妙中，读了一首就想读下一首，追求那种快乐。中学之后，渐渐明白那些诗句所展现的意境，于是一遍遍地读，思绪随着诗句的变换而变换，越读越觉其神妙，越感叹诗人们的高大，短短数句、数十句的诗词简直就是一个个世界，言有尽而意无穷……那时候，唐诗宋词对我而言就是繁重的学业中一次精神的休养与升华。读着诗词，仿佛整个生活都诗意化了。

☆ **问题来了：**

看到大家的争论，想必你也心动了吧！百家争鸣，方能百花齐放，他人的评价固然重要，但更重要的是你对《唐诗三百首》的看法，在这里亮出你的观点吧！

_____

_____

_____

_____

六、学以致用

当生活拥有诗歌的时候，就不再是一地鸡毛了。诗歌高度凝练的语言可以跨越时空的限制，短短几十个字便能让我们阅尽人世。读《唐诗三百首》，更能让我们通过诗人的语言感受到生活的美，发现生活的情趣。忙碌的间隙，不妨让我们的心灵在诗歌的天地里小憩一会儿，觅得一份宁静，享受一份美好。诗歌可以成为生活的调味品，也可以成为引领我们发现美和欣赏美的一方天地。

☆ 问题来了：

假如你的班里有这样一群同学，他们一点儿都不喜欢读《唐诗三百首》，他们认为唐人的生活跟我们相差太大，唐诗的语言跟我们现在的表达习惯也完全不同，读唐诗除了应付考试以外，好像没什么特别大的价值。请结合你自己的读后感受，给这样一群同学写一封信，将你阅读《唐诗三百首》学以致用的亲身体会分享给他们。

七、阅读建议

1. 调整心态。《唐诗三百首》记录的是唐人的生活情况，毕竟唐代与我们现在的社会有很大不同，书中有些诗歌记录的生活离我们很远，导致我们难以理解。怎样才能走进古人的生活世界，体会古人的情感魅力，从而陶冶我们自己的性情呢？最好的方法莫过于以文字为媒介，细细咂摸语言文字，以此走进古人的生活世界，也就是朱自清先生说的"设身处地，替古人着想"。

2. 循序渐进。著名学者吴小如先生曾根据自己的阅读经验，给《唐诗三百首》的读者这样的阅读建议："如果为了对古典诗歌发生兴趣，最好先从五、七绝入手。因为这些短诗既好懂又好记，而意境之深远、形象之生动却并不下于长诗。至于读古诗和律诗的先后，那要依个人的兴趣而定。对于名家如李、杜的作品固然应该注意，而对于那些名气不太大的作家的作品，就更应该逐一细读。因为这些作家的这几首诗竟能与名家的作品并列，想必有其不朽的道理在……把全书读过一两遍，觉得某一家的作品更合自己的脾胃，然后再去专门读那一家的全集。"这种将个人兴趣和经典研习结合起来的循序渐进式的阅读方式值得一试。

3. 借助参考。将原诗与注释、鉴赏文章结合起来进行研读。读诗歌，我们基本是从背诵开始的。也许有许多经典诗歌，我们读起来觉得它好，大家也都说它好，但是你可能不明白它为什么好。进入高中阶段了，我们读诗不能仅仅停留在背诵层面，想要知道一首诗为什么好，就需要理解它，真正走进诗歌的语言世界。所以，读《唐诗三百首》可以参照着注释读，配合着古人经典的点评或相关的鉴赏文章一起研读，这样有助于你了解诗句的文义，增进你对诗歌的理解，进而发现这首诗歌的美。

4. 专题阅读。如果你想更为深入地研读诗歌，可以采用专题阅读的方式。比如将相同题材的诗歌或同一诗人的不同作品放在一起进行比较阅读，这样的阅读更有助于你提升鉴赏诗歌的水平。

八、相关链接

《唐诗三百首》自诞生以来，注本较多。对于同学们来说，以下书目参考价值较高、实用性较强，且易于购买或借阅：

1. 如果你想配上注释可以参看：

◆ 赵昌平．唐诗三百首全解（典藏版）[M]．上海：复旦大学出版社，2019.

◆ [清] 陈婉俊补注．唐诗三百首 [M]．上海：上海古籍出版社，2018.

◆ 章燮注疏．唐诗三百首注疏 [M]．合肥：安徽人民出版社，1983.

2. 如果你还想知道古人对某首诗歌的评价，可以参看：

◆ 金性尧，金文男．唐诗三百首新注（典藏版）[M]．上海：上海古籍出版社，2016.

  3. 如果你有兴趣进行古典诗歌的创作，可以参看：

◆ 喻守真. 唐诗三百首详析［M］. 北京：中华书局，2005.

  4. 如果你想概览整个唐代诗歌，可以观看电视纪录片《唐之韵》。

仰天大笑出门去
——走进《李太白全集》

设计者：王亚云（宁波市鄞州中学）

微信：13906844022

一、导语

毫不夸张地说，有华人的地方就会有唐诗；而谈起唐诗，人们首先想到的便是李白。李白的诗歌是深深嵌在汉语密码里的文化基因。

唐诗也是我们现代人心灵的"后花园"。我们比以往任何时候都需要回眸大唐王朝，从唐诗中汲取前行的力量。而那"后花园"中最为绚丽夺目的风景，无疑就是这部《李太白全集》了。

如果你能通读这部被称为"中国第一才子"所著的奇书，那么你已经是万里挑一的学术达人了；即使从中选读各部分的代表作品，也会对李白这位伟大的诗人以及他背后那个强大的王朝有一个系统的了解。

☆ 问题来了：

1. 李白被称为"诗仙"，他在我国的文学史上就像一颗耀眼的星。放眼世界，请你举出几位具有同等地位的其他国家的文学家。做个类比，你会有什么发现？

_____

_____

_____

2. 亲爱的读者，你是怀着怎样的心情捧起《李太白全集》的呢？

_____

_____

_____

二、关于作者

李白（701—762），字太白，号青莲居士，又号谪仙人，唐代伟大的浪漫主义诗人。他的诗歌妇孺皆知、家喻户晓。而诗歌之外的李白，我们却又是那么的陌生，我们可能永远也无法知悉他的来处和去向。

李白的身世一直是一个谜。有人认为李白出生在碎叶，即现在的吉尔吉斯斯坦境内；和李白相亲近的人则称李白出生于陇西成纪，即现在的甘肃省；也有人说李白生于四川。有人考证李白是胡人，而李白自称是凉武昭王暠九世孙，后人又据此考证是李建成的玄孙。

李白的出生向来带有美丽的传说，说其母生李白的那个晚上，梦见了太白金星落入怀中。李白之死也蒙着一层神奇的色彩，据说李白在当涂的江上饮酒，因醉酒跳入水中捉月而溺死。

我们从小就知道铁杵磨成针的故事，这大概也是大多数普通人与李白的初次相遇。李白的用功，据说就是受了故事里老太太的感动。

我们再次与李白相遇，大多是因为他和唐明皇的故事了。李白醉草吓蛮书，天子呼来不上船……这些故事一直为后世津津乐道。不过，那时的李白已经 42 岁了，他已经走完了人生三分之二的旅程。

出川之前，李白在干什么？出川之后，李白又为何没有直接奔赴京城？李白在晚年为何被流放？这些对于我们似乎又是那么扑朔迷离。

☆ 问题来了:

1. 依据出版说明和卷三十一的附录,你能将李白的一生大约划分成几个阶段?参照示例,将下表格补充完整,并请你谈谈划分的依据。

人生阶段	划分依据	传奇故事
二十岁之前发奋求学	年谱记载:太白十岁,通《诗》《书》,观百家;开元八年(李白十九岁),太白于路中投刺,(苏)颋待以布衣之礼,因谓群寮曰:"此子天才英丽,下笔不休,虽风力未成,且见专车之骨。若广之以学,可以相如比肩。"	李白曾经与隐士东严子在岷山修道,养了上千只珍稀的禽鸟,一叫就能飞来手心里吃东西。

2. 李白的一生被世人认为最得意的时期是担任翰林供奉待诏的三年。请仔细阅读《李翰林集序》《草堂集序》和《李白年谱》中有关这三年的内容,比较冯梦龙《警世通言》里的《李谪仙醉草吓蛮书》,说说《警世通言》里塑造的李白形象与前三者的异同,试着探究其原因。

3. 李白到底长什么样子？我们只能凭想象去猜测了。下面是南宋著名画家梁楷画的《李白行吟图》，笔简意丰，墨韵淋漓，现收藏于日本东京国立博物馆。请在卷三十一附录中寻找关于李白形貌的描写，试着用语言描述李白的形貌特点。

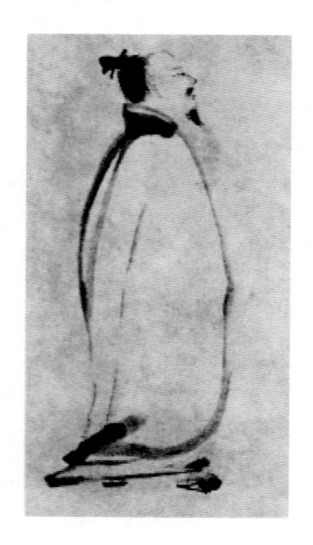

三、内容解析

　　《李太白全集》是由中华书局整理出版的"中国古典文学基本丛书"系列之一，选用的是清代王琦的注解版本。《李太白全集》是在南宋杨齐贤《李翰林集》、元代萧士赟《分类补注李太白集》、明代《胡正亨》《李诗通》的基础上对李白的诗、文重新编注,是李白诗文集中最完备的注本。

《李太白全集》按照文体分类编排,共有36卷。

卷名	卷一	卷二	卷三~卷六	卷七~卷二十五	卷二十六	卷二十七	卷二十八	卷二十九	卷三十	卷三十一~三十六
文体	古赋	古诗	乐府	古近体诗	表、书	序	记、颂、赞	铭、碑文、祭文	诗文拾遗	附录

☆ 问题来了:

1. 《李太白全集》共收录古体诗59首,乐府诗149首,古近体诗(古诗、乐府、律诗、绝句、排律)779首。请你分别选出其中最喜欢的一首(篇),并说说你的理由。

_____

_____

2. 《大鹏赋并序》是《李太白全集》的首篇。据记载,李白入翰林时,文章已经名动京师。尤其是他的《大鹏赋并序》,当时每家都有一本,颇有些"洛阳纸贵"的架势。后世学者中,有人认为《大鹏赋并序》是李白道家思想的代表作,也有人认为是入仕济民终不得的象征。你读了以后有什么印象?请说说你的看法。

_____

_____

3. 杜甫诗云:"李白一斗诗百篇,长安市上酒家眠。天子呼来不上船,自称臣是酒中仙。"李白现存1 500余首诗歌中,涉及饮酒的诗歌有 250 首之多。请摘录几句你喜欢的李白写酒的诗句,说说李白借酒分别表达了哪些情感。

_____
_____

4. 公元 744 年,43 岁的李白在洛阳遇见了 32 岁的杜甫。请你找出杜甫写给李白的 14 首诗歌,仔细体味杜甫眼中的李白形象的变化。

_____
_____

5. 鲁仲连是战国时期的齐国人。《史记·鲁仲连邹阳列传》对他的事迹有过比较详细的记载。鲁仲连是李白一生最佩服的人,李白在《古风》中曾经写道,"齐有倜傥生,鲁连特高妙……吾亦澹荡人,拂衣可同调"。联系《史记》中鲁仲连的事迹,读一读李白关于鲁仲连的诗歌,想一想李白崇拜鲁仲连的理由。

_____
_____

6. 读了《李太白全集》中的诗文,你对李白这个人有什么新的认识?李白除了是位天才的诗人,他身上还兼有哪些气质?请探究李白形成这些气质的原因。

_____
_____

四、艺术鉴赏

初读诗歌的人,一定会首先喜欢李白。他的诗歌就像自然流淌的山间小溪,"小时不知月,呼作白玉盘",清新爽洁;"两人对酌山花开,一杯一杯复一杯",这简直就是民间白话了。就算是对于精美事物的极致描写,李白依然可以做到清新明丽,"云想衣裳花想容,春风拂槛露华浓",无一字生僻,无一语聱牙,你第一次读到它时,就能很快将它背诵下来,记在心头。现代人已经疏远了诗歌,但即使再陌生,有些诗歌一定会留存在我们的语言世界之中,比如"举头望明月,低头思故乡"。李白的诗与千年后的我们并不存在多少语言的隔膜,这起码说明李白诗歌语言的强大生命力,我们至今还徜徉在这样的语言密码中心领神会。

有很多词语可以用来形容李白诗歌的艺术风格,浪漫、飘逸、豪放等,其实这些词都有一个共同的艺术价值取向,这个取向可以称为"天真"。法国文艺理论家雅克·马利坦说:"一旦天才被用来表达形成那些创造领域的特点的特殊性质时,我们则苦于找不到一个合适于它的名词。我所能设想的一个缺点最少的名词是'创造性天真'——这种带着诗性直觉的不可遏制的力量和自由的创造性天真。"李白的艺术创作,本质上是追求天然纯真,"古来万事贵天生"(《草书行歌》),他要褪去南朝以来形成的绮丽甚至靡丽的诗风,不事雕琢,不掩真情。李白在评价别人的诗歌时,也经常以天真为标准,"览君荆山作,江鲍堪动色。清水出芙蓉,天然去雕饰"(《经乱离后天恩流夜郎忆旧游书怀赠江夏韦太守良宰》),"蓬莱文章建安骨,中间小谢又清发"(《宣州谢朓楼饯别校书叔云》)。"清""天然",李白的艺术世界,天真无处不在。

李白诗歌的"天真",首先表现在他毫不掩饰对自我的欣赏:"天生我才必有用",这是我们最熟知的诗句;"出则以平交王侯,遁则以俯视巢许"(《送烟子元演隐仙城山序》),"君看我才能,何似鲁仲尼"(《书怀赠南陵常赞府》),在李白的眼中,没有什么需要膜拜的圣贤,没有什么了不起的英名伟业。一任性情的自由流露,使得李白更加钟情于形式相对自由的古体诗和乐府诗。盛唐本是律诗的黄金时代,但在李白传世的千余首诗歌中,律诗不足十分之一,七律仅有12首。清人赵翼就评价李白"自不懈束缚与格律,对偶与雕绘者争胜"(《瓯北诗话》)。仔细想来,犹在我们耳畔回绕的李白诗歌,《静夜思》《将进酒》《梦游天姥吟留别》《早发白帝城》《子夜吴歌》……基本上都是绝句,律诗似乎只是隐隐地站在一旁。更近一步,我们会发现,李白的很多诗歌更接近于散文。"以文为诗",是韩愈提出的文学主张,而李白在此时已经大胆地迈出了探索的步伐。"匈奴以杀戮为耕作,古来惟见白骨黄沙田"(《战城南》),"清风朗月不用一钱买,玉山自倒非人推"(《襄阳歌》),情感的充盈造就了诗歌结构的跌宕,诗歌的散文化也就不期自来了。

这样看来,李白诗歌以想象的奇特为最重要的艺术特征也就顺理成章了。李白的想象完全打破了惯常思维,以至于我们经常将李白的想象与夸张联系在一起。"白发三千丈,缘愁似个长"(《秋浦歌》其十五),"燕山雪花大如席,片片吹落轩辕台"(《北风行》),想象又兼有雄奇豪迈,读者读来愁也愁得肝肠寸断、冷也冷得彻骨侵髓。沈德潜《唐诗别裁集》说李白的诗歌:"想落天外,局自变生……白云从空,随风变灭。此殆天授,非人可及。"我想,这都源自李白艺术创作上对于"天真"的追求。

☆ 问题来了：

1. 《古风·大雅久不作》是李白现存59首古体诗的第一篇。该诗集中表达了李白诗歌创作的主张。请找出相关的诗句，并对李白的诗歌创作主张做个说明。

_____
_____

2. 蒋勋说："诗像一粒珍珠，它是要经过琢磨的……魏晋南北朝的三百多年，就是琢磨唐诗这颗'珍珠'的过程。"在魏晋南北朝诗歌中，《古诗十九首》被誉为"风余诗母""一字千金"。请你比较《古诗十九首》和李白的诗歌，试着从艺术技巧或者语言风格的角度寻找二者的共通点。

_____
_____

3. 中国的诗人对月亮总有一份独特的情感，李白也不例外。当他唱着《峨眉山月歌》走出四川，开始一生的漫游时，月亮就再也没有离开过他的文学世界，月亮在他的诗歌里表现出丰富的意象。请你找一找李白诗文中的"月亮"意象，归纳其中包含着哪些意蕴。

_____
_____

4. 殷璠在《河岳英灵集》中评价李白的作品"奇之又奇"。这"奇"来自李白诗歌中独特的意象、丰富的想象、对历史典故的熟稔、翻新和对于夸张的偏好。自然界的日月星辰、山川江海，人世间的神话传说、历史人物,无不供其驱遣。请你在阅读中仔细体味李白的"奇",并结合实例说说作者是怎样精妙地运用想象、意象、典故、夸张来展现诗歌之"奇"的。

_____
_____
_____

5. 浪漫主义是文学的基本流派之一,它在反映客观现实上侧重从主观内心世界出发,抒发对理想世界的热烈追求,常用热情奔放的语言、瑰丽的想象和夸张的手法来塑造形象。李白的诗歌高度统一了诗人的浪漫主义精神和浪漫主义的创作手法,请你结合诗句具体分析。

_____
_____
_____

6. 李白的诗歌豪迈奔放,清新飘逸,是浪漫主义的高峰,读着李白的诗歌,自然而然就想到"谪仙人"这三个字。李白写诗之外,也写过很多文章,尤其是干谒文。他在《上安州裴长史书》中写道:"白窃慕高义,已经十年。云山间之,造谒无路。今也运会,得趋末尘,承颜接辞,八九度矣。"他在《与韩荆州书》中更是写道:"生不用封万户侯,但愿一识韩荆州。"请阅读这两篇文章,分析文章中李白的形象与我们传统印象中李白的形象有何区别,想一想造成差异的原因会是什么。

_____
_____
_____

五、争鸣商榷

作为天才型的诗人,李白很早就确立了他的诗名,他的诗名扬当代,享誉后世。后人对李白诗作的些许批评,也多来自与杜甫诗作的比较。这在文学史上是一件很有趣的事情,李杜二人生前是好友,二人相互欣赏,谁也没想到身后却成了相互比较的对象。请阅读比较下面摘录的观点:

观点一(白居易《与元九书》[①]):"李之作,才矣奇矣!人不逮矣!索其风雅比兴,十无一焉。杜诗最多,可传者千余篇。至于贯穿古今,覼[②]缕格律,尽工尽善,又过于李。"

观点二(胡震亨《唐音癸签》[③]):"太白于乐府最深,古题无一弗拟。或用其本意,或翻案另出新意。合而若离,离而实合。曲尽拟古之妙。尝谓读太白乐府者有三难:不先明古题辞义源委,不知夺换所自;不参按白身世遭遇之概,不知其因事傅题、借题抒情之本指;不读尽古人书,精熟《离骚》、选赋及历代诸家诗集,无繇[④]得其所伐之材,与巧铸灵运之作略。今人第谓太白天才,不知其留意乐府自有如许功力在,非草草任笔性悬合者。不可不为拈出。"

观点三(严羽《沧浪诗话》[⑤]):"李、杜二公,正不当优劣。太白有一二妙处,子美不能道;子美有一二妙处,太白不能作。子美不能为太白之飘逸,太白不能为子美之沉郁。太白《梦游天姥吟留别》《远别离》等,子美不能道;子美《北征》《兵车行》《垂老别》等,

---

[①] 引自朱金城《白居易集笺校》,2791 页,上海古籍出版社,1988。
[②] 覼:同"觇",察看。
[③] 引自胡震亨《唐音癸签》卷九,87 页,上海古籍出版社,1981。
[④] 无繇同"无由"。
[⑤] 引自《李太白全集》卷三十四,1796 页。

太白不能作。论诗以李、杜为准，挟天子以令诸侯也。少陵诗法如孙、吴，太白诗法如李广。"

观点四（赵次公《杜工部草堂记》①）："李、杜号诗人之雄，而白之诗多在于风月草木之间、神仙虚无之说，亦何补于教化哉！惟杜陵野老，负王佐之才，有意当世，而肮脏不偶，胸中所蕴，一切写之于诗。"

观点五（陈善《扪虱新话》②）："予谓诗者妙思逸想，所寓而已，太白之神气当游戏万物之表，其于诗寓意焉耳，岂以妇人与酒败其志乎？不然，则渊明篇篇有酒，谢安石每游山必携妓，亦可谓之其识不高耶？"

观点六（李攀龙《选唐诗序》③）："七言古诗，惟杜子美不失初唐气格，而纵横有之。太白纵横，往往强弩之末，间杂长语，英雄欺人耳。"

观点七（祝尧《古赋辨体》④）："王荆公尝谓'太白才高而识卑'，山谷又云'好作奇语，自是文章之病。建安以来好作奇语，故其气象衰薾'愚谓二公所言太白病处，正在里许。"

观点八（《泰山片石》⑤）："相比之下，李白的'天门一长啸，万里清风来'，就有点洒狗血。李白写了很多好诗，很有气势，但有时底气不足，便只好洒狗血，装疯。他写泰山的几首诗都让人有底气不足之感。"

观点九（李长之《李白传》⑥）：李白在诗的实际成就上是吸取了

---

① 引自《李太白全集》卷三十四，1797 页。
② 引自《李太白全集》卷三十四，1802 页。
③ 引自《李太白全集》卷三十四，1811 页。
④ 引自《李太白全集》卷三十四，1791 页。
⑤ 引自汪曾祺《生活是很好玩的》，125 页，北京时代华文书局，2017。
⑥ 节选自《李白传》第七章，天津文艺出版社，2014。

民歌的长处,吸取了六朝诗人的成绩(却扬弃了六朝人卑弱的风格),以"黄河之水天上来"的气魄来与我们相见。

☆ 问题来了:

从盛唐开始,对李白的赞誉就一直不断,我们很少听到对李白批评的声音。请仔细阅读《李太白全集》卷三十四附录四,找出对李白诗文持批评态度的文字,再联系汪曾祺先生的说法,想一想,这些批评有道理吗?请举例分析说明你的观点。

_____

_____

六、学以致用

诗人西川说:"一旦古人在你眼中变成活人,而不再是死人,一旦古人的书写不再只是知识,不再是需要被供起来的东西,不再神圣化,你就在阅读和想象中获得了别样的感受。"诗歌早已远离了现代社会,我们现在更多的时候是把诗歌当成敲门的砖头,用来应付考试;要么,把它当成奢侈品,用来标榜自己的身价,粉饰自身的形象。如果要让诗歌从神龛中走下来,我们必须努力走进古人的生活现场,同时还要努力把古诗拉进自己的生活。

☆ 问题来了:

学校要举行"李白诗文朗诵会"。请你从《李太白全集》中择选若干篇你最喜欢的李白诗文,将你的阅读感受和李白诗文连缀成稿,做好朗诵分享的准备。

_____

_____

七、阅读建议

1. 阅读竖排版初期容易错行漏行，只要坚持读上几页，就会很快适应，实在不行，效仿古人把书卷起来读是一个不错的办法。至于繁体字，对于我们同学来说并不是难事，大多数字我们一眼就能辨识，少部分文字依据上下文我们也能解决。

2. 先读一读"出版说明"，那里有李太白的大致生平和后人对其人、其文的评价；再读一读卷五的"附录"，其中李阳冰和魏颢的序、李白的年谱是一定要读一读的，那是了解李白的第一手材料。

3. 我们可以先从熟悉的诗歌读起，阅读诗歌，建议先从李白的古体诗、乐府诗读起，那是李白诗歌的精华所在，遇到朗朗上口的诗句不妨背一背，说不定什么时候就能用上了。等我们熟悉了李白的诗风，再去慢慢欣赏我们不太熟悉的散文。

八、相关链接

1. 如果你想对李白的诗文有比较深入的认识，手边不妨准备以下资料，作为参考工具：

◆ 瞿蜕园，朱金城．李白集校注［M］．上海：上海古籍出版社，2015.

◆ 蒋勋．蒋勋说唐诗［M］．北京：中信出版社，2019.

◆ 赵昌平．李白诗选评［M］．上海：上海古籍出版社，2011.

2. 知人论世是我们一贯的阅读方法，如果你想比较全面地了解李白，请你读一读李白的人物传记：

◆ 李长之．李白传［M］．天津：百花文艺出版社，2014.

百年歌自苦　万世有知音
——走进《杜工部集》

设计者：金卓鹏（永康一中）

QQ：262250398

一、导语

《杜工部集》是唐代诗人杜甫的诗文集，因其曾任检校工部员外郎而得名。现存诗1 400余首，文30余篇。唐代中期的大诗人元稹在《唐故工部员外郎杜君墓志铭》中曾言："至于子美，盖所谓上薄风骚，下该沈宋，言夺苏李，气吞曹刘，掩颜谢之孤高，杂徐庾之流丽，尽得古今之体势，而兼人人之所独专矣。诗人以来未有如子美者。"一言以蔽之，他认为杜甫乃古今诗人第一，在世界文学史上也占有重要地位。

那么杜甫为何能得到如此高的评价呢？杜甫究竟拥有什么样的魔力，能让后世的学者、文人把他的诗从尘封鼠啮的故纸堆里拣出来，虔诚恭敬地奉之于中国古典诗歌殿堂的神龛中呢？带着这些疑惑，让我们走进《杜工部集》，走近"千古诗圣"。

☆ **问题来了：**

1. 在阅读本书之前，回忆一下你背诵过杜甫的哪些诗歌，把诗歌题目写在横线上。

_____

_____

2. 明人高棅在《唐诗品汇》中根据唐诗的发展轨迹将唐朝分为初、盛、中、晚四个阶段,杜甫生活的时代正是唐王朝经历"安史之乱",由盛转衰之时。请从政治、经济、文化(可以单从对诗歌影响的角度考虑)等方面探究盛衰两个时期的不同之处。

_____

_____

二、关于作者

杜甫(712—770),字子美,自号少陵野老,又称杜少陵、杜工部、杜拾遗,唐代伟大的现实主义诗人,与李白合称"李杜"。35岁之前,他的主要工作就是漫游,遍览祖国名山大川,齐、赵、梁、宋都留下了其年少轻狂、意气风发的足迹;之后十年,他志在求取功名,报效国家,便一直旅居长安,但其仕途未遂人意;从45岁开始,他四处漂泊,忧国忧民。中间虽有短暂的稳定时期,却也只是保证最基本的生活,直至58岁那年病逝于耒阳的一叶扁舟之上。

☆ 问题来了:

1. 杜甫究竟是个怎样的诗人?你对他的了解有多少?查找相关资料,为他制作一张"大事年表",并说说你对他的认识。

_____

_____

2. 李白和杜甫是中国古典诗歌史上的两颗璀璨明珠,也是大家最熟悉的两位诗人。他们于744年在洛阳初次相遇,一见如故。之后同游梁、宋。杜甫比李白小11岁,他还是李白的忠实粉丝,和李白分别后,他写了不少诗表达对偶像的思念与崇拜之情,如《赠李白二首》

《梦李白二首》《春日忆李白》《天末怀李白》等,光看诗题,颇有日思夜想的味道。读读这几首诗歌,找找杜甫如此崇拜李白的原因。

_____

_____

3. 隋代推行的"科举制",在一定程度上减少了之前"上品无寒门,下品无士族"的不公平现象,普通家庭出身的学子们看到了出人头地的希望。唐朝大体承袭了隋朝的人才选拔制度,主要有"进士科"和"明经科"。同时唐代诗风大盛,又因此衍生出"投卷""荐举"等求取功名的捷径。但有一个奇怪的现象,好多如今公认的唐代大诗人却成了一个个名落孙山的"学渣",杜甫便是典型代表!这是为什么呢?请了解唐朝科举的各种形式,试着找找答案。

_____

_____

三、内容解析

《杜工部集》收录诗 1 400 余首,文赋 30 余篇,按照古体诗、近体诗进行分类,文置于诗后。杜甫在《宗武生日》中说:"诗是吾家事。"可见诗人是将诗歌作为看家本事的,故而要走近他,了解他,最主要的途径就是从诗歌入手。诗言志,自《望岳》始,杜甫将他一生的心路历程通过诗歌传达。他的才华,他的壮志,他的无奈,他的哀怨,他的愤怒,他所有的情感,皆可从诗中一一窥探。同时,一部杜诗便是一段记录唐朝盛衰交替的历史。孟棨在《本事诗》中说:"杜逢禄山之难,流离陇蜀,毕陈于诗,推见至隐,殆无遗事,故当时号为'诗史'。"这是第一次有人用"诗史"来概括杜甫诗歌的思想内容,可见在孟棨看来,杜甫在安史之乱前后偃蹇困顿、颠沛流离的曲折经历是孕育出"诗史"的重要原因。

☆ 问题来了:

1. 诗有古近体之分,一般意义上讲,古体诗指的就是唐代以前的诗歌,以诗句字数分,有四言、五言、七言和杂言等形式;而唐代以后的诗则称为近体诗,按诗句字数,通常只分五言、七言两类。那么除了诗句字数的差别以外,两者之间还有什么显著差异呢?请品读《同诸公登慈恩寺塔》和《登楼》,结合相关资料,以表格的形式做一个比较。

_____

_____

2. 杜诗展现的是广阔的时代画卷,表达的是诗人深沉的内心独白。按照时、地的纵向划分,大致可分为游荡齐赵、旅食京华、漂泊西南、沉浸草堂、陷入孤城五个阶段。请仔细品读各阶段的诗作,体味不同时期诗人思想感情的变化,将你的所得写在横线上。

_____

_____

3. 请细细品读《奉赠韦左丞丈二十二韵》《自京赴奉先咏怀五百字》《三吏》《三别》等诗,结合历史时事,梳理一下这些诗写到了何人、何事,反映了怎样一种社会现实,表达了诗人的一种什么样的思想情感。

_____

_____

_____

4. 我国在古代是一个"早婚国家",虽然各朝各代略有不同,但大体上男子不会超过 20 岁,女子不会超过 16 岁。唐代的规定是男子 15 岁,女子 13 岁,若是男子超过 20 岁,女子超过 15 岁尚未婚配,甚至还要被处罚。按照这个法律执行,那杜甫应该是大唐"民政局"的重点关注对象,因为他直到 30 岁的时候才脱离单身群体。他的新娘比他小了 11 岁,也有研究说是小了 21 岁。他们在那个风雨飘摇的时代默默相守了 30 多年的时光。其间,杜甫没有纳妾,没有蓄妓,没有任何的花边新闻,翻遍他的 1 400 多首诗,甚至一句撩妹的话都没有,要知道唐朝的思想包容开放,诗人们更是风流不羁。李白曾"千金骏马换小妾",白居易有"樱桃樊素口,杨柳小蛮腰",杜牧更是"春风十里扬州路",就连特困户——卢照邻都在四川留下了一个郭小姐,在如此风气的诗人圈里,杜甫的存在更显难能可贵。

杜甫长于其妻杨氏十余岁,但他在诗中却喜欢以"老妻"称之。试着找一找杜甫描写妻子的诗歌,把诗题及相关诗句写在下面,再进一步谈谈你的看法。

_____
_____

5. 大家都知道杜甫是一个诗人,因此他的文章往往容易被忽略,你是否从《杜工部集》的 30 多篇文赋中有什么发现?他的文章在内容上与他的诗歌有哪些呼应?

_____
_____
_____

四、艺术鉴赏

杜诗以千锤百炼的艺术造诣、炉火纯青的老成境界以及对国事民生的深切关注为人所称道,对中国古典诗歌产生了极其深远的影响。

杜甫是中国古典诗歌语言艺术的大师,对于自己的诗歌语言有着极高的追求,有"语不惊人死不休"之语,因而他的诗句是经过反复锤炼的,往往于寥寥数字中包含着极其丰富的内容和意蕴,读之令人叫绝。文学史在谈到杜甫时,往往用"沉郁顿挫"四个字来评价其诗歌风格。这四个字出自杜甫的文赋《进雕赋表》,指诗文风格深沉蕴藉,语势有停顿转折。虽然这四个字能大体概括杜甫的诗歌风格,但毕竟太过笼统,须知杜诗的艺术造诣高逸超绝,需要从语言、结构、韵律、意境等角度去品味欣赏,方能入其堂奥。

☆ 问题来了:

1. 罗大经于《鹤林玉露》中评析杜甫《登高》中的"万里悲秋常作客,百年多病独登台"一联说:"万里,地之远也;秋,时之凄惨也;作客,羁旅也;常作客,久旅也;百年,暮齿也;多病,衰疾也;台,高迥处也;独登台,无亲朋也。十四字之间含八意,而对偶又精确。"杜诗语言的精工可见一斑。在读杜诗的过程中你发现类似的诗句了吗?试找出两句进行赏析。

_____

_____

2. 杜甫于律诗上下的功夫尤其深。据统计,杜甫现存律诗960首,接近他现存诗歌总数的七成,特别是在到夔州以后的五年之内,写了400首律诗,他自己也说"晚节渐于诗律细"。律诗最基本的特征是格律，以声律和对仗两点为主。请查阅相关资料，探究一下杜甫为何如此钟情于律诗，然后和同学们交换意见。

_____

_____

3. 杜甫的作品中有很多联章诗，也就是由几首诗组成一个有机整体，进行完整的情感表达的组诗，其中的名篇也不少，如《前出塞（九首）》《乾元中寓居同谷县作歌（七首）》《咏怀古迹（五首）》《秋兴（八首）》。选择其中的两组诗进行赏析，看看组诗中诗与诗之间在结构、情感上有怎样的联系。

_____

_____

4. 杜甫现存诗歌1 400多首，但是他34岁之前的诗作却因为种种原因亡佚颇多，只流传下来20多首，但这些诗已经足够我们去认识诗人早期的创作风格。请大家品读《望岳》《壮游》《画鹰》《房兵曹胡马》等诗，分析其风格特点，并尝试借此探究一下盛唐时期诗人们大体的诗风倾向。

_____

_____

5. 杜甫晚年曾在《南征》中感慨："百年歌自苦，未见有知音。"第二年他便去世了。在世时，他的名声和李白、王维、高适等人相比，不说有天壤之别，也确是望尘莫及，他的诗歌也并未得到诗坛的重视，当时几种重要的诗歌选本，如《河岳英灵集》《中兴间气集》

皆未选入杜诗。直至中唐，韩孟诗派、元白诗派对杜甫一致推崇之后，杜诗的地位才直线上升，直与李白分庭抗礼。李白写诗略貌取神，多喷薄而出，少精雕细琢，非天才不可为；杜甫则谨貌传神，于语言技法上下力甚多，有迹可循，故而后世学杜者的数量大大超过学李者的，其中便以韩孟诗派、元白诗派为代表。

杜诗有两个显著特征，一是在选材上"即事名篇，无复依傍"，多写民生疾苦和国政时事；二是在表达上才力雄强，"无一字无来处"，"以文为诗"，注重苦吟和锤炼功夫。请读一读韩愈、孟郊、元稹、白居易的诗歌，探究一下韩孟诗派、元白诗派分别继承了杜诗的哪些创作特点。

五、争鸣商榷

自中晚唐"李杜"齐名成为诗坛共识后，"李杜之争"便成为中国古典文论中辩论最激烈的话题之一。

观点一：扬杜抑李。自元稹首倡以来，执此说者代不乏人，可以说，李杜之争实质上是从扬杜抑李开始的。

1. 元稹：是时山东人李白，亦以奇文取胜，时人谓之李杜。余观其壮浪纵恣，摆去拘束，模写物象，及乐府歌诗，诚亦差肩于子美矣。至若铺陈终始，排比声韵，大或千言，次犹数百，辞气豪迈而风调情深，属对律切而脱弃凡近，则李尚不能历其藩瀚，况堂奥乎！

2. 王安石：白之歌诗豪放飘逸，人固莫及，然其格止于此而已，不知变也。至于甫则悲欢穷泰，发敛抑扬，疾徐纵横，无施不可……

此甫之所以光掩前人，而后无来继也。

3. 苏辙：李白诗类其为人，骏发豪放，华而不实，好事喜名，不知义理之所在也……杜甫有好义之心，白所不及也。

4. 谢省：以诗言之，固可以李、杜并称，若论其人，则太白岂子美之伦哉！观子美诗之所发，无非忠君忧民之心，经邦靖难之计，识见通明，议论高远。褒善刺恶，得《春秋》之体；扶正黜邪，合风雅之则，非他诗人模写物象，排比声韵，疏泄情思而已。

观点二：扬李抑杜。中唐以后，杜甫的地位不断提高，宋人更是大力推崇，贬低杜诗者大多集中在明朝中期之后。

1. 杨慎：宋人以杜子美能以韵语纪时事，谓之"诗史"，鄙哉！宋人之见，不足以论诗也。少陵虽号大家，不能兼善，一则拘于对偶，二则汩于典故。拘则未成之律诗，而非绝体；汩则儒生之书袋，而乏性情。故观其全集，自"锦城丝管"之外，闲无讥讽焉。近世有爱而忘其丑者，专取而效之，惑矣！

2. 祝允明：以其为苍古也，非苍古也，村野之苍古也；以为典雅也，非典雅也，椎鲁之典雅也；以为豪雄也，非豪雄也，粗犷悍鸷之豪雄也……李白应为唐诗之首。

3. 王穉登：予平生敬慕青莲，愿为执鞭而不可得，窃谓李能兼杜，杜不能兼李。

观点三：李杜并重。应该说，文学史上有很多有识之士都看到了李杜各自的高逸之处，认为二者各尽其妙，并无优劣之分。

1. 韩愈：李杜文章在，光焰万丈长。不知群儿怨，那用故谤伤。蚍蜉撼大树，可笑不自量。

2. 潘德舆：论李杜不当论优劣也，尊杜抑李，已非解人；尊李抑杜，尤乖风教。

3. 苏轼：谁知杜陵杰，名与谪仙高。扫地收千轨，争标看两艘。

4. 严羽：李杜二公，正不当优劣，太白有一二妙处，子美不能道；子美有一二妙处，太白不能作。

5. 谢榛：暨观太白、少陵长篇，气充格胜，然飘逸沉郁不同，遂合之为一，入乎浑沦，各塑其像，神存两妙，此亦摄精夺髓之法也。

☆ **问题来了：**

1. 看了这么多的观点，你对"李杜之争"有什么看法？

_____
_____
_____

2. "李杜之争"虽延续千年，但是从后世文人为他们诗歌作注的情况看，注李诗者不过十数家；而杜诗明显更受后人青睐，"千家注杜诗"，绝非玩笑之语。明清两代注杜诗者尤多，且在杜诗学领域具有重大影响的注本亦颇多，如王嗣奭的《杜臆》、金圣叹的杜诗评点、仇兆鳌的《杜诗详注》、钱谦益的《钱注杜诗》等。你认为是什么导致了这样巨大的差异？

_____
_____
_____

六、学以致用

唐诗是中国古典诗歌艺术的高峰，涌现了无数可跻身古典诗歌荣誉殿堂的大诗人。一千多年来，时光的笔墨始终将杜甫的名字写在殿堂中最显眼、最荣耀的位子上。最重要的原因便是他在诗中体现出了一种宝贵的精神气度，包括家国情怀、悲悯之心、包容之质等。可以说，杜甫是继屈原之后第二个为后世文人提供精神范式的诗人。品读杜诗，也是在丰富我们的精神世界、提升我们的精神境界。除了精神层面的涵养，读诗本就能帮助我们在写作时于遣词造句、谋篇布局、艺术构思等方面得到极大的提升，而杜甫在这些方面的成就是独步千古的。品读杜诗，必能从中汲取营养，为己所用。

☆ 问题来了：

在认真品读了一个诗人的诗歌后，就会对他有一个更加深入的认识，或许这个认识就是属于你自己的宝贵财富。先看看别人读了杜诗后的感想吧。

这两天给学生讲杜甫的《阁夜》，说到了他的"一厢情愿"，多数人亦与我当年一样不过付之一哂。只不知，这个年岁的我们都不曾了解，不是谁都有如此的勇气和魄力去"一厢情愿"；即便有，也不是皆可如杜子般贯穿一生的。这"一厢情愿"，是志在天下、积极为民的人生信念。杜甫从小浸染于儒家思想，执守"奉儒守官"的家庭传统，虽在成长过程中，志在功名的非凡抱负与济世为民的崇高理想处处碰壁，即便是在长安十年的艰难困苦及后半生持续的颠沛顿踣中，他的心志亦未尝轻易动摇，反而更加坚定，真正做到了"贫贱不能移"。这"一厢情愿"是推己及人的仁爱精神。"香雾云鬟湿，清辉玉臂寒""俱飞蛱蝶元相逐，并蒂芙蓉本自双"，他的爱是与妻子的伉俪情深；"所愧为人父，无食致夭折""汝啼吾手战，吾笑汝身长"，他的爱是对儿女的深切疼惜；名篇《赠卫八处士》《梦李白二首》《九日五首》等，所见皆是他面对朋友的至情至性、无私纯洁；更可贵的是杜甫将这种仁爱推及天下苍生甚至世间万物，"奈何渔阳骑，飒飒惊蒸黎""安得广厦千万间，大庇天下寒士俱欢颜""尚怜四小松，蔓草易拘缠"……正是这样的博爱之心，使诗人甘担苦难，并自觉地把济世为民当作自己的使命，至死不悔。这"一厢情愿"是"致君尧舜"的政治理想。杜甫有着强烈的忠君意识，不可否认，因为时代的局限，其中难免有愚忠成分，但我们更要关注的是从中体现出来的爱国主义精神。"致君尧舜"的目的是实行仁政，是为国为民，何况封建时代皇帝就是国家的象征，故而对诗人来说，忠君与爱国是等同的。这"一厢情愿"还是深重广大的忧患意识。这样的意识是大多数杜诗的基调，"登兹翻百忧""忧端齐终南""独立万端忧""多忧增内伤"，诗人种种的"忧"正是出于对国家、百姓命运的强烈责任感，正如黄庭坚所言："醉里眉攒万国愁。"

盛唐诗人中，杜甫的命运应该是人生最为偃蹇的，不过时间和历史是最公正的，在中国文学这条流了两千多年的长河中，无数名噪一时的作家最后也逃不过湮没少闻的结局，令人感慨不已。但是也有少数作家生前籍籍无名，身后却声誉日隆。杜甫便是这少数人中的佼佼者。元稹于《唐故工部员外郎杜君墓志铭序》中说："诗人以来未有如子美者。"这不仅是针对其诗歌成就而言，更是对其品性人格的至高评定，小子深以为然。

"穷冬厌读诗，满目荒词。"一度不信这是向来以"洒脱"自诩的跳跳先生写的句子，只不过，这个穷冬，回味着杜甫的诗，"荒词皆不见，新声但目前"。很庆幸三年前我背了他那么多诗，也很庆幸三年后我还能给这么多后生讲他和他的诗。

☆ **问题来了：**

1. 读了杜甫的诗歌，你对他有了怎样全新的认识？请结合他的诗作具体地写一写。

_____

_____

2. 在读诗的过程中，大家已经去梳理、学习了近体诗的声韵、格律，试着写一首有关国事民生的近体诗（律诗、绝句皆可），和同学们分享。

七、阅读建议

笔者在读研究生时，有段时间读了很多杜甫的诗，也背了不少，当时还很天真地认为杜甫不过是一厢情愿忧国忧民，且忧了也无用的"乾坤腐儒"而已，心下不止一次"窃笑侬顽痴"。但即便如此，那时的我也不得不承认，这腐儒的诗真有一种魔力，仿佛无形中有一只巨大的手推着你去抚摸这些泣血椎心的文字。时隔三年，再读杜诗，全然有另一种味道，真可谓"他年窃笑侬顽痴，未知顽痴竟是谁"。以下是几点阅读建议：

1. 诗歌是优美的语言艺术，声韵和谐，对仗工整，读来朗朗上口，给人以美的享受。但是读诗不可只重形式音韵，内容才是重点。中国诗歌史上曾有几次革新，几乎都是针对形式严整、辞藻华美而内容空洞的诗体。而在诗歌形式与内容的完美统一上，杜甫可谓"千古一人"。要想更全面地认识杜甫的诗，最好去梳理一下中国古典诗歌（尤其是唐诗）的源流演变史。

2. 虽有"千家注杜诗"，但是赵翼说"矮人看戏何曾见，都是随人说短长"，前人见解固然精到，但争议也不少，若自己在读诗时偶有灵光一闪之见，或有所感发，记得及时记录下来，以免转瞬即忘，也许"大家"就是这么一点一滴积累出来的。即便不能成为"大家"，这些也是自己的阅读成果,须珍视之。

3. 明代学士张溥的书斋叫作"七录斋",《明史》亦载有其"七录七焚"的佳话。他自幼发奋读书,嗜抄书,且抄完一遍就烧掉,再抄、再读、再烧掉,如此反复七次,后终成当世大家。"抄"较之"看""读"虽更为辛苦,但也是最有效果的。杜诗精妙,若能以抄助读,一方面有助记忆;另一方面,所谓"读书百遍,其义自见",抄的过程相当于是反复咀嚼诗中词句的过程,更有助于对诗意的理解。

八、相关链接

1. 如果你想对杜甫生平及思想有一个全面的了解,可参考以下书目:

◆ 朱东润. 杜甫叙论［M］. 北京:人民文学出版社,2006.

◆ 冯至. 杜甫传［M］. 北京:人民文学出版社,1980.

◆ 莫砺锋. 杜甫评传［M］. 南京:南京大学出版社,2009.

2. 如果你想了解中国古典诗歌的源流演变,或是唐诗的流变,可参考以下书目:

◆ 莫林虎. 中国诗歌源流史［M］. 北京:中国社会科学出版社,2002.

◆ 闻一多. 唐诗杂论［M］. 上海:上海古籍出版社,2019.

◆ 罗宗强. 唐诗小史［M］. 北京:中华书局,2019.

3. 如果对李白杜甫之间的风格差异有兴趣,可参考以下书目:

◆ 罗宗强. 李杜论略［M］. 呼和浩特:内蒙古人民出版社,1980.

◆ 葛景春. 李杜之变与唐代文化转型［M］. 郑州:大象出版社,2009.

文章已满行人耳
——走进《白香山集》

设计者：夏晴（上海市第三女子中学）

QQ：492766279

一、导语

白居易，中唐时期诗坛最为耀眼的一颗明星，历经八位大唐皇帝，见证了整个"牛李党争"，亦见证了大唐由盛转衰的全过程。从某种程度上说，白居易的一生就是一部波澜壮阔的中唐史，他以强烈的现实主义精神、深邃的人生智慧和炉火纯青的艺术才华，锻造了一部《白香山集》，在群星璀璨的盛唐诗坛之后开拓出一个崭新的诗歌世界。

☆ 问题来了：

1. 你读过白居易哪些作品？请写出标题和其中的名句。你对他有什么样的印象？

_____

_____

2. 乐天初举，名未振，以歌诗投顾况，况戏之曰："长安物贵，居大不易。"及读至原上草云："野火烧不尽，春风吹又生。"曰："有句如此，居亦何难？老夫前言戏之耳！"

在这个故事里，你读到了怎样的白居易和怎样的大唐气象？

_____

_____

二、关于作者

白居易（772—846），字乐天，号香山居士、醉吟先生。因曾任太子少傅，故世称"白傅"。谥号"文"，又称白文公。白居易是唐代著名诗人、文学家，也是一位产生了世界影响的伟大诗人。他素有抱负，读书向来刻苦，"昼课赋，夜课书，间又课诗，不遑寝息矣，以至于口舌成疮，手肘成胝"。二十八岁时，参加科考，十年三登科，意气风发，激扬文字，之后入朝为官。宦海沉浮中，白居易无论荣华还是落魄，始终保持着一颗赤子之心，造福百姓。凡他经过的地方，他都用自己的心血谱写了属于自己的繁华篇章。他是周至的大青天，一心只为民做主；他是忠州的大唐贤刺史，把一片贫瘠之地点缀得处处花开；他是苏杭的好太守，修堤防，疏六井，建山塘，富甲一方；他是洛阳的散财老人，凭一人之力，捐资八节滩，变险滩为通途。繁华落尽，他终于寻得属于自己的一片安然，化身为香山佛子，白衣鸠杖，翩然而去。然而，他留给世人的却是大量珍贵的藏书，三千余首美丽的诗篇，还有那一世精彩绝伦的传奇。

☆ 问题来了：

1. 白居易自家酿的酒，质高出众，他为自家的酒作诗道："开坛泻罇中，玉液黄金脂；持玩已可悦，欢尝有余滋；一酚发好客，再酚开愁眉；连延四五酚，酣畅入四肢。"（《全唐诗·白居易卷》）。白居易造酒的历史不但有记载，而且直到今天，还有"白居易造酒除夕赏乡邻"的故事在渭北一代流传。

素口蛮腰，蓄妓玩乐，始自东晋，唐代比较普遍。为了涤除人生烦恼，白居易以妓乐诗酒放纵自娱。从他的诗中知姓名之妓便有十几个，最出名的是小蛮和樊素。白居易曾在诗中写道："两枝杨柳小楼中,袅娜多年伴醉翁,明日放归归去后,世间就不要春风。五年三月今朝尽,客散筵空掩独扉;病与乐天相共住,春同樊素一时归。"

中年以后白居易对佛教、道教越来越倾心。"东都所居履道里,疏诏种树,构石楼香山,凿八节滩,自号醉吟先生,为之传。暮节惑浮屠道尤甚,至经月不食荤,称香山居士"(《新唐书·白居易传》)。

你如何看待酿酒醉吟、蓄妓玩乐、倾心佛道的白居易?

_____

_____

2. 诗人往往天性敏感,常常会因环境、遭遇、心态、年龄等因素而性情诗风有变,本属正常之事。但如白居易一般,因一次贬谪而转变巨大,较之其他诗人,颇为少见。只有四个年头的江州之贬,在白居易的人生道路上和精神世界里,是一道明显可见的分水岭。贬居江州之前的白居易,是一位耿介正直、志在兼济,甚至会为坚守信念而奋不顾身的少壮政治家;而离任江州之后的白居易,是一位超脱内敛、独善其身,更加圆通和懂得自我保护的成熟官员了。

白居易贬任江州司马,不过四个年头,即使加上职迁忠州刺史,也不过六个年头,时间既不算太长,生活也不算太苦,为什么会在他内心深处留下如此伤痛的印记、在他的人生道路上造成如此显著的转变呢?

_____

_____

3. 士人,古时指读书人,亦是中国古代文人知识分子的统称。他们学习知识、传播文化,政治上尊王,学术上循道,周旋于道与王之间。他们是国家政治的参与者，又是中国传统文化的创造者、传承者。士人是古代中国才有的一种特殊身份，是中华文明所独有的一个精英社会群体。白居易是"士"阶层的一员，而且是其中成就卓著、贡献巨大的一位代表。白居易的人生道路，既有"士"阶层普遍的共性归属，又有他本人独特而鲜明的个体特征。探究白居易的个体人格特征，也只有结合中国古代特定的历史文化条件，特别是"士"阶层的职责使命，才能窥其全豹、揭其本然。同学们，你们能从"士"的角度探寻一下白居易的人格精神特征吗？

_____

_____

_____

三、内容解析

白居易因晚年长期居住在洛阳香山，人称"香山居士"，其所著诗文均收入《白香山集》内。中华人民共和国成立前商务印书馆万有文库曾分订十册印行。中华人民共和国成立初，文学古籍刊行社依据该书样本分三册重印。

日前笔者搜觅此书纸质稿，发现似乎只有旧书在售，且价格高昂。退求其次间，又发现《白氏长庆集》其内容几乎与《白香山集》重合，此书因编集于穆宗长庆年间，故名。原为75卷，现存71卷。宋、明均有刻本。《白氏长庆集》分为前后两集，是白居易两次编集的。前集有"古调诗"9卷，"律诗"8卷，后集有"格诗"4卷，"律诗"11卷。白居易生前就对自己的诗文进行过几次编集，收诗文3 800余篇，分75卷，抄写5部，分藏子弟家，后散乱。白居易将所收诗，亲自分为讽喻、闲适、感伤、杂律四类。

白居易在《醉吟先生墓志铭并序》中曾说道："凡平生所慕、所感、所得、所丧、所经、所遇、所通，一事一物已上，布在文集中，开卷而尽可知也。"这些诗歌从亲情、友情、爱情、山水情等方面表现了诗人丰富的情感世界。白居易自己最看重的是讽喻诗，取为压卷之作。可以和讽喻诗相抗衡的是闲适诗。他说："仆志在兼济，行在独善……谓之讽喻诗，兼济之志也；谓之闲适诗，独善之义也。故览仆诗，知仆之道焉。"(《与元九书》)

1979年中华书局出版顾学颉《白居易集》点校本。今人顾学颉是以绍兴本为底本，参校各本而成《白居易集》及《外集》，附白氏传记、白集重要序跋和简要年谱。

☆ **问题来了：**

1. 讽喻诗是白居易"兼济天下"的思想结晶，体现了诗人对民生的极大关注。白居易的民生观在讽喻诗中具体表现为：一是对时令反常、物生天阏的怜悯，二是对弃贫趋富、悖礼违孝的关注，三是对劣官败政、人才见弃的鞭挞，四是对邪房贪婪、朝政日衰的痛惜。其民生观既是对传统民本思想和儒家诗教的继承，又受到前代诗人思想的影响，同时也与自身成长和仕途进阶的经历以及补政救失、感念皇恩的思想有很大关联。白居易将自己刚直的品性熔铸于讽喻诗中，形成激进的民本思想，对当时社会及后世文人思想产生了积极影响。

你能根据以上分类给《白香山集》内的讽喻诗列上主要篇目吗？

———————————————————————————

———————————————————————————

2. 白居易不仅留下近三千首诗，还提出一整套诗歌理论。他把诗比作果树，提出"根情、苗言、华声、实义"（《与元九书》）的观点。他认为"情"是诗歌的根本条件，"感人心者莫先乎情"（《与元九书》），而情感的产生又是有感于事而系于时政。因此，诗歌创作不能离开现实，必须取材于现实生活中的各种事件，反映一个时代的社会政治状况。他继承了《诗经》以来的比兴美刺传统，重视诗歌的现实内容和社会作用，强调诗歌揭露、批评政治弊端的功能。所谓"文章合为时而著，歌诗合为事而作"，请你在集子里挑选几首白居易的诗作，分析一下其作品是如何彰显《与元九书》的创作主张的。

_____

_____

3. 除讽喻诗、感伤诗外，白居易诗集中还有大量脍炙人口的佳作。描写亲情的诗歌，如《邯郸冬至夜思家》，短短四句既写出了邯郸驿里的诗人心理，也表达了千里之外家人的惦记，浓浓的亲情，浸透其中。《自河南经乱，关内阻饥，兄弟离散，各在一处。因望月有感，聊书所怀。寄上浮梁大兄、於潜七兄、乌江十五兄、兼示符离及下邽弟妹》一诗不用典故，不事藻绘，以白描手法、家常话语抒写了离乱之中的手足亲情，一气贯注，感慨凄凉。

白居易还是一个非常看重友情的人，他的诗歌中描写友情的诗篇很多，他与元稹、刘禹锡等人的友情被传为千古佳话。像《问刘十九》这样的小诗，信手拈来，自然本真，色泽明丽，友情醉人，是诗坛上的珍品。

白居易作品中描写自然美景的诗篇也为数甚多，《杭州春望》中，诗人写出了杭州的名胜古迹、传说、特产、湖面风光等，容量很大，又很集中，诗人将这一切放在初春这样特定的背景下来描绘，又是

"望"时所见，选取的角度不落窠臼。

同学们，你还能从题材角度给白居易的诗歌内容做些补充吗？
_____
_____

4. 白居易的闲适诗在后代有很大影响，其浅近平易的语言风格、悠闲淡泊的意绪情调，都曾屡屡为人所称道。但相比之下，这些诗中所表现的那种退避政治、知足保和的"闲适"思想，以及趋归佛老、效法陶渊明的生活态度，因与后世文人的心理较为吻合，所以影响更为深远。如白居易有"相争两蜗角，所得一牛毛"（《不如来饮酒七首》其七）、"蜗牛角上争何事，石火光中寄此身"（《对酒五首》其二）的诗句。即以宋人所取名号论，"醉翁、迂叟、东坡之名，皆出于白乐天诗云"（龚颐正《芥隐笔记》）。宋人周必大指出："本朝苏文忠公不轻许可，独敬爱乐天，屡形诗篇。盖其文章皆主辞达，而忠厚好施，刚直尽言，与人有情，于物无着，大略相似。谪居黄州，始号东坡，其原必起于乐天忠州之作也。"（《二老堂诗话》）

同学们可从后世诗作里，譬如苏轼的诗词作品里，找出这些在生活态度、思想格调上形成一一对应关系的篇章，相互映照比较阅读吗？
_____
_____

四、艺术鉴赏

白居易的艺术成就突出地表现在诗歌语言上。他的语言浅显平易,有意到笔随之妙。赵翼《瓯北诗话》卷四说:"且其笔,快如并剪,锐如昆刀,无不达之隐,无稍晦之词。工夫又锻炼至洁,看是平易,其实精纯。"这段话确切地说出了白诗的长处。

这个成就在讽喻诗中表现得特别明显。白居易继承了杜甫显陈时事的传统,运用浅显平易的语言去表现政治讽喻的内容,取得了极好的艺术效果。此外,白居易那些抒情写景的诗也有这种长处,他很少用典,只是以极其平常的语言,倾吐内心的感受,亲切自然、娓娓动人。最难能可贵的是白居易并不只是浅显平易,他有些诗还能在浅显平易之中掀起波澜,这就是那些警句的出现。陆机《文赋》说:"立片言而居要,乃一篇之警策。虽众辞之有条,必待兹而效绩。"白居易恰恰是善于运用一二警句统摄全篇,达到平淡中见神奇的效果。然而白诗中流传最广的却是感伤诗中的《长恨歌》和《琵琶行》。

☆ **问题来了:**

1. 六神磊磊在《神人白居易:我只用一半功力,就把日本征服了》中提到,日本上至皇室,下至民间,都疯狂痴迷白居易,甚至建起了"白乐天神社",把他当作文殊菩萨来膜拜。平安朝三个最顶尖的汉文学家——菅原道真、都良香、岛田忠臣,都受白居易影响很大。写下《源氏物语》的紫式部、著有《枕草子》的清少纳言、著名的俳句大师松尾芭蕉,也都是白居易的超级"粉丝"。为什么日本这么膜拜白居易呢?可能是因为白居易的写作风格。白居易写诗,通俗又细致,特别是描写自然风貌,有一种超脱、平静但又略带伤感的美,特别能征服日本人的心。日本有一位名叫矢代幸雄的美术馆馆长说,白居易这一句"雪月花时最思友"的诗,就可以最好地总结日本美术的特征。同样的情节,川端康成在他诺贝尔文学奖颁奖仪式上,在其演讲稿《我在美丽的日本》中也曾提及。

同学们，在你读到的日本文学作品中，有没有白居易的影子？如果有，请列出篇目并简要概述。

_____

_____

2. 清人赵翼曰："香山诗名最著，及身已风行海内，李谪仙后一人而已……盖其得名，在《长恨歌》一篇。其事本易传，以易传之事，为绝妙之词，有声有情，可歌可泣，文人学士慨叹为不可及，妇人女子亦喜闻而乐诵之。是以不胫而走，传遍天下。"（《瓯北诗话》卷四）《长恨歌》体现了白居易诗歌的最高艺术成就。《长恨歌》写唐玄宗和杨贵妃之间的爱情故事，玄宗以纵情误国，玉环因恃宠致乱，诗人对他们的悲剧遭遇寄予了无限同情，"此恨"深深感动着诗人自己，也震撼着历代读者的心。

（1）人们说，真正动人的作品，必须交付心灵。《长恨歌》也一样，《长恨歌》中的深情源于白居易和湘灵的痴情绝恋。能将唐玄宗对杨贵妃的思念刻画得那么缠绵悱恻、细腻动人，正是因为白居易有过刻骨体验。《长恨歌》中描述爱情最经典的句子，几乎都脱胎于白居易写给湘灵的诗：

"夕殿萤飞思悄然，孤灯挑尽未成眠"与"何堪最长夜，俱作独眠人"有何不同？

"迟迟钟鼓初长夜，耿耿星河欲曙天"与"夜长无睡起阶前，寥落星河欲曙天"如此相似！

"鸳鸯瓦冷霜华重，翡翠衾寒谁与共"与"艳质无由见，寒衾不可亲"曲异而工同！

"惟将旧物表深情，钿合金钗寄将去"的情节，灵感是否来自湘灵赠予的铜镜与锦履？

"临别殷勤重寄词，词中有誓两心知"的深情，是否移情于两人曾经诀别时的山盟海誓？

就连最经典的"在天愿作比翼鸟，在地愿为连理枝"，在最早的《长相思》中也有其雏形：愿作远方兽，步步比肩行。愿作深山木，枝枝连理生。

而文末那句"天长地久有时尽，此恨绵绵无绝期"，与其说写的是李、杨的死别之苦，莫如说写的是白居易与湘灵的生离之恨！

同学们，你怎么看待诗人的情感与艺术作品之间的关系？

_____
_____
_____

（2）关于《长恨歌》的主题，也如红学一样，千百年来研究者众，且争论巨大。这到底是一首讽喻诗，还是感伤诗？也许白居易对李、杨的爱情抱有同情与悲悯，但当时的创作初衷究竟是什么，欢迎发表你的看法。

_____
_____
_____

（3）余秋雨在《中国文脉》一书里曾这样描摹白居易与《长恨歌》："在安史之乱爆发的十七年后，一个未来的诗人诞生，那就是白居易。烽烟已散，浊浪已平，这个没有经历过那场灾难的孩子，将以自己的目光来写这场灾难，而且写得比谁都好，那就是《长恨歌》。那场灾难曾经疏而不漏地'俘虏'了几位前辈大诗人，而白居易却以诗'俘虏'那场灾难，几经调理，以一种个体化、人性化的情感逻辑，让它也完整地进入了审美领域。"

你如何理解余秋雨笔下对白居易"那个孩子"的称呼？

_____

_____

（4）陈凯歌导演的电影《妖猫传》里面说到了白居易和日本高僧空海的故事，影片中多次言及《长恨歌》的创作。《妖猫传》的原作者是日本作家梦枕貘，据说这本书写了 17 年，耗费了 2 600 张稿纸。他的书也让很多国家的读者更了解了中国的白居易。如果你观赏过这部电影，可以将《妖猫传》里的白居易和《长恨歌》所表达的白居易做个比较。

_____

_____

3. 众所周知，白诗用很多口语，但有研究显示，杜甫却是其先驱。

杜甫诗中口语的使用在成都所作诗歌中最多，时在成都作于上元二年《绝句漫兴九首》就是一例。诗云："眼见客愁愁不醒，无赖春色到江亭。即遣花开深造次，便教莺语太丁宁。"杜甫一方面欢迎春色到来，但一方面觉得不能与她一体化，增添客愁的懊恼。杜甫为了表现这种矛盾的心理多用口语，"无赖、造次、太、丁宁"都是口语，为了表现对春的摇摆不定的感情，杜甫不满足于文言，如此多地用了口语。

白居易在《何处春先到》中写道："何处春先到，桥东水北亭。冻花开未得，冷酒酌难醒。就日移轻榻，遮风展小屏。不劳人劝醉，莺语渐丁宁。"诗中表现了春天到来时作者所感受到的闲适之情。结句说"莺语渐丁宁"是把杜诗的"莺语太丁宁"做了一下变形而已。

同学们，你们还能在本书中找到这样的例子吗？请试着分析赏鉴。

_____

_____

_____

五、争鸣商榷

《新唐书·白居易传》曰："居易于文章精切，然最工诗。初，颇以规讽得失，及其多，更下偶俗好，至数千篇，当时士人争传。"白居易诗章因为俗白易懂，广为流传，后人多有评价。

观点一： 唐宣宗有吊白居易诗："缀玉联珠六十年，谁教冥路作诗仙。浮云不系名居易，造化无为字乐天。童子解吟长恨曲，胡儿能唱琵琶篇。文章已满行人耳，一度思卿一怆然。"此诗可作为白居易一生的概括，亦可表明白诗诗风平易、流传广泛、深受大众喜爱。

观点二： 苏轼对白居易的评价多有不一致处。苏轼曾提出"元轻白俗"的说法，对元、白的诗风颇有微词。然而后来却常以白居易自比，如"定似香山老居士，世缘终浅道根深"。又如"予去杭十六年，而复来留二年而去。平生自觉出处老少粗似乐天，虽才名相远，而安分寡求亦庶几焉"。苏轼对白居易的诗作也有"白公晚年诗极高妙"的评语。

观点三： 明江盈科说："前不照古人样，后不照来者议。意到笔随，景到意随，世间一切都囊括入我诗内。诗之境界，到白公不知开拓多少。"（《雪涛小说》）白居易的诗歌扩大了古代诗歌的境界，形成了自己的艺术风格，在中国古代诗歌发展史上占有重要的位置。

观点四：面对着盛唐诗人所达到的高峰，中唐诗人在寻找属于自己的路。清人赵翼说："中唐诗以韩、孟、元、白为最。韩、孟尚奇警，务言人所不敢言；元、白尚坦易，务言人所共欲言。试平心论之，诗本性情，当以性情为主。奇警者，犹第在词句间争难斗险，使人荡心骇目，不敢逼视，而意味或少焉。坦易者多触景生情，因事起意，眼前景、口头语，自能沁人心脾，耐人咀嚼。"（《瓯北诗话》）元、白选择了通俗一路。较之于元稹，白居易在通俗的道路上走得更远更高。他的诗歌节奏明快、语词清淡。后人用"白俗"二字来概括白居易诗歌的特征，就是指他的诗歌通顺平易。

观点五："常语易，奇语难，此诗之初关也。奇语易，常语难，此诗之重关。香山用常得奇，此境良非易到。"（刘熙载《艺概·诗概》），刘熙载认为白诗是一种超越了平直和浅薄之后的通俗。

观点六：胡适赞扬以白居易与元稹为领袖的文学革新运动，认为可以达到以诗歌造成舆论，而有助于改善政治。因为陈独秀与胡适提倡新文学运动，在提倡白话、不避俗字俗语的风气下，白居易的诗歌很受推崇。包括陈寅恪、刘大杰、钱基博等，都给予白居易极高的评价。然而钱钟书对白居易的评价则不高。同学们可搜寻相关资料，进一步考证缘由。

观点七：叙事时质朴平易，不加夸饰；描写形象时，简练精确、抓住特征；刻画心理时则又精警明晰、鞭辟入里，形成了一种浅切质朴的风格特征。新乐府诗"其辞质而径""其言直而切"（白居易《新乐府序》），很好地发挥了讽喻的作用。

观点八：白居易的诗歌创作也存在一些艺术上的缺陷，他在《和答诗十首序》中说自己所病是"意太切而理太周，故理太周则辞繁，意太切则言激"。意切理周，多表现为内容表达上不含蓄，有时甚至直接说教；辞繁言激，表现在语言上既繁复又直露。虽然易谕易诫，但有时却流于公式化和概念化。

☆ **问题来了：**

从古至今，从学者文人到普通百姓，都对"阳春白雪"和"下里巴人"这两种不同的审美特质持有自己的思考和见解。超越奇警绮丽的盛唐，走向通顺平易不难，难的是做到"超越了平直和浅薄之后的通俗"。你能借助后世对白居易诗作的评价，就文学史上轰轰烈烈的"五四"时期白话文运动以及当下网络语言粗鄙化现象，谈一谈你对这样一种审美意趣的思考吗？

_____

_____

_____

六、学以致用

晚年的白居易，始终没有和官宦集团同流合污，也没有介入"牛李党争"。"大和已后，李宗闵、李德裕朋党事起，是非排陷，朝升暮黜，天子亦无如之何。杨颖士、杨虞卿与宗闵善，居易妻，颖士从父妹也。居易愈不自安，惧以党人见斥，乃求致身散地，冀于远害。凡所居官，未尝终秩，率以病免，固求分务，识者多之"（《旧唐书·白居易传》）。这一点后人给予了很高的评价："观居易始以直道奋，在天子前争安危，冀以立功，虽中被斥，晚益不衰。当宗闵时，权势震赫，终不附离为进取计，完节自高……呜呼，居易其贤哉！"（《新唐书·白居易传》）

"完节自高"淡淡四字，却写出了一个文人在宦海浮沉、得失荣辱之后不移的坚守。讽喻诗里的白居易展现的是对传统民本思想和儒家诗教的继承，白居易将自己刚直的品性熔铸于讽喻诗中，形成激进的民本思想，哪怕被贬江州之后，口言"面上灭除忧喜色，胸中消尽是非心"，在退避政治、恬然自安里依然坚守一个士人的风骨。这样一种生命态度，对当时社会及后世文人思想产生了积极影响。

☆ 问题来了：

白居易的思想，综合儒、佛、道三家，以儒家思想为主导。孟子说的"达则兼济天下，穷则独善其身"是他终生遵循的信条。其"兼济"之志，以儒家仁政为主，也包括黄老之说、管萧之术和申韩之法；其"独善"之心，则吸取了老庄的知足、齐物、逍遥观念和佛家的"解脱"思想。

中国文人向来讲究穷达之中的精神风骨，文字总是文人品行节操的另一种投射。读完《白香山集》之后，你会在哪些诗句中找到那个"兼济"的白居易？又在哪些诗句里找到那个"独善"的白居易？——其实正是这个白居易才是对后世文人影响最多的白居易。请你通过那些诗句读解你心中的另一个白居易，并阐述他对你人生的影响。

_____

_____

七、阅读建议

在这里，我不想赘述版本选择、阅读的诸多切入点，奢谈诗歌鉴赏的体裁题材、表现手法、语言风格、思想内蕴，诗歌鉴赏的应试技巧，课堂上老师当多有讲析。我在这里强调两点：

首先是整体性阅读，把白居易的诗歌还原到大唐的历史背景与诗歌传统里去阅读，而不仅仅是一人一诗的单篇独句地阅读。唐诗首先是一种整体性的存在：存在于"春来江水绿如蓝"的江南里，存在于"别时茫茫江浸月"的浔阳江头，存在于"禾黍夹道青"的秋游原上，存在于"邯郸驿里"的思念中。只要是中国的读书人，一见这情境，就会立即释放出潜藏于心的意象，把眼前的一切卷入诗境。唐诗对中国人而言，是一种全方位的美学唤醒，唤醒内心、唤醒山河、唤醒文化传承、唤醒生命本质。而且，这种唤醒全然不是出于抽象概念，而是出于感性形象，出于具体细节。这种形象和细节经过时间的筛选，已成为一个庞大民族的集体敏感、通用话语。我们强调这种整体性的阅读，是不管在什么背景下去读，都能将心灵提升到清醇而又高迈的境界。于是，我们可以按照遥远的文字指引，跟着白居易，在稀松平常的娓娓而来里，完成最朴素的关注、最幽深的思念、最精微的倾听、最悲悯的同情。

其次，我们强调要以审美的心胸态度去阅读，当超越日常琐碎的功利。无论是庄子的"心斋""坐忘"还是《文心雕龙》里对"疏瀹五脏，澡雪精神"的推崇，都强调当我们真正走进诗歌的时候，需要"日常生活的中断"，要拥有一种空明澄澈的心境——当然，这样一种阅读态度既是初始阅读的准备状态，也是阅读之后自然形成的心境结果。因为，好的诗章一定是将浑融的气象融进了素朴平实的诗句；你也会在阅读中发现，仿佛所有诗意情怀本就属于自己，只不过被大量琐屑湮没在日常的庸碌里罢了。

同学们，请参照这样的一种漱涤胸襟、澄怀味象的状态走进白居易，走进唐诗。因为，唐代诗坛有一股空前的大气，忧伤里有浩然，曲折中有通透，私情里有坦荡。这种气象，在宋元明清诗人手中已少见了。但这种气象被盛唐后的诗人们承接并发挥了，譬如白居易，他成为一种人格，向着历史与文化执着地散发着恒久的热力。

八、相关链接

如果你想详细地了解白居易的生平，可以去读《旧唐书·白居易传》《新唐书·白居易传》和《唐才子传》，这些距白居易时代未远，是研究其生平的重要材料；但如果你愿意有生动的情节故事融入其间，你也可以通过微信读书，读一读《辜负青山心共知：白居易》，去《百家讲坛》听听莫砺锋先生的《百家讲坛之白居易》。

白居易的选本很多，如果同学们有兴趣可以阅读：

◆ 陈寅恪. 元白诗笺证稿［M］. 上海：上海古籍出版社，1978.

◆ 苏仲翔. 元白诗选［M］. 北京：古典文学出版社，1957.

◆ 霍松林. 白居易诗译析［M］. 哈尔滨：黑龙江人民出版社，1981.

◆ 王汝弼. 白居易选集［M］. 上海：上海古籍出版社，1980.

◆ 顾学颉，周汝昌. 白居易诗选［M］. 北京：人民文学出版社，1982.

◆ 朱金城，朱易安. 白居易诗集导读［M］. 重庆：巴蜀书社，1988.

◆ 赵立，马连湘. 白居易诗选注［M］. 长春：吉林文史出版社，2000.

◆ 笔者推荐《白居易集》（全四册，中华书局1979年版），这是国内第一部白居易全集白话注释本，编者是学人顾学颉。他是我国当代白居易研究最具权威的专家之一，他的治学以元代戏曲和白居易研究为重点，而在白诗研究方面着重在诗、史互证。他因醉心于白居易诗文将自己书屋取名"师白斋"。

生命的律动　美丽的优雅
——走进《宋词选》

设计者：欧阳林（江苏省常州高级中学）

QQ：63026770

一、导语

上海古籍出版社出版的《宋词选》，是中华人民共和国成立以来流通最广、影响最大的一部宋词选本，据统计，到目前累计总印数大约在 200 万册以上。《宋词选》注重思想性与艺术性的统一，突出了以苏轼、辛弃疾为首的豪放派的重要地位。在内容上以爱国词为主，尤其是南宋爱国词人的优秀作品选录较多；在艺术上兼顾了各种风格流派的代表作，我们可以借此窥见宋词丰富多彩的全貌。

2020 年 4 月，《宋词选》列入《教育部基础教育课程教材发展中心中小学生阅读指导目录》。

☆ 问题来了：

1. 你读过哪些宋代著名的词作？请列出其题目，或者写出其中的名句。

2. 翻开这本《宋词选》，你又有哪些新的期待？

二、关于作者

《宋词选》的选注者胡云翼（1906—1965），原名胡耀华，是现代中国文学史研究的奠基者、著名词学家，著有《唐代战争文学》《中国文学史》《中国词史大纲》《文章作法》《中国词史略》《词学概论》等近20部著作。尤其突出的是，胡云翼以新文化思想为指导来研究词学，从而奠定了词学学科的理论基础，构建了词史的体系。

他的著作用通俗的白话文表述，体现出新的文艺思想，雅俗共赏，深受读者喜爱。胡先生饱含爱国热情，所以他的词选以爱国词为主。而他更以实际行动报效国家。抗日战争爆发后，胡先生毅然投笔从戎，参加抗日。抗战胜利后，他曾被任命为县长。1946年，因蒋介石发动全面内战，胡先生愤然辞职以示不满。中华人民共和国成立后，胡先生回到高校任教，继续进行词学的研究。他既是学者，又有从军、从政的经历，这在文人中是比较少见的。

☆ **问题来了：**

胡云翼少年成名，当他带着已经出版的四部著作走出武昌高等师范学堂的校门时，只有21岁。这四部书展现了他多方面的兴趣和卓尔不凡的才华，其中包括词学书《宋词研究》《李清照及其漱玉词》，诗学著作《唐代的战争文学》，还有小说和剧本创作集《西泠桥畔》。请你查阅资料，进一步了解胡云翼其人，说说他在文学史上主要的贡献。

三、内容解析

　　北宋前期的词大都是上层文人的创作，主要是反映贵族士大夫闲适自得的生活，感叹时光流逝、伤春悲秋、离别相思的愁情，用来在宴会上给歌女吟唱，相互娱乐。柳永登上词坛以后，词的内容变得丰富起来，多了羁旅行役和反映中下层市民生活的词，有了浓厚的市民气息。苏轼则"以诗为词"，认为词和诗具有同样的言志咏怀的作用，于是解除了词在内容与形式上所受到的束缚，真正开拓了词的空间，提高了词的意境。

　　南宋时期，词的发展到了高峰。中原沦陷和南宋偏安一隅的历史巨变激起了南渡词人的普遍觉醒，爱国主义词作大量涌现，突出地反映了时代的主要矛盾即复杂的民族矛盾，整个词坛的精神面貌焕然一新。

　　☆ 问题来了：

　　1."黯然销魂者，唯别而已矣"，这是江淹给离别最好的诠释。古人出行原因一般有进京赶考、出使、游学、贬谪（任地方官）、征戍等。由于道路崎岖难行，交通工具落后，一别往往数年；再加上通信不便，一旦分离常常音信不通，不知何日才能相逢。因而古人在离别时特别伤感，或折柳送别，或摆酒饯行，或写诗词相赠，以表达深深的离愁别恨。请在《宋词选》中找出几首写离别的词来品读，看看这些词都写了哪些内容，表达了怎样的情感。

_____

_____

2. 离别让人痛苦，离别之后的相思相念之情更让人愁情百结。李白曾直呼——"长相思，摧心肝"！为情所困的相思，柔肠百转，摧心裂肺，很难用语言来描述。而富有张力的诗词语言却能够表达出相思时刻那种复杂纠结的心理状态。《宋词选》中有许多是写相思的词，请你从晏殊、欧阳修、晏几道等人的词中分别找出一首，看看这些词都写了哪些内容，所表达的相思之情有何不同。

_____

_____

3. 柳永的词与北宋前期文人士大夫的词有很大的不同。他完全不顾士大夫的轻视和排斥，用生动的俚俗语言来反映中下层市民的生活面貌，受到市民的喜爱。但柳永的一生又是悲剧的一生。当代古典文学研究专家叶嘉莹说柳永的生命完全落空了，因为他所追求的全是向外的，功名是外在的，歌舞也是外在的，都是"有待"。虽然他在词的创作上艺术造诣极高，但终不被士人认可和接受，并非可以长久依恃之物，于是年龄老大之后，终于落得了志意与感情全部落空的下场。所以，他后期的词总是悲伤的。

面对人生的无常，许多词人都有这种无可奈何的悲哀，但不同的词人面对这种悲哀又有不同的态度。晏殊就写过"夕阳西下几时回？无可奈何花落去"，感叹没有办法挽回那消逝的时光和年华；随后他又说"似曾相识燕归来"，好像去年的燕子又飞回来了，体悟出了宇宙永恒无尽的循环，这样就不会陷入悲伤不能自拔了。

　　研读柳永的词作，深入了解他的处境和内心世界后，如果让你对柳永说几句话宽慰他一下，你会说什么？
_____
_____
_____

　　4. 苏轼"以诗为词"，突破了"词为艳科"的藩篱，内容不再局限于男女相思离别之情。胡寅评价说："苏氏一洗绮罗香泽之态，摆脱绸缪宛转之度，使人登高望远，举首高歌，而逸怀浩气，超然乎尘垢之外……"而李清照则反对以诗为词，她说苏轼"学际天人，作为小歌词，直如酌蠡水于大海，然皆句读不齐之诗尔。又往往不协音律……"意思是苏轼的词不是真正的词，都只是句读不整齐的诗罢了。试结合具体的词作来谈谈你对苏轼"以诗为词"的看法。
_____
_____
_____

　　5. 北宋灭亡后，南宋士大夫中涌现了一群优秀的词人（包括李清照），他们的词一改过去歌功颂德、征歌逐醉、酒宴应酬的内容，形成了豪放刚健的新风格。请选取李清照、岳飞、李纲、张元干、张孝祥、朱敦儒等人的词为例，说说词的内容发生了哪些变化。
_____
_____
_____

　　6. 辛弃疾青年时抗金起义，23岁时擒杀叛徒张安国。然而回归南宋后，他一直不受重视。26岁上《美芹十论》，提出抗金策略，又不被采纳。他一生以恢复中原为志,以功业自期,却命运多舛、壮志难酬,但他始终没有动摇恢复中原的信念,于是把满腔激情和对国家兴亡、民族命运的关切、忧虑全部寄寓于词作之中。有人说:悲剧英雄辛弃疾,用一生把别人的苟且活成热血!你赞同这个观点吗?请结合他的词作来谈谈你的看法。

_____

_____

7. 许多词人,常常是在仕途失意、命运多舛之时写出了更加出色的作品,比如柳永、苏轼、秦观、李清照、辛弃疾等。你如何看待这种现象?

_____

_____

四、艺术鉴赏

词,原来是一种可以配合音乐歌唱的新诗体,后来才逐渐脱离音乐独立而衍变为一种律化的长短句。它始于盛中唐之际,成熟于晚唐五代,在两宋时期不断发展而至鼎盛。"诗之所言,固人生情思之精者矣",但是"精之中复更有细美幽约者",就要让位于词了。李清照说词"别是一家",强调词的美学特征,从理论上肯定了词的独特地位。

词之美在于声音、平仄和押韵。其中声音和平仄体现为韵律的变化,押韵则表现为韵律的统一。

诗一般是先有内容后来才配合音乐。词却是先有了音乐,也就是先有一个曲调，再按照这个调来填写歌词。词多由歌伎舞女歌唱表演，出之以檀口皓齿，伴之以歌扇舞袖，不仅悦耳，而且赏心悦目，这是诗歌比不上的。

宋词是中国古代文学中璀璨的明珠，是一座芬芳绚丽的园圃。我们要想领略她的姹紫嫣红、千姿百态，必须要真正读懂宋词、学会鉴赏宋词，如此才能找到"通幽曲径"，看到"禅房花木"。

☆ 问题来了：

1. 背景。明朝人冯时可在《雨航杂录》中说："文如其人哉！人如其文哉！"欣赏宋词，我们更需要了解词人。因为作者的经历、感情、修养等都会影响到词的创作，所以在赏析一首宋词前，我们需要了解作者的生平，并结合创作背景，这样才能更好地理解一首词。

例如：《八声甘州》是柳永千古传颂的名作，苏东坡认为这首词"不减唐人高处"。所谓"唐人高处"，是指盛唐的诗歌以气象取胜，有开阔博大的境界，而且把山水自然的景物和自己的感情结合在一起。如杜甫的"无边落木萧萧下，不尽长江滚滚来"，诗人仰望茫茫无际、萧萧而下的木叶，俯视奔流不息、滚滚而来的江水，在写景的同时，深沉地抒发了自己的情怀。"无边""不尽"，使"萧萧""滚滚"更加形象化，不仅使人联想到落木窸窣之声、长江汹涌之状，也在无形中传达出韶光易逝、壮志难酬的感慨。与下一联相呼应，诗人的羁旅愁与孤独感，就像落叶和江水一样滚滚而来，不可阻挡，情与景交融相洽。两句诗将悲哀融入景物之中，写得博大、开阔、高远。

那么，柳永的《八声甘州》，其"不减唐人高处"体现在哪里？

2. 意象。在古诗词中,常会有一些意象被反复运用,比如"月亮"成了历代文人吟咏不厌的对象。人们喜欢把自己的喜怒哀乐、成败得失注入明月中,融进月光里,从而使月亮这一无生命的物象变得多姿多彩起来,形成了独特的意象。请同学们找出几首《宋词选》中写到月亮的词,并分析这些词中的月亮分别有怎样的特点与内涵。

_____

_____

_____

除了月之外,还有"酒""江水"等意象在词中出现的频率也比较高,在不同的词中被赋予了不同的意义、情感。请你再对《宋词选》中写到"酒""江水"或者其他你喜欢的意象的词作进行归纳整理,并分析这些意象各自不同的特点与内涵。

意象1——酒		
词题	句子	意象的特点、内涵

意象2——江水		
词题	句子	意象的特点、内涵

意象3——（　　）		
词题	句子	意象的特点、内涵

3. 季节。在词中，除了意象会在不同的词中反复出现，不同的季节更是引发词人不同的情感，或因景生情，或借景抒情。宋词里的春天，有的缠绵悱恻，有的恬淡融合，有的哀怨惆怅，但更多的却是一种无以言说的凄凉和冷清。请你找出《宋词选》中描写春天的词，看看可以分出几种类型，并分析为什么会有不同的感受、不同的情感。

_____

_____

4. 主题。赏析一首词，首先要能准确地理解词的意思，从而去明确词的主题，挖掘词人内心的情感。词的主题体现了词人创作的初衷，也直接反映了作者的内心情感。宋词的主题千变万化，且因人而异。写贬谪、写相思、写离别、写爱情、写愁苦、写闺怨、写边塞。不同主题的词，其所选用的意象也有不同的特点；同一主题的词，在选择意象上则有一些共同的特点。请你选择某一主题的词，看看它们常常会用哪些意象，并思考作者为什么会选择这些意象。

主题	意象	原因分析

5. 炼字。一首好词，必有其动人之处，其中的一句甚至一个字就能使词的境界提升，流传千古。赏析词，要学会品味名句，琢磨词人用字。宋祁《玉楼春》咏出了"红杏枝头春意闹"这一绝唱。"闹"字不仅形容出红杏的众多和纷繁，而且把生机勃勃的大好春光全都点染出来了。"闹"字不仅有色，而且似乎有声，王国维在《人间词话》中说："着一'闹'字而境界全出。"请你从《宋词选》中找出两三句炼字特别好的句子加以赏析。

_____

_____

6. 境界。赏析一首词，最重要的是要能体会词的境界。王国维在《人间词话》中将境界分为"有我之境"和"无我之境"。

"有我之境，以我观物，故物皆着我之色彩"。例如："泪眼问花花不语，乱红飞过秋千去"写的是"有我之境"。作者很伤心地带泪向花儿询问，花儿却不说话，而是纷乱地飞掠秋千架上而去。在这句中，作者十分明显地将自我的情感注入了景物之中，主动询问花儿，具有"主观能动性"，即属于"以我观物"。请你从《宋词选》中再找出两三例"有我之境"的词句加以赏析。

_____

_____

"无我之境，以物观物，故不知何者为我，何者为物"。"无我之境"的观物方式是以物观物，结果给人的美感是优美。"无我之境"不是作品不带任何主观感情及个性特征，而是指审美主体全部沉浸在外物中，达到与物俱化的境界。如"花褪残红青杏小，燕子飞时绿水人家绕",这里纯属写景、造境。请你从《宋词选》中再找出两三例"无我之境"的词句加以赏析。

_____

_____

_____

五、争鸣商榷

宋词,有很多著名的词人。这些人的词作、风格各异,历来也有不同的评价。争议最大的词人之一就是柳永。自古以来,不同的人对他有不同的评价。下面摘录部分观点:

观点一 (叶梦得《避暑录话》)"永亦善他文辞,而偶先以是得名,始悔为己累……而终不能救。择术不可不慎。"

观点二 (叶嘉莹)柳永的一生是失败的一生,他在生命最终完全落空了。因为他所追求的全是向外的,功名是外在的,歌舞也是外在的,都是"有待"。他的早年时,虽然还可以将失意之悲,借歌酒风流以自遣,但是歌酒风流毕竟只是一种麻醉。虽然他在词的创作上艺术造诣极高,但终不被士人认可和接受,并非可以长久依恃之物,于是年龄老大之后,遂终于落得了志意与感情全部落空的下场。

观点三 (韩愈《原道》)"博爱之谓仁,行而宜之之谓义,由是而之焉之谓道,足乎己无待于外之谓德。"(最后一句的意思是,使自己具备完美的修养,而不去依靠外界的力量就是"德"。即使是仕途失意,但人生依然可以不落空,那就是在精神上有自己独立的、不为外物所左右的操守。那么,在仕途失意的时候,就可以走上超然豁达的人生之路,让自己的艺术生命焕发出更加亮丽的光彩。)

观点四 (梁衡《读柳永》)柳永是另一类的人物,他先以极大的热情投身政治，碰了钉子后没有像大多数文人那样转向山水，而是转向市井深处，扎到市民堆里，在这里成就了他的文名，成就了他在中国文学史上的地位。他是中国封建知识分子中一个仅有的类型，一个特殊的代表。

柳永是中国历史上第一个到民间去的词作家。也许我们可以责备柳永没有大志，同为词人却不像辛弃疾那样："男儿到死心如铁，看试手，补天裂。"也不像陆游那样："自许封侯在万里。有谁知，鬓虽残，心未死。"

时势不同，柳永所处的时代正当北宋开国不久，国家统一，天下太平，经济文化正复苏繁荣。京城汴京是当时世界上最大的都市，新兴市民阶层迅速形成，都市通俗文艺相应发展。恩格斯论欧洲文艺复兴时说，这是需要巨人而且产生巨人的时代。市民文化呼唤着自己的文化巨人。这时柳永出现了，他是中国历史上第一个专业的市民文学作家。他在市井这块沃土里酣畅淋漓地发挥着自己的才华。

一个人很难选择环境，却可以利用环境，大约每个人都有他基本的条件，也有基本的才学，他能不能成才成事全在他怎么处理与外部世界的关系。

柳永是经历了宋真宗、仁宗两朝四次大考才中了进士的，这四次共取士916人，其中绝大多数人都顺顺利利地当了官，有的或许还很显赫，但他们早已被历史忘得干干净净，但柳永至今还享此殊荣。

呜呼，人生在世，天地公心。人各其志，人各其才，人各其时，人各其用，无大无小，贵贱无分。只要其心不死，才得其用，时不我失，有功于民，就能名垂后世，就不算虚度生命。这就是为什么历史记住了秦皇汉武，也同样记住了柳永。

☆ 问题来了：

费尔南多·佩索阿在《不安之书》中写道："认同生活的唯一办法就是否定自己。现实如此残酷，生活如此无奈，何必让自己如此痛苦呢？"你认同作者的观点吗？

柳永、辛弃疾或其他有争议的词人都曾经面临生活环境与内心追求的矛盾和痛苦，你如何评价这些词人？根据他们的词作，任选一位，谈谈你的看法。

_____
_____
_____

六、学以致用

宋词的美丽是永恒的，就像那一轮照了千年的明月一样，穿越时空亘古不变，种种生活琐事，绵绵离情别绪，满腔爱国热情，脉脉儿女情长，在千年之后的今天依旧生动，在我们的意会之中，得到更完美的诠释。

品读宋词，可以聆听千年前的文人墨客欲说还休的心事，领悟世间的悲欢离合。这里有眼泪，有悲伤，有纯粹的欢喜，有凄凄的别离，亦有寥寥文字背后的无数故事。

在那个时代，对读书人来说能够施展才华的途径和机会很少，往往只有科举考试，然后走上仕途这一条路。金榜题名者有限，大多数人都是失败者。再加上皇权的专制、政治斗争的残酷，即使一些才华横溢的文人科举高中，也往往命途多舛。这是大多数读书人必然的宿命。

面对人生的无常，许多词人都有那种无可奈何的悲哀，但是不同的词人面对这种悲哀又有不同的态度。有的人在经历一番痛苦之后，知道命运的无常，但又体悟出了宇宙永恒无尽的循环，走向了达观与超脱。比如苏轼，他的词中就表达出了旷达的胸襟。

还有许多词人在功名无望、仕途遭受挫折之后，陷入痛苦之中不能自拔，至死都不能解脱。比如，柳永虽然写了那么多流传后世的名篇佳作，但终究走向了失意、落寞和痛苦。

有的人坚持理想不妥协，充满了悲愤不平之气和抗争精神。比如辛弃疾，一生以恢复中原为志，以功业自诩，却命运多舛、壮志难酬。但他始终没有动摇恢复中原的信念，而是把满腔激情和对国家兴亡、民族命运的关切、忧虑全部寄寓于词作之中。

不同的人有着不同的人生态度。我们用真心、真情走近他们、理解他们、启发自己、面对现实。品读宋词，便是品读我们自己。在这些感伤的、悲愤的或者超越的体验中，总能激发我们内心深处的一种悲悯情怀。

☆ 问题来了：

读了宋词，了解了词人的生平经历，你是为宋词的艺术美所折服，还是为词人们的情感所打动？这些诗词是否唤醒了你心底某种对生命的感悟？在现实生活中，人人难免有诸多的不如意，困难、挫折、悲伤常常如影随形，不离左右，我们又该怎么面对？宋代词人的选择与人生经历，对你人生之路的选择与行走又有怎样的启发？请你认真思考，写一篇完整的读后感。

七、阅读建议

1. 手头备一部《宋词鉴赏辞典》（商务印书馆出版，唐圭璋、钟振振主编）。辞典共选取了唐、五代、宋的著名词人185位，词作700

余首。撰稿的 160 位学者，都是唐宋词研究领域的著名专家，所以该辞典具有极高的权威性。我们在读《宋词选》时，可以参照这部辞典的鉴赏，以加深理解。

2. 阅读时要时时记得做些圈点勾画和批注，将自己的所思所想随时记录下来。因为如果把这些零星的思考汇聚起来，就会成为一条思想的河流，滋润着你的生命；如果消散了便再也难以寻其踪迹。

3. 选择你喜欢的词，反复诵读。不论是默读还是朗读，这些词都会让你齿颊留香，心动神摇。诵读可以增强你对词的认识和理解，让你的语言文雅美丽起来，更能够陶冶情操；更重要的是"腹有诗书气自华"，多读古诗词可以无形间影响你的谈吐与气质。

4. 组织诗词大会，采用改良版的"飞花令"进行比赛。比赛设置一个关键字，除了"花"字之外，还可以增加"云""春""月""夜"等诗词中出现的高频字。

八、相关链接

1. 从宋词的理解与赏析的角度，可以参看：

◆ 唐圭璋，钟振振. 宋词鉴赏辞典［M］. 北京：商务印书馆出版，2011.

2. 若想更深入地解读词的魅力，探究词人之用心，借鉴东西方批评理论来读词，可以参看以下几本著作：

◆ 叶嘉莹. 唐宋词十七讲［M］. 北京：北京大学出版社，2007.

◆ 叶嘉莹. 小词大雅：叶嘉莹说词的修养与境界［M］. 北京：北京大学出版社，2015.

◆ 叶嘉莹.《人间词话》七讲［M］. 北京：北京大学出版社，2014.

一点浩然气　千里快哉风
——走进《东坡集》

设计者：周晓梅（宁波四中）

QQ：286359895

一、导语

天才艺术家、高品位生活家、骨灰级文艺青年、新派探险家、乐天派、自由的觉悟者，一个最无法被定义的人——苏东坡。

苏东坡说："书富如入海，百货皆有之，人之精力，不能兼收尽取，但得其所欲求者耳。"当你心情低落的时候，不妨来读一下苏东坡，他乐观豁达的人生态度或许会让你看开一切烦恼；当你为生活奔走怅然若失的时候，读一读《东坡集》，他让你拨开云雾，见清风明月，豁然开朗；当你觉得人生单调无趣、需要调剂的时候，读一读《东坡集》，他的多才多艺会让你热爱生活、情趣盎然。

☆ 问题来了：

1. 提起苏东坡，你想到的是他的哪些逸事？

_____

_____

2. 你读过苏东坡的哪些诗、词、文？写一写你知道的苏东坡的名句。

_____

_____

二、作者简介

苏轼，字子瞻，又字和仲，号"东坡居士"，眉州眉山（今属四川）人，北宋著名文学家、书画家、政治家、思想家。他与父亲苏洵、弟弟苏辙皆以文学名世，世称"三苏"。他才华横溢，兼善众艺。在散文方面，苏轼与唐代的韩愈、柳宗元和宋代的欧阳修、苏洵、苏辙、王安石、曾巩合称"唐宋八大家"；在书法上，与黄庭坚、米芾、蔡襄合称为"宋四家"；苏轼还是画家，是文人画的开创者；还是美食家，有东坡肉为证；也是工程师，西湖的"苏堤"就是最好的例子。

☆ 问题来了：

1. 千百年来，那么多人喜欢苏东坡，到底是什么缘由？

_____

_____

2. 苏东坡虽文章名闻天下，仕途却历尽艰辛，屡遭迫害，但终不改其乐观的天性。他人格精神中的正直、慈悲、进取与旷达令人敬仰。这样的苏东坡更是为人所乐道的，你不妨到他的文章中找一找相关的句子来证明他的某一种令你敬仰的人格精神吧！

_____

_____

3. 苏轼半世漂泊，不免也会感伤，如"此生定向江湖老，默数淮中十往来""便合与官充水手，此生何止略知津""登高望中原，但见积水空""孤生知永弃，末路嗟长勤""北船不到米如珠，坐听荒城长短更"。可是,林语堂却说苏轼是个秉性难改的乐天派,你同意吗?请阅读苏轼的散文《在儋耳书》《书上元夜游》和他的书信《与参寥子》《与元老侄孙》,谈谈你的认识。

4. 李泽厚在《苏轼的意义》一文中说,苏轼一生并未退隐,也从未"归田",但是他通过诗文所表达出来的那种人生空漠之感,却比前人任何口头上或事实上的"退隐""归田""遁世"要更深刻、更沉重。因为苏轼所表达出来的这种"退隐"心绪是对整个世上纷纷扰扰究竟有何目的和意义这一根本问题的怀疑与舍弃。苏轼最早在文艺领域中把对整个宇宙、人生、社会的怀疑、厌倦、无所希冀、无所寄托的喟叹充分表露出来,如《前赤壁赋》《后赤壁赋》和他的一些诗词。"固一世之雄也,而今安在哉?""世事一场大梦,人生几度悲凉""世路无穷,劳生有限,似此区区长鲜欢"等。李泽厚还认为苏轼在诗文中是强作慰藉。"璧月琼枝空夜夜,菊花人貌自年年,不知来岁与谁看",月还是那轮月,花年年开放,人却不同了,来年这菊花将给何人看呢?所以有评论者说,这表现了生命的空漠感和深沉的悲剧意识,这是宋代以后士大夫的一种重要的心态。你读了苏轼的诗文以后同意这种生命空漠感的说法吗?理由呢?

三、内容解析

《东坡集》是苏轼生前自己编选的作品集，后多次被毁，多次重编，我们现在看到的《东坡集》是2006年国家图书馆出版社出版的图书，可以分为5个部分：

第一部分　诗类　宦游到处身如寄　平生功业黄州、惠州、儋州

为官四处漂泊——"人生到处知何似，应似飞鸿踏雪泥"；

乌台诗案是转折——"柏台霜气夜凄凄"；

惠州——"人间何者非梦幻，南来万里真良图"；

儋州——"九死南荒吾不恨，兹游奇绝冠平生"。

第二部分　词类　竹杖芒鞋轻胜马　一蓑烟雨任平生

苏轼词可婉约，如"十年生死两茫茫，不思量，自难忘""小溪鸥鹭联拳，去翩翩，点轻烟""缺月挂疏桐，漏断人初静。谁见幽人独往来，飘渺孤鸿影""似花还似非花，也无人惜从教坠"；可豪放，如"老夫聊发少年狂，左牵黄，右擎苍""一点浩然气，千里快哉风""大江东去，浪淘尽，千古风流人物"。在词的国度里，苏轼是顶峰，是豪放派的代表。

第三部分　散文类　寄情清风皓月　无往而不乐

苏轼散文如清朝方苞所言"所见无绝殊者，而文境邈不可攀"。读起来觉得"疏旷爽然"，满篇皆是"清音幽韵"。"久旱逢甘雨"之《喜雨亭记》；"超然物外，无往而不乐"的《超然台记》；《前赤壁赋》赏"江上之清风，与山间之明月"；《后赤壁赋》"反而登舟，放乎中流，听其所止而休"的自在；"月色入户，欣然起行"的《记承天寺夜游》；评吴道子之画"出新意于法度之中，寄妙理于豪放之外"；高度评价韩愈"文起八代之衰，而道济天下之溺"。晚年被贬到广东惠州、海南儋州的短篇散文，更见其洒脱情致，如《记游松风亭》"此间有甚么歇不得处？"《在儋耳书》"有生孰不在岛者？"《书上元夜游》"放杖而笑，孰为得失？"

第四部分　策论类　东坡时论　天才灿然　扫荡廓清

清代储欣评东坡时论"风气将开……以奏扫荡廓清之烈，欧阳公力也"，欧阳修认为苏轼的策论脱尽五代宋初以来的浮靡艰涩之风，曾说："读轼书不觉汗出，快哉！老夫当避此人，放出一头地。"（注：扫荡廓清的意思是彻底肃清积弊。）苏轼论留侯张良"猝然临之而不惊，无故加之而不怒。因其志向高远"；论贾谊"非汉文之不能用生，生之不能不用汉文也"（不是汉文帝不重用他，而是贾谊不能利用汉文帝来施展自己的政治抱负）；《决壅蔽》主张皇帝励精图治，亲自做出表率，以决天下之壅蔽；针对北宋中期以后，辽和西夏成为西北边境的严重威胁，苏轼清醒地预见战争的不可避免，在《教战守策》中，主张居安思危，使百姓"尊尚武勇，讲习兵法"。

第五部分　书信类　天际白云　飘然从风　自成卷舒

苏轼的书札内容极其丰富，是理解他的思想的很好的窗口。在《答毛滂书》中表达了诗文"品目高下，盖付之众口，决非一夫所能抑扬"的观点；《与参寥子》中表达了"瘴疠病人，北方何尝不病？是病皆死得人，何必瘴气。但苦无医药，京师国医手里死汉尤多"的豁达情怀；《与元老侄孙》表达了海南儋州饮食百物艰难，"厄穷至此，委命而已""然胸中亦超然自得，不改其度"的洒脱情怀；《又答王庠书》告诉王庠"书富如入海，百货皆有之，人之精力，不能兼收尽取，但得其所欲求者耳"，读书要讲求方法，抓住重点。

☆ 问题来了：

1. 忧国忧民。说到忧国忧民的情怀，人们想到的是杜甫，其实，终生漂泊，足迹踏遍整个中国大江南北的苏轼，他的很多诗词也拥有这种深厚的忧民悯农的情怀。苏轼是悲天悯人的道德家，是黎民百姓的好朋友。你能按照苏轼为官的足迹，从他的诗歌创作中找到这些含有忧民、爱民之情的诗句吗？（可以设置表格，以便梳理。）

_____

_____

_____

2. 雅量高致。王国维说："读东坡、稼轩词，须观其雅量高致，有伯夷、柳下惠之风。"伯夷、柳下惠，在古代被尊称为高风亮节之士的典型，"雅量高致"指的是高风亮节，德性弥漫。苏东坡的雅量高致不仅表现在爱国忧民上，还有他清俊而深邃的人格魅力，比如他广阔的胸襟、高远的情致。通过阅读他的作品，你能找出相关的诗句吗？

_____

_____

_____

3. 情真意切。苏轼是个深情的人，他的大爱是给百姓的，也是给他的家人、知己和朋友的。那首家喻户晓的《水调歌头》"但愿人长久，千里共婵娟"是唱给谁的呢？"对床夜雨听萧瑟"，风雨对床的盟约又是什么意思呢？"吾从天下士，莫如与子欢"（我交往了许多朋友，但都不如与你相处得愉快），"子"又是谁呢？"相对无言惟有泪千行"，又是对着谁诉说？"高情已逐晓云空，不与梨花同梦"，他的衷情在最后的岁月里给了谁？不妨按照爱国情、兄弟情、爱情、友情等整理记录。

_____

_____

4. 美食书写。"自笑平生为口忙""人间有味是清欢""诗成捧腹便绝倒，书生说食真膏肓"，可见，苏轼是一个美食家。在惠州初次吃到荔枝，说"似闻江鳐斫玉柱，更洗河豚烹腹腴"。江鳐，蛤蜊一类的海产品。玉柱，即江鳐的闭壳肌。河豚，味极美，但是有剧毒。鉴赏一下其写美食的诗篇。

_____

_____

5. 哲思理趣。"不识庐山真面目，只缘身在此山中"，苏轼的诗词充分表现了宋代诗歌充满理趣的特点，你能再找一些这样的诗歌吗？表达了什么道理呢？

_____

_____

6. 坎坷人生。常言道"国家不幸诗家幸，诗人不幸文章幸"。你是如何看待诗人的幸与不幸的？苏轼六十六岁去世之前写的《自题金山画像》中说"问汝平生功业，黄州、惠州、儋州"，他认为造就自己平生功业的，那就是黄州、惠州、儋州。而这三个地方，恰恰是他被贬谪、被流放之地，做官生涯中最悲惨的时期。你同意苏轼对自己生平的概括吗？能举例证明吗？他是如何在幸与不幸中辗转、徘徊，最终书写出他不朽的一生呢？

_____

_____

_____

7. 浮海之叹。"长恨此身非我有,何时忘却营营?""小舟从此逝,江海寄余生。"苏轼说,叹平生颠沛漂泊、身不由己之时居多,何时才能不为外物所羁绊,任性逍遥呢?从此远离尘世喧嚣,在江湖深处安闲地度过余生吧,类似孔子的"乘桴浮于海"。试举例分析其作品中"出世""入世"的思想。

_____

_____

_____

四、艺术鉴赏

苏轼是北宋文坛革新的杰出领袖,也是宋代乃至中国历史上一个全能的文学天才。他的诗歌思想深邃,技巧纯熟,代表了北宋的最高水平;在词章创作方面,他"以诗为词",扩大了词的题材,"一洗绮罗香泽之态",写下了豪放与旷达的千古绝唱,开创了豪放派。他的散文写景精约,特征突出;叙事简明,清晰有致。

☆ 问题来了:

1. 苏轼在《答谢民师书》中说:"求物之妙,如系风捕影;能使是物了然于心者,盖千万人而不一遇也,而况能使了然于口与手者乎?"苏轼就是那个能用"口"与"手"把物之妙表述出来的人。他的语言风格多样,都能曲尽其妙。他的语言有时看似平淡,却"语浅情长",他说"寄至味于淡泊"。有的评论家说他"多诙谐之言",有的说他"疏旷爽然""空灵飘洒""空旷奇逸",有的评价他的婉约词"清丽舒徐,高出人表""写闺情而不着妍词,自有一种娴雅之趣",清代周济评价他的《减字木兰花·春庭月午》"人赏东坡粗豪,吾赏东坡韶秀",其中"韶秀"的意思是美好秀丽。你是否捕捉到了其中的美感？请以某一首词为例，试分析苏轼的语言特色。

2. 清代郑文焯评论苏轼《定风波·莫听穿林打叶声》，"此足征是翁坦荡之怀，任天而动"。清代陈廷焯评东坡《浣溪沙·山下兰芽短浸溪》，"愈悲郁，愈豪放"。苏轼是豪放派的开拓者，又是这个流派中有代表性的大作家之一。所谓的"豪放"意思是豪迈奔放、雄浑开阔，放笔直书，更无拘束。请分析苏轼的某一首豪放词，从题材、用词、形象、意境、情感等方面感受其豪放特色。

3. 王国维说："词之为体，要眇宜修。能言诗之所不能言，而不能尽言诗之所能言。诗之境阔，词之言长。"其中"要眇宜修"，是指女性的带着修饰性的一种很精巧的美，这里用来形容"词"这种文体，是说词里也要有这种最精致、最细腻、最纤细幽微的堪称精巧的美感。你觉得苏东坡的词中有没有这样细腻精巧的美？请举例说明。

4. 关于苏轼的《水龙吟·次韵章质夫杨花词》（次韵，即用原作之韵，并按照原作用韵次序进行创作），王国维说"东坡《水龙吟·咏杨花》，和韵而似原唱；章质夫词，原唱而似和韵"，又说"咏物之词，自以东坡《水龙吟》为最工"。清人沈谦评价此词，"幽怨缠绵，直是言情，非复赋物"。东坡自己说"论画以形似，见与儿童邻"，若只以形似来评价画和诗词，这见识过于幼稚。请分析东坡的咏物诗的艺术特点。

_____
_____
_____

5. 郑振铎曾评价苏轼："《减字木兰花》'贤哉令尹，三仕已之无喜愠'……却有点过于枯瘠，无丝毫诗意含蓄着，乃是他的词最坏的一个倾向。"而很多人觉得这是苏轼的特点，甚至是优点，就是以议论入词，如"殷勤昨夜三更雨，又得浮生一日凉""人生如逆旅，我亦是行人"。对于苏轼以议论入词，你怎么看？

_____
_____
_____

6. 宋代张炎评论苏轼的《永遇乐·明月如霜》："用事最难，要体认着题，融化不涩。如东坡《永遇乐》云：'燕子楼空，佳人何在？空锁楼中燕。'用张建封事……用事不为事所使。"而沈祖棻在讲苏轼的时候，对于苏轼的用典是持否定态度的。她说，在艺术形式方面，我们都知道，辛弃疾是喜欢"掉书袋"的，这是一种毛病。这种毛病，追溯渊源，则是从苏轼开始的，如他的《戚氏》一词，就颇有"掉书袋"的意味。对于苏轼的用典你是如何评价的？

_____
_____
_____

7. 宋代的胡寅说："词曲至东坡，一洗绮罗香泽之态，摆脱绸缪宛转之度,使人登高望远,举首高歌,逸怀浩气超乎尘垢之外。"东坡的词冲破了专写男女恋情和离愁别绪的狭窄题材,打破了诗庄词媚的界限,以诗写词,即以写诗的态度来填词,将诗的题材、内容、手法、风格等引入词的领域并使之扩展,开拓新词境。清代刘熙载说,东坡词颇似老杜诗,因为他"无意不可入,无事不可言",那么他和他之前的其他词人之间,在词的意境、题材、形象上有什么区别呢?

_____

_____

_____

五、争鸣商榷

《东坡集》是中国文学史上的华彩乐章,其中所收诗、词、文均为至上佳作,受到后人的景仰与尊崇。可是,李清照等对苏轼还是有不同的评价。下面摘录了一些观点:

观点一(近代国学大师王国维推崇苏轼):"三代以下诗人,无过屈子、渊明、子美、子瞻者。此四子者,若无文学之天才,其人格亦自足千古。故无高尚伟大之人格,而有高尚伟大之文章者,殆未有之也。"

观点二(宋代女词人李清照评价苏轼词):"至晏元献、欧阳永叔、苏子瞻,学际天人,作为小歌词,直如酌蠡水于大海,然皆句读不葺之诗尔,又往往不协音律者。"大致的意思就是到了晏元献(晏殊)、欧阳永叔(欧阳修)、苏子瞻(苏轼)这些人,他们学究天人,填这些小歌词,就像是拿着葫芦做的瓢去大海里取水一样容易,但是全都是没有加标点句读的诗罢了,而作为词又往往不协音律。

观点三(北宋经学家晁以道):"绍圣初,与东坡别于汴上,东坡酒酣，自歌阳关曲。则公非不能歌，但豪放，不喜剪裁以就声律耳。试取东坡诸词歌之，曲终，觉天风海雨逼人。"（《历代诗馀》卷一百十五引）

观点四（宋代文学家王灼）："东坡先生非心醉于音律者，偶尔作歌，指出向上一路，新天下耳目，弄笔者始知自振。"（《碧鸡漫志》卷二）

观点五（现代文论家沈祖棻）：勇敢地将词写成如李清照所讥讽的"不协音律"的"句读不葺之诗"，乃是苏轼以诗为词的又一具体含义。由于苏轼在其创作实践中并不十分严格地拘守声律成规，就使得词从他开始，更明确地不仅以音乐歌词的身份存在于艺苑，而且以抒情诗的身份出现于诗坛。在其后词乐逐渐消亡的过程中，词终于脱离了音乐，成为一种独立的抒情诗样式，而依然存在下去。从元、明以来直到现在，还有人用这种样式来进行创作。所以苏词不剪裁以就声律，从音乐和歌唱的角度看来，在当时也许是不怎么妥当的；但从文学创作的角度来说，则是一种当内容与形式发生矛盾的时候，宁肯使内容突破形式，而不肯使形式束缚内容的正确方法。这不仅对当时的创作风气起了良好的推动作用，而且对于词成为一种独立的抒情诗样式也起了支持的作用。

观点六（清末民初文化名人王国宪在《重修儋县志叙》中评价苏轼）："以诗书礼乐之教转化其风俗，变化其人心，听书声之琅琅，弦歌四起，不独'千山动麟甲，万谷酣笙钟'，辟南荒之诗境也。"

观点七（中国现代历史学家、思想家钱穆）："苏东坡诗之伟大，因他一辈子没有在政治上得意过。他一生奔走潦倒，波澜曲折都在诗里见。但苏东坡的儒学境界并不高，但在他处身艰难的环境中，他的人格是伟大的，像他在黄州和后来在惠州、琼州的一段。那个时候诗都好，可是一安逸下来，就有些不行，诗境未免有时落俗套。东坡诗之长处，在有豪情，有逸趣。其恬静不如王摩诘，其忠恳不如杜工部。"

观点八（作家李敖）：苏轼虽是达者，"但他的思想水平只是超级文人式的，最高境界止于《赤壁赋》，并没有思想家式的细腻与深入。又掺入佛、道及民间迷信，行为上搞求雨、炼丹，境界有低段出现。他的政治观点尤其旧派，比王安石差多了，真所谓'汝唯多学而识之，望道而未见也'了"。

观点九（南京大学莫砺锋教授）：我想描绘的东坡形象不仅是朝中大臣、地方长官、文人学士，而且是深情绵邈的丈夫、慈祥可亲的父亲、诚恳坦率的朋友、好饮而易醉的酒徒、见到好纸好墨就手痒的书家、戴着斗笠在田间踏歌的逐客、至死不肯皈依西方净土的俗人……

观点十（网友）：苏东坡是文学家、诗人、词人、书法家、画家、政治家、思想家，但我不得不说，所有这些成就都不是我喜欢苏东坡的原因。我喜欢他，是因为他性格的可爱。他是千年来唯一一个集天才与普通人于一身的人。他曾说，上可以陪玉皇大帝，下可以陪贩夫走卒。翻遍历史，只有苏东坡说过，也只有他做得到。

☆ **问题来了：**

1. 结合上面的观点，谈谈你对苏轼和《东坡集》的看法。

2. 你如何评价苏轼的"不协音律"？

六、学以致用

"学而不思则罔"，读完《东坡集》，你的收获是什么？仅仅是感觉学识丰富了吗？还是读诗词有感觉了，有阅读古诗词的方法了？除此之外，有没有更深刻的东西影响了自己的精神世界呢？不妨写一篇读后感——读苏东坡的意义。

七、阅读建议

1. 知人论世：关注诗文的创作时间和背景，包括社会背景和苏轼的人生经历。

2. 图文共赏：不排斥插图，仔细欣赏插图，有助于你对诗的意境的理解；读的时候慢一点，细细品，自己脑海中勾勒画面，想象意境；多看相关诗词的古人笔记、诗话和词话中对苏轼作品的精彩点评，会提高你的理解。对于喜欢的词句随时勾画，写点评，或者喜欢的句子再写一遍都会有所裨益。

3. 从诗类看起：看的时候不妨把每一首诗写于苏轼什么年岁都标上去，这样他的人生轨迹、心路历程可一目了然。

4. 准备工具书：《古汉语常用字字典》、王国维的《人间词话》等，有助于自己对苏轼诗文的理解。

5. 分享。在读《东坡集》的时候，碰到特别有感觉的诗词句，心里默念也好，大声朗读也好，跟同学、朋友分享也好，会加深你对它的印象。

八、相关链接

1. 如果你想从人物的角度更全面深入地了解苏东坡，可以参看下面两部脍炙人口的作品：

◆ 莫砺锋．漫话东坡［M］．南京：凤凰出版社，2018.

◆ 林语堂．苏东坡传［M］．张振玉，译．齐白石，画．长沙：湖南文艺出版社，2018.

2. 如果你想从评论的角度研究苏东坡的诗词思想内涵和艺术特色以及对后世的影响，下面几本著作或者演讲值得一看：

◆ 苏轼．东坡集（增订版）［M］．南京：凤凰出版社，2013.

◆ 思雅．《人间词话》全解［M］．北京：中国华侨出版社，2013.

◆ 莫砺锋教授的演讲：《苏东坡的现代意义》．

◆ 沈祖棻．宋词赏析［M］．上海：上海古籍出版社，2000.

一树梅花一放翁
——走进《陆游集》

设计者：李芳（杭州外国语学校）

QQ：110782209

一、导语

亲爱的同学们，陆游是南宋成就最大的诗人之一，与杨万里、范成大、尤袤同为南宋"中兴诗人"。他写了一辈子诗词，是一位高产、高寿的大诗人。或许你读过他慷慨悲壮的爱国诗词，但你是否读过他缠绵悱恻的爱情诗、自由放达的醉酒歌、天真烂漫的梅花绝句以及济世救民的行医诗呢？相信这本《陆游集》会带你走进陆游丰富多彩的诗歌世界，让你看到一个"有骨气的爱国诗人"，一个热爱百姓、热爱自然、热爱生活的可敬可爱之人。

☆ 问题来了：

1. 请写下你最喜欢的陆游的诗题及著名的诗句。

_____

2. 你手头的《陆游集》是哪个出版社哪一年出版的？你喜欢它的装帧、排版和印刷吗？

_____

_____

二、关于作者

陆游（1125—1210），字务观，号放翁，越州山阴（今浙江绍兴）人。祖父陆佃知识渊博，擅长文字训诂学；父亲陆宰是藏书家。陆游生于北宋亡国之际，在兵荒马乱中度过了童年。少年时深受家庭爱国思想的熏陶，立志报国并刻苦学习。宋高宗时，参加礼部考试，因论收复河山遭秦桧黜落。宋孝宗即位后，赐进士出身。历任福州宁德县主簿、敕令所删定官、隆兴府通判等职，因坚持抗金，屡遭主和派排斥。乾道八年（1172年），枢密使王炎宣抚四川，辟陆游为幕宾。九月，幕府解散。十一月，陆游奉诏入蜀。宋光宗继位后，升为礼部郎中兼实录院检讨官，修《高宗实录》。不久因作诗"嘲咏风月"被斥，归故里。嘉泰二年（1202年），宋宁宗诏陆游入京，主持编修孝宗、光宗《两朝实录》和《三朝史》，官至宝谟阁待制。嘉定二年（1210年）与世长辞，临终赋《示儿》诗。

☆ **问题来了：**

1. 有人认为，"死去元知万事空，但悲不见九州同。王师北定中原日，家祭无忘告乃翁"，是陆游最后的呼声，是他苦苦追求一生的夙愿，是他代表全体人民的"庄严誓言"。你怎么理解这样的评价？

_____

_____

_____

2. 陆游一生仕途坎坷，却没有沉沦于宦海。诗词写作可认为是他心灵的投影，也可以看作自我疗救的特殊方式。你是如何看待其诗歌创作与他的人生经历之间的关系的呢？

三、内容解析

《陆游集》的编著者高利华教授,是绍兴文理学院的教授,是中国陆游研究会副会长兼秘书长、绍兴陆游研究会会长。她从陆游的《剑南诗稿》(包括130多首放翁词)中精选出84首作品,根据内容编为九个部分:

  寸心如丹·位卑未敢忘忧国
  梦里关山·铁马冰河入梦来
  沈园鸿影·灯暗无人说断肠
  酒醉无言·诗魂恰在醉魂中
  梅香如故·为爱名花抵死狂
  军中足迹·远游无处不销魂
  故土小园·柳暗花明又一村
  听雨忆人·小楼一夜听春雨
  父德子贤·家祭无忘告乃翁

所选诗歌内容涵盖广泛,既有陆游的报国之志、青春情意、醉中感喟,也有军营时光、故土生活、友人之念等。尤其值得一提的是,《陆游集》的更大亮点在于"家祭无忘告乃翁"这一类诗所体现的好家风。山阴陆氏的好家风,既包括自唐代陆龟蒙诗书相传的"笠泽家风",更有殷切期望后人继承和发扬为国分忧、有所担当的牺牲精神。

高利华教授对每首作品中的重要或疑难字词加以注释，并就作品创作背景、诗歌内容、艺术特色、思想情感、精神境界等展开介绍或评点，观点鲜明，征引自如，解读生动，文辞雅致，为读者精读陆游诗词做好了充足的准备。

☆ 问题来了：

1. 钱钟书先生认为，陆游的诗歌可以分为两个方面：一方面悲愤激昂，一方面闲适细腻。试从《陆游集》中各列举三首。

2. 《书愤》一诗被清人推为陆游七律压卷之作。清人纪昀（晓岚）指出："此种诗是放翁不可磨处。集中有此，如屋有柱，如人有骨。"（《瀛奎律髓刊误》）你是怎么理解"如屋有柱，如人有骨"这一评价的呢？

3. 日有所思，夜有所梦，魂牵才梦萦，对《陆游集》精选的6首"梦诗"——《绝句》（"桐阴清润雨余天"）、《十一月四日风雨大作》（两首）、《梦中行荷花万顷中》、《五月十一日夜且半》、《梦范参政》，最打动你的是哪一首呢？为什么？

4. 陆游和唐琬的爱情悲剧广为流传，有的版本颇多演绎成分。想要真正理解这份情感中的万般滋味,读一读陆游的诗词或许才是可靠的。请结合陆游的诗词,如"采得黄花作枕囊""蠹编残稿锁蛛丝",谈谈你对他们爱情的理解。

_____

_____

5. 陆游一生仕途坎坷,"蓬莱定不远,正要一帆风"的愿望屡屡受挫,更多的是"衣上征尘杂酒痕"的风尘仆仆、"江上荒城猿鸟悲"的幽愤诉说以及"生子何须似仲谋"的深沉感喟。请细读《哀郢》一诗,说说这首诗的主题,并谈谈陆游对屈原的看法。

_____

_____

6. 诗人于淳熙七年(1180年)开始了他第二次漫长的村居生活,你能从诗歌中发现诗人从最初的抑郁不平到逐渐接受、融入乡村生活并感受农事欢乐的过程吗?请找出相关诗句,品一品,谈一谈。

_____

_____

7.《陆游集》第七部分"故土小园·柳暗花明又一村",选录的都是陆游写村居生活的诗篇。认真阅读这21首诗,说说你感受到的陆游笔下的乡村生活有什么特点。

_____

_____

8. 在垂暮之年,"老翁也学痴儿女,扑得流萤露湿衣",你喜欢这样充满童心的陆游吗?你还能在《陆游集》中发现这样率真自然的诗词吗?请找出两首来。

_____

_____

四、艺术鉴赏

陆游诗词之所以流传千年,是因为其强大的艺术感染力。这个感染力既来自陆诗选材的丰富性,也来自其创作艺术的多样性,其情真厚,其言天然。

1. **情感真厚**。陆游的诗词,不论就什么题材而作,他在诗歌中融入的情感都是真而厚的。无论是写理想抱负的爱国诗,还是写稽山镜水的乡土诗;无论是追思前妻唐琬的爱情诗,还是调教子孙晚辈的家风诗,他都投入自己满腔的真情厚意,如"报国欲死无战场"(《陇头水》)、"听我长歌歌镜湖"(《思故山》)、"只有清香似旧时"(《余年二十时》)、"汝但从师勤学问"(《示子孙》)……我们被其强烈的情感震动,却又无法用简单的词语来概括。

2. **言语天然**。朱自清在《经典常谈》中赞扬陆游"他作诗也重真率,轻'藻绘',所谓'文章本天成,妙手偶得之'"。陆游之诗朴实无华,自然无碍,如行云流水。"汝果欲学诗,功夫在诗外"(《示子遹》),此创作理论是陆游对一生创作的高度总结。如《阿姥》一诗中用白描手法写一个乡村老太太化妆"东涂西抹不成妆",出嫁之时的梳妆镜已积了灰尘,没有精描细画的工具,更没有淡扫娥眉的从容,大幅度的涂涂抹抹也难以掩饰古稀之年的沧桑,句中"涂""抹"二字正贴合老人的身份和年龄特征。再如《梅花绝句》一诗中的"何方可化身千亿？一树梅花一放翁"，设问天真有趣，怎样变出千万个放翁来欣赏四面山野中无数的梅花呢？就让每一棵梅花树下都站着一个放翁吧！朴素自然却诗味隽永，让读者浮想联翩。

　　学生阅读之后的评价精选：

　　一生夙愿难报，只好在梦中征战沙场，奋勇杀敌。当陆游挥笔写下《诉衷情》这首词时，他已经年近七十。虽身居山阴，但未忘国忧，一直心系故国。一头青丝早已成雪，可却迟迟未实现自己抗金复国的理想。他回忆起当初北伐前的兴奋，可是现在，杀敌报国的理想破灭了，只有在庄生晓梦里才能重归前线。梦碎了，现实又留下些什么呢？只有墙上的一件积满灰尘的旧貂裘才能证明当年的金戈铁马。陆游轻抚着它，想起了"貂裘半脱马如龙，举鞭指麾气吐虹"，想起了"百骑河滩猎盛秋，至今血溅短貂裘"。没想到现在自己已是年迈体衰，两鬓染苍，被罢官回乡，只得终老于镜湖之畔。爱国之情，怎样燃杀敌豪情，便怎样添英雄无奈。刘元培说陆游"剑南之词，屏除纤艳，清真绝俗，遒峭沉郁"，这与他一生心系国家、矢志不渝的情怀与精神密不可分。从鲜衣怒马至雪鬓霜鬟，陆游没有一天不在忧国忧民。即使在生命的尽头，他一直牵挂着自己心心念念的国："王师北定中原日，家祭无忘告乃翁。"

——曹阮华

　　作为千古一代"意难平"的代表诗作，《钗头凤》自开篇就沉浸在悲伤惋惜的情调之中。可当初读的震撼缓缓淡去后，再次细细品味，却惊讶地发现其中一言一语都经得起推敲，如同地基深厚的房屋，历经千载仍傲然屹立，堪称永恒的经典。且不说那催使百花残的"东风"借代得有多心酸，且不说那令人悲愤的"恶"双关得有多无奈，且不说那"鲛绡透"描摹得有多逼真，且不说那"桃花落"象征得有多泫然，单单从第一句"红酥手，黄縢酒，满城春色宫墙柳"的白描，我们就被陆游引入了一段令人叹惋的情、一篇旷古绝今的文中，且久久不能忘怀、不愿忘怀。不论是手法运用、谋篇布局还是情感传递，都令人于情共撼潸然、于理拍案叫绝，实在是应了陈衍先生那句"就百年论，谁愿有此事？就千秋论，不可无此诗"。

——金秋葭

我想，田园山水可谓陆游之根，因为他的精神是依存于山水的。壮志难酬，国恨未雪，"山重水复"，自幼受儒家熏染的他又怎能弃之不顾，又怎能不痛心疾首？若直面惨淡的现实，他必将崩溃。而他的根给了他一种庇护、一种缓冲、一种"柳暗花明"的豁然，使他能以另一种方式留存这种报国的理想中。只有在山水的慰藉中沉静下来，才能有"拄杖无时夜叩门"的超然。陆游不同于陶渊明，也不同于王维，他们退隐田园山林，是为了追求逍遥自适，为了避世，因而对山水、对自然更为醉心，是真正的隐士。但陆游虽在山水之间，却仍关注世事，品察民生，他在逍遥里讴歌田园，依然蕴含着家国天下和理性思索。恰如《游山西村》诗中所写，留意"春社"，体会"古风"，情意深长，而不似孟浩然的淡泊和宁静。所以，陆游之诗不只有家国情怀，更有山水情愫、乡土情怀。两者是互相依存的。

——张逸瑞

☆ 问题来了：

1. 情动于中必发乎于外，陆游敢爱敢恨，情感真诚充沛，读他的诗，就是读他的情味人生。请从《陆游集》中找出一首诗来分析诗人"真而厚"的情感。

2. 清末民初,梁启超先生曾言"中国诗家,无不言从军苦者,惟放翁则慕为国殇,至老不衰"。请结合《饭三折铺,铺在乱山中》一诗,谈谈你对梁启超这一观点的理解。

3. 陆游诗歌的语言简练自然,"言简意深,一语胜人千百"(李易)。请在《陆游集》中找出一例来,欣赏陆游诗歌语言的"简练"和"自然"。

4. 曹操曾感慨"醉酒当歌,人生几何"。请读一读陆游的《对酒叹》和《长歌行》,看看陆游是如何借助酒的意向表达他强烈的情感的。

5. 朱东润指出陆游七古转韵的很多,"显得更流畅、更生动,一字一句在纸面上跳跃起来"。请结合《三月十七日夜醉中作》,数数一共有几次转韵,并说说其表达效果。

6. 陆游欣赏梅花的"高标逸韵",赞美其"正在层冰积雪时"尽显内在精神和品格。请找寻其他诗人歌咏梅花的诗句,品一品,说说陆游在艺术形象塑造与表达上的与众不同之处。

_____

_____

_____

五、争鸣商榷

中国社会科学院文学研究所研究员陈祖美认为高利华教授编著的《陆游集》是对陆游"六十年间万首诗"的精心提取,为我们"走进陆游"打开了方便之门。在《陆游集》的点评中,高利华教授充分表达了自己的观点。当然,在其他书籍和文章中,我们也能看到许多对陆游诗词和陆游本人的点评,不妨为大家打开一扇窗子:

观点一(王水照):历史人物陆游,从某种意义上看,可以说有两位陆游。一位是作为爱国志士的陆游,具有崇高的爱国主义精神,深深地融进我们民族的灵魂,影响久远而深刻;另一位陆游,既是一位自然美的敏锐发现者和倾心欣赏者,对乡土习俗的亲切感知者和高超的描写者,对宋代文人日常生活的全视角体察者,又是一位在家庭生活里充满至亲至爱之情的好长辈。

观点二(崔际银):陆游早年受教于著名诗人曾几,擅长律诗,尤以七律成就最高,他的七言律诗的成就在当时无人能及。其古体诗具有独到之处:一是不像前人那样动辄数百、上千字,而是予以精炼、概括。二是很少像同代人那样以"文学""才学"为诗,议论之处也安排得较为妥当,没有生硬之感。其中尤以七古为佳,具有汪洋恣肆、奔放豪壮的特征。

观点三（付兴林、胡金佳）：（陆游）壮岁从戎来到汉中，火热的军营生活使他看到了江西诗派的缺陷，"顿悟"了"诗家三昧"，从此"诗情将略，一时才气超然"（夏承焘、吴熊和）。陆游在总结自己的诗学历程时曾云："我初学诗日，但欲工藻绘。中年始少悟，渐若窥宏大。"从上述诗句可以看出，他诗歌的变化与中年从军南郑密切相关。充满激情的军营生活使陆游体悟到了作诗的真谛。

观点四（沈禹英）：通过相关的分析与思考后认为《沈园二首》不宜仅读作爱情诗。其理由如下：第一，有关陆唐爱情悲剧的说法（陈鹄《耆旧续闻》、周密《齐东野语》等之记载）不可靠。第二，从诗篇本身看，语义应该"别有所属"。如"斜阳""画角""沈园非复旧池台""伤心""惊鸿""四十年"。第三，其他相关诗篇同样"别有所属"（参见危卫红《〈沈园二首〉不宜读作爱情诗》，《文学教育》2008年第2期）。蒋士铨《沈氏园吊放翁》、周晋《沈园》、陶在新《沈氏园吊放翁二绝》、夏承焘《减字木兰花·过绍兴沈园》等在陆游与唐琬的爱情悲剧问题上，均是将爱情、事业、社会联系在一起考虑的。（参见高军《陆游与沈园》，《东方博物》2004年第3期）。

观点五（曹瑞娟）：陆游在山阴闲居期间，亲近自然，吟咏自适，将日常生活所见的各种自然风物、山川草木纷纷写入诗歌，展现出种种生态美韵，这与他朴素的哲学生态观是分不开的。陆游在诗文中屡次述说了其戒杀放生的思想，表现了对自然界生命的爱护。与此相应，陆游的许多诗歌充分显示出诗人的爱物情怀，与现代生态伦理学当中的某些观念不谋而合。

观点六（孙启祥）：如果说在宋金谁也消灭不了谁的情况下，陆游仍坚信南宋小朝廷能够收复失地、恢复故疆，是一个爱国者必须具备的思想感情的话，他对金人实力的低估、对"虏乱"给南宋提供的机会作用的夸大、对一些为了邀功请赏的"蜡书"内容的轻信、对天象的渲染，以及对所谓"正义之师"的迷信，则属于不理智的行为，是对抗金大势的错误判断。

☆ **问题来了：**

读了以上观点，你有何看法？该你上场了，亮出你的观点吧！

_____

_____

_____

六、学以致用

我们阅读《陆游集》，不仅是欣赏陆游的诗歌艺术，也需要理解陆游的人生经历和思想品格。通过阅读，我们可以发现陆游不仅仅是一名高扬爱国主义精神、"寸心至死如丹"的爱国诗人，也是一个"穷山读兵书"的好学者，一个"伤心桥下春波绿"的重情者，一个"长号顿足泪迸血"的哀痛者，一个"万古兴亡一醉枕"的忧世者，一个"乞借春阴护海棠"的惜花者，一个"又乘微雨去锄瓜"的劳动者，一个"曲水流觞千古胜"的流连者，一个"驴肩每带药囊行"的仁爱者，一个"汝曹切勿坠家风"的好长辈……我们要努力挣脱标签式的理解，带着自己的好奇心，全面丰富地去认识一个立体的、真实的陆游。请珍惜自己的阅读原始体验，在不断思考并借助更多史料的基础上形成自己的综合评价，并能在实际生活中汲取陆游的精神，灵活运用于实践。

☆ **问题来了：**

1. 如果我们要前往位于绍兴沈园内的陆游纪念馆游览，并为纪念馆的三部分展览——爱国壮志、爱乡赤子、爱情悲歌各推荐陆游的三首诗词，你会选哪些诗词呢？谈谈你的理由。

_____

_____

_____

2. 这本书读完之后，你感觉自己在哪些方面有所开悟或者提升呢？给你一段独立思考的时间，然后写一篇完整的读后感。

七、阅读建议

1. 分类阅读。《陆游集》根据陆游诗歌的内容分为九类，也有人把陆游的诗分为"爱国诗、山水诗、记梦诗、饮酒诗、示儿诗、读书诗、蜀中诗、咏梅诗"八类。可见这是许多研究者阅读的基本方式。根据分类，可以更好地理解诗人的丰富选材、丰沛情感及卓越表现力，并能认识到陆游诗歌即日记，日记即人生，生活和创作密不可分的关系，进而认识到"对陆游来说，诗不是创作，而是生命，是从生命深处流淌出来的"。

2. 对比阅读。对比阅读，能够更好地认识诗人的创作个性。比如陆游的酒诗可以和曹操的《短歌行》、李白的《将进酒》、李清照的《醉花阴》、苏轼的《赤壁赋》等作品进行对比阅读；再如陆游的梅花诗，可以与王安石的《梅花》、林和靖的《山园小梅》、卢梅坡的《雪梅》、王冕的《墨梅》、毛泽东的《卜算子·咏梅》等进行对比阅读。通过对比，感受陆诗与众不同的特点。

3. 扩写故事。陆游的不少诗歌中，有许多极具感染力的情境和细节，你可以尝试着选择一两首展开联想，用生动、细腻的语言丰富故事的内容。比如《秋日郊居》一诗中，诗人写到一名"自珍"的"愚儒",作为村塾教书先生,却对闹腾的学童不闻不问,只管自己好好休息。你可以想象儿童"闹比邻"的现场,儿童玩闹什么?多大的声响?教书先生的神态和心理活动是怎样的?一上好课就闭门睡觉,是不是像长妈妈一样摆出一个"大"字来?有没有学童趴在窗户上看老师睡觉呢?经过此地的陆游,对这样一个教书先生,是上前说两句还是默默感叹评价呢?相信你能写出一个生动的故事来,这将是你对陆游诗作有意义的再创作。

八、相关链接

本文主要参考依据是高利华教授编著的《陆游集》,如果你喜欢这本《陆游集》,并且还没有看过瘾,可以继续阅读同样由高利华教授编著的《但悲不见九州同:陆游集》(河南文艺出版社,2015年7月),这个选本更加丰富。如果你还想对陆游和他的其他作品,包括诗词以外的文章有更多的钻研,还可以参看下面几本书籍:

◆ 王政,王娟,王维娜. 欧阳修陆游诗歌民俗祭奠述论[M]. 北京:中国书籍出版社,2012.

◆ 王宏芹. 晚年陆游的日常生活与诗歌创作[M]. 成都:四川大学出版社,2018.

◆ 中国陆游研究会. 陆游与鉴湖[M]. 北京:人民出版社,2011.

◆ 朱东润. 陆游传[M]. 天津:百花文艺出版社,2010.

◆ 倪海权. 陆游文研究[M]. 北京:中国社会科学出版社,2018.

◆ 靳国君. 陆游:铁马冰河入梦来[M]. 哈尔滨:北方文艺出版社,2019.

众里寻他千百度
——走进《稼轩长短句》

设计者：严雨清（宁波中学）

QQ：649741249

一、导语

用生命抒写词赋，用生活谱写诗篇。辛弃疾的诗词再现了其心灵本质中深厚强大的生命力。纸短情长，蓬勃的生命力在《稼轩长短句》中得以安放；片语流远，渺小的个体借此于历史长河中留下独特的印记。

☆ 问题来了：

1. 在开启这场《稼轩长短句》阅读之旅前，回顾一下你读过的辛弃疾的词作，请写下你感受最深的句子。

_____

_____

2. 当你打开《稼轩长短句》时，便是你想要走进辛弃疾词作的时刻。你对这次阅读之旅有哪些期待呢？

_____

_____

3. 同为豪放派的代表人物，"苏辛"（苏轼、辛弃疾）常常被放在一起比较。你更喜欢哪一位词人的作品呢？说说喜欢的原因。

二、关于作者

辛弃疾（1140—1207），初字坦夫，后改字幼安，号稼轩居士，出生于山东济南历城县。他出生时，家乡历城已沦陷于金人之手十几年。祖父辛赞是一名忠义奋勇之士，因未能南渡，无奈委仕于金。山河破碎，家陷囹圄，无限愤懑，郁积于心。在这般家庭氛围中成长的辛弃疾自小就树立了投奔南宋、收复山河的志向。绍兴三十二年（1162年），22岁的辛弃疾召集千余勇士，率军投奔农民起义军领袖耿京。其间，耿京为奸人所杀，辛弃疾决然率一队人马冲入金营活捉叛徒，将其押到南宋。满怀一腔光复之志，辛弃疾南渡归宋，却不想出仕20余年，从武将到文臣，宦迹不定，壮志难酬。最后20余年，被罢免官职，投闲置散，只能在江西上饶带湖和铅山瓢泉一带隐居生活。

三仕三已寻常事，栏杆拍断是人生。

☆ 问题来了：

1. 若《稼轩长短句》将再版，编者需在扉页插入辛弃疾的人生小传，以便读者在阅读词作时能够沿着辛弃疾的生命脉络感受其字里行间的万千情绪。请你查阅资料，深入了解辛弃疾的生平，完成这份200字的"稼轩小传"，之后也可以讲给你的朋友听。

2. 辛弃疾的南归之路顺理成章，却又坎坷异常。尤其是当时南宋朝廷中存在歧视"归正人"（从北方归来之人）的现象。纵使心灵从未走失，但身份上的"归正人"依然让辛弃疾常常被边缘化，饱尝孤独之苦。请品读《稼轩长短句》卷一，找一找辛弃疾的孤独。

_____
_____
_____

3. 一直以来，人们把辛弃疾作为豪放派的代表词人，与苏轼放在一起比较。巧合的是，苏轼的仕途也是"三起三落"，亦不顺遂。你觉得他们的人生遭遇有什么异同？

_____
_____
_____

三、内容解析

辛弃疾未能实现驰骋沙场、恢复中原的愿望，却在词坛拥有卓绝的地位。壮志与无奈交织，豪情同悲愤共存。纵观《稼轩长短句》，无论是满腔抱负被朝廷看重时期或是失意黯然隐居带湖铅山一带，辛弃疾词作之中始终饱含着浓烈的爱国情怀与坚定的人生信念。

辛弃疾的词作内容覆盖广泛，既有展现自然风貌、农村生活的，又有呈示人文生活、爱国情怀的。为官期间，无暇寻幽访胜，常于留别席上，故多赠别词（如《水调歌头·我饮不须劝》）、记游词（如《西江月·江行采石岸戏作渔父词》、祝寿词（如《西江月·为范南伯寿》）；退隐之际多隐逸词（如《鹧鸪天·博山寺作》）、农村词（如《鹧鸪天·黄沙道中即事》）、咏物词（如《念奴娇·赋白牡丹，和范廊之韵》）、咏怀词（如《西江月·示儿曹以家事付之》）、饮酒词（如《木兰花慢·老来情味减》）、赠答词（如《水调歌头·题永丰杨少游一枝堂》）。偶现婉约之词，更多雄浑之作。继宋词于苏轼之手被开创出豪放之境后，辛弃疾将宋词带向更为壮阔之域。

王国维在《人间词话》中品评"东坡之词旷，稼轩之词豪"，学者郑骞曾解读所谓"豪"者，能担当之谓。那么，让我们从《稼轩长短句》中一窥这位担当忠勇之士的生命箴言吧！

☆ 问题来了：

【微专题一：壮怀豪情渗悲意】

阅读以下三首辛弃疾不同时期的词作，完成微专题一的探究。

破阵子·为陈同甫赋壮词以寄

醉里挑灯看剑，梦回吹角连营。八百里分麾下炙，五十弦翻塞外声，沙场秋点兵。

马作的卢飞快，弓如霹雳弦惊。了却君王天下事，赢得生前身后名。可怜白发生！

鹧鸪天

壮岁旌旗拥万夫，锦襜突骑渡江初，燕兵夜娖银胡䩮，汉箭朝飞金仆姑。

追往事，叹今吾，春风不染白髭须。却将万字平戎策，换得东家种树书。

永遇乐·京口北固亭怀古

千古江山，英雄无觅孙仲谋处。舞榭歌台，风流总被，雨打风吹去。斜阳草树，寻常巷陌，人道寄奴曾住。想当年，金戈铁马，气吞万里如虎。

元嘉草草，封狼居胥，赢得仓皇北顾。四十三年，望中犹记，烽火扬州路。可堪回首,佛狸祠下,一片神鸦社鼓。凭谁问,廉颇老矣,尚能饭否?

1. 辛弃疾词作中的豪情不言而见。不论是书写壮美大气的风景,或是细数古往今来的人事,还是呐喊光复中原的雄心,辛词总能够迸发一股磅礴之气。请从以上三首词中标出豪迈之语。

2. 历史长河中,不乏辛弃疾心生仰慕的历史人物,被其一一记录于词作之中。如:孙权——"年少万兜鍪,坐断东南战未休"(《南乡子·登京口北固亭有怀》)。请在这三首词中找一找辛弃疾的偶像们,摘抄相关词句于下方,并梳理出辛弃疾所仰慕的这群人的共同特质。

_____

_____

_____

3. 我们知道,辛弃疾的人生并非一帆风顺。词只不过是辛弃疾发泄郁结于胸的不平愤懑的工具罢了。那么,在这些看似豪情万丈的词作中,辛弃疾又是如何处置这些"悲"的情绪的呢?说说这三首词作中"豪"与"悲"的情感是如何错杂表现的。

_____

_____

示例1:酒醉后,梦回处,皆是征战沙场的景象,如泡影,皆幻象。一直到最后一句,可怜白发生,终于将稼轩拉回现实。梦境与现实又一次割裂,豪情与垂暮再一次相逢。

——宁波中学2020届胡重晗

示例2:上阕还在回忆当年金戈铁马的意气往事,下阕却发出了"却将万字平戎策,换得东家种树书",满腔抱负无人能识,费尽心力写就的万言计策，因无人赏识倒不如向隔壁邻居换一本种树的书来。这种无奈、这种悲恸何人能解！

——兴宁中学2020届戴一捷

示例3：48岁、60岁、65岁，每次都感觉稼轩快要撑不下去了！出乎意料，这个满头白发的老人却以一种执拗的劲头一而再、再而三地喊出自己的声音。

——宁波中学2020届廖健宁

【微专题二：闲适隐逸见苍凉】

1. 罢官归隐后，辛弃疾过起了随性自在的生活。且看——"归休去，去归休。不成人总要封侯？浮云出处元无定，得似浮云也自由。"此时的辛弃疾一改过往"把吴钩看了，栏干拍遍，无人会，登临意"的壮志情怀。那么，辛弃疾是否就此听风窗下，不问世事了呢？读读《朝中措》《西江月·示儿曹以家事付之》，想象辛弃疾在写这两首词时的心境，写一段辛弃疾的内心独白。

_____

_____

_____

2. 辛弃疾是"担当"之士，将收复中原之大任负于肩头，遇事积极而为。但通读其词作，不知你是否留意，辛弃疾使用"懒"这一心理意象不在少数。

《说文解字》中，"懒，懈也，怠也"，即倦怠疏懒之意。

纵观《稼轩长短句》，有21首词作中出现过这一心理意象，分别是：《南歌子》（玄人参同契）、《杏花天》（病来自是于春懒）、《鹧鸪天》（枕簟溪堂冷欲秋）、《鹧鸪天》（着意寻春懒便回）、《鹧鸪天》（有甚闲愁可皱眉）、《清平乐》（断崖修竹）、《临江仙》（老去惜花心已懒)、《卜算子》（修竹翠罗寒）、《卜算子》（闻李正之茶马讣音）、《醉太平》（态浓意远）、《鹧鸪天》（三山道中）、《杏花天》（牡丹昨夜方开遍）、《临江仙》（一自酒情诗兴懒）、《永遇乐》（投老空山）、《鹧鸪天》（自古高人最可嗟）、《鹧鸪天》（秋水长廊水石间）、《西江月》（剩欲读书已懒）、《锦帐春》（春色难留）、《玉楼春》（少年才把笙歌盏）、《玉楼春》（狂歌击碎村醪盏）、《玉楼春》（君如九酝台黏盏）。以上统计来源于邓广铭的《稼轩词编年笺注》。

　　文学解读也是讲究统计分类与归纳研究的，尝试做一回"考据派"吧！考据这 21 首词的创作时间，将同一时期的作品放在一起，并与辛弃疾的人生履历进行比照，分析"懒"这一心理意象的产生来源与发展走向。

_____

_____

_____

　　3. 在带湖、瓢泉隐居时，辛弃疾虽心系庙堂之事，却无奈身处江湖之远。他努力适应闲居生活，但内心的炽热却从未熄灭。夏承焘在《唐宋诗词欣赏》中评价辛词，"深深的感情用平淡的语言来表达，有时更耐人寻味"。请品读辛弃疾的《浪淘沙·山寺夜半闻钟》和《丑奴儿·书博山道中壁》，体会夏承焘先生此语的深意。

_____

_____

_____

_____

四、艺术鉴赏

长期以来，词学评论界秉持着辛弃疾的词作属于婉约之外的"别调"这一观点，认为在北宋苏东坡以诗入词、突破了词为艳科的限制后，辛弃疾将生命感怀、家国壮志、历史兴衰等更为广阔的天地写进了词作之中，进一步拓宽了词作的审美可能性。当代著名学者叶嘉莹曾做出这样的评价，"辛氏乃是一个能以英雄豪杰之手段写词而却表现了词之曲折含蕴之特美的一位杰出的词人"。

除了在词作内容上的深度挖掘，将形式与内容和谐地融合在一起之外，辛弃疾在艺术表现手法上又有哪些独家突破呢？

☆ 问题来了：

1. 修辞丰富，传情达意。有学者曾统计，就使用次数而言，稼轩词中最常用的 6 种修辞为用典（1 648 次）、对偶（567 次）、譬喻（421 次）、比拟（320 次）、借代（320 次）、叠字（312 次）。如《永遇乐·京口北固亭怀古》一词，就有 6 个用典、1 个倒装、1 个夸张、1 个譬喻、1 个叠字。平均每 10 个字就用到一种修辞格。请你在《稼轩长短句》中再选三首词，梳理其中的修辞艺术。

_____
_____
_____

2. 倒句起伏，骈散顿挫。魏耕原在《稼轩词"倒句"论》中提及"倒句"在辛词中异乎寻常地增多，多到前人所未有的境地。而强调内容或协调音韵或追求审美的陌生化则是倒句使用的常见原因。如《鹧鸪天》中"木落山高一夜霜，北风驱雁又离行"一句，意思是一夜白霜后，叶落尽，高山显，北风又催促着大雁的离去。前句将"木落山高"放在前面,一夜白霜是因,木落山高是果,一下子就凸显出秋日里的高冷旷远。而"木落"非"落木","山高"非"高山"则更是突出了景物之状态,动静相调。杜甫有千古佳句"无边落木萧萧下",稼轩于此将"落木"倒装,未必不是力求突破,以达成陌生化的表达。协调音韵则可在《蝶恋花》"今夜倩簪黄菊了,断肠明日霜天晓"一句中感知。后句的意思为第二日刚刚破晓便肝肠寸断。稼轩特将时间置于后,情状置于前,一则为了突出断肠,二则为了协调音韵。品读以下使用倒句手法的词句,划出其中有倒句的部分,并进行探究:辛弃疾使用倒句后表达效果发生了何种变化?

昨宵醉里行,山吐三更月。不见可怜人,一夜头如雪。(《生查子·山行寄杨民瞻》)

射虎山横一骑,裂石响惊弦。(《八声甘州·故将军饮罢夜归来》)

儿辈功名都付与,长日惟消棋局。(《念奴娇·登建康赏心亭呈史留守致道》)

带湖买得新风月,头白早归来,种花花已开。(《菩萨蛮·稼轩日向儿曹说》)

藕花雨湿前湖夜,桂枝风淡小山时。(《最高楼·醉中有索四时歌者为赋》)

_____

_____

3. 省略留白,言近旨远。《破阵子·为陈同甫赋壮词以寄之》这首诗或许是一提到辛弃疾的词作就会在脑海中蹦出来的第一首词。军营中的豪情,战场上的厮杀,辛弃疾连缀起一幅幅画面,将情绪层层推向高潮,直至"赢得身前生后名"到达顶峰。最后一句"可怜白发生"却急转直下，其间并无任何铺垫，甚无连词的连结。而就是这一处巨大的缝隙，让壮志难酬、一场空梦的现实表现得更为惨淡。

　　在阅读《稼轩长短句》的过程当中，你是否注意到这类利用词语的跳跃形成的"空白"？试举例一二，和同伴分享一下吧！

_____
_____

　　4. 雅俗兼备，以文为词。学界常有"诗虚文实"的说法，在有限的篇幅中，诗人们更偏向于写意而非写实。辛词则不然，辛弃疾将散文"形散神不散"的特质带入词中，又利用典故扩大内容的承载量，使得词作虽短小，意蕴却丰厚。不信，请尝试着将《沁园春·带湖新居将成》一词改写为散文吧！你将发现原词中内容是那么广阔！

_____
_____

　　5. 刚柔并济，风格多元。稼轩词中有"把吴钩看了，栏杆拍遍，无人会，登临意"的英雄语，亦有"东风夜放花千树，更吹落，星如雨"的柔媚语，也有"乃翁依旧管些儿，管竹管山管水"的闲适语。你在品读稼轩词时，更喜欢他的哪种风格呢？试举例说明。

_____
_____

五、争鸣商榷

　　自接触《稼轩长短句》以来，不知你是否曾有这样的阅读感受——

其中自有万丈豪情,亦有曲折晦涩。何也?或许源自辛弃疾的人生本就是希望与失望的不断纠葛,也或许是他惯用的典故既带来了厚重的时空感,同时也为阅读留下了障碍。比如,他爱用历史人物来自喻:年轻时称自己是"袖里珍奇光五色,他年要补天西北"的女娲;被人猜忌时又以"娥眉曾有人妒"自比屈原;迈入垂暮之年,他发出了"廉颇老矣,尚能饭否"的感慨,自觉与廉颇同病相怜。辛弃疾的人生起伏历来为诸多词人学者所注意,其善用典故的为词风格也成为后世历代评论家争论的焦点。

观点一(梁衡):中国历史上由行伍出身,以武起事,而最终以文为业,成为大诗词作家的只有一人,这就是辛弃疾。这也注定了他的词及他这个人在文人中的唯一性和在历史上的独特地位。

观点二(叶嘉莹):辛词中感发之生命,原是由两种互相冲击的力量结合而成的。一种力量来自他本身内心所凝聚的带有家国之恨的想要收复中原的奋发的冲力;另一种力量则来自外在环境,由于南人对北人之歧视以及主和与主战之不同,因而对辛弃疾所形成的一种逸毁摈斥的压力。这两种力量之相互冲击和消长,在辛词中表现出了一种盘旋激荡的多变姿态,这自然是使辛词具有多种样式与多种层次的一个主要原因。同时,我们该注意到,辛词中的感发生命,虽然与当日的政局及国势往往有密切关系,但辛氏却绝不轻易对此做直接的叙写,而大多是以两种形象做间接的表现。一种是自然界的景物之形象,另一种则是历史中古典之形象。

观点三(何丽丽):作为博览群书的辛弃疾来说,生活在那种"诗词高胜,要从学问中来"的宋代,自然要在自己的词中逞学问之富,炫读书之博了。辛弃疾稍后的宋代词人刘克庄在其《后村题跋》中说:"放翁、稼轩一扫纤艳,不事斧凿。高则高矣,但时时掉书袋。固是一病。"如《贺新郎》连用三国时志气远大而有才气的名士陈登和西汉名士陈遵两个陈姓人物来比喻自己和朋友陈亮志同道合的情谊。《最高楼·送丁怀忠教授入广》连用历史上的丁固和丁令两个丁姓人物来表达自己对朋友丁怀忠的深切思念和猜测。

观点四（张仲英）：辛派词人不仅仅包括南宋稼轩词派的词人，还涉及后世受到辛弃疾创作影响的一些词人。作为辛派词人的代表，辛弃疾的创作中用典自然是最为典型的范例，且用典技巧之熟稔、用典之玄妙令人叹服，这一点从他传世的《稼轩长短句》中就可见一斑。他的《稼轩长短句》中共有词创作600余首，几乎首首用典，据不完全统计，全词集共涉及用典之处超过1 500次，而其优胜之处不仅仅在于次数之多，更在于技法之纯熟、方式之巧妙、意味之深长，堪称是多而精的典型代表。

观点五（雷雯）：清代群体中用稼轩词之调和稼轩词之韵、学稼轩词之风的活动次数多、影响大，可见后世词人在创作上对稼轩词的认可。较能体现稼轩词在群体创作中的影响力的活动有三次：江村唱和、秋水轩唱和、聚红榭唱和。从时间上看，体现了稼轩词与家国情怀的紧密联系；从接收方式上看，和韵者摹其声情，效体者仿其体式都在一定程度上延续着稼轩词的生命，使其在新的时代背景下焕发新的活力。

☆ **问题来了：**

稼轩词中所使用的典故究竟是"掉书袋"还是"有境界"，你们对稼轩词中高频出现的典故持何种态度呢？这些典故究竟成为阅读的困扰，还是让你回味无穷？不妨就此展开一场微辩论吧！辩论前请把你的观点和理由写下来。

_____

_____

_____

六、学以致用

据统计，辛弃疾在归隐带湖、瓢泉一带期间，"陶渊明"的名字或诗句常出现在他的创作之中，高达70余次。陶渊明年少亦是满怀"猛志逸四海"的壮志，在亲历政治腐朽的社会现实后，又不愿同流合污，于是弃官归隐，转向"采菊东篱下"的田园生活。而辛弃疾隐居带湖时，同样也造新居，并取宅名为稼，自号"稼轩居士"，还在新居旁立"植杖亭"（取自陶渊明的"怀良辰以孤往，或执杖而耘耔"），由此可见陶渊明对辛弃疾的影响之深。然而，辛、陶二人的处世哲学却完全不同。陶渊明"天下有道则见，无道则隐"，奉行的是"达则兼济天下，穷则独善其身"的哲学。但是，辛弃疾的人生词典中却没有一个"退"字。四十多年的"江南游子"生涯，刚想有所作为，就被罢免；罢免十年，才得启用，又被罢官。最后到六十几岁，人生末途又被启用，可贵的是，他依然能够写下："凭谁问，廉颇老矣，尚能饭否？"所谓的"进"与"退"，不单是外在的状态，内心的坚持与放弃更是判断"进退"的一杆标尺。

☆ 问题来了：

人生路途中，有许多"进"与"退"的选择。苏轼、陶渊明选择了"邦无道则可卷而怀之"的退，辛弃疾、杜甫选择了"知其不可而为之"的进。在你的生活中，有没有过"进退两难"的时刻？你如何看待人生当中的"进"与"退"？请结合实际写一篇《稼轩长短句》的读后感。

七、阅读建议

1. 阅读前，推荐大家观看北京师范大学的网络公开课：中国古代史（宋代部分）。其中第 25~28 集均是与辛弃疾相关的内容。大家不妨通过康震老师的介绍先大致勾勒出辛弃疾的面貌。

2. 阅读时，可通过确定词作的创作时期，知人论世，把握大致内容，感受辛词中的浓郁情绪。除此之外，还能去寻找不同作品间的关联，形成印证，勾连起稼轩的词作人生。

3. 阅读后，大家可以选择一些自己喜欢的稼轩词进行背诵。辛弃疾名作佳句众多，可细品其中人生况味。此外，还可将稼轩词与东坡词进行比较，进一步体会同为豪放词人的不同旨趣追求。

八、相关链接

1. 《稼轩长短句》版本众多。上海人民出版社在 1975 年 1 月出版，直排铅印，以元大德本为底本，由复旦大学中文系陈允吉先生校点。如果不习惯直排阅读，可选择：1979 年中华书局出版的《辛弃疾词选》、1979 年黑龙江人民出版社出版的《辛弃疾词选读》、1984 年上海古籍出版社出版的《辛弃疾词选注》。

2. 如果你想继续了解辛弃疾，不妨读读他的《美芹十论》（胡亚魁、杨静译注，中山大学出版社，2012 年）。如果你想了解后人眼中的辛弃疾，则可读一读《辛弃疾评传》（巩本栋，南京大学出版社，1998 年）。而视频资料则会更为通俗易懂，如由湖南师范大学赵晓岚教授主讲的《百家讲坛·金戈铁马辛弃疾》。

3. 如果你想了解辛弃疾的文学主张与审美理想，以及以前对他词作艺术创新和历史地位的评价，刘扬忠的《辛弃疾词心探微》（齐鲁书社出版社，1990 年）是一本不错的学术论著。当然，叶嘉莹的《古诗词课》（生活·读书·新知三联书店，2018 年）可成为你研究辛弃疾、学习古诗词的更有价值的读物。

人比黄花瘦　词如青史长
——走进陈玉兰评注本《李清照》

设计者：李秀娥（三门中学）

QQ：94393157

一、导语

李清照的词作"别是一家"、流传千古，陈玉兰的点评独树一帜、落笔生花。在这本《李清照》中，二者相得益彰，给人超逸绝伦的审美感受。书中精选易安代表性词作和部分经典诗文进行注释、赏析，文章附有译文。

小小一册，指掌之间。此书的目的是为读者提供浅显易读的文本；此书的形制让读者一指可翻，一掌可握。合适的开本确保携带的方便，合适的分量确保阅读的轻松。

☆ 问题来了：

1. 梁衡说李清照是"乱世中的美神"，济南人在大明湖畔为李清照立藕神祠，中国文学史公认她为"婉约词宗"。你会用哪些词语来描述你心中的李清照？如果擅长绘画，你能给心目中的李清照画一幅肖像吗？

_____

_____

2. 古人文集命名有很多方式。有的以姓名、字、号、谥号命名，有的以官职、官居地、出生地命名,有的以帝王年号、书斋命名。关于李清照的作品集,后人曾编有《易安词》《漱玉词》辑本。你能说出这两本文集名称的来历吗?

_____

_____

_____

二、关于作者

李清照,生于1084年,卒年约1156年,号易安居士,两宋之交著名女词人,婉约派代表人物,有"一代词宗"之称。李清照出身于书香门第,早期生活优裕。其父李格非乃"苏门后四学士"之一,藏书甚富,她从小就在良好的家庭环境中打下深厚的文学基础。18岁,她与长她三岁的太学生赵明诚结婚。出嫁后,与夫赵明诚共同致力于书画金石的搜集整理。

1127年,金兵攻陷青州,夫妻二人被迫南渡,由于辗转流离,家财流失,生活困顿,境遇孤苦。1129年,46岁的李清照失去了志同道合的爱人赵明诚,颠沛流离的南迁途中与丈夫收集的金石古卷也全部散佚。国难当头,家破人亡,她饱受打击,其写作内容转为书写对现实的忧患,内容多是国破家亡、暮年飘零,感情基调转为凄怆沉郁。1132年至杭州,后再嫁张汝舟,婚姻并不幸福,数月后便离异。李清照晚景颇为凄凉,再嫁饱受诟病,才华不被理解,于乡间郁郁而终。

☆ 问题来了:

1. 如果李清照也有微信朋友圈,她的朋友圈里都会有哪些人呢?你可以查阅相关资料,查阅李清照的亲人朋友关系,按照时间顺序,以思维导图的形式画出其亲友谱系图,分析社交环境对人成长的影响。

2. 李清照的父亲是"苏门后四学士"之一,往来人物是苏轼、黄庭坚、秦观这些鸿儒巨擘。因此,李清照自幼受到良好的文学教养。可以说,她是在男性话语为主导的语境中生长出的仙阆奇葩。试从她的个性特点、家庭影响、社会文化、文学创作、女性意识等方面分析她的成长之路。

3. 古代女子绝少创作,即便文化涵养非常丰富也是如此。例如:程颐就倾慕他母亲的学识,但更令他骄傲的是,他那多才多艺的母亲,生平作诗未超过三十首,且都不存于世。也就是说,身为北宋著名理学家和教育家的程颐,觉得母亲不作诗和把已经作出的诗文毁掉,远比母亲有学识、能诗文更让他骄傲。所以,即使古代女性有诗文,也难以传世;即使有少量女性的诗文流传下来,在风格上也或多或少迎合了男性主流文化的价值观需求。那么,你觉得写作对于李清照这位中国历史上最伟大的女作家来说意味着什么?她的同代人又是如何看待她的?

4. 李清照卓越的成就,很大程度基于她非常的环境、际遇和教养。那么,李清照的文化性格有哪些超出一般大家闺秀之处?其中又有哪些是与当时封建礼教对妇女的规范不相容的?请从她的作品中试举一二例。

_____

_____

_____

三、内容解析

李清照今存词的篇目没有确数,各版本略有不同。本书收录词47首,诗11首,文5篇,将易安作品做了系年式的解读,大体以时间先后编排。其文本赏析,更多着力于文本本身的解读,少做社会学的考证,尤其注重对词作情感节奏及文本结构的分析。

就作品内容和风格来说,其词内容前期多为少女情怀,明快妍丽;中期多为闺妇春离秋别,多愁善感;寡居后的词多写国破家亡后的飘零生活,苍凉沉痛,偶有雄健之气。其诗与词风格迥异,有强烈的批判性和巾帼不让须眉的豪迈气概。其文存世不多,但成就极高。

☆ 问题来了:

1. 词作摘录。李清照的词作里有很多常用的意象,比如花、梧桐、酒、雨、帘等。以花为例,就有海棠、梅花、桂花、藕花、菊花等,各种不同品种、不同时期的花,都有不同的"花语"、不同的情感寄托和人生感触。其他意象亦如此。请你把李清照词作中感兴趣的意象的词句挑选出来,然后从自然时间、写作时间、情感内容等方面归类、品读、探究。

含"花"意象的词句：

_____
_____
_____

含"梧桐"意象的词句：

_____
_____
_____

含"酒"意象的词句：

_____
_____
_____

含"雨"意象的词句：

_____
_____
_____

含"帘"意象的词句：

_____
_____
_____

含"香"（沉香\沉水\瑞脑等）意象的词句：

_____
_____
_____
_____

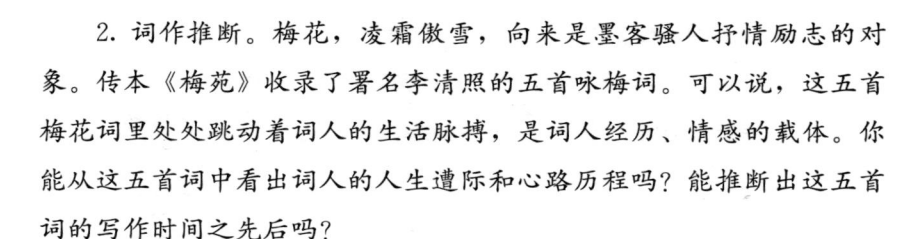

2. 词作推断。梅花，凌霜傲雪，向来是墨客骚人抒情励志的对象。传本《梅苑》收录了署名李清照的五首咏梅词。可以说，这五首梅花词里处处跳动着词人的生活脉搏，是词人经历、情感的载体。你能从这五首词中看出词人的人生遭际和心路历程吗？能推断出这五首词的写作时间之先后吗？

渔家傲

雪里已知春信至，寒梅点缀琼枝腻。香脸半开娇旖旎，当庭际，玉人浴出新妆洗。造化可能偏有意，故教明月玲珑地。共赏金尊沉绿蚁，莫辞醉，此花不与群花比。

玉楼春

红酥肯放琼苞碎，探著南枝开遍未。不知酝藉几多香，但见包藏无限意。道人憔悴春窗底，闷损阑干愁不倚。要来小看便来休，未必明朝风不起。

满庭芳

小阁藏春，闲窗锁昼，画堂无限深幽。篆香烧尽，日影下帘钩。手种江梅渐好，又何必、临水登楼。无人到，寂寥浑似、何逊在扬州。从来，知韵胜，难堪雨藉，不耐风揉。更谁家横笛，吹动浓愁？莫恨香消玉减，须信道、扫迹情留。难言处，良宵淡月，疏影尚风流。

孤雁儿

藤床纸帐朝眠起，说不尽、无佳思。沉香断续玉炉寒，伴我情怀如水。笛声三弄，梅心惊破，多少春情意。小风疏雨萧萧地，又催下、千行泪。吹箫人去玉楼空，肠断与谁同倚？一枝折得，人间天上，没个人堪寄。

清平乐

年年雪里,常插梅花醉。挼尽梅花无好意,赢得满衣清泪!今年海角天涯,萧萧两鬓生华。看取晚来风势,故应难看梅花。

_____

_____

_____

3. 诗作鉴赏。在传统诗歌学里,和诗是由两首以上的诗组成,第一首是原唱,接下去的是附和。和诗既要步趋原作,又要自出新意,并不是一件容易的事。1098年,张耒以"浯溪中兴颂碑"为主题写了一首诗,在当时很受欢迎,一时洛阳纸贵,并激发了时人纷纷同题创作的热情。年约17岁的李清照参与了这场热热闹闹的活动,并写下两首和诗,名动一时。此后便一发而不可收,留下了更多诗篇,如《浯溪中兴颂诗和张文潜(二首)》《咏史》《题八咏楼》等。

浯溪中兴颂诗和张文潜(二首)

其一

五十年功如电扫,华清宫柳咸阳草。
五坊供奉斗鸡儿,酒肉堆中不知老。
胡兵忽自天上来,逆胡亦是奸雄才。
勤政楼前走胡马,珠翠踏尽香尘埃。
何为出战辄披靡,传置荔枝多马死。
尧功舜德本如天,安用区区纪文字。
著碑铭德真陋哉,乃令鬼神磨山崖。
子仪光弼不自猜,天心悔祸人心开。
夏为殷鉴当深戒,简策汗青今具在。
君不见当时张说最多机,虽生已被姚崇卖。

其二

君不见惊人废兴传天宝，中兴碑上今生草。

不知负国有奸雄，但说成功尊国老。

谁令妃子天上来，虢、秦、韩国皆天才。

花桑羯鼓玉方响，春风不敢生尘埃。

姓名谁复知安史，健儿猛将安眠死。

去天尺五抱瓮峰，峰头凿出开元字。

时移势去真可哀，奸人心丑深如崖。

西蜀万里尚能反，南内一闭何时开？

可怜孝德如天大，反使将军称好在。

呜呼！奴辈乃不能道辅国用事张后专，乃能念春荠长安作斤卖。

乌江

生当作人杰，死亦为鬼雄。

至今思项羽，不肯过江东。

题八咏楼

千古风流八咏楼，江山留与后人愁。

水通南国三千里，气压江城十四州。

诗缘情，诗言志。李清照的诗不作闺阁言语，雄健开阔，锋芒毕露。从她上面的诗作里，你看出易安居士有怎样的情思和志向？

_____

_____

_____

4. 词论归纳。李清照被称为"婉约词宗"，除了她身体力行创作的作品外，更主要的是她的重要词评文章《词论》。在这篇文章里，她试图提出另一种文学价值观。请根据以下句子，概括出李清照《词论》的观点。

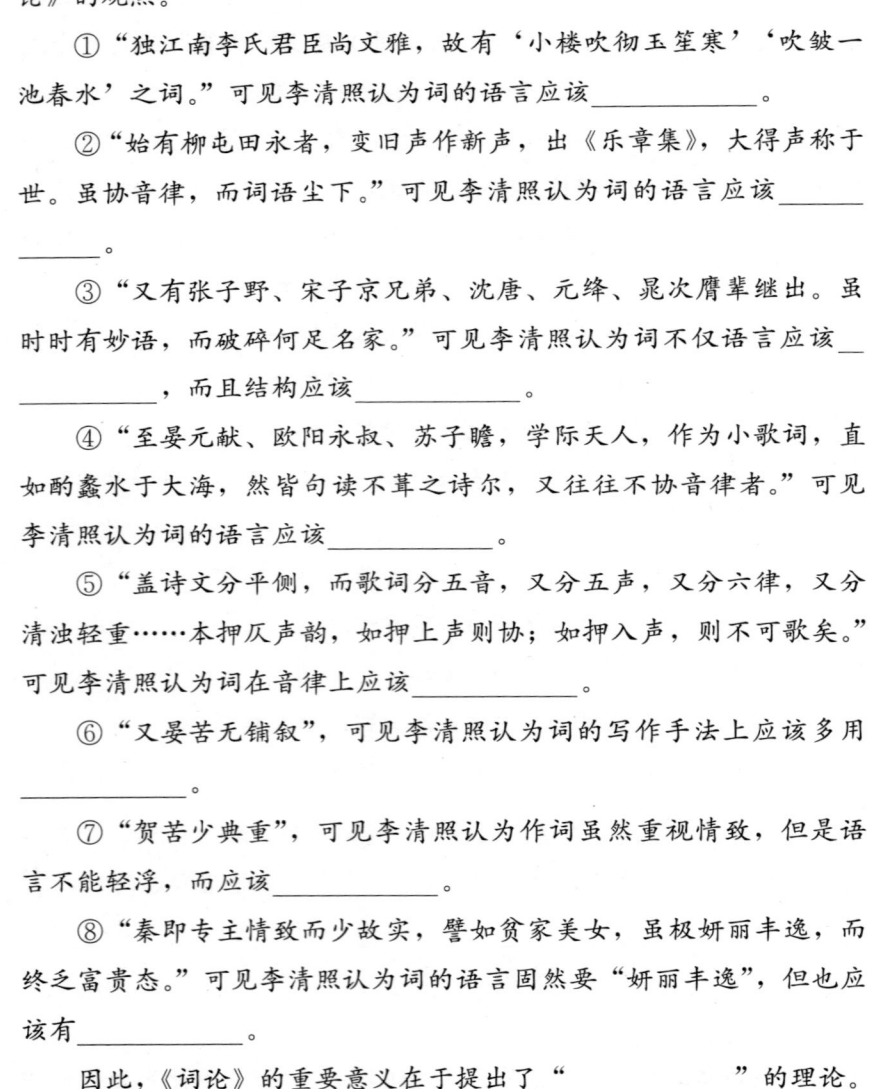

①"独江南李氏君臣尚文雅,故有'小楼吹彻玉笙寒''吹皱一池春水'之词。"可见李清照认为词的语言应该＿＿＿＿＿＿。

②"始有柳屯田永者,变旧声作新声,出《乐章集》,大得声称于世。虽协音律,而词语尘下。"可见李清照认为词的语言应该＿＿＿＿＿＿。

③"又有张子野、宋子京兄弟、沈唐、元绛、晁次膺辈继出。虽时时有妙语,而破碎何足名家。"可见李清照认为词不仅语言应该＿＿＿＿＿＿,而且结构应该＿＿＿＿＿＿。

④"至晏元献、欧阳永叔、苏子瞻,学际天人,作为小歌词,直如酌蠡水于大海,然皆句读不葺之诗尔,又往往不协音律者。"可见李清照认为词的语言应该＿＿＿＿＿＿。

⑤"盖诗文分平侧,而歌词分五音,又分五声,又分六律,又分清浊轻重……本押仄声韵,如押上声则协;如押入声,则不可歌矣。"可见李清照认为词在音律上应该＿＿＿＿＿＿。

⑥"又晏苦无铺叙",可见李清照认为词的写作手法上应该多用＿＿＿＿＿＿。

⑦"贺苦少典重",可见李清照认为作词虽然重视情致,但是语言不能轻浮,而应该＿＿＿＿＿＿。

⑧"秦即专主情致而少故实,譬如贫家美女,虽极妍丽丰逸,而终乏富贵态。"可见李清照认为词的语言固然要"妍丽丰逸",但也应该有＿＿＿＿＿＿。

因此,《词论》的重要意义在于提出了"＿＿＿＿＿＿"的理论。

5. 内容探究。作为一位热爱生活、热爱自然的女子,李清照诗词中"花"的意象是最多的。对花的欣赏、喜爱和吟咏,是她闺阁生活的重要内容。寓情于"花",借"花"抒情,托"花"言志,是她生活的常态。在她的47首词作中,只有7首是没有"花"的,其余或单独吟咏,或泛指群花,总有"花"影在字里行间浮现。

在她少女、少妇和寡居时期,她所欣赏、看重的花是一样的吗?请品读《如梦令(二首)》《多丽·咏白菊》《醉花阴·重阳》《声声慢》等词,体会"花"的意象承载的词人不同人生阶段的情感内容和精神特质。

四、艺术鉴赏

李清照的词于苏豪、柳俗、周律之外独树一帜,神"愁"形"瘦",清新奇隽,自然流畅,音调优美,婉约而不柔靡,清秀而具逸思,富有真情实感,号为"易安体"。

"易安体"的特点,前人概括得非常准确,如:

王灼《碧鸡漫志》:做长短句,能曲折尽人意,轻巧尖新,姿态百出。

张端义《贵耳集》:皆以寻常语度入音律。炼句精巧则易,平淡入调者难。

彭孙遹《金粟词话》:用浅俗之语,发清新之思。

☆ 问题来了:

1. 以寻常语入词是"易安体"最为突出的特点之一。她能够把从口语中加工提炼的浅俗寻常的文字组成极清新鲜丽的词句,以寻常语创造不寻常的意境。不仅词作自然清丽,极富情味,而且能"化俗为雅"。

试从语体、修辞、描写等角度赏析以下诗句的"寻常"与"不寻常"。

A. 卖花担上,买得一枝春欲放。
   被冷香消新梦觉,不许愁人不起。
   甚霎儿晴,霎儿雨,霎儿风。
   试问卷帘人,却道海棠依旧。
   花自飘零水自流,一种相思,两处闲愁。
   守着窗儿,独自怎生得黑!

B. 宠柳娇花寒食近,种种恼人天气。
   天接云涛连晓雾,星河欲转千帆舞。
   绣面芙蓉一笑开,斜飞宝鸭衬香腮,眼波才动被人猜。
   暖雨晴风初破冻,柳眼梅腮,已觉春心动。
   知否知否,应是绿肥红瘦。

C. 寻寻觅觅,冷冷清清,凄凄惨惨戚戚。
   梧桐更兼细雨,到黄昏,点点滴滴。
   花自飘零水自流,一种相思,两处闲愁。
   此情无计可消除,才下眉头,却上心头。

D. 卖花担上,买得一枝春欲放。泪染轻匀,犹带彤霞晓露痕。
   见客入来,袜刬金钗溜。和羞走,倚门回首,却把青梅嗅。
   兴尽晚回舟,误入藕花深处。争渡,争渡,惊起一滩鸥鹭。
   天上星河转,人间帘幕垂。凉生枕簟泪痕滋,起解罗衣,聊问,夜何其?

_____

_____

_____

2. 李清照的词特别擅长铺叙,不仅能描述其具体情状,还能体现其内心世界和个性特征，更能于铺叙中见性灵，既生动活泼，又深妙温雅。澳门大学施议对教授在《李清照的〈词论〉及其"易安体"》中曾将其铺叙手法概括为三条："第一，平叙中注重浑成；第二，平叙中注重含蓄，讲求言外之意和弦外之音；第三，平叙中注重变化，不仅在'回环往复'中增加层次，增添波澜，而且在各种对比中创造气氛，烘托主题。"[①] 试以《声声慢》《多丽·咏白菊》两首词为例，赏析其铺叙手法的运用效果。

---

3. 在表达技巧上，李清照前期词多以白描、比兴等手法表现离情别绪，自然、熨帖；后期则多用对比手法抒怀，增强了愁恨的分量，触动人心。她还特别擅长运用动词、形容词和副词，使得语言清新优美，通俗却又脱俗。请从以下角度找出你喜欢的李清照词作佳句，与同学交流鉴赏。

白描：

比兴：

---

① 孙崇恩，傅淑芳. 李清照研究论文集[M]. 济南：齐鲁书社，1991.

对比:

4. 词自晚唐、五代发展到李清照时代,至少存在两种抒情范式。其一是以温庭筠为代表的"花间范式",抒写泛化、类型化的人类共同情感;另一种则是抒发词人独特的感受和人生体验。从上述抒情范式上讲,你认为李清照与苏轼、晏殊、欧阳修等词人有何异同?从抒情的个性化、具体化、纪实性、审美性等角度来看,婉约派的李清照和豪放派的苏轼有共通之处吗?

5. 大多数评论家都把李清照的词作分为前、中、后三个时期。你认为不同时期她的词作在创作风格上有何联系和变化?你更喜欢她哪一阶段的作品?

五、争鸣商榷

李清照是我国古代唯一一位能与男性词人比肩的女词人,其作品的经典性毋庸置疑。但是,当今仍有不少研究者对其喝酒、赌博乃至

"轻解罗裳，独上兰舟"的生活细节颇有微词，对她无奈再嫁和坚定离婚的行为百般质疑，更别提在对女性特别严苛的宋代及明清时期她会遭到怎样的诉议了。因此，有必要对研究李清照的"生活问题"的历代研究者的研究方式做一点简单的了解，以便找到更客观、更合理地走进李清照的路径。

☆ 问题来了：

1. 关于酒与赌。据不完全统计，李清照的词作中提到"酒"或"醉"的有23首，有趣者曾以词中描述的"酒醉程度"给诗词排名，武断者则说李清照是"酒鬼"。另外，李清照作品中曾有"赌书"情节，又写了有名的《打马赋》和《打马图经序》，所以也有人称她为"赌鬼"或"赌神"。你怎么看待李清照的喜好饮酒和酷爱博戏？你怎么看待文化人物的"泛娱乐化"现象？

_____

_____

_____

2. 关于改嫁。

① 南宋王灼《碧鸡漫志》："易安居士，……自少年便有诗名，才力华赡，逼近前辈。在士大夫中已不多得。若本朝妇人，当推文采第一。赵死，再嫁某氏，讼而离之。晚节流荡无归。作长短句，能曲折尽人意，轻巧尖新，姿态百出。闾巷荒淫之语，肆意落笔。自古缙绅之家能文妇女，未见如此无顾藉也。"

② 南宋胡仔《苕溪渔隐丛话》："易安再适张汝舟，未几反目，有启事与綦处厚云：'猥以桑榆之晚景，配兹驵侩之下材'，传者无不笑之。"

③ 明代叶盛《水东日记》："玩其辞意，其作于序《金石录》之后

欤？抑再适张汝舟之后欤？文叔不幸有此女，德夫不幸有此妇。其语言文字，诚所谓不祥之具，遗讯千古者欤？"

④晚明徐（火勃）《徐氏笔精》："作序在绍兴二年，李吾十有二，老矣。清献公之妇，郡守之妻，必无更嫁之理。今各书所载《金石录序》，皆非全文，惟余家所藏旧本，序语全载。更嫁之说，不知起于何人，太诬贤媛也。"

⑤清代陈廷焯《白雨斋词话》："易安《武陵春》后半阕云：'闻说双溪春尚好……载不动、许多愁。'又凄婉，又劲直。观此，益信易安无再适张汝舟事。即风人'岂不尔思，畏人之多言'意也。投綦公一启，后人伪撰，以诬易安耳。"

宋人大多认为李清照才华惊人，令人倾慕，而她改嫁是非常污秽、没有廉耻之事；明清人士则略有不同，他们越来越敬仰李的文学才华，同时指责她身为寡妇未能守节；到了清代，学术界几乎一致否认李清照再嫁的事实，并着手处理宋代文献，将其设定为一位道德模范。于是李清照重新成了一位备受尊重又从未再嫁的女性。20世纪三四十年代对李清照的介绍则有意回避她的再嫁。中华人民共和国成立以后，黄盛璋对清代否认李清照再嫁的思潮首次严正质疑，随后王仲闻就此观点进行了补充，唐圭璋则对否认再嫁的观点表示赞同。20世纪80年代开始，关于再嫁问题，学者们分为两大阵营，不断进行考证和论辩。

综合上述材料，你怎么看待几百年来对于李清照再嫁问题的反复论争？

_____
_____
_____

3. 关于研究方式。

①大多数李清照研究专家都将易安词中的角色等同于作者本人。比如陈祖美撰写的《李清照诗词文选评》是将其诗词文穿插在人物生平经历中点评,将作品情感内容与人物情感经历一一对应。诸葛忆兵的《李清照》是在介绍人物生平时穿插作者诗词来验证。徐培均的《李清照》、刘勇刚的《当代视野下的李清照》等著作体例也大致如此。

②美国研究者艾朗诺在《才女之累:李清照及其接受史》中写道:"易安词研究的另一项预设关乎其传统解读方式:人们将词中角色等同于历史上的李清照本人。据我所知,近来所有中文学界的李清照研究都这么做,人们想当然地如此赏析词作,而对解读方法本身不加反思。"① "事实上,李清照出身官宦之家,深谙词体文学的表演程式。""李煜……柳永……欧阳修……苏轼……换句话说,人们对待男、女词作家的作品采取了不同标准:男性词作中填词者与词中角色及对象的分离,并不适用于女性词作。"②

☆ 问题来了:

你认为词中的女子是否为李清照本人?对其诗词,你以前是做自传体来解读还是文学化解读?这两种解读路径可能带来什么不一样的研究成果?你更认同哪一种,为什么?

_____

_____

_____

---

①② 艾朗诺. 才女之累:李清照及其接受史 [M]. 夏丽丽,赵惠俊,译. 上海:上海古籍出版社,2017.

六、学以致用

每个人心里都有诗,只是笔力不足,未必能形成诗歌,但一定偶尔心中有诗情、诗意。正如《毛诗序》所说:"诗者,志之所之也。在心为志,发言为诗。情动于中而形于言,言之不足故嗟叹之,嗟叹之不足故永歌之,永歌之不足,不知手之舞之,足之蹈之也。"

读过李清照,你就忘不掉她的"寻寻觅觅",她的"争渡争渡",她的"昨夜雨疏风骤",她的"才下眉头却上心头";读过李清照,你就会触景生情,睹物思人,看到海棠、荷花、梅花想起她,看到秋千想起她,看到书和茶也想起她,看到星星也想起她;读过李清照,你就会想起她婉约清秀的文雅细腻,倜傥卓迈的大丈夫气,想到她锋芒毕露的大胆不羁,也想到她半生漂泊的孤苦愁痛。

☆ 问题来了:

1. 诗词写作试水有两个样本最好入门,一是元曲《天净沙》,以马致远《天净沙·秋思》为摹本;二是宋词《如梦令》,以李清照的"常记溪亭日暮"为摹本。

①按照李清照"常记溪亭日暮"的样式,填一首《如梦令》吧!

_____

_____

_____

②词除了字数、句数有要求外,还在对仗、平仄、押韵等方面有严格规定。按照下面《如梦令》的格律,修改一下你的小词吧。

如梦令（格律）

中仄中平平仄（韵），中仄中平平仄（韵）。
常记溪亭日暮，　　沉醉不知归路。
中仄仄平平，中仄仄平平仄（韵）。
兴尽晚回舟，误入藕花深处。
平仄（韵），平仄（韵）（叠句），中仄仄平平仄（韵）。
争渡，　　争渡，　　惊起一滩鸥鹭。

2. 正如荣斌主编的文化散文集的书名——"我们都爱李清照"，市面上流行的关于李清照的评传、词传特别多。评传，是带有作者评论的传记，在记述传主生平事迹的同时插入评论，但是材料严谨，不容许虚构和杜撰。词传，是以词作为切入点，以散文体小式，用优美典雅的语言演绎词人的生平。可谓以人生注解诗词，以诗词印证人生。

读完陈玉兰评注本《李清照》，你也一定有很多感触和收获，你也可以选择她生活的一段、作品的一部分，或者是她的创作心态、文化性格、环境故居，为她写一篇词传或评传，或者穿越时空，给她写一封信。

七、阅读建议

如果说宋词是一片浩瀚璀璨的星空,那么李清照就是其中最为明亮的一颗恒星。如何在卷帙浩繁的文献中披沙拣金呢?

第一,选择。据统计,李清照可能是最受研究者和读者欢迎的词人,她的粉丝远远超过其他词人。因此,她的文集版本也特别多,遴选较为可靠的版本便成了第一要务,建议以中华书局、上海古籍等出版社为主。初读李清照,建议选陈玉兰评注本《李清照》,简单而不失经典。每篇均有必要的注释与赏析,但是不卖弄、不繁复。

第二,品读。最好是不带赏析的原作。读诗词需要心态平和,内心宁静。不必急着去知人论世,仅仅是品读作品本身,就像陶渊明说的,"好读书不求甚解。每有会意,便欣然忘食"。

第三,研读。先找相对客观的资料,比如"笺注",比如《李清照研究资料汇编》等。再看研究专著,尽可能是"词评""选评""鉴赏"类,而不要是"传记""词传""评传"。建议读一读艾朗诺的《才女之累:李清照及其接受史》,它不像国内大多数著作一样,细细赏鉴其生平及作品,而是剥离千年来李清照身上层层叠叠的历史包装,抛开她被预设好的形象,对其人其作的接受史做了比较全面客观的综述,读罢让人豁然开朗。

第四,比较。李清照的研究专著很多,基本内容可能差不多,但每位专家都有自己的独到之处,可以进行比较,比较内容观点,比较研究证据等,最后得出自己的结论。

八、相关链接

1. 文集及评注类:

◆ 徐北文. 李清照全集评注 [M]. 济南:济南出版社,2015.

◆ 徐培均．李清照集笺注［M］．上海：上海古籍出版社，2017.

◆ 诸斌杰，孙崇恩，荣宪宾．李清照资料汇编［M］．北京：中华书局，1984.

◆ 陈祖美．李清照诗词文选评［M］．上海：上海古籍出版社，2019.

◆ 诸葛忆兵．李清照［M］．哈尔滨：北方文艺出版社，2019.

2. 研究论著类：

◆ 艾朗诺．才女之累：李清照及其接受史［M］．夏丽丽，赵惠俊，译．上海：上海古籍出版社，2017.

◆ 孙崇恩，傅淑芳．李清照研究论文集［M］．济南：齐鲁书社，1991.

◆ 刘勇刚．当代视野下的李清照［M］．扬州：广陵书社，2015.

◆ 王璠．李清照研究丛稿［M］．呼和浩特：内蒙古人民出版社，1987.

◆ 康震．康震讲李清照［M］．北京：中华书局，2018.

3. 词传类：

◆ 王臣．一种相思两处愁：李清照词传［M］．长沙：湖南文艺出版社，2013.

◆ 海晓红．李清照词传［M］．武汉：华中科技大学出版社，2013.

◆ 平阳．李清照词传：人生是一场绚烂的花事［M］．武汉：长江文艺出版社，2017.

在声音中寻找词的另一半灵魂
——走进《白香词谱》

设计者：李仁国（浙江余姚中学）

微信：临江仙

一、导语

这是一本曾经很热门如今却又很冷门的书，但冷门往往也就意味着它能为你打开一扇全新的门，引你进入一个少有人知的世界；这是一本曾经很简易如今却又很深奥的书，但它能为你打开一扇真正走进古诗词的门，引你进入一个正声雅音的世界。阅读本书，你会发现汉字的组合是如此的精妙！词被称为"长短句"，不仅仅只是因为句子长短不一而在视觉上产生了参差错落之美，更是因为字音精妙组合而形成的抑扬顿挫、纡徐有致。词的另一半灵魂——词的魔力藏在声音里，在格律里，在《白香词谱》里！

☆ 问题来了：

1. 你平时读词会关注它的平仄和韵律吗？你周围的人呢？

2. 写诗可以叫"作诗"，写词只能叫"填词"。你觉得古人为什么要把词的格律规定得如此严苛？

二、关于作者

舒梦兰（1759—1837），字香叔，又字白香，晚号天香居士，江西靖安人。出生之时正值兰香弥室，其母梦见观音菩萨赠予兰花，故名梦兰。他是清朝乾嘉时期的诸生，一生以著述自娱，不求仕进，故其生平仅见于亲朋的零记散述。他嗜读《庄子》《离骚》和《史记》，尤其深入钻研诗词，探其工妙。乾隆的叔父怡亲王爱新觉罗·永琅闻其名，礼聘舒梦兰为上客，并要世子霞轩与他结为兄弟，另辟精舍，让他们同窗研读，《白香词谱》大约就在这期间编撰完成。另著有诗文集《天香全集》。

☆ 问题来了：

1. 在舒梦兰《白香词谱》问世之前，已经出现很多词谱，如明代有张綖《诗余图谱》，清代有赖以邠《填词图谱》、万树《词律》、康熙组织编写的《钦定词谱》等，收录繁富，大多求多、求全，最多的收有上千个词调。而舒梦兰仅选常用的一百个词调编成的《白香词谱》，却成为"学词第一书"，广受欢迎。对此你有什么感悟？

_____

_____

2. 词本来是配乐演唱的。到南宋后期，词的乐谱渐渐失传，词的古乐难以恢复，词成为单纯的文字艺术。在这样的背景下，已处在清代的舒梦兰努力考究词的格律，编写了这样一本书，你觉得意义在哪里？

_____

_____

【参考观点】现代学者严迪昌《清词史》：主要以标示平仄、韵脚、句读等为主的格律词谱的出现，使人们能以作律诗的方式作词，对词的发展而言是一次巨大的进步。它摆脱了自宋末以来词与音乐长期纠缠不清的状态，承认词在写作方式上与律诗无异。没有音乐的顾虑（这并不是要求词没有音乐的美感，因为先前的音乐美感现在已经化入文字形式当中），作词只有文字形式的考虑，徒诗化的词面临新的机遇，作词的先决条件变少，几乎是懂得作律诗，基本就可以作词。依据词谱作词，作词变得相对简单便捷，于是迎来了词创作的极大繁荣期。

3. 民国至当代又有不少学者对《白香词谱》进行了编校、注释、讲评等，至少有十数种版本。看看你手中的《白香词谱》的前言或后记，它是哪个版本的？编者在原书的基础上做了哪些工作？

_____
_____
_____

三、内容解析

全书由序、凡例、词谱三个部分构成。

序——由舒梦兰挚友、怡亲王爱新觉罗·永琅撰写，介绍了作者舒梦兰生平、两人交往的过程和本书刻印出版情况，保存了作者不少真实可信的史料，为我们了解本书的写作背景提供了方便。

凡例——《白香词谱》正文前有简明扼要的"凡例"三则，前两则着重说明选词定谱的缘起，最后一则说明《白香词谱》的符号系统，使每一种词调不必使用任何说明文字就让人一目了然。

词谱——选录了常见词调100种，每调录词一首。谱以词长短为序编排，字数从少到多。每首词调下加了简明题目，每词调逐字用特定符号标明平仄或可平可仄，指示韵脚。全书共选录了自唐至清初的 59 家有名词人的作品 100 首，每调一词。选取较为通用的调式，涵盖小令、中调、长调各类别。

☆ 问题来了：

1. 我们课本中出现过哪些词牌的词作？请把词牌列出来。下面是毛泽东的《沁园春·长沙》，请用《白香词谱》中的符号（见凡例）标出平仄、押韵，然后对照该词谱的格律要求，看看毛泽东是不是严格依照这个词牌的格律创作的。

沁园春·长沙
毛泽东

独立寒秋，湘江北去，橘子洲头。看万山红遍，层林尽染；漫江碧透，百舸争流。鹰击长空，鱼翔浅底，万类霜天竞自由。怅寥廓，问苍茫大地，谁主沉浮？

携来百侣曾游。忆往昔峥嵘岁月稠。恰同学少年，风华正茂；书生意气，挥斥方遒。指点江山，激扬文字，粪土当年万户侯。曾记否，到中流击水，浪遏飞舟？

―――――――――――――――――――――――

―――――――――――――――――――――――

2. 词牌各有出处来历，大致有如下六种：沿用诗歌的旧题、摘引名句、按照字数的多少、采用人名或地名、取最初所赋的对象、词人自己定名。列出十个你喜欢的词牌，查阅相关资料，找出其出处，分析其各属于哪一类型。

―――――――――――――――――――――――

―――――――――――――――――――――――

3. 词借助汉字独特的音韵优势，创造出美妙的情感表达形式，它是先贤们在长期的诗词创作过程中，经过千锤百炼后形成的"黄金定律"，是宝贵的艺术财富。如此美妙的文学形式，如此具有鲜明民族特色的文化遗产，现在却很少有人问津。你认为对此我们可以做些什么？

4. 《四库全书总目提要》中"钦定词谱"条概括了明清词谱编写的共同特点："皆取唐宋旧词，以调名相同者互校，以求其句法、字数；以句法、字数相同者互校，以求其平仄；其句法、字数有异同者，则据而注为又一体；其平仄有异同者，则据而注为可平可仄。自《啸余谱》以下，皆以此法，推究得其崖略，定为科律而已。"你能大致明白这段话的意思吗？能根据自己的理解概括一下明清学者编写词谱的基本方法吗？

5. 词的句子按格律的要求进行搭配和组合，形成长短不一、参差有致、别具一格的音韵美，故称"长短句"。比如《忆秦娥》句子组合方式为3—7、3—4—4、7—7、3—4—4。读完本书，你能列出词还有哪些常见的句子组合方式吗？你觉得哪种组合最具音韵美？

四、艺术鉴赏

　　《白香词谱》影响很大。民国时代最流行的学生字帖叫《星录小楷》,共收 28 首词,首首都是从《白香词谱》中选录的。叶圣陶、夏丏尊合著的语文教学名著《文心》里曾向当时的中学生热烈地推荐过它;陈毅元帅在一篇序文里也说起过它,把它与《唐诗三百首》相提并论,并且设想"中国的科举考试不仅考八股,考五言八韵,也要考词的话,那么这部《白香词谱》肯定也会与《千家诗》《唐诗三百首》一样大流行于天下"。

　　在你阅读的过程中,有什么收获和发现吗?下面是老师整理的一些问题,希望能够帮助你深度阅读、有所发现,并将自己的发现写在后面与大家分享。

☆ 问题来了:

　　1. 自清中期出版以来,《白香词谱》风行天下,读书人几乎人手一本,这与它独特的构想有密切关系。读了本书,请你说说它在编撰上体现了哪些独特的智慧。

_____

_____

　　2. 婉约派主题深婉,情感细腻,"只好十七八岁女孩儿,执红牙板,唱杨柳岸,晓风残月",就当选用柔性之美的词牌;豪放派立意高远,情感激越,需要"关西大汉,执铁板,唱大江东去",则当选用刚性之美的词牌。研读本书,再结合自己的阅读经验,请你分别列出婉约派和豪放派最具代表性的 5 个词牌。

_____

_____

3. 感受词的韵味需要吟诵，吟诵词要按照诗词格律，要求一句一句读正确。古人诵读讲究"平长仄短韵字强"，即词句平声处读时应延长，仄声处读时则应短促，押韵的字应特别强调。根据这一原则，书中李煜《虞美人·春花秋月何时了》一词的停顿和声音长短应该是下面这样的，请你照格律读一读，认真体会这样读与你以前读的感觉有何不同。

虞美人·春花秋月何时了
李　煜

春花——秋月何时——了—，往事知——多—少—。小楼——昨
⊙○　⊙●○○　　▲　　⊙●○　○　▲　⊙○　⊙
夜又东—风——，故国不堪——回首月明—中——。
●●○　△　　⊙●●○　　⊙●●○　△

雕栏——玉砌应——犹在—，只是朱颜——改—。问君——能有
⊙○　⊙●●　　⊙▲　⊙●○○　▲　　⊙○　⊙●
几多——愁—？恰似一江——春水向东——流——。
●○　△　　⊙●●○　　⊙●●○　△

【注】"—"为可读得略长一些，"——"则可读得更长一些。其余"⊙""●""○""▲"等符号所代表的含义见《白香词谱》中的凡例。

依照此规律，你能否尝试为苏轼《念奴娇·赤壁怀古》一词标出诵读句读？

_____

_____

4. 词的格律除了平仄和押韵，还包括句法、章法等。从句法来讲，下列四种最为常见：

①顶真句（即上句的结尾与下句的开头使用相同的字或词）：箫声咽，秦娥梦断秦楼月。秦楼月，年年柳色，灞陵伤别。（李白《忆秦娥》）

②反复句：团扇，团扇，美人病来遮面。玉颜憔悴三年，谁复商量管弦。弦管，弦管，春草昭阳路断。（王建《调笑令·宫词》）

③对仗句：莺嘴啄花红溜，燕尾点波绿皱。指冷玉笙寒，吹彻小梅春透。（秦观《如梦令·春景》）

④一字豆句（即由一个字组成的"领字"，引领下面若干句子）：念去去，千里烟波，暮霭沉沉楚天阔。（柳永《雨霖铃·秋别》）

以上四种句式，请在本书中再各找一例。

▲顶真句：_____

▲反复句：_____

▲对仗句：_____

▲一字豆句：_____

5. 查阅书中"永遇乐"一调，这是一个押仄声韵的词调，风格偏豪放。我们学过的辛弃疾的《永遇乐·京口北固亭怀古》一词除了"虎""鼓""否"三处押上声韵（即第三声），其余都押去声韵（即第四声），而且句读停顿处也基本选用去声字："觅""处""被""去""树""陌""住""胥""顾""记""路""下""问"。请你再读一读这首词，注意把下面加点的去声字读得坚定一些，"虎""鼓""否"三处则须分别读出感叹和反问语气，如此，再感受词的气韵特点，体会辛弃疾在音韵上的独具匠心。

永遇乐·京口北固亭怀古
辛弃疾

千古江山，英雄无觅，孙仲谋处。舞榭歌台，风流总被，雨打风吹去。斜阳草树，寻常巷陌，人道寄奴曾住。想当年，金戈铁马，气吞万里如虎。

元嘉草草，封狼居胥，赢得仓皇北顾。四十三年，望中犹记，烽火扬州路。可堪回首，佛狸祠下，一片神鸦社鼓。凭谁问，廉颇老矣，尚能饭否？

五、争鸣商榷

《白香词谱》自清嘉庆年间问世，一直为学者所关注，据不完全统计，自嘉庆到清末，各种评注本、考证本、注释本等有20余种。近30年来，有关《白香词谱》的各类学术论文达六百余篇，可谓热议不绝。下面我们选取了一些富有代表性的观点：

观点一（清代陈栩）：予在髫龄时即好为词，苦无师承，但举《白香词谱》为圭臬，而不知其谬误处正多也。偶成一二，出示友朋，大都唯有阿谀，绝无人为指正。及见《填词图谱》，乃知向业皆非。更读《词律》，则知《图谱》所示亦多舛误……命儿子小蝶，即就《白香词谱》中所选百首，一一加以考证，更以我之心得而发前人之所未发。凡历两载，始竣其工。虽不敢谓为金科玉律，但学者手此一编，较之博览群编，而终茫然无所适从者，不愈多耶？旁注平仄，类皆广搜诸家所作，逐细引证，舍短取长，著为定谱。绝非持一而绳、出之臆断者……故此一书，颇自信为填词者之津梁，幸无笑其初桄之窄也。

观点二（某网友）：词是自由的，在规定的词格之中自由。世间之物皆有定律，皆有自由，但自由应在其自身规则之内。规则不是限制我们的条条框框，而是让我们在应有的范围存在更多的自由之选……《白香词谱》给了词一个范围,而在范围之内,我们有更多的创作自由。

观点三(王力,古汉语语言学家、教育家):诗写下来不是为了看的,而是为了"吟"的。古人的"吟",跟今天的朗诵差不多。因此,诗和声律就发生了极其密切的关系。诗词的格律主要就是声律,而所谓声律只有两件事:第一是韵,第二是平仄。其中尤以平仄的规则最为重要;可以说没有平仄规则就没有诗词格律。

观点四(徐建顺,中国吟诵学会秘书长):当我们说某诗好的时候,叫作"脍炙人口",没有说"脍炙人目"的,因为诗歌实际上是流传于口头的。声韵不美,不可能流传,不可能成为名作。不要以为一首诗好,就是因为它写的这个意思好,古代的诗成亿成兆,因袭抄改,而主题又不外乎风花雪月、伤春悲秋、怀才不遇、人生苦短,难得哪首诗能写出很独特的意思来。很多名作的意思,早就有别人说过,然而彼诗不传,声韵之故也。

观点五(余意):词谱的出现,将作词律诗化,从而将词徒诗化,这对词的发展既是机会,又是危机。机会在于词的创作所遵循的规则门槛降低,大量有心为词之人均可以通过遵循词谱填词表达其意中之事,客观上造就了词学的繁荣;危机在于徒诗化的词有可能带来词本身特征的消失,取消词存在的合理性。

观点六(清代顾宪融):而《白香词谱》尤以天虚我生考正本为最佳。是书选调虽仅百调,而皆填词家日常所习用,且所选诸词,亦多精美,足资楷模,考正本则于每调之后,更附以考正及填词法,学者得此一编,大可省冥行索垣之苦。诚词谱中之第一善本也。

观点七(刘庆云):《白香词谱》所录词作占有重要比重的是有关登临怀古、反思历史与抒发爱国情思的作品,计有十六首,数量高出其他类型的题材。比如《忆江南》词调作者选录的是亡国之君李后主的《忆江南·多少恨》，但该词调在中唐时期刘禹锡、白居易的手中早已被采用，特别是这个调名即取自白居易的词句："能不忆江南！"理应以白词作为范式。但白词侧重写的是江南好风景，李词反映的是历史变故，前者的内涵远不及后者深厚，当然也没有后者所具有的情感震撼力。

观点八（丁如明）：《白香词谱》也并非完美无缺，它的缺失有四点：其一，有些该收的常用词调没收，而不该收的一些稀见词调却收了进去，如《荆州亭》《春风袅娜》等。其二，选词不用初制名作（尤其是自度曲），如《暗香》《疏影》《翠楼吟》不用姜夔原唱，却选了朱彝尊与张炎、黄之隽的词作。其三，某些入选作品格调不高，流于色情恶俗，如秦观的《河传》。其四，作者与作品之间有张冠李戴的情况，如王观的《卜算子》却挂在苏轼的名下。

☆ **问题来了：**

摘录的这些观点可谓见仁见智、有褒有贬，你可不能在各家观点中迷失自己哦！该你上场了，亮出你的观点吧！

我对《白香词谱》的评价是：

_____

_____

_____

六、学以致用

许多词牌名，名称就美不胜收，加上它悠扬的韵律，让人唇齿留香。格律虽然与我们稍有距离感，但却是真正走进诗词的必经之路。实践是最好的学习，只有把自己在本书中学到的知识运用起来，才能把它们转化为能力，才是高效的学习。

下面两道实践题，目的在于让大家养成边读书边实践的习惯，使自己的思维综合化，指向解决问题。当然，两个问题也只是一个示范，大家自己也可以仿照这样的思路，给自己出几个题目，边读、边问、边答，这样的读书岂不乐乎？

☆ 问题来了：

1. 以《我最喜欢的词牌》为题写一篇读后感悟。可以从词牌来历、词牌名称的诗意美、句子组合的建筑美、平仄押韵的音乐美、传世名作的厚重美等角度中选取一个或几个角度，谈谈自己对该词牌的理解认识。

2. 模仿书中收录的白居易《长相思·别情》一词，创作一首《长相思·春意》，要求遵照格律，表意清晰，句意顺畅。

_____
_____
_____
_____

七、阅读建议

1. 我们可以将《白香词谱》做双重定位：一为词调工具书，即随时查阅常见词牌的格律情况；一为简易的历代词选，做赏析和诵读之用。

2. 作为词调工具书，我们要养成一种习惯：每读到一首词，就查阅一下词谱，了解其格律；在此基础上，我们应按照格律进行诵读，仔细玩味其押韵、平仄、句式及其组合等，揣摩音韵透露出的情味；如有条件更应按照格律进行吟诵，结合词的具体内容深入体会作者在音韵方面的巧思，这样才能更真切地走进一首词。

3. 作为简易的历代词选,《白香词谱》选词较为精当,甄选的例词大多称得上流传甚广的词家名篇。并且每一首例词都有编者加注的简明扼要的词题,诸如《忆别》《感旧》《春闺》《记游》《怀古》《梅影》《绿阴》《秋思》等。初学填词者借助词题可以大致了解词牌的特点,是适合言情、咏物,还是写景。进而细心品读,一边可以欣赏到词作精彩的意趣和优美的声情,含英咀华;一边可以揣摩体会词调适宜于何种情感主题,体会古代词人择腔选调的良苦用心。

八、相关链接

1.《白香词谱》毕竟只是一本诗词格律的入门读物,而且写作时间比较久远;作者又是一位古代的学者,难免与我们会有所隔阂。你如果想进一步了解这一话题,并与现代学者著作参照学习,下面几部诗词格律著作具有公认的权威性。

(1)《诗词格律》,王力著,2009年5月由中华书局出版。王力为我国现代语言学界泰斗,这本小册子深入浅出地介绍了古典诗词的基本知识,如音韵、平仄、四声、对仗等,另外对诗词格律及其节奏和语法特点均有论述,该书一直被当作古典诗词爱好者的必读经典,深受读者喜爱。

(2)《汉语诗律学》,王力著,2005年4月由上海教育出版社出版。该书是王力积几十年勤奋探讨之功而成,堪称研究汉语诗律学经典集大成之作。该书将汉语诗律的一般常识和作者的研究成果杂糅在一起,从一般常识到比较高深的知识;从前人研究的成果到作者的心得。

(3)《唐宋词格律》,龙榆生著,1980年3月由上海古籍出版社出版。该书是龙榆生在大学讲授唐宋词的讲义,每一词牌附有"定格""变格"等词格,标明句读、平仄和韵位。每一词格附有一首至数首唐宋词人的作品，供参考比较，能帮助我们全面理解唐宋词的体制和格律。

（4）《词学十讲》，龙榆生著，2011年2月由北京出版社出版，为该出版社"大家小书"丛书之一。该书根据龙榆生在大学所讲授"词学学习创作课"的讲义编辑而成，作品深入浅出地讲解了词学渊源、选调、作法等内容。文中多本色当行语。其论选韵、重去声、析比兴皆鞭辟入里，富远见卓识，可以说是讲解宋词欣赏的极其经典的著作。

（5）《词的创作与吟诵》，叶嘉莹、华峰著，2018年12月由天津教育出版社出版。叶嘉莹为南开大学教授，中国著名词学家；华峰为河南大学教授，非物质文化遗产华调吟诵传承人。本书将词的格律理论与吟诵实践结合起来，将词的吟诵与对词意的理解、词风的把握、词艺的欣赏等结合起来，填补了学术界对于词的吟诵缺乏系统研究的空白，有很高的学术价值和应用价值。

2. 如果你想从文学鉴赏的角度来认识词，了解音韵对于诗词欣赏的重要意义，可以参看下面两部非常经典的著作：

（1）《人间词话》，王国维著，1998年12月由上海古籍出版社出版。该书乃是国学大师王国维先生接受了西洋美学思想的洗礼后，以崭新的眼光对中国旧文学所做的评论，具有划时代的意义，向来极受词学爱好者珍视。

（2）《唐宋词十七讲》，叶嘉莹著，2007年7月由北京大学出版社出版。该书为叶嘉莹1987年应辅仁大学校友会之邀所作唐宋词系列讲座的纪录稿。全书共论析了温庭筠、韦庄、冯延巳、李煜、晏殊、欧阳修、柳永、苏轼、秦观、周邦彦、辛弃疾、姜夔、吴文英、王沂孙等词人，结合他们的历史背景、生平经历、性格学养、写作艺术等，追寻唐宋词的演变与发展轨迹。该书涉及唐宋词研究诸多重要问题，并将重要作家尽数囊括，可以看作一部完整的唐宋词史。

人间有味是清欢
——走进《人间词话》

设计者：王媛（宁海县知恩中学）

微信：zezxyy

一、导语

诗词是心灵的绽放，映照着每一回寒来暑往、春夏秋冬，它是"草长莺飞二月天"，它是"稻花香里说丰年"。从大漠孤烟到江南烟雨，从山水田园到铁马阳关，我们吟诵着千古绝句，也体味着人间百态。中华诗词博大精深，源远流长，如三山五岳，巍然屹立；如五谷丰熟，养育万方。自小接触诗词、背诵诗词，对于这一古老的文学形式，你一定还想有更全面、更深入的了解吧！读《人间词话》，让我们一起跟随王国维先生的脚步去探询古诗词里的诗意人生。

☆ 问题来了：

1. 你知道什么是"词话"吗？请尝试通过搜索功能初步了解它的意思。

_____

_____

2. 随着央视《中国诗词大会》的热播，古诗词重回人们视野，相信你也一定对古诗词产生了浓厚的兴趣。你期待《人间词话》带给你什么阅读收获？

_____

_____

二、关于作者

王国维(1877—1927),字静安,号观堂,浙江海宁人。王国维出生于寒士之家,少时便饱读诗书,才情灼灼;也曾一心想入朝为官,无奈命乖运蹇,屡应乡试不中。生逢乱世,一腔热血的王国维仍怀报国之志,立志以新学拯救国难。王国维之学涉及文学、史学、哲学、甲骨学、经学、文字学、美学等众多领域,博学广猎,皆有建树。他著述甚丰,有《红楼梦评论》《宋元戏曲考》《人间词话》《观堂集林》《古史新证》《曲录》《殷周制度论》《流沙坠简》等62种。其中以《人间词话》最负盛名。

王国维不仅是国学大师,更是将中西文化融会贯通的一代宗师。他通晓日文、德文、英文等外文,是当时国内第一个通读康德、叔本华原著的人,被誉为"中国近三百年来学术的结束人,最近八十年来学术的开创者"。

☆ **问题来了:**

1. 1924年1月末代皇帝溥仪降旨:"著(王国维)在紫禁城骑马。"王国维说清朝能够以布衣身份享受紫禁城骑马待遇的,除了朱彝尊,就是他了,这实在是"异遇",非常感动。几个月后,北京政变,溥仪被冯玉祥驱逐出宫,两旁兵士持枪荷弹而立,但王国维一直随侍其左右,事后更是终日忧愤不已。

看完以上故事,你对王国维有什么新印象呢?

_____

_____

2. 1927年6月2日,正处于学术巅峰状态的王国维在颐和园投昆明湖自尽，徒留一封遗书："五十之年，只欠一死，经此世变，义无再辱。"王国维为什么会做出这样的人生选择呢？请你查阅相关资料，探究其背后可能的原因。

_____

_____

_____

三、内容解析

《人间词话》是中国古典文学批评的里程碑式的著作。一部书剖析了从唐、五代到清代的诗词，字字珠玑。王国维通过短短64则笔记，以"境界说"为纲，讲透诗词作品的"简"与"真"，让人豁然开朗。根据《人间词话》的主张和论述，大致可将其内容分为三个部分：

第一部分（第1则），提出"境界说"，并作为全书之眼；

第二部分（第2则至第9则），从不同角度来阐述境界的种类、特点等；

第三部分（第10则到第64则），以年代为序，从多个方面评述历代词家及其作品，深入阐述以"真景物""真情感"为核心的境界论。

另，《人间词话》最早刊于1908年的《国粹学报》，在作者生前即已发表，共64则。这64则是作者从125条手稿中挑选、删节而来，并另作排序。如今的《人间词话》通行本除64则之外，一般还会收录其未刊稿以及删稿。

☆ **问题来了：**

1. 旧时文人品评诗词，多用气韵、风骨等字眼，而王国维开篇就将词作的最高标准定为"境界"，而对严沧浪、阮亭所谓的"兴趣"

"神韵"不以为然。在你看来,用"境界"来品评诗词,与"气韵""风骨"等相比,是否更恰当呢?说说你的看法。

2. 阅读《人间词话》1—9则,解密"境界说":

①从创作手法上,王国维将"境界"分为"造境"和"写境"。你能用自己的话简单说明二者的区别吗?结合柳永的名篇《雨霖铃·秋别》,你认为,在这首词中呈现的境界是"造境"还是"写境"?简单阐述理由。

②从创作的主客体关系上,王国维又将"境界"分为"有我之境"和"无我之境"。在"采菊东篱下,悠然见南山"一句中我们分明能够看到一位悠然诗人的所为、所感,王国维却将它视为"无我之境"的代表。试结合《人间词话》的相关内容,谈谈你的理解。

3. 王国维对晚唐、五代的词作极为推崇,尤其喜爱李后主,赞其"词至李后主而眼界始大,感慨遂深",又将之与温飞卿、韦端己作比,得出李词"神秀"、韦词"骨秀"、温词"句秀"的评价。请搜集这几位词人的作品并研读,谈谈你对王国维这一评价的理解。

4. 在36—41则中，王国维就"隔"与"不隔"评价了大量词句。请结合书中具体词例，说说何谓"隔"？何谓"不隔"？你认为两者有高下之分吗？

5. 王国维认为词人的创作"须入乎其内，又须出乎其外"。能"进入"，则能描摹世情，栩栩如生，谓之"有生气"；能"出来"，则俯而观之，事无巨细，谓之"有高致"。如果说"入"是观察一人之情感，一物之特性，"出"就是提炼世人之普遍情感，万事万物之共性。"入"是现实的体验，"出"是精神的升华。在第60则中，王国维直接评价"美成能入而不出"。你是否认同作者的观点呢？试结合周邦彦（字美成）的词作谈谈你的看法。

6. "人能于诗词中不为美刺投赠之篇，不使隶事之句，不用粉饰之字，则于此道已过半矣"，我们可以看到，王国维反对现实和政治对文学的干预，对于动不动就罗织典故的诗词是十分排斥的。辛弃疾的《永遇乐·京口北固亭怀古》，全词典故众多，可谓三步一典、五步一故，但我们读来却未有"掉书袋"之感，这是为什么呢？试结合王国维先生的美学观，说说用典的优劣标准。

四、艺术鉴赏

《人间词话》短小精悍。看似寥寥数字,但尺幅之间多是令人惊叹的见解,文辞精美,奇语连篇。其实,旧诗词至晚清已入衰境,而王国维以哲人的目光和诗人的悟性,在诗风日衰的近代,重新找寻到了旧文艺的生命魅力,道前人未道之言,书前人未著之语。

中国古典诗词浩如烟海,但王国维化繁为简,以最清晰的逻辑将其梳理分类。他以时间为轴,以独创的审美标准为纲,来论述词的艺术,比较、举例、分类恰到好处,为人们厘清了古典诗词的脉络。

王国维认为艺术之美在于人的心性之美,他排斥事功,主张"真"文艺,他的文字直抒己见,毫无避讳,《人间词话》较之一般的学术作品更弥漫着一股个性化的浪漫色彩。

阅读《人间词话》,对古典诗词感兴趣的同学恰可以此书为引,探求中国词学的脉延;对诗词文化不甚了解的同学也可以在本书中体味到"宝帘闲挂小银钩"的人生诗意。

☆ **问题来了:**

1. 写作《人间词话》时,王国维正值 30 岁左右的年纪,精力旺盛,文采斐然,行文透出深厚、老到的韵致。再次通读全书,结合具体文句,试分析出至少三种增强语言表现力的艺术手法。

_____

_____

2. 王国维巧妙地结合西方文艺理论思想,运用"二分法",一语道破诗词创作的内涵规律。如"造境"与"写境"之分,"隔"与"不隔"之分,"诗人之境"与"常人之境"之分等,都切中要理。请选择一种，谈谈你对"二分法"的理解和认识。

3.《人间词话》虽只采取"只言片语"的片段式行文，但其实内部自成逻辑、互为联系。王国维是怎样将博杂的诗词进行清晰有序的梳理的呢？

4. 当代诗人周公度将王国维誉为"美学星辰秩序的发现者"。请结合王国维的词论观点以及他对一些词作的相关评价，总结王国维诗词美学的核心。

5. 王国维是公认的性情中人，关于诗词，他在《人间词话》中有许多个性化的解读，而学术著作贵在客观公正。在你看来，王国维做到"学术"与"个性"的平衡了吗？

五、争鸣商榷

《人间词话》通篇对五代、北宋词赞誉有加，却充斥着对南宋词的贬斥。王国维开篇便以"独绝"二字盛赞五代、北宋词的艺术成就空前绝后；而认为南宋词已经尽失宋词的风貌精髓，无境界、无真情、无风骨，甚至断言"北宋风流，渡江遂绝"。然而，王国维所生活的时代却推崇南宋之词胜过北宋。那么，王国维为何如此推崇"北宋风流"？南宋词当真无品无格？且让我们去一探究竟。以下搜集了一些名家观点，希望能开阔你的视野，对你有所启发。

观点一（南京大学中文系主任、戏剧家吴征铸《评〈人间词话〉》）：推原静安先生之严屏南宋，盖亦有其苦心。词自明代中衰以后，至清而复兴……有清一代词风，盖为南宋所笼罩也。卒之学姜张者，流于浮滑；学梦窗者，流于晦涩。晚近风气，注重声律，反以意境为次要。往往堆垛故实，装点字面，几于铜墙铁壁，密不通风。静安先生目击其弊，于是倡境界为主之说以廓清之，此乃对症发药之论也……静安先生救世之意，反足以误世矣。吾欲为先生进一解曰：词以境界为主，但不以隔不隔分优劣。五代两宋词，各有不同之境界，学者各就性之所远近以师之可也。

观点二（中国宋代文学学会副会长杨海明《张炎词研究》）：王氏之论，虽不免有它失之于偏颇之处（比如他偏好"不隔"的风格而一概排斥"隔"的作品，即是一例），但抉剔姜、张词的缺点，却是入木三分的，当然也有过分严厉和苛求之处。张炎词意境不够深厚，情性有歉而雕琢过甚，看似高格响调而往往不耐人细思等，这些毛病，也都在王国维批评姜词的评语中一并被揭示了出来。

观点三（台湾大学教授刘少雄《南宋姜吴典雅词派相关词学论题之探讨》）：王氏之所以用如此尖刻的语气批判玉田与梦窗，或者广泛地说，王氏之所以有尊北抑南的意向，细加分析，与其个人的生命情调、文学史观和当时的词学环境有莫大的关系。王国维撰《人间词话》，正值三十出头才气方盛之时，那时他在思想方面受叔本华哲学的影响，重天才而轻模仿，因此，自然与讲求声律形式、首重功力技巧的南宋词不能相契应。再者，王国维有一套独特的文学史观，以为"文体通行既久，染指遂多，自成习套。豪杰之士，亦难于其中自出新意"（《人间词话》）。因此，根据王氏这一"文体递变"的理论看宋词，唐五代是自然发展、浑成时期，有境界的佳作遂多；而南宋以后，词往往铺张扬厉，已是文体衰蔽之时，姜吴诸家之作，技巧不免掩盖了真性情，作品的价值也就不高了。这种文学史观的形成，当然是有其时代背景的。有清以来，浙常二派的末学，学玉田的流为浮滑，学梦窗的失于晦涩，终至气困意竭、浅薄局促。对这样的词学环境，王国维提倡境界之说，严厉抨击南宋诸家，实有一番欲挽狂澜于既倒的深意在。

观点四（四川省社会科学院文学研究所研究员谢桃坊《宋词辨》）：王国维先生对南宋词是存在艺术偏见的，对于张炎词更无好评。他说："玉田之词，余得取其词中之一语以评之曰：'玉老田荒'。"这个权威性的评断在词学界影响很大，以致现在也认为张炎之词更多的是闲适之音和"玉老田荒"的迟暮之感。"玉老田荒"的确是张炎后期生活中所感到的，不只在其《祝英台近》中这样表示，另外在其《踏莎行》中也感到"田荒玉碎"。这是词人一生事业无成、老大意拙、心事迟暮的现实感受，反映了他精神的痛苦。从本文上面的论述中可以看出：若以"玉老田荒"简单地概括张炎的词品，无论就其艺术风格还是思想内容方面，都显然是不恰当的，也不能说明什么问题。

观点五（中国当代学界泰斗饶宗颐《〈人间词话〉平议》）：王氏论词，标隔与不隔，以定词之优劣，屡讥白石之词有"隔雾看花"之恨。又云："梅溪梦窗诸家写景之病，皆在一隔字。"予谓"美人如花隔云端"，不特未损其美，反益彰其美，故"隔"不足为词之病……词者意内而言外，以隐胜，不以显胜。寓意于景，而非见意于景。盖词义有双重：有表义，有蕴义。表义，即字面之所指；蕴义，即寄托之所在，所谓重旨复意者是也。"高树晚蝉，说西风消息。""波心荡，冷月无声。"言外别有许多意思，读者不徒体味其凄苦之词境，尤当默会其所以构此凄苦之境之词心。吾故谓王氏之说，殊伤质直，有乖意内言外之旨。若夫"晦塞为深，虽奥非隐"，如斯方为词之疵累。质言之，词之病，不在于隔而在于晦。

☆ 问题来了：

读完上述观点，站在前人的肩膀上，你一定豁然开朗、有所洞见了！读书贵在质疑、思考，再试着搜集有关资料，就王国维"崇北抑南"的观点谈谈你的理解。注意结合北宋词、南宋词加以具体分析。

_____

_____

_____

六、学以致用

小至读书交流，大到学术讲座，王国维的《人间词话》都是常被人提到的一本著作。无论是《人民日报》推荐的"中国必读书目Top100"榜单，还是其他传统媒体推荐的"中国必读书目Top100"清单，这本书总会榜上有名。俞平伯先生谈及《人间词话》言："书中所暗示的端绪，如引而伸之，正可成一庞然巨帙。"的确，全书虽不足百页，确是蕴藏深远。读完全书，想必你一定收获满满，完成以下两个任务挑战一下自己吧！

☆ 问题来了：

任务一：小试牛刀

一直以来，旧文化传统习惯以直觉悟道，对艺术的解释多有玄而又玄之感，使用诸如"雄浑""纤浓""高古""清奇""超逸"等概念描述艺术的境界。而王国维最高明的地方就是将西洋哲学融化于东方文化的情韵，使艺术理论终于有了新的变化。他的"境界说""出入说"等在当时可谓旷世奇音，令同代学人惊异。请你试着运用王国维的词论观点，从多维度评价秦观的《踏莎行》。

角度提示：它是何种境界？其名句是否呈现了词中格调？其描摹之情可真？写景写情"隔"或"未隔"？

踏莎行·郴州旅舍
秦 观

雾失楼台，月迷津渡。桃源望断无寻处。可堪孤馆闭春寒，杜鹃声里斜阳暮。

驿寄梅花，鱼传尺素。砌成此恨无重数。郴江幸自绕郴山，为谁流下潇湘去。

任务二：自出心裁

我们从小就背诵学习了各种古诗词，现在回忆起来，立马浮现于你脑海中的是哪些词呢？让你印象深刻、尤为感动的词句有哪些呢？阅读完《人间词话》，你肯定对这些兴发感动产生了全新的认识，这就是学术的魅力——知其然，又知其所以然。请以"我眼中的好词"为主题写一篇专题小论文。

七、阅读建议

1. 阅读准备：《人间词话》的篇幅并不长，刊本64则只有五千多字，每则短小精炼，不会超过百字。但是要将其读懂、读透，并非易事。傅雷在写给傅聪的信中提及这本书的阅读门槛时说,"肚里要不是先有上百首诗,几十首词,读此书也就无用"。这是因为本书作为词论,王国维先生在提出观点后,会援引大量词例佐证分析,如若对这些诗词不甚熟悉,则无法体会作者见解的深度与妙处。所以在阅读过程中,你可能经常要重读诗词。另外,王国维称呼古人一般用其字,阅读伊始会有一定的陌生感,可以查阅相关资料以助了解。

2. 策略指引:《人间词话》简练通达,文字中隐藏的内容远比表面显露出的更为深远蕴藉,阅读时需要我们反复诵读,品其高意,得其要旨,读到妙处时,还可以放声吟咏。阅读可以参照以下步骤:

①粗读原文。本书是文言作品,阅读难度高于白话文,第一遍阅读时可以先利用注释与译文疏通文义。

②识记诗词。重新品读作者援引的诗词文句,观其形,通其意。如若碰到陌生费解的词句,须查找相关资料,品读整首词;如若碰到陌生词人,可将他的其他作品收集品读。

③精读原文。对于词作形成自己的认识后,再读作者观点,体会作者赏词的标准。边读边思,可以提出不同的见解。学会将自己背诵、学习过的词作和作者的词论观点联系比较,举一反三,加深对作者观点的理解。学习与积累并重,对于"妙言""妙语"随时摘抄并背诵,在反复吟咏中感悟诗词魅力。

④参看赏析。在理解作者观点的基础之上,参看编者的解读赏析,加深对原作的认识,养成批判性阅读的习惯。

阅读时以刊本 64 则为主,对于未刊稿或删稿的研读在前者基础上进行。

3. 重点提要:在阅读学习过程中积累大量古诗词,走进古典文学的殿堂;培育美学素养,提高审美情趣,收获诗意人生。

4. 研讨交流:古人在提出自己的学术见解时往往矫枉过正。王国维也是这样一位性情中人。因此，你极有可能会对他的一些观点提出异议。在班级中寻找同样阅读过这部作品的同学，举行一次"找茬"分享会，一起来讨论这些与作者相悖的观点吧！

八、相关链接

1. 版本推荐：

◆ 王国维．人间词话［M］．北京：北京联合出版公司，2015.

2. 如果你想更深入地研究《人间词话》，可以阅读以下几部权威作品：

◆ 叶嘉莹．《人间词话》七讲［M］．北京：北京大学出版社，2014.

◆ 黄霖等．《人间词话》鉴赏辞典［M］．上海：上海辞书出版社，2017.

3. 如果你对"词话"或古典文学评论产生了兴趣，可以尝试阅读下面几部名作：

◆ 陈廷焯．白雨斋词话［M］．上海：上海古籍出版社，2009.

◆ 况周颐．蕙风词话［M］．上海：上海古籍出版社，2009.

◆ 刘勰．文心雕龙［M］．上海：上海古籍出版社，2008.

4. 如果你想全面地了解王国维，不妨观看他的纪录片：

由中央电视台和浙江省海宁市政府联合摄制的 15 集大型文化纪录片《王国维》。

第二部分

散文

散文，在中国古典文学的范畴中，开始是对无韵之文的统称，以示与韵文有别，后来出现了戏剧和小说之后，才成为与诗歌、戏剧、小说并列的一种文学体裁。

散文不重韵律，篇幅可长可短，形式灵活自由，写法夹叙夹议，便于表达思想、抒发情感，读写方便，活力四射，大家如云，佳作似海，在三千多年的文化历史中，洋溢着勃勃生机，散发着迷人魅力。

散文生命力强大，是因为她的触角始终深深扎进生活的泥土之中，关注社会现实，奋笔激浊扬清，揭示自然规律，探索人类命运。最早出现的《尚书》《周易》已露端倪，春秋战国诸子散文和历史散文的交相辉映为中华文化的崛起创造了第一个高峰，魏晋两汉的史传散文缔造了绝唱般的传奇，唐宋八大家陆续登场，中国古典散文进入了波澜壮阔的巅峰时代，洋洋洒洒、蔚为大观的散文风景让世界瞪大了眼睛，此后元明清有戏剧和小说崛起，散文开始在小品中徘徊，在时代变迁中顽强不屈地寻找新的出路。

一部散文发展史，就是中华文化坚忍不拔、积极进取的成长史。

相约经典，走进名著，去我们民族的文化长河中汲取智慧和力量吧！

溯天地本原　赏千古奇书
——走进《周易》

设计者：池春琴（福建聚德教育）

微信：13959887379

一、导语

《周易》又称《易》，被誉为"群经之首，大道之源"，它通过八卦的卦象及其组合，推演出天道和万物的变化规律。《说文解字》："易，蜥易，蝘蜓，守宫也，象形。""《秘书》说曰：日月为易，象阴阳也，一曰从勿，凡易之属皆从易。"孔子说："假我数年，五十以学《易》，可以无大过矣。"一部《周易》，归根到底就是告诫人们两件事：一是戒惧，一是求得无咎。如果你对这两件事感兴趣，我们就一起走进《周易》，溯天地本原，赏千古奇书吧！

☆ 问题来了：

你读过《周易》吗？初次接触有什么样的印象？

二、关于作者

作者周文王姬昌（约前1152年—约前1056年），岐周（今陕西岐山县）人。周朝奠基者，中国历史上的一代明君。

其父季历死后，他继承西伯侯之位，史称西伯昌。在位42年后，正式称王。在位期间，明德慎罚，礼贤下士，广罗人才，勤于政事，重视农业生产，拜姜尚为军师，制定军国大计，收服虞国和芮国，攻灭黎国（今山西长治市）、邗国（今河南沁阳市）等国，使天下三分，其二归周。建都丰京（今陕西西安市），为武王伐纣灭商奠定基础；他演绎的《周易》，得到后世儒家的推崇，孔子称其为"三代之英"。

前1046年，嫡次子周武王姬发灭商建周，追谥姬昌为"文王"。

☆ **问题来了：**

1.《系辞下》曰："《易》之兴也，其当殷之末世、周之盛德耶？当文王与纣之事耶？"介绍了《周易》出台的背景。据说周文王（西伯侯姬昌）生活勤俭，穿普通衣服，亲身到田间劳动。可见其忧患意识之强，可能成为他演《易》的动力。谈谈你对周文王以德治国的看法。

---

2. 周文王姬昌的"明德慎罚"思想，对中国社会的政治与文化产生了哪些重要的影响？

三、内容解析

《周易》中最显眼的标志是八卦、六十四卦符号，其中有两个基本符号：连线"—"称作阳爻，断线"--"称作阴爻。每三爻相叠成一卦，形成"八卦"。八卦取象通神明之德，以类万物之情，八卦分别象征天、地、风、雷、水、火、山、泽以及与之对应的事物和物质，隐含着各不相同的哲理意义。

三个一组相叠构成八卦，六个一组相叠构成六十四卦，六十四卦是八卦两两相合，每一个卦六爻。上经三十卦，下经三十四卦。每卦的内容包括卦画、卦名、卦辞、爻题、爻辞。六十四卦如同著作的六十四章，卦画如同每章的序号，卦名和卦辞如同每章的题目和主旨，每卦六爻如同六个小节，爻题如同每节的序号，爻辞如同每节的内容。六十四卦共三百八十四爻，但为首的两卦——乾和坤各多一爻，所以共有三百八十六条爻辞。

《四库全书总目·易类小序》曰："又《易》道广大，无所不包，旁及天文、地理、乐律、兵法、韵学、算术，以逮方外之炉火，皆可援《易》以为说，而好异者又援以入《易》，故《易》说愈繁。"

后天八卦按五行相配，生克原理重新排列。后天八卦与方位、时令相配，《周易》的运用主要以后天八卦为基础。后天八卦手掌图，无名指的根节上乾卦尖节放坤卦，食指根节放艮卦，中节放震卦，尖节放巽卦，中指根节放坎卦，尖节放离卦。再通过下面四句歌词记忆："一数坎兮二数坤，三震四巽数中分，五寄中宫六乾是，七兑八艮九离门。"周文王后天八卦涉及天文、地理、乐律、兵法、音韵、算术、医学、风水等各领域实用文化的理论根基，说明大宇宙变化和运用的法则。

☆ 问题来了：

1.《史记·周本纪》说：西伯盖即位五十年。其囚羑里七年的时间里，殚精竭虑按八卦的方位和五行率属性重排后天八卦，再通过六十四卦的推演，将先后天八卦代表天意人意演化为三百八十四种实用的文化概念。你能否通过八卦手掌图及六十四卦演化来推断周文王为什么要做这样的摆法？

2. 《封神演义》里的西伯侯姬昌，能掐会算，接到纣王诏书后，他便推算出此去凶多吉少，纵不致损身，也该有七年之难。万事万物都遵循天道，即自然规律。从这个视角看，姬昌是如何遵循天道去处理他面临的困难的？这对你有什么启示？

3. 历代读书人都把《周易》当作良师益友，生活中也少不了它。《周易》的爻辞都是劝人向善的，请摘录相关精彩语句，并谈谈你的看法。

4. 周易从八卦演绎而来，八卦的卦符，各自代表一种形势状态，卦辞就是对形势状态的描述。分别为：乾、坤、震、巽、坎、离、艮、兑。乾为天，即天行健，君子以自强不息。坤为地，即地势坤，君子以厚德载物。卦又分阴阳，一阴一阳谓之道。《周易》的"易"在这里是指"变化"，所以具有"简易""变易""不易"三种含义。宇宙万事万物都在变化，人事皆然，从这点上，和赫拉克利特的万物皆流说有异曲同工之妙。宇宙变化定然有个规律可循，因此这个恒常的规律"道"又可以说"不易"。请结合现实生活，谈谈你对"变与不变"的理解。

5.《周易》最丰富、最珍贵的便是它的辩证思想。通过阴爻、阳爻两爻的错综变化,模拟天地万物变化运动的法则。请结合《周易》内容谈谈你对"辩证思想"的认识。

四、艺术鉴赏

《周易》是由六十四卦卦象、卦辞、爻辞组成的。通过卦画的形式,运用"—""--"两个基本符号模拟天地万物及其变化规律,在六十四卦的错综有序的排列组合之中,蕴含着丰富而深刻的哲理,体现在各卦的爻变之内。

首先,象征的表现手法。通过卦象形式表现出来,与它相应的爻辞也是特殊形式的象征。譬如乾卦用龙来象征阳的刚健和变化无常,坤卦用母马来象征阴的柔顺及贞正。

其次,全方位的比喻。没有卦象,就不成其为易,没有全方位的比喻,也不成其为易。

最后,语言精辟。《周易》的语言多是从现实生活中提炼出来的,其中不少都成了后世的格言警句、成语典故,至今仍有极强的生命力。

☆ 问题来了:

1.《周易》的哲理,多不是直接明白说出来的,而是透过卦象、爻辞的外在喻象，领悟其内在的易理。坤卦是纯阴之卦，它由六个阴爻组成。比如，"初六：履霜，坚冰至"，这时阴气很微弱，处于发展状态，由弱而强。阴气壮盛到坤卦最上一爻，"上六：龙战于野，其血玄黄"，爻辞中"玄黄"，是指天地混杂的状态，天是黑色，地是黄色。阴阳相接，天地合和，化生万物。请摘取《周易》中两处象征表现手法，谈谈它的作用。

_____

_____

2.《周易》"乾""坤"两卦产生其他六十二卦，以此象征天地产生万物，又通过阴阳两爻错综变化，提出"一阴一阳之谓道"，"穷则变，变则通，通则久"等肯定了天地万物变化运动的普遍性，能量相互转化是宇宙的根本规律及相互作用。"阳"代表积极、进取、刚强、阳性等特征，"阴"代表消极、退守、柔弱、阴性等特征。请根据这些自然现象和社会现象，找出你生活中具有这两种对抗性特征的事物，谈谈你的体悟。

_____

_____

3.《周易》的语言，精辟而形象，给人以思想的启迪、生活的借鉴。乾卦由六个阳爻组成，六爻从不断变化中反映天道的变化规律，比如，"上九：亢龙有悔"，表达出"阳气处盛极则衰、物极必反"这一大自然的法则。《周易》中常用"满招损"来告诫人们不要乐极生悲。山泽损卦，"酌损"：把握好时机；"弗损，益之"：根据情况不能损，只能益。不论减损、增益、盈满、亏虚，都是随着时机进行的。

你在阅读中还发现《周易》在语言表达上有什么特点，请举例说明。

_____

_____

_____

五、争鸣商榷

观点一（东汉郑玄）：《连山》者，象山之出云，连连不绝；《归藏》者，万物莫不归藏于其中；《周易》者，言易道周普，无所不备。

原文大意：《连山易》是夏代的《连山》，以艮卦开始，艮为山，如山之连绵，似山出内气，山连山，故曰连山；《归藏易》是商代的《归藏》，以坤卦开始，坤为地，农业春播、秋收、冬藏，厚德载物；《周易》相传为周文王所作，它历经三古，人更三圣即伏羲、周文王、孔子。周代的《周易》，以乾卦开始，乾为天，既指周代之名，也是普遍之义。这是三易的不同之处。

观点二（唐代孔颖达《周易正义》）：《周易》称周，取岐阳地名，《毛诗》云，"周原膴膴"是也。又文王作《易》之时，正在羑里，周德未兴，犹是殷世也，故题周，别于殷。以此文王所演，故谓之《周易》，其犹《周书》《周礼》，题"周"以别余代。故《易纬》云"因代以题周"是也。

注：唐代孔颖达在《周易正义》中说："周"是周地，由于《周易》是周代用书，因此"周"有周代的意思。

观点三（台湾师范大学黄庆萱教授）：《周易》的"周"除代表"周朝"之外，还有"周普""周匝"的意思。

"周普"这个解释是汉儒郑玄提出的。孔颖达在《周易正义》卷一《论三代易名》中，引郑玄《易赞》及《易论》云："《周易》者，言易道周普，无所不备。"用符号学的观点来看：凡符号的抽象层次愈高，则其含义愈广。易以六十四卦三百八十四爻笼罩万物万事，故卦爻含义，自然很周延普遍。因此读易者意念活动的范畴也相对地扩大，而能够骋其神思了！

"周匝"这个解释是唐儒贾公彦提出的。贾氏为《周礼》作疏，在《春官·大卜》"掌三易之法"条下疏云："以《周易》以纯乾为首，乾为天，天能周匝于四时，故名《易》为周也。"近人钱基博力主此说，于《周易解题及其读法》指出："《周》之为言'周匝'也，'周而复始'也。非贾君后起之义，而孔子系《易》以来授受之微言大义也。何以明其然？按孔子系《泰》之九三，曰：'无平不陂，无往不复。'《象》复见天地之心；而作《序卦》以序六十四卦相次之义；泰之受以否也，剥之穷以复也，损而不已必益，升之不已必困。"周匝变易，终而复始，为《周易》的进化论，也是《周易》之周的第三个意义。

观点四（北宋周敦颐《太极图说》）：无极而太极，太极动而生阳，动极而静，静而生阴，静极复动。阳变阴合，而生水、火、木、金、土。五气顺布，四时行焉。五行，一阴阳也；阴阳，一太极也；太极，本无极也。五行之生也，各一其性。"乾道成男，坤道成女"。二气交感，化成万物。万物生生，而变化无穷焉。故曰："立天之道，曰阴与阳；立地之道，曰柔与刚；立人之道，曰仁与义。"又曰："原始反终，故知死生之说。"大哉易也，斯其至矣！

原文大意：一切事物未产生之时，称之为"无极"，也就是宇宙万物的本源。一切事物开始发生的萌动阶段，称之为"太极"；所以无极就是空无、静止；太极就是初生、将动。"太极"动起来，就产生出阳，动到极点就静下来，于是生出阴，静达到极点又动，一动一静,互为根本,分化出阴阳二气。阴阳二气交互作用就产生五行和万物。金木水火土五行的本性不同。木具有生长、能屈能伸、升发的特性;火具有发热、温暖、向上的特性;土具有载物、生化的特性;金代表固体的性能;水具有滋润、就下、闭藏的特性。阴阳、五行的精髓,来源于阴阳的巧妙结合与凝结。即万物有的过于强健,有的过于柔弱,也有的比较中庸。万物生生不息,因万物的结合,又产生出万万种物,故,其变化无穷。

观点五(明朝北天目道人蕅益智旭《周易禅解》):六十四卦皆伏羲所画。夏经以艮居首,名曰连山。商经以坤居首,名曰归藏。各有爻辞以断吉凶。文王因囚羑里时,系今彖辞,以乾坤二卦居首,名之曰易。周公被流言时,复系爻辞。伏羲但有画而无辞,设阴阳之象,随人作何等解,世界悉檀。文王彖辞,吉多而凶少,举大纲以生善,为人悉檀也。周公爻辞,诫多而吉少。

原文大意:六十四卦都是伏羲所画,夏朝经以艮卦为开始,艮卦象为山,故命名为连山。商朝经以坤卦为开始,坤卦象为地,故命名为归藏。爻表现事物的变化,爻下文辞指明吉凶。文王因禁在羑里时,以乾卦、卦坤居首,产生其他各卦,所以说它们是"易之门"。周公被流言伤害时,又作爻辞。伏羲易有卦画没有爻辞。阴阳之象,宇宙万物都在交流,随人作解。文王作的彖辞吉多而凶少。制定政策细则长养善缘,增长人的善根。周公爻辞,劝勉多于吉。

观点六(朱熹《周易本义》卦变图):有天地自然之《易》,有伏羲之《易》,有文王周公之《易》,有孔子之《易》。自伏羲以上,皆无文字,只有图画,最宜深玩,可见作《易》本原,精微之意。文王以下,方有文字,即今之《周易》。然读者亦宜各就本文消息,不可便以孔之说为文王之说也。

观点七（杨万里《诚斋易传》）：易者何也？易之为言变也。《易》者圣人通变之书也。何谓变？盖阴阳，太极之变也，五行，阴阳之变也；人与万物，五行之变也；万事、人与万物之变也。

观点八（孔子《易传系辞》）：古者包牺氏之王天下也，仰则观象于天，俯则观法于地。观鸟兽之文，与地之宜，近取诸身，远取诸物，于是始作八卦，以通神明之德，以类万物之情。

易有太极，是生两仪，两仪生四象，四象生八卦。

原文大意：太古时代，伏羲氏统治天下的时候，他抬头观察天上日月星辰天象变化，低头观察大地山川的形势，观察飞禽走兽身上的纹理，以及地上生长的种种植物，近的取象于人的身体，远的取象于自然界的各类物形，于是才创立了乾、坤、震、巽、坎、离、艮、兑八卦，用来会通天地万物的八种性质，分门别类地表现天地万物的情状。

观点九（网友七星客）：卦变的根源是三道综合作用的结果；其实质则是爻、位、时的全面变化；卦变反映了卦与卦之间的内在联系，通过卦变建立起《周易》六十四卦这样一个首尾连贯、环环相扣的严密体系。不掌握卦体和易道，是没有办法揭示卦变的规律的。传统易学关于卦变的说法很多，影响较大的有三种，一是"乾坤升降"说；二是"旁通"说；三是"卦变反对"说。

观点十（温海明《周易明意》）：六十四卦的卦辞和爻辞经常会出现另外一卦的卦名，这可能提示着此卦与彼卦有关系。比如，蒙卦六四"困蒙"或许跟困卦有关系。比如：小畜卦初九爻辞"复自道，何其咎"，九二"牵复"（复卦）；履卦九五"夬履"（夬卦）；离卦"履错然"（履卦）；兑卦九五"孚于剥"（剥卦）；临卦初九和九二"咸临"（咸卦）；损卦"或益之十朋之龟"，上九"弗损益之"（益卦）；

艮卦六二"艮其腓，不拯其随，其心不快"（随卦）；需卦初九"需于郊，利用恒"（恒卦）；未济卦九四"震用伐鬼方"（震卦）等。这些卦爻辞提到别的卦名，有可能就是该卦涉及其他卦的一种提示。虽然这只是猜测，但历代易学家都没有排斥这种可能性。

☆ 问题来了：

摘录到这里，你可能看得出从古至今，从学者文人到普通网友对《周易》有不同的评价。如果有一次"面对面"交流的机会，你会如何亮出你的观点呢？

我对《周易》的评价是：

_____

_____

_____

六、学以致用

学习《周易》的目的在于应用。古圣人仰观天上的日月星辰，俯察地面的山川原野，从而创立了易可以用于预测，推原事物的初始，反求事物的终结，知晓死生的规律。作易的圣人是通过卦象来表达他们的思想，显示预测吉凶的神奇作用。

《周易》的一个基本观念是天人合一。人法天地，顺应天道，阴阳之合的最佳点居中。人与人之间一切行为都应当合乎道理，恰如其分。

明代医学家张景岳曾说："宾尝闻之孙真人（孙思邈）曰，不知易，不足以言太医。"医易相通的思想，已经为古今中外学者所公认。

☆ **问题来了：**

阅读《周易》，未必能帮助你预测吉凶，但可以启发你尊重规律，顺应天道。请选择一个合适的角度切入，结合你的现实生活，写一篇读后感。

七、阅读建议

1. 记忆八卦和六十四卦的卦画。
2. 领悟阴阳的卦爻符号，爻辞和卦画之间的象征和比合关系。
3. 为了方便记忆朱熹《周易本义》中"八卦取象歌"、《上下经卦名次序歌》，可根据《上下经卦变歌》研读卦变图。
4. 弄清每个卦体阴阳爻画之间，"承""乘""比""应""时""位""据""中"的关系。

八、相关链接

1. 如果你想更多地了解《周易》内容的丰富性，可以阅读以下几本书：

◆ 朱熹．周易本义［M］．廖名春，点校．北京：中华书局，2009.
◆ 杨万里．诚斋易传（二十卷）［M］．北京：九州出版社，2019.

2. 如果你想进一步改善和提高，可以阅读以下几本书：

◆ 南怀瑾．易经杂说［M］．上海：复旦大学出版社，2008.
◆ 黄寿祺，张善文．周易译注［M］．上海：上海古籍出版社，2007.
◆ 寇方墀．全本周易导读本［M］．北京：中华书局，2018.

在图文中揽胜

——走进《山海经》

设计者：王卓君（余姚市职业技术学校）

QQ：47940018

一、导语

有人说，一个民族的文化密码和精神基因藏在最古老神秘的神话传说里，在最原始古朴的壁画上，在斑驳锈蚀的青铜铭文里，在布满裂纹的龟甲上，在一张张泛黄破损的羊皮纸藏宝图中……如果你想在古籍中开启回溯中华文明的神秘之旅，《山海经》将满足你关于华夏文明童年期的所有想象。这朵文明的浪花，始终有那么一种力量，能轻而易举地濡湿我们民族文化的前世今生。在现今这个由互联网带来的读图时代，翻开古籍《山海经》，重启图文镜像，你将会有怎样的触动和启发呢？

☆ 问题来了：

读过鲁迅先生的《阿长与〈山海经〉》，你一定会对这样神秘的形象留下难忘的印象："最为心爱的宝书，看起来，确是人面的兽；九头的蛇；一脚的牛；袋子似的帝江；没有头而'以乳为目，以脐为口'，还要'执干戚而舞'的刑天。"那么当《山海经》放在你案头的时候，你还会带着什么样的期待进入阅读呢？

二、关于作者

现今,无论你买到的是哪个出版社、哪个版本的《山海经》,作者这一栏都标注为:佚名。但根据《列子·汤问》等古文献的记载,一直到汉代,学者王充(著《论衡》)和刘向、刘歆(著《上山海经表》)还是把《山海经》的作者认定为治水的大禹。但到晋代,一些学者开始质疑这一论断,其中郭璞在为《山海经》做注时,发现其涉及的祭祀礼仪和器物使用等内容不同,认为此书并非一人一时所著。

其实大禹也好,多人多时不断补充之作也罢,对我们读者来说,都已经不那么重要了,现在反倒是为《山海经》做整理工作的刘向、刘歆,为它做注解的众多研究者,如郭璞、王崇庆、吴任臣、郝懿行等人,成了我们解读古籍《山海经》最好的摆渡人。

☆ 问题来了:

《山海经》在流传的过程中出现了众多的注疏者,影响比较大的有晋·郭璞《山海经注》、清·郝懿行《山海经笺疏》等注本。我们在《山海经》这本古籍的文字资料外,还看到了一些在山海经原图失传之后,依据文本重新为《山海经》所作的画册。你会如何评价这些注者和画师组成的群体呢?他们研究古籍留下了自己的思想印迹,在这一过程中这些研究者和古籍之间是否存在着"彼此成就"这样一种关系呢?请你结合相关资料来谈谈自己的想法。

_____
_____
_____
_____
_____

三、内容解析

也许,在许多人的印象中,《山海经》关乎九头的鸟、一眼的兽、八只翅膀的鱼等奇异的虫鱼鸟兽,关乎以乳为目的刑天、蛇身人面的女娲、虎齿豹尾的西王母等神怪,关乎各种异国怪人,因而认为它是只适合儿童看的读物,但实际上《山海经》并非低幼读物,而是中国先秦重要古籍,现大多数学者认为《山海经》是一部有价值的地理著作。

《山海经》版本复杂,现可见最早版本为晋代郭璞《山海经注》,共计18卷,包括《山经》5卷,《海经》13卷。

《山海经》的《山经》部分如果古图尚存的话,应该是一幅地图,它介绍的内容主要是地理知识。山经按照南、西、北、东、中的顺序记录了一系列山脉的相对地理方位、矿产资源、动植物形态、功用以及与山脉相关的河流发源地和汇入地,中间还穿插了传说和神话。在《山经》中,涉及447座山,其中约140座山能对应当今中国地理版图中的山脉。涉及300多条水,涉及342个自然生物物种。同时在每一组之后,还介绍了与巫术祭祀相关的内容。

《海经》古图尚存的话,可能是单幅为主,《海经》按照南、西、北、东的顺序记录了一系列国度。涉及的内容和《山经》有所区别,山水的地理位置不太明确,主要介绍奇异的国度,在《海经》中,记载的包括诸如结胸国、羽民国、厌火国、贯胸国、不死国、反舌国、三首国、长臂国、三身国、一臂国、奇肱国、丈夫国、巫咸国、女子国、轩辕国、白民国、长股国、一目国、大人国、君子国、无肠国、夸父国、黑齿国、玄股国等奇异的国家和他们的风俗,同时也简单介绍了上古部落的繁衍血统,包含着大量部落战争和自然斗争等上古历史的神话和传说，包括夸父逐日、精卫填海、大禹治水等相关内容。

☆ 问题来了：

1. 据说郦道元在著《水经注》的时候，从《山海经》中引用的山脉水道有108处之多；汉代的水利专家王景在修水利的时候，当时东汉的明帝赐以《山海经》《河渠书》《禹贡图》。可见《山海经》在古籍中的价值。而本人在阅读之后也找到了家乡的山脉——"句余"，即现在位于浙东的四明山脉。那么你在阅读《山海经》以后，有没有发现你家乡或者你曾经去的地方有在《山海经》中记载的山河呢？它名为什么？与《山海经》中的记载相比，你知道的这座山或者这条河发生了哪些变化？

_____

_____

2. 《山海经》记载了许多植物，有些植物现在仍旧存在，请你留意它们当时的生长地，相比现在这些植物生长的最北限，有什么变化呢？

_____

_____

3. 《山海经》中有许多神奇的物种，如青丘的九尾狐，传说被汉帝饲养过的一足的毕方鸟，乘坐了可以增加两千岁寿命的乘黄，吃了可以医治各种疾病的植物等。你对哪个感兴趣？谈谈你喜欢它的理由。

_____

_____

4. 在《山海经·海经》中提及了许多有着奇形怪状的国民和奇风异俗的国度，如背上长翅膀的羽民国，胸部有贯穿空洞的贯胸国，长生不死的不死国，只有男人的丈夫国，只有女人的女子国等。你印象最深刻的是哪个国家？这些描述在现代文化中有没有留下痕迹？

_____

_____

_____

5. 《山海经》常被认为是中国神话体系中不可或缺的组成部分。那么请问在精卫填海、夸父追日、女娲补天、女娲造人、盘古开天地、鲧窃息壤、青丘九尾狐、昆仑皇母、四大凶兽（梼杌、混沌、饕餮、穷奇）这些神话中，哪些出自《山海经》？挑一个你最感兴趣或者你觉得还有存在价值的神话，用现代汉语把它写下来：

_____

_____

_____

四、艺术鉴赏

《山海经》的"奇"既包含独特、殊异的义项，表现为传统古籍创作方式、创作内容独特的一面，如图先于文，图文并茂；也包含出人意料、惊异、美妙的义项，表现为读者美好的阅读体验的一面，如神奇的物种、独特的风俗开启了想象的浪漫之旅；更包含"认为奇"，引申为赏识、看重的一面，表现为读者读后带有推崇、高度评价的一面。所以说《山海经》是个"一体三面"的神奇存在。

☆ 问题来了：

1. 形象主体：图文互证、行文简朴的呈现方式方便读者跨越时代和文化的限制。

打开古籍，很少是图文并茂的，但《山海经》以其"像绘本一样好看，像游戏一样好玩"的"童颜"赢得了广大受众。穿越不被看重的历史，在如今这个"读图"的时代，仍旧可以华丽转身，成为一本老少皆宜、雅俗共赏的读物。

由于本书是先有图，后有文，文字是对图的说明、注解，所以《山海经》的文字以说明性文字和叙述性文字为主，呈现出简朴的特征。这降低了阅读的难度，为本书走进大众做了某种铺垫。同时由于此书特殊的流传经历：先有图，后有注文，然后又在流传的过程中失却了原图，后人对照文字的描述再造了图。这又让《山海经》成为具有互动性的"沙之书"——生长着的、活的书。

在了解了《山海经》前世今生的情况下，你对它的这些特点如何评价？

_____

_____

_____

2. 科学头脑：言约知丰，31 000多字封存着华夏科学实干精神的原始基因。

《山海经》在流传过程中经常被看作一部有关地理方面的专著。据传，《山海经》中的山经图就是唐虞之际，大禹治水后的一次国土大考察之后绘制的地图。本书《海外东经》载："帝命竖亥步自东极至于西极，五亿十选（万）九千八百步。竖亥右手把算，左手指青丘北。"《中山经》说："天地之东西二万八千里。南北二万六千里。"也涉及土地的测量，数据虽然有很大的出入，但是这种科学实干的印记还是留存下来了。这也是《山海经》吸引读者的地方，因为在人类的内心，隐藏着对地图——藏宝图与生俱来的渴慕，这是对未知世界探求的渴望，是行动力和求知欲催发下的科学探究精神。后来美国的亨利埃特·默茨还按照《山海经》标注的地理位置进行了实地考察，写下了《几近褪色的记录——关于中国人到美洲探险的两份古代文献》一文，并评价道："对于那些在四千年前就为白雪皑皑的峻峭山峰绘制地图的刚毅无谓的中国人，我们只有低头，顶礼膜拜。"与此同时，国外学者对《山海经》的"信史"身份更感兴趣，所以早在日俄战争时期，日本的小川琢野就把《山海经》当成地图来读。而后中尾万三、伊藤清司等日本学者对《山海经》中所记录的内容从药物学、矿物学等方面进行了专门的研究。所以说《山海经》虽然短小简洁，却包含着华夏民族地理、水文、医药、矿产、农业等科学最原始的科学实干基因。

请结合文本的具体内容，选择其中某个科学门类，谈谈你对《山海经》涉及的某种科学门类以及它显示出的科学精神的认识，从中体会它言简意赅的语言艺术。

---

3. 浪漫心灵：用想象力创造神奇，造就华夏文明的浪漫性格。

《山海经》是中国神话体系的重要组成部分，其中的夸父追日、羿射九日、鲧盗息壤、大禹治水、大禹杀九头相柳等记录在《海经》中的文字，充满了想象的神奇色彩。据研究，这些传说可能是跟远古时代人类和自然界的斗争以及部落之间的战争有关的历史。可能是由于古人在叙述历史的时候把自己部落的当事人神化，才使得历史变形，变得更接近神话的样子了。

除了用神话的外衣包裹可能的"信史"之外，《山海经》的作者又用分解动物和人的各个部件再重新组合的方式，塑造了昆仑西王母、青丘九尾狐、长翅膀的羽人族、人鱼族、会飞的大鱼鲲等神奇的形象。在塑造这些形象的过程中，古人已经能熟练地运用加法和减法对外部不熟悉的物种加以变形，一足的鸟、一眼的牛便是减法的结果，九头的蛇、十个翅膀的鱼便是加法的结果。而这种加减自如、拆开重组的再造神奇的想象力，给了华夏文明一种天马行空、汪洋恣肆的浪漫情怀，经过庄子、屈原等人的开发，从《逍遥游》到《楚辞》，从汉赋到唐诗、宋词、明清小说，流淌出了一条浪漫主义的文学长河。时至今日，这种神奇的力量依旧影响着你我的精神世界。

走进《山海经》，你能感受到这种想象的神奇力量吗？请你结合《山海经》中的某个神话或者某个形象来谈谈它对后世浪漫主义文化的影响。

_____

_____

_____

五、争鸣商榷

由于儒家孔老夫子传递了"子不语怪力乱神"的思想，而《山海经》又恰恰是包含大量"怪力乱神"内容的作品，故而《山海经》虽然被评为一大奇书，但并没有得到古代大多数正统知识分子的肯定和重视。下面让我们来看看不同时代对《山海经》较有代表性的评价吧！

观点一（汉代司马迁《史记·大宛传》）："故言九州山川，《尚书》近之矣；至《禹本纪》《山海经》所有怪物，余不敢言之也。"

观点二（汉代刘歆《上〈山海经〉表》）："可以考祯祥变怪之物，见远国异人之谣俗。"

观点三（晋代陶渊明《读〈山海经〉》诗）："泛览周王传，流观山海图""精卫衔木，将以填沧海""夸父诞宏志，乃与日竞走"之句，都是把《山海经》看作神话故事书。

观点四（明代胡应麟）："古今语怪之祖。"

观点五（清代毕沅）："《山海经》皆圣贤之遗事，古文之著明者也，其事质明有信。"

观点六（鲁迅《中国小说史略》）："《山海经》今所传本十八卷，记海内外山川神祇异物及祭祀所宜，以为禹、益作者固非，而谓因《楚辞》而造者亦未是；所载祠神之物多用糈（精米），与巫术合，盖古之巫书也，然秦汉人亦有增益。"

观点七（袁珂《山海经校注·序》）："匪特史地之权舆，亦乃神话之渊府。"

观点八（日本学者松田稔《〈山海经〉中的矿物观》）："这些矿物与动植物作为医药品以及祝术之物的有效性有关，与人们生活密切相关，说明《山海经》这部书中的记载并非荒唐无稽，可以说，这些都已深深植根于古代人们的生活和信仰中。"

观点九（日本学者小川琢治）："没有异物畸人的记载，并非增加了《禹贡》作为古书的价值，二是可以看作其被篡改的证据。"他认为《尚书》《禹贡》是经过儒家删改的作品，《山海经》反"大有可采之处"。

观点十（美国学者亨利埃特·默茨《几近褪色的记录——关于中国人到美洲探险的两份古代文献》）："过去两千年一向被中国人认为

是神话的《山海经》,不是神话,而是真实的文字记录。珍藏在书库中的这部文献提供了充分的证据表明,早在公元前两千多年中国人便已经到达美洲探险,而这些材料迄今一向是很缺乏的。"

☆ 问题来了:

摘录到这里,你可能看得出历代的研究者和读者对《山海经》心中都有各自的想法,以上的观点就是他们思想碰撞产生的火花,相信总有那么一个达到了你思想的燃点,那么该你上场了,亮出你的观点吧!

我对《山海经》的评价是:

_____

_____

_____

六、学以致用

文化自信是一个民族、一个国家对自身文化价值的充分肯定和积极践行,并对其文化的生命力持有的坚定信心。而文化自信就来自博大精深的优秀传统文化,它能增强中国人的骨气和底气,是我们最深厚的文化软实力,是我们文化发展的母体,积淀着中华民族最深沉的精神追求。碎片化的文化速食是无法满足成就一个思想健全、精神壮大、文化自信的大写的"人"的。我们需要静下心来阅读钻研那些承载着科学精神、实干精神、浪漫情怀的民族文化,而《山海经》就是带着这样的文化基因的作品之一。你能想象几千年前的远古时代,测天量地、勘探矿藏、普查动植物种类、验证动植物医用疗效的困难吗?

有人说民族的就是世界的,当这个世界越来越需要独创的时候,也许那些你阅读过的书不但会壮大你的精神,还会成为你独特思维的源泉。《山海经》正是广大游戏创作者和玄幻小说作家,甚至是插画师们创作受人欢迎的作品的源泉。就像《大圣归来》的导演田晓鹏和《捉妖记》的导演许诚毅所说,他们是从同一本书中吸取了灵感,那就是号称"史地之权舆,神话之渊府"的古代奇书《山海经》。

☆ **问题来了:**

读完《山海经》这本书,你是否感受到来自远古的文化力量的呼唤?它对构建你的文化自信有没有帮助?这部文化古籍给你带来了什么?请认真思考,并尝试从某个角度写一篇读后感。

七、阅读建议

1. 选经典版。阅读古籍、译作,版本、出版社、译者或者注者的选择非常重要。在选择阅读《山海经》这部古籍时,这方面的考量也是一样的。所以当你接触到这部书时,你应该选历代名家公认的较为权威和经典的版本。郭璞版的《山海经注》是经典版本,但郭本原图早已佚失;清代郝懿行的《山海经笺疏》也是经典版本之一,就是鲁迅先生在《阿长与〈山海经〉》里提到的"一部石印的,每卷都有图赞,绿色的画,字是红的,比那木刻的精致得多了。是缩印的郝懿行21疏。"而如果我们现在要阅读可以选上海古籍出版社出版的,由沈海波校点,包含郭璞的注、郝懿行的笺疏的那版《山海经》。当然,如果你需要古今对照的译文,也可选今人袁珂的《山海经校注》(上海古籍出版社1983年版),或者陈成的《山海经译注》(上海古籍出版社2016年版),都是较好的版本。

2. 图文结合。2007年由广西师范大学出版社出版的马昌仪的《古本山海经图说》一书,收图齐全,既保留了经文和郭璞的图赞,又有浅显的解说,共收集了16种山海经图本,选图多达1 600幅。选题丰富，一文一物多张图片互相印证，选图包括现代学术界认可的、较重要的古绘图版本——日本的《怪奇鸟兽图卷》（2001年日本文唱堂出版，是江户时代（1603—1867）根据中国的《山海经》图绘画的彩色图册），以及比较经典的清代吴任臣的《山海经广注》刻本（清代最早的《山海经》图本）等16种版本，能让读者对山海经图像有一个比较全面、系统的认识，而文图结合探究更有乐趣，也更能互相印证。

八、相关链接

1. 如果你想以读图为主，可以参看：

◆ 马昌仪．古本山海经图说［M］．桂林：广西师范大学出版社，2007．

2. 如果你想从中国古代地理学的角度来比较阅读，可以参看：

◆ 郦道元．水经注校证［M］．陈桥驿，校证．北京：中华书局，2013．

3. 如果你想深入研究《山海经》对后世神话文学创作的影响，下面几部著作值得一看：

◆《楚辞》《逸周书》《吕氏春秋》《淮南子》

◆《西游记》《封神榜》《镜花缘》《格列佛游记》《魔戒》。

4. 你如果想看看他人对《山海经》的解读或者拓展研究，可以阅读以下作品：

◆ 刘滴川．山海经外传［M］．北京：民主与建设出版社，2018．

◆ 宫玉海．《山海经》与世界文化之谜［M］．长春：吉林大学出版社，1995．

5. 如果你想了解《山海经》的现代研究成果，你可以听听：

◆ 喜马拉雅听书：刘滴川讲《山海经》的系列讲座

上善若水　道法自然
——走进《道德经》

设计者：杜应勇（宁波诺丁汉大学附属中学）

微信：13780016129

一、导语

《道德经》被誉为"万经之王"，对其后的"诸子百家"都有启发作用。因此，要了解中国传统文化，就不能不读《道德经》。《道德经》是一部世界性的著作，被翻译成70多种语言文字，有560多种译本，发行量居世界各类书籍前列。2011年，联合国秘书长潘基文先生在连任就职演说中引用《道德经》"天之道，利而不害；圣人之道，为而不争"的名言，表示将用道家"不争"思想践行《联合国宪章》的时代精神，与世界各国一起应对当今世界的挑战。

下面，就让我们开始阅读《道德经》，与两千多年前的先贤老子对话吧！

☆ 问题来了：

1. 你知道《道德经》为什么被称为"万经之王"吗？你在生活中听到过哪些《道德经》中的格言警句？请你写下来，并与同学交流自己的体会。

_____

_____

_____

2. 除了联合国秘书长潘基文先生引用《道德经》中名言警句的故事,还有哪几位当今中外政治家引用过《道德经》中的名句呢?请上网搜索,写出他们的名字及他们引用的名句,说说你对这些名句的理解。

___

___

___

二、关于作者

老子,姓李,名耳,又称李聃(dān),后世尊称为道家学派的创始人,是中国古代伟大的思想家、哲学家。他青年时期在周王室的"守藏室"担任官吏,在这里广泛学习、积累了丰富的学识。同时,他目睹民间疾苦,为了实现天下太平,提出了一系列治国安民的主张。史书记载:"居周久之,见周之衰,乃遂去。至关,关令尹喜曰:'子将隐矣,强为我著书。'于是老子乃著书上下篇,言道德之意五千余言而去,莫知其所终。"(《史记·老子韩非列传》)

☆ 问题来了:

1. 著名主持人白岩松在他的演讲《〈道德经〉——我的生命之书》中说道:"不同的年龄碰撞同样的旋律,你会感觉出不同的起承转合。小学生抄《道德经》,相当于成语、名人名言;二十多岁抄《道德经》,会觉得这里头有一些话挺有意思,很酷;到三四十岁的时候可能要解困惑;六七十岁的时候甚至变成养生了。"的确,不同年龄的读者会从《道德经》中获得不一样的阅读体验。"上善若水"是一个成语,语出《道德经》第8章:"上善若水,水善利万物而不争,处众人之所恶(wù),故几于道。"至高的品性像水一样,泽被万物而不争名利。不与世人争一时之长短,做到至柔却能容天下。请结合日常生活的实践,谈谈你对"上善若水"这个成语的理解。

_____

_____

_____

2."老子归隐途中著《道德经》",这故事有几许神秘色彩。后世据此又衍生出很多神话传说,如"老子骑青牛出函谷关""紫气东来"等。结合这些神话故事,谈谈你对古代"隐士"形象的看法。

_____

_____

_____

三、内容解析

《道德经》共81章。上篇从第1章到第37章,是《道经》;下篇从第38章至第81章,是《德经》。《道德经》的全部内容,主要就是阐述"道"和"德"的深刻含义,它代表了老子的哲学思想。"道"阐明了宇宙观、哲学观和修养方法的原理:"道"是无形无象的,却是宇宙的本源,万物化生都是出于它的运动和变化。风雨霜雪、日升月落,都是大自然运行的规律,也就是自然之"道";"道"是每个人修行、修道的方法,也就是如何在纷繁的自然和人类社会中安身立命的方法。"德"不是我们通常以为的道德或德行,而是修道者所应必备的特殊的世界观、方法论以及为人处世的方法。也就是说,"德"是"道"的具体表现。

"道法自然"是《道德经》中老子思想的精华。哲学上,"道"是天地万物之母,阴阳对立与统一是万物的本质体现,物极必反是万物演化的规律。伦理上，老子之道主张纯朴、无私、清静、谦让、贵柔、守弱、淡泊等因循自然的德性。政治上，老子主张对内无为而治，不生事扰民；对外和平共处，反对战争与暴力。这三个层面构成了《道德经》的主题，同时也使得《道德经》的内容由自然之道进入伦理之德，最终上升到对理想政治的设想与治理之道，也就是从自然秩序中找出通向理想社会秩序的光明正道。

《道德经》全书呈现出语言质朴、哲理深邃的特点。言近旨远，层次丰富，不同年龄、不同阶层的人们都能从中汲取人生的智慧。

☆ **问题来了：**

1. 在《道德经》中，"道"这个概念被提到了70多次，老子首先提出了"道"是世界万物的本源，所谓"道生天地万物"。"道"本来是指人行走的路，经过引申，具有"规律""法则"的意思。如"天道"指日月星辰等天体运行的过程和规律，"人道"则指人类社会秩序，包括道德规范、道理和原则等。老子吸取了"道"的这些含义，认为"道"是自然和社会变化的总规律。"天""地""人"都要以"道"为法则，"人法地，地法天，天法道，道法自然"。日月星辰按道（自然规律）而运行，树木花草依道而生息。人有道而前进，人无道即碰壁，明君有道而国盛，暴君无道而政亡……因此，不学"道"不足以修身；不识"道"不足以治国。

请同学们把《道德经》中有关"道"的章节，选择几则感兴趣的，记录在下面。

_____

_____

_____

_____

2. "柔弱胜刚强"——这句话出自《道德经》第78章。我们经常以"守柔"来概括老子的这一思想。有关"柔"的句子在《道德经》中有很多。

"天下莫柔弱于水,而攻坚强者莫之能胜……弱之胜强,柔之胜刚,天下莫不知,莫能行。"意思是:天下没有比水更柔弱的了,然而冲击坚硬的东西,却没有胜过水的……弱能胜强,柔能克刚,这道理天下人尽知,却无人能实行。

"人之生也柔弱,其死也坚强。草木之生也柔脆,其死也枯槁。故坚强者死之徒,柔弱者生之徒。是以兵强则灭,木强则折。坚强处下,柔弱处上。"(《道德经》第76章)意思是:人在活着的时候身体是柔弱的,死后身体却是僵硬的。草木生存之际也是柔软脆嫩的,死亡之后就变得干枯了。坚固强硬属于死亡,柔弱则归于生存。

"善用人者为之下。"(《道德经》第68章)意思是:善于用人的人对人就须谦和恭下。

"是以圣人欲上民,必以言下之;欲先民,必以身后之"(《道德经》第66章)意思是:因此圣贤之人要想处在人上,必须对人表示谦下;要想处在人的前面,必须把人放在自身的前面。圣人从来不自以为是,也不自高自大,不与人争,所以天下没有谁能争得赢他。

请结合学习过的历史文化知识,举几个中外历史上"柔弱胜刚强"的例子,说说自己在生活中对这一哲学概念的理解和运用。

_____

_____

3. "无为而治"是老子治国理政的核心思想。"自然无为"是"道"的特征。这里"自然""无为"其实说的是一回事,"自然"是自然而然，顺其本性发展；"无为"则从另一面讲，意思是不妄为，不随意干涉之意。

老子认为"道法自然""道常无为而无不为"。大道永远是无所作为的，但却无所不做。"道"对天地万物并不妄加干涉，让他们按其本性自由发展，结果却是美好的。"为无为，则无不治。"以"无为"的方式去做，那天下就不可能得不到治理。"我无为而民自化，我好静而民自正，我无事而民自富，我无欲而民自朴。"这里的"我"指的是有道的人（圣贤领导）。我无所作为，人民就自我化育（自然生长和培育万物）；我好清静，人民就自然纯正；我不扰民生事，人民就自然富足；我没有贪欲，人民就自然朴实。

请结合你所了解的中国历史，谈谈你对老子"无为而治"思想的理解。

_____

_____

_____

4. 在"无为而治"这个概念中，"无为"并不是袖手旁观，无所事事，而是不恣意妄为，不孜孜营私，依天地自然之理而行的意思。

英译"无为"有如下的句子：Non-action (Wu-wei) is not meant literally "inactivity" but rather "taking no action that is contrary to Nature, in other words, letting Nature take its own course."

请大家试着翻译一下，比较中西文化的不同理解，结合自己的亲身经历，谈谈你的父母在家庭教育中运用"无为而治"的具体事例。

_____

_____

_____

5. 在中国几千年的历史中，儒家和道家是两个主流的文化形态，它们相辅相成，共同影响着中国知识分子的精神世界，塑造着士大夫的人格形象。政治清明之时，他们往往入朝做官，以利天下，以泽百姓；天下混浊之际，他们一般退隐山林，以安身心，以继绝学。

请从诸葛亮、苏东坡、顾炎武三位历史文化名人中选择一位你熟悉的，结合他们的生平，谈谈你对上面这段话的理解。

_____

_____

四、艺术鉴赏

《道德经》的语言富有音韵之美。《道德经》是诗歌体的经文，读起来朗朗上口，易诵易记，体现了中国文字的音韵之美。如"有无相生，难易相成，长短相形，高下相倾""虚其心，实其腹，弱其志，强其骨""挫其锐，解其纷，和其光，同其尘"。这些词句不仅押韵，而且平仄相扣，有音韵美，也有旋律美。朗诵经文，是一种美的享受，在音韵之美中体味深刻的哲理。

《道德经》中普遍采用对偶句式和排比句式，如"道，可道，非常道；名，可名，非常名""五色，令人目盲；五音，令人耳聋；五味，令人口爽；驰骋畋猎，令人心发狂；难得之货，令人行妨"。

《道德经》中还有比喻、设问、反问、顶真等多种修辞。如"我独泊兮其未兆，如婴儿之未孩""何谓宠辱若惊？宠为下，得之若惊，失之若惊，是谓宠辱若惊""民不畏死，奈何以死惧之""人法地，地法天，天法道，道法自然"。

你在阅读《道德经》之后，在艺术鉴赏方面，又有哪些收获与成长呢?

☆ 问题来了:

1. 从《道德经》中任选三章细读,尝试从音韵、修辞手法等角度加以赏析,提炼出你的收获写在下面。

_____

2. "层递"是《道德经》中常用的修辞手法。"太上,下知有之。其次,亲而誉之。其次,畏之。其次,侮之。信不足焉,有不信焉。悠兮其贵言。功成事遂,百姓皆谓我自然。"老子认为,治理国家的最高境界就是让百姓感觉不到统治者的存在,于是老子用了"太上""其次""其次""其次"这样的"层递"(渐降)修辞手法来突出他的这一思想。请从书中再找两处"层递"修辞,加以赏析。

_____

3. 《道德经》的语言极为精辟,时至今日,诸多出自该书的成语、格言、座右铭仍然脍炙人口。如"天长地久""上善若水""少私寡欲""弱之胜强,柔之胜刚""祸莫大于不知足,咎莫大于欲得"。请你从《道德经》原著中找到"大智若愚""知足常乐""宠辱不惊"三个词语的出处,并结合原文思考从中悟到了什么,体会《道德经》精辟的语言艺术。

_____

五、争鸣商榷

《道德经》历来受到人们的推崇，成为中华传统文化中极其重要的组成部分。

《道德经》也留给后世人们一系列的问题，让我们思考、研究。

观点一（西汉历史学家司马迁）《史记·七十二列传·太史公自序》中"论六家之要指"曰："道家无为，又曰无不为，其实易行，其辞难知。其术以虚无为本，以因循为用。无成执，无常形，故能究万物之情。不为物先，不为物后，故能为万物主。有法无法，因时为业，有度无度，因物与合，故曰：圣人不朽，时变是守。虚者道之常也，因者君之纲也，群臣并至，使多明也。"在这段文字中，指出了道家观点"似虚实行"的特点，把"顺应自然规律"作为修身养性、为人处世、治理国家的不二法门，是道家思想在现实社会中的重要应用。

观点二（鲁迅）：老子之辈，盖其枭雄。老子书五千语，要在不撄人心；以不撄人心故，则必先自致槁木之心，立无为之治；以无为之为化社会，而世即于太平。其术善也。（《鲁迅全集》第一卷）。至于孔老相争，孔胜老败，却是我的意见：老，是尚柔的；"儒者，柔也"，孔也尚柔，但孔以柔进取，而老却以柔退走。这关键，即在孔子为"知疾不可为而为之"的事无大小，均不放松的实行者，老则是"无为而无不为"的事不做，徒做大言的空谈家。要无所不为，就只好一无所为，因为一有所为，就有了界限，不能算是"无不为"了。我同意关尹子的嘲笑：他是连老婆也娶不成的。于是加以漫画化，送他出了关，毫无爱惜。（《鲁迅全集》第六卷）

观点三（毛泽东）：关于丧失土地的问题，常有这样的情形，就是只有丧失才能不丧失，这是"欲将取之，必先予之"的原则。我们必须学会全面地看问题，不但要看到事物的正面，也要看到它的反面。在一定的条件下，坏的东西可以引出好的结果，好的东西也可以引出坏的结果。老子在两千多年以前就说过："祸兮福所倚，福兮祸所伏。"

观点四（老舍《老舍文集》）：机智是什么呢？它是用极聪明的、极锐利的言语，道出像格言似的东西，使人读了心跳。中国的老子、庄子都有这种聪明。讽刺已经很厉害了，可到底要设法从旁面攻击；至于机智则是劈面一刀，登时见血。"圣人不死，大盗不止！"这才够味儿。不论这个道理如何，它的说法的敏锐就够使人跳起来的了。

观点五（南怀瑾《老子他说》）：对这三家（儒释道），我经常比喻：儒家像粮食店，绝不能打。否则，打倒了儒家，我们就没有饭吃，没有精神食粮。佛家是杂货店，像大都市的百货公司，各式各样的日用品具备，随时可以去逛逛，有钱就选购一些回来，没有钱则观光一番，无人阻拦。但里面所有，都是人生必需的东西，也是不可缺少的。道家则是药店，如果不生病，一生也可以不必去理会它，要是一生病，就非自动找上门去不可。

观点六（黑格尔《历史哲学》）：中国人承认的基本原则是理性——叫作"道"；道为天地之本，万物之源。中国人把认识道的各种形式看作最高的学术；然而这和直接有关国家的各种科学研究并没有联系。老子的著作，尤其是他的《道德经》，备受世人崇仰。孔子曾在耶稣前六世纪往见老子，表示他敬重的意思。中国人虽然都可以任意研究这些哲学著作，可是更有一派人自己称为道士或者"道的崇拜者"，把这种研究作为专业。道士们与世隔绝，他们见解里混杂有许多妄想和神秘的成分。如他们相信，凡是得"道"的人便取得了无所不包的，简直认为是无所不能的秘诀，并且可以发生一种超自然的力量，使得道的能够升天，永远不死（极类似我们曾经谈起过的那种万有的"仙丹"）。

观点七（李约瑟《四海之内》）：知识自然不是任何人的私有财产。老子在《道德经》上说得好，"天下神器……不可执也。……执者失之。"譬如说，每个人每天必须要有 2 毫克的维生素 B1 才能保持身体健康；这样一个道理谁能够永远保密，不让人家知道呢？

观点八（威尔·杜兰特《世界文明史——东方的遗产》）：老子是孔子前最伟大的哲学家。《道德经》出自何人的手笔，倒是次要的问题，最重要的乃是它所蕴涵的思想，在思想史中，它的确可称得上是最迷人的一部奇书。或许，除了《道德经》外，我们将要焚毁所有的书籍，而在《道德经》中寻得智慧的摘要。

观点九（浙江大学教授肖刚《长沙马王堆帛书〈老子〉甲乙本合订校订本》）：在书中，肖教授着力厘清关于版本争鸣的问题。1973年，长沙马王堆汉墓出土帛书，里面有用不同的字体抄写的《德》《道》两篇文章，人们把它命名为《帛书老子》。对照《帛书老子》，可见《道德经》因避刘邦、刘恒、刘启、刘彻和刘弗这五代皇帝的名讳，进行了字体上的改动。同时还有章节的变化，《帛书老子》"德经"在前，"道经"在后，而且具体章节顺序大不相同，导致全书含义与通行本有很多不同的地方，有些地方意思甚至截然相反。正因为《道德经》对《老子》原文改动太多，还有整个段落的前后位置变化，导致其主题、思想和叙述逻辑产生偏差，人们感觉费解难思。但是，《帛书老子》是否就是原著的本来面目还有待于人们继续研究探讨。

观点十（网友 PDDandSLM）：老子学说的核心是"道"。他认为"道"就是"无"。这个"道"是"先天地生"的，是没有意志、没有具体形状、无声无息的，是无时无地不在的。"道"即是宇宙万物的本源。老子猜测到一切事物都有正反两面的对立，双方互相依存，相辅相成，双方会互相转化。"正复为奇（反常），善复为妖"，"祸兮，福之所倚；福兮，祸之所伏"。老子这种朴素的辩证法思想存在严重的缺陷，他不仅忽略了对立面转化的必要条件，而且把事物向反面转化看作循环的，而不是上升发展的。老子的学说对后来中国哲学的发展有着很大的影响，唯物与唯心两派都从不同的角度吸收了他的思想。老子思想有消极的一面。老子长年居住在周、春秋末期，周朝政治日益紊乱，礼崩乐坏，社会正面临着一场大变革。面对这一切，他消极悲观，提出一个回到"小国寡民"的远古时代的主张，"邻国相望，鸡犬之声相闻，民至老死不相往来"，他所向往的这种理想社会，实际上不过是保留着原始公社遗迹的早期奴隶社会。这显然是一种开历史倒车的没落阶级的消极思想。

☆ 问题来了：

看了上述争鸣中的观点，你有什么想法？说说你对《道德经》的看法。

_____

_____

六、学以致用

《道德经》是一本以提高人们的道德修养为目的的哲学著作，从加强个人修养的角度来阅读这本书，就可以从中读到谦虚处下、忍让不争、淡泊名利、知足常乐的生活态度，也可以从中领会到和平共处、宽容大度、以德报怨、先人后己、舍己为人的处事原则，最终达到无为守静、顺其自然的人生境界。可以说，《道德经》处处都闪耀着生活智慧的光芒，句句都包含着丰富的人生哲理。

唐太宗李世民在《贞观政要》中说："夫安人宁国，唯在于君。君无为则人乐，君多欲则人苦。"他还下诏令说："天下大定，亦赖无为之功，宜有改张，阐兹玄化。"要求百官"各当其任，则无为而治矣"。

俄国大文豪托尔斯泰："做人应该像老子所说的如水一般。没有障碍，它向前流去；遇到堤坝，停下来；堤坝出了缺口，再向前流去。容器是方的，它成方形；容器是圆的，它成圆形。因此它比一切都重要，比一切都强。"

新中国的缔造者之一、伟大领袖毛主席说："《道德经》是一部兵书。"

1988年，时任美国总统里根在其《国情咨文》中引用《道德经》中"治大国若烹小鲜"，以此阐述他的施政治国的理念。

古往今来，这些历史名人对老子和《道德经》的评价，都值得我们深思和学习，并用于日常的生活，成为我们的生活方式和思维方式。一定程度上说，《道德经》所阐述的哲学理念和生活方式已经成为中华民族的共同心理，我们学《道德经》是要结合今天的社会现实，结合我们自己的生活经历，吸取其中合理的成分，成就美好的自己，过上有智慧的人生，这应该是我们研习《道德经》的重要意义。

☆ 问题来了：

1. 现实生活，纷繁复杂，如何从容处世？研习、活用《道德经》是一条光明大道。如果你是"如何学会与人和平相处"主题班会课的主讲人，你如何从《道德经》的具体内容中引出话题？根据你的研习体悟，请写出你的演讲提纲。

2. 老子在《道德经》为我们提供了"三宝"："天下皆谓我大，似不肖。夫唯大，故似不肖。若肖，久矣其细也夫！我有三宝，持而保之。一曰慈，二曰俭，三曰不敢为天下先。夫慈，故能勇；夫俭，故能广；不敢为天下先，故能成器长。今舍慈且勇，舍俭且广，舍后且先，死矣。"老子讲的"三宝"，就是"道"的三个原则，即仁爱心和同情心、俭朴不奢侈、谦和卑下。我们如何在日常生活中体现"三宝"的精神内涵？

七、阅读建议

1. 版本选择：《道德经》作为"万经之王"、中国最早的哲学著作之一，语言简略而含义丰富，因此很多同学在初读的时候会遇到文字障碍，感觉晦涩难懂。建议同学们初次阅读时选择带注释和译文的版本，可以快速扫除字词障碍，了解文章含义。

2. 由易到难：建议从篇幅相对较短的篇章开始，从已经成为日常生活格言的内容开始，避免因为篇幅过长而失去阅读兴趣。

3. 读写结合：鉴赏富有逻辑的表达方式，并自觉运用到写作中去。在阅读时摘抄一些优美的句子并及时记录自己的感悟，这样既能促进对文章的理解，又能提升自己的文字感悟能力，同时学以致用，经常动笔，提高自己的写作水平。

4. 知行统一：结合现实生活和自己的人生经历，感悟文字背后的思想。《道德经》之所以被后人推崇，就在于它深刻的哲学内涵和精深的理论概括。结合现实读经典，就能把历史的经典变成现实的经典，并化作自己修养的一部分。

八、相关链接

研习《道德经》，前人的著作很多，了解老子本人，可读《史记·老子韩非列传》，不过内容十分简略。《道德经》古本和古注也很多，最主要的是《道德经·河上公章句》。这是汉朝隐士河上公为《道德经》做的注解，成书最早、流传最广、影响最大。近代的相关著作，同学们可以参考以下几本：

◆（清）黄元吉．道德经讲义［M］．北京：九州出版社，2013.
◆ 王力．老子研究［M］上海：上海书店，1992.
◆ 陈鼓应．老子今注今译［M］．北京：商务印书馆，2016.
◆ 林语堂．老子的智慧［M］．长沙：湖南文艺出版社，2016.
◆ 南怀瑾．老子他说［M］．北京：东方出版社，2014.
◆ 许结．老子讲读［M］．北京：人民文学出版社，2018.
◆ 白岩松演讲《〈道德经〉——我的生命之书》(https://v.qq.com/txp/iframe/player.）

学而时习之
——走进《论语》

设计者：束菊艳（浙江省平湖市新华爱心高级中学）
QQ：1520023505

一、导语

《论语》是中国传统文化最重要的典籍之一，国学宗师钱穆先生曾言，中国读书人，应负两大责任：一是自己读《论语》，一是劝人读《论语》。可见《论语》在读书人心中的地位。真可谓："学而时习之，不亦乐乎？"

☆ 问题来了：

1. 同学们，你能对"论语"两个字做出解释吗？你能背出多少《论语》中的格言警句呢？请写出你最欣赏的几句，并与同学交流自己的体会。

_____

_____

2. 作为当代学子，你认为我们今天为什么要读《论语》呢？说说你的想法。

_____

_____

二、关于作者

一般认为,《论语》的编辑者是孔子的弟子及再传弟子,至于确指哪位弟子,学术界并无定论。唐代文学家柳宗元在《柳宗元文集·论语辨》中写道,"或问曰:'儒者称《论语》孔子弟子所记,信乎?'曰:未然也……盖乐正子春、子思之徒,与为之尔。或曰:孔子弟子尝杂记其言,然而卒成其书者,曾氏之徒也。"可见,柳宗元认为,最后完成《论语》这本书的是曾子的弟子乐正子春、子思这些再传弟子。而北宋理学家程颐说:"论语之书,成于有子、曾子之门人,故书独二子以子称。"

☆ 问题来了:

1. 杨绛先生曾说,"四书"里最喜欢《论语》,因为最有趣,"读的是一句一句话,看见的却是一个一个人"。可见杨绛先生对孔门师生的鲜活个性与生活情趣有很深的体会。孔子有弟子三千,有贤徒七十二,还有"孔门四科十哲"……你能写出至少 5 位孔子的弟子吗?你知道他们哪些有趣的事?

_____

_____

2. 子贡曰:"贫而无谄,富而无骄,何如?"子曰:"可也。未若贫而乐,富而好礼者也。"子贡曰:"《诗》云:'如切如磋,如琢如磨。'其斯之谓与?"子曰:"赐也,始可与言《诗》已矣,告诸往而知来者。"这一章是子贡跟孔子的一段对话,是学生向老师请教问题并汇报学习心得的情景。你从中读出孔子是一位怎样的老师?

_____

_____

3. 曾子曰："士不可以不弘毅，任重而道远。仁以为己任，不亦重乎？死而后已，不亦远乎？"曾子是孔子最重要的传人之一，《论语》成书最有可能完成于他。从曾子的言语看，你能读出曾子认为读书人（士）应该具有哪些品质吗？请逐一列举。

_____

_____

_____

三、内容解析

《论语》集中体现了孔子在政治、伦理、哲学、教育等方面的思想，是研究孔子思想和早期儒学的最为可靠的史料，与《孟子》《大学》《中庸》合称"四书"。全书约12 700字，以"篇""章"为组合形式，共有20篇512章，篇名为后人所起，属于"拈篇首语为题"，如第一篇第一章："子曰：'学而时习之，不亦乐乎？'"本篇则命名为"学而第一"。为称说方便和查检方便，《论语》近现代注本在每章前面标有序号，如1.1（第一篇第一章），我们不妨沿用。下面按"篇"对《论语》的主要内容加以梳理。

学而第一，以论学和道德修养为主，也涉及论政内容。

为政第二，政治、学习、修身都有论及，提及"为政以德"。

八佾第三，集中反映孔子的礼乐思想，如礼的本质、要求。

里仁第四，多言道德修养，以论仁为主，论及道、孝、义等。

公冶长第五，重点讲述孔子弟子，论及修身、处世、政事等。

雍也第六，论及政治、伦理、哲学等，涉及孔子弟子颜渊较多。

述而第七，以学习、修身、教育为主，比较突出孔子的教育思想。

泰伯第八，论及古圣先贤，记录孔子弟子曾参言行的内容较多。

子罕第九，谈论学习和修身，名言如"三军可夺帅也，匹夫不可夺志也"。

乡党第十，主要讲礼仪，可窥古礼概貌，全篇侧重孔子践履礼仪的情况。

先进第十一，讲述孔子弟子性格、言行、志向等，论及颜渊、子路较多。

颜渊第十二，有论仁、论政、修身等，集中"论仁"，论政也与"仁"有关。

子路第十三，偏重在论政，反映孔子的礼治、德政、富民、教民思想等。

宪问第十四，修身、政治、学习等，涉及人物如晋文公、齐桓公、卫灵公等。

卫灵公第十五，以道德修养、为人处世的内容为多，尤其较多论及"君子"。

季氏第十六，内容涉及政治思想、教育思想、天命思想、道德修养思想等。

阳货第十七，涉及政事、礼乐、道德、人性、天命等，述议家臣乱政。

微子第十八，主要反映孔子的处世态度，讲到不少隐士高人。

子张第十九，主要记述孔子弟子之言，内容涉及学习、道德、人物等。

尧曰第二十，涉及"三辞"如尧禅帝位时命舜之辞，"五美、四恶"等。

☆ **问题来了：**

1. 孔子思想体系的核心是"仁","仁"字在《论语》中出现过104次,理清"仁",对读懂《论语》非常重要。"仁"的具体内涵有哪些?孔子有怎样的仁爱观?仁和礼、孝、圣、忠、恕的关系是什么?请在下面的图中标示出它们之间的关系。

(仁)

2. 子曰:"士志于道,而耻恶衣恶食者,未足与议也。"子曰:"志于道,据于德,依于仁,游于艺。"子曰:"志士仁人,无求生以害仁,有杀身以成仁。"子曰:"君子义以为质,礼以行之,孙以出之,信以成之。君子哉!"

在孔子看来,一个优秀的人应具备哪些素养?你认为这些素养中哪种最重要?为什么?

_____

_____

3. 子曰:"视其所以,观其所由,察其所安,人焉廋哉?人焉廋哉?"子曰:"事君数,斯辱矣;朋友数,斯疏矣。"子曰:"忠告而善道之,不可则止,毋自辱焉。"子曰:"君子不以言举人,不以人废言。"孔子曰:"益者三友,损者三友。友直,友谅,友多闻,益矣。友便辟,友善柔,友便佞,损矣。"请从中梳理出孔子的交友原则。

如果从益友的角度来说,你认为孔子弟子中哪些人比较适合做你的朋友?说明理由。

_____
_____
_____

4. 孔子有很多宝贵的教学思想,比如学而时习之、温故而知新、学而不思则罔、知之为知之、敏而好学、不耻下问、诲人不倦、有教无类、因材施教、启发式教育、无言之教……结合自身体会,你认为哪种教学思想至今仍有重要意义?

_____
_____
_____

5. 孔子生活在礼崩乐坏的春秋时期,为实现"以德治国""以礼治国"的政治理想,他带领弟子周游列国 14 年,颠沛流离,屡受挫折,践行了儒家"知其不可而为之"的精神。请结合阅读,谈谈你对孔子"知其不可而为之"精神的理解。

_____
_____
_____

6. "中庸之为德也,其至矣乎!""中庸"是儒家最重要的处世原则。子贡问孔子,子张和子夏,谁更强一些?孔子说,子张做得过头,子夏做得不够。子贡说,那么子张更强一些吧!而孔子认为,过头与不够是一样的。这是孔子中庸思想的形象表述。请阅读相关篇章，梳理儒家中庸之道的内涵，并结合自己的生活经历，谈谈你对"中庸思想"的看法。

_____
_____
_____

四、艺术鉴赏

《论语》是孔子的弟子及其后学汇集整理而成的语录体文集。语录体常用于门人弟子记录老师的言行，有时也用于佛门的传教记录。因其偏重于只言片语的记录，不重文采，不讲篇章结构，不讲篇与篇之间甚至段与段之间时间及内容上的必然联系，故称之为语录体，语录体还被一些学者称为格言体。但细读《论语》，我们发现，本书不仅仅是语录体的体式，各章的体式也不尽相同，归纳起来，除语录体外，还有对话体和叙述体。

对话体，主要呈现孔子对弟子（或其他人）的问题所做的回答，写法相对灵活。有时写出提问者的原话，如季康子问政于孔子，曰："如杀无道，以就有道，何如？"有时只写某人问什么，如子贡问政；有时写出对话的环境或背景，有时不写，如阳货欲见孔子，孔子不见，归孔子豚。孔子时其亡也，而往拜之。遇诸涂。谓孔子曰："来！予与尔言。"这里就写出了阳货与孔子的对话背景。

叙述体，如乡党第十，通篇没有对话，完全是叙述，该篇主要叙述君子仁人在各种场合穿什么、戴什么、吃什么、喝什么，坐卧行走、言谈举止等。

不论何种体式，从整体上看，《论语》以口语记录为主，文字较浅易,故事简洁生动,却用意深远;虽大都是短章,却往往能体现出长篇难以表达的思想深度,折射出一些长篇论述难以反映的人物个性。

《论语》注重修辞,常用比喻、夸张、描写等,形象生动,如孔子表现自己的义利观时,运用比喻与夸张的手法,说道:"不义而富且贵,于我如浮云。"浮云聚散无常,可比喻富贵短暂,如过眼云烟;浮云天上飘动,高不可及,可比喻富贵与自己无关;浮云至清至淡,可比喻富贵无足轻重。"浮云"一比,可谓妙哉!

《论语》句式也较为丰富,如主谓倒装句"甚矣吾衰也!久矣吾不复梦见周公!"如宾语前置句"百姓足,君孰与不足?百姓不足,君孰与足?"如省略句"天下有道,丘不与易也。"

《论语》中的成语、格言更是信手拈来,随处可见,如不耻下问、诲人不倦、温故知新、举一反三、巧言令色、犯上作乱、暴虎冯河、后生可畏、登堂入室、以德报怨、箪食瓢饮、过犹不及、虎兕出柙、祸起萧墙等。这些经过长期使用、锤炼而形成的固定短语,充分体现了汉语的博大精深。

林语堂在《孔子的智慧》中曾感慨道:"《论语》之美究竟何在?其美便在孔夫子的人格之美……孔夫子的语言之美是随意漫谈、意在言外,而夫子的这些如珠的妙语却出之以寥寥数语,自富有弦外之音。"

☆ 问题来了:

1.《论语》开篇"学而第一"中有子曰:"学而时习之,不亦说乎?有朋自远方来,不亦乐乎?人不知而不愠,不亦君子乎?"请分析这一章运用的修辞手法,并分析其表达效果。

_____

_____

_____

2.《论语》6.11、6.23、7.16、7.19、14.28等篇章主要记录了孔子及其弟子颜回安贫乐道的思想和乐以忘忧的心境。孔子是怎样形象地表述的?请尝试从修辞手法、句式、语言风格等角度加以赏析。

_____
_____

3.《论语》11.26章,后人将其命名为"沂水春风"。本章既写出了不同人物的风貌,又表现了师生间平等和谐的氛围。请从比较等艺术手法角度分析人物的性格特点。

_____
_____

4. 师冕见,及阶,子曰:"阶也。"及席,子曰:"席也。"皆坐,子告之曰:"某在斯,某在斯。"师冕出。子张问曰:"与师言之道与?"子曰:"然,固相师之道也。"有人评论这一章说:"说得极平实极浅易……活画出一个相师仪节来了。"请大家仔细阅读这一章,并结合你阅读过程中对孔子的人格、思想的理解,来说说这一章是如何使孔子形象生动可感的。

_____
_____

5.《论语》16.1章,后人将其命名为"季氏将伐颛臾"。孔子与弟子围绕"季氏将伐颛臾"这件事展开了三次对话。孔子在表述自己的观点时非常富有逻辑性,表现出高超的论述技巧,请分析孔子运用的说理方法及其作用。

五、争鸣商榷

观点一（司马迁《史记·孔子世家》）：余读孔氏书，想见其为人……孔子布衣，传十余世，学者宗之。自天子王侯，中国言六艺者折中于夫子，可谓至圣矣。

观点二（国学大师柳诒徵）：孔子者，中国文化之中心也。无孔子则无中国文化。自孔子以前数千年之文化，赖孔子而传；自孔子以后数千年之文化，赖孔子而开。

观点三（鲁迅《鲁迅全集》）：孔夫子之在中国，是权势者所捧起来的，是那些权势者和想做权势者们的圣人。和一般的民众并无什么关系。

观点四（胡适《无为与有为》）：儒家的特别色彩就是想得君行道，想治理国家。孔子的栖栖惶惶，"知其不可而为之"，便是这种积极精神。

观点五（南怀瑾《论语别裁》）：温、良、恭、俭、让，现在先简单地解释这五个字的五种观念。"温"是绝对温和的，用现代的语汇来讲就是平和的；"良"是善良的、道德的；"恭"是恭敬的，也就是严肃的；"俭"是不浪费的；"让"是一切都是谦让友好的、理性的、把自己放在最后的。上面这五个字，也可以说是五个条件。描写了孔子的风度、性格及他的修养。这五个字包含了许多，也就是中国儒家教人作为一个人，要在这五个字上做重大的研究，多下功夫。

观点六（李零《丧家狗——我读〈论语〉》）：孔子很孤独。现在，有人请他当心理医生，其实，他自己的心病都没人医。孔子不是圣，只是人，一个出身卑微，却以古代贵族（真君子）为立身标准的人；一个好古敏求、学而不厌、诲人不倦、传递古代文化、教人阅读经典的人；一个有道德学问，却无权无势，敢于批评当世权贵的人；一个四处游说，替统治者操心，拼命劝他们改邪归正的人；一个古道热肠，梦想恢复周公之治，安定天下百姓的人。他很惆怅，也很无奈，唇焦口燥，颠沛流离，像一条无家可归的流浪狗。

☆ **问题来了：**

在进行了《论语》的整本书阅读活动后，学习小组内部开展了多次读书交流会。下面同学们以"《论语》的当代价值"为主题，就其中的"知其不可而为之"的精神进行了一次研讨，形成了唇枪舌剑、据理力争的两个不同阵营。请你以一个见证者的身份一同参与，记录下他们发言的梗概，并完成以下任务。

小君

在政治上，孔子最杰出的品格就是这种"知其不可而为之"的精神，他一直能坚持自己的理想，这就是今天所说的坚守"初心"吧，我觉得这是难能可贵的。孔子在多次碰壁之后已知自己的主张、抱负不能实现，仍然坚定地为之奋斗，"只问耕耘，不问收获"。在奔走于列国的岁月里，曾多次受难，但每次他和弟子都能以坚定的信心克服困难。当时也有不少隐士如楚狂接舆、长沮、桀溺持否定态度，连守城门的人都说孔子就是那个知道行不通却还要去做的人。对于别人的不理解，孔子也许感到过悲凉，但绝不会动摇，这种可贵的坚持精神是值得我们当代学生学习的。

小义：

"知其不可而为之"的确反映了追求理想的执着精神和牺牲精神（献身精神）。但对这种精神要具体分析。首先，要分析行为的目的是什么，是逆潮流而动，还是为了正义事业和崇高理想。为了正义事业的"知其不可而为之"的精神，在精神境界上达到常人罕至的高度，其理想主义的光芒照耀着人类精神的大道，对群众的动员作用和榜样作用的确不可低估。其次，从斗争策略上说，要重视保存和积蓄力量，不应做无谓牺牲。反观孔子，我觉得他没有看清楚当时礼崩乐坏的社会现状，只是在做无谓的斗争，14.39章荷蒉者说他"鄙哉，硁硁乎"。也就是说孔子太偏狭、太固执，"不撞南墙不回头"，看来也不适合我们去学习。

小君：

孔子之所以"知其不可而为之"，是坚信自己的事业合于仁道，即使活着不能实现，也要给后人树立一个典范。"不可"不是孔子的错，而是天下不容。就像14.21章，陈成子弑简公，此时的孔子已经没有官职，但仍用大夫的政治责任要求自己，"沐浴而朝""不敢不告"，说明孔子本着对周礼的虔诚之心劝谏鲁哀公，这种以"仁"为己任的担当精神难道不值得我们学习吗？就像司马迁在《史记·孔子世家》中所说，天下不容，只证明天下人见识浅；天下不容，于孔子无损，反倒恰好显示孔子的仁人君子的高尚品格。所以，我以为，他之所以"知其不可而为之"，就是坚信自己的做法是合于仁道真理的。

1. 如果你是"小义"，接下来你该如何反驳"小君"呢？请写出你的反驳词。

_____

_____

2. 对于他们的争锋，你内心更支持哪一方？也许你还有其他一些看法，请结合《论语》阅读和自己的经历谈谈你的思考。

_____

_____

_____

六、学以致用

朱熹在《四书集注》中有一段话:"读《论语》,有读了全然无事者,有读了其中得一二句而喜者,有读了后知好之者,有读了后直有不知手之舞之足之蹈之者。"也就是说读《论语》,有的读了好像没读;而有的读后能有收获一些,比如得了一两句名言警句;还有的读了之后就喜欢上《论语》这本书了,爱不释手;更有的人,读之后到了手舞足蹈的境界。

据宋代罗大经《鹤林玉露》记载,赵普出任宰相时,有人说他只读过《论语》,宋太宗问他是否如此,赵普说:"臣平生所知,诚不出此。昔以其半辅太祖定天下,今欲以其半辅陛下致太平。"于是,"半部《论语》治天下"这句话就流传开来了。这个故事从一个侧面反映出《论语》在中国古代社会所发挥的作用与影响之大。中国古典文学研究专家叶嘉莹先生就曾说,《论语》是她的启蒙书,也是让她受益最多的一本书。

《论语》的精神在今天仍然具有重大意义,比如"己所不欲,勿施于人""己欲立而立人,己欲达而达人""君子有三戒:少之时,血气未定,戒之在色;及其壮也,血气方刚,戒之在斗;及其老也,血气既衰,戒之在得"。这些都值得我们用于日常的生活,最好能成为我们的生活方式和思维方式。一定程度上说,《论语》的诸多精神已经成为我们深层次的民族心理,我们学《论语》是为了知道我们的民族从哪里来,我们民族的根在哪里,了解了我们的根,再结合今天的社会现实,结合我们自己的生活经历,吸取其中亘古不变的逻辑,那么,我们就可以以之为指导,成就美好的自己,过上有智慧的人生,过上幸福的人生!我想,这就是我们读《论语》的重要意义和价值吧!

因此,处于当代的我们,要仔细研读这一千古不朽之作,读一段得一段,然后将学习的内容加以实践,不断探索,日积月累,渐入佳境,从而达到"身体力行,知行合一"的境界。

☆ 问题来了:

1. 选择《论语》中的 5~10 章,编制"我的《论语》自选集",自选主题,自选作品,并写出自己的选文标准和编写意图,编制好自选集后进行班级展示,相互交流编制心得。

_____
_____
_____

2. 如果你是编剧,请根据阅读体悟,为《论语》拟写一个微电影拍摄脚本,注意主题选择、人物特写、场景设置等,可用当代人的视角改编,但要尊重原著。另外,请根据你的阅读体悟,为你的电影脚本设计一张电影宣传海报,并撰写一段广告词。

_____
_____
_____

3. 读完《论语》之后,你觉得有没有走进孔子及其弟子的精神世界?如果要为孔子及其弟子创建一个纪念馆,你会如何设计展厅?你会给展厅写下怎样的"前言"?

_____
_____
_____

4. 如果你是出版社编辑,要向外国的青少年推荐《论语》,请根据你的阅读体悟，为《论语》撰写一段好书推介语；如果《论语》要参加"当代青少年最喜欢的十大书籍"评选活动，你会写下怎样的推介语？（100字以内）

5. 从《论语》中选择一位你最喜欢的孔子弟子，向没有读过这部书的同学介绍这个人物。要求：符合人物特点，能运用书中的语录加以佐证，100字左右。也可以尝试着选择孔子的一位弟子写一个小传或者制作一个年谱。

6. 孔子在谈及自己的生平时曾经说："吾十有五而志于学；三十而立；四十而不惑；五十而知天命；六十而耳顺；七十而从心所欲，不逾矩。"大意是说他十五岁时开始立志向学；三十岁时完成自我人格的建立；四十岁时不再困惑；五十岁时明白了命运是怎么一回事儿；六十岁时听到任何话都能平心静气；七十岁以后，能够随心所欲却不会逾越规矩。在这里，孔子以自己亲身经历展示了一个理想人格的成长过程。你读了这一章，请尝试着给自己做一个生涯规划，根据年龄或人生阶段来规划一下自己未来的成长目标吧！

七、阅读建议

读《论语》是慢慢成就自我的过程,是完善自我人格的过程,在阅读的过程中,让我们成就最好的自己。北京大学李零教授曾说,读《论语》,要心平气和,去政治化,去道德化,去宗教化。综合诸多《论语》研究名家的读法,介绍以下几个阅读《论语》的方法:

1. **还原情境,链接历史**。读《论语》,需要我们还原孔子及其弟子的历史背景和言语情境,不可断章取义,误解原意,应多顾及作者经历、社会状况、文化背景、针对对象、实际意图、内在逻辑、成立条件、价值影响等。

2. **联系生活,学以致用**。在阅读的时候,能联系当下的生活、当下的自己。读书的宗旨在于实践,将《论语》中的精髓用以指导我们的生活,就像上文"学以致用"中所说的结合今天的社会现实,结合我们自己的生活经历,吸取其中亘古不变的逻辑,努力成为仁德之人,成就美好的自己。

3. **读写结合,理性思辨**。我们有这样一双火眼金睛吗?读书贵在有"疑"。在读书的过程中,我们如果发现了疑问,那么我们的学问就长进了,让我们读的时候更细心一些吧!有时候我们没有疑问,其实是因为我们对于文本不是特别地了解,不是特别地敏感,往往"习焉不察"。这就需要我们熟读《论语》,一边读一边写下自己的感悟,理性思辨,读写结合。

八、相关链接

1. 阅读《论语》,前人的著作很多,想要了解孔子本人,可读《史记·孔子世家》;了解孔子的弟子可读《史记·仲尼弟子列传》。

《论语》古本和古注也很多，如朱熹的《论语集注》。近人的著作介绍几本：

◆ 程树德．论语集释［M］．北京：中华书局，1990．

◆ 南怀瑾．论语别裁［M］．上海：复旦大学出版社，1990．

◆ 杨伯峻．论语译注［M］．北京：中华书局，2006．

◆ 钱穆．论语新解［M］．北京：三联书店，2002．

◆ 孙钦善．论语注译［M］．江苏：凤凰出版社，2011．

◆ 李泽厚．论语今读［M］．北京：三联书店，2004．

◆ 李零．丧家狗——我读《论语》［M］．太原：山西人民出版社，2007．

◆ 鲍鹏山．鲍鹏山说孔子［M］．杭州：浙江古籍出版社，2012．

◆ 余英时．《论语》只能冷读，不能热读［N］．新京报，2007-07-13．

2. 如果想观看相关的视频及影视资料，如下可供参考：

◆ 卢吉增《论语十二章》

◆ 何杰《论语导读》

◆ 陆卫明《论语的智慧》

◆ 妥建清《论语导读》

◆ 傅佩荣《论语三百讲》

◆ 电影《孔子》、视频《论语演说》

（请前往优酷视频或腾讯、爱奇艺视频、学习强国 App 等收看）。

从"兵法"到"活法"
——走进《孙子兵法》

设计者：袁湛江（宁波诺丁汉大学附属中学）

微信：zhqzaoshui

一、导语

《孙子兵法》，一听书名，你大概就知道这是一本讲打仗的书了。其实你只猜对了一半。诚然，它首先是一部兵书，甚至成为古今中外许多著名军事家的教科书，但是如果你通读了整本书，你仍然认为它仅仅是一本兵法，你就错了。

☆ 问题来了：

1. 在阅读之前，你听到过哪些关于《孙子兵法》的评价？

_____

_____

_____

2. 你还知道哪些经典名言出自《孙子兵法》?

_____

_____

_____

二、关于作者

我们提供三段对孙武的介绍，再加上之前你对他的了解，形成对孙武的初步印象。

1. 孙武，中国古代著名军事家，《孙子兵法》一书的作者，乐安（今山东省惠民县）人。孙武被誉为兵学鼻祖，受到后世推崇，并不在于他的武功，而是因为他著有一部惊世骇俗的《孙子兵法》。《孙子兵法》的军事思想十分丰富，他所揭示的若干治军作战的原则至今仍然闪耀着真理的光辉。美国《大战略》的作者科林斯指出："他的大部分观点，在我们当前环境中仍然具有和当时同样重大的意义。"

2. 孙子武者，齐人也，以兵法见于吴王阖闾……阖闾知孙子能用兵，卒以为将。西破强楚，入郢，北威齐、晋，显名诸侯，孙子与有力焉。

3. 吾观兵书战策多矣，孙武所著深矣。孙子者，齐人也，名武，为吴王阖闾作《兵法》一十三篇，试之妇人，卒以为将，西破强楚入郢，北威齐晋。后百余有孙膑，是武之后也。

☆ 问题来了：

1. 根据上述三段材料的介绍，请概括你对《孙子兵法》作者孙武的印象。

_____

_____

_____

2. 搜集相关资料，画一幅孙武时代标有下列国名和地名的地图，并标明与孙武有关的年代。有了这样一幅手绘地图，你对孙武所处的时代以及孙武的活动轨迹就会一目了然。

国名：陈国、齐国、吴国、楚国、秦国

地名：临淄、乐安、姑苏、郢

3. 搜集相关资料，画出下列人物关系图（这幅关系图有助于了解孙武生平事迹和重要作为）

人物：孙书、孙武、元灵、孙明、孙膑、晏婴、齐景公、吴王阖闾、伍子胥、楚昭王

三、内容解析

《孙子兵法》共计 13 篇

第一篇：始计篇

第二篇：作战篇

第三篇：_____

第四篇：军形篇

第五篇：兵势篇

第六篇：_____

第七篇：军争篇

第八篇：九变篇

第九篇：_____

第十篇：_____

十一篇：九地篇

十二篇：＿＿＿＿＿＿

十三篇：＿＿＿＿＿＿

☆ 问题来了：

1. 请根据原作内容，先将上面横线部分填充合适内容，形成对《孙子兵法》的整体认知。

2. 通篇读下来，我们会发现，《孙子兵法》内容丰富，主题鲜明。围绕战争的话题，有时讲方法，有时讲计谋，有时讲政治，有时讲形势，有时讲情感，有时讲哲学。请结合你的阅读体会各举一例，分析孙武是怎样从不同角度来剖析战争、总结规律、洞察人生的。

(1) 讲方法：

(2) 讲计谋：

(3) 讲政治：

(4) 讲形势：

（5）讲情感：

（6）讲哲学：

3.《孙子兵法》第三篇"谋攻篇"中有这样一段话："孙子曰：凡用兵之法，全国为上，破国次之；全军为上，破军次之；全旅为上，破旅次之；全卒为上，破卒次之；全伍为上，破伍次之。是故百战百胜，非善之善者也；不战而屈人之兵，善之善者也。"为什么孙武并不认为"百战百胜"是兵法的最高境界？从中可以看出孙武对战争的本质有什么认识？

4.孙武在第一篇"始计篇"中提出，战争开始之前，通过研判双方的相关情况，战争的胜负其实已经见分晓了。他得出结论的依据是"五道"和"七计"。请问"五道"和"七计"包含哪些内容？作者为什么把"道"作为首位？你认同他的观点吗？为什么？

（1）五道：

(2) 七计：

(3) 你的观点：

5. 孙武非常重视战争的性质和价值导向，认为战争能否获得百姓的支持、"上下同欲与否"是影响战争胜负的关键。请在阅读中找出相关阐述，深入理解孙武军事思想的价值。

6.《孙子兵法》中有很多对后人深有启示的名言警句，在阅读过程中，你感觉哪些语句对你的人生有所触动或者让你恍然大悟？请摘录这样的语句，并做简要的点评。

摘录（1）：

摘录（2）：

摘录（3）：

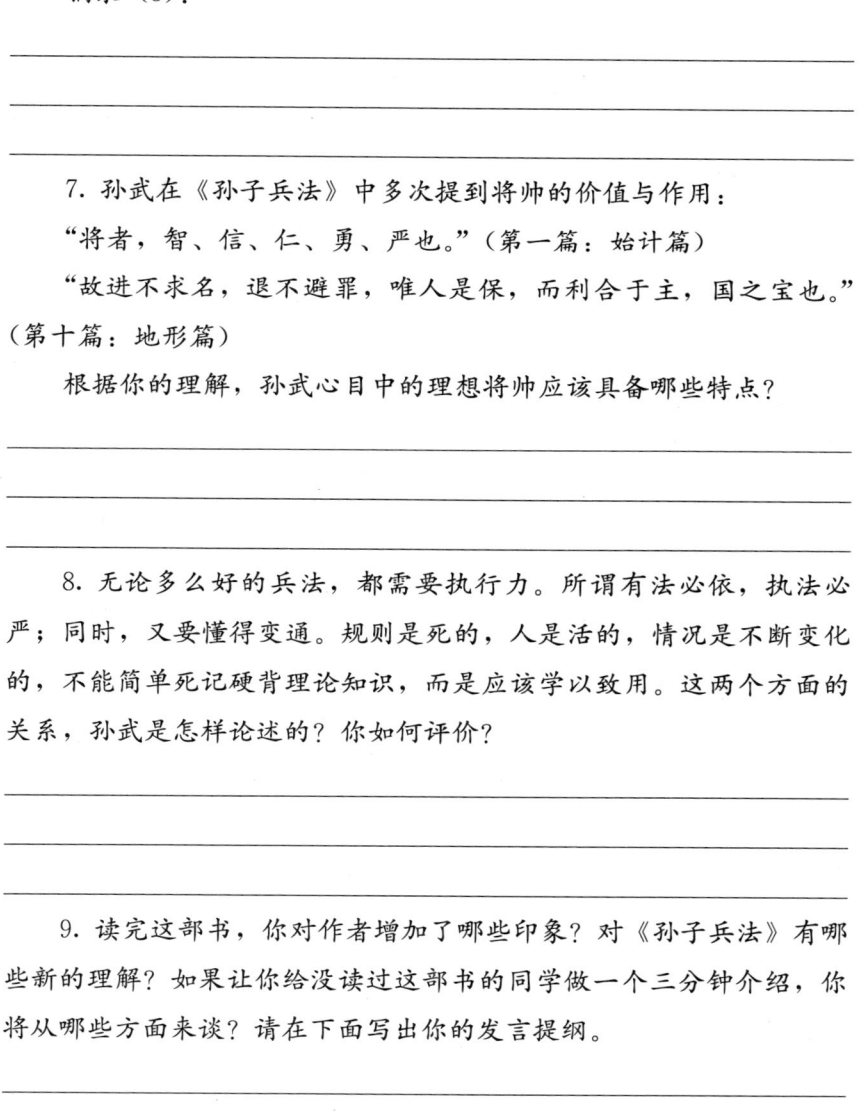

_____

_____

_____

7. 孙武在《孙子兵法》中多次提到将帅的价值与作用：

"将者，智、信、仁、勇、严也。"（第一篇：始计篇）

"故进不求名，退不避罪，唯人是保，而利合于主，国之宝也。"（第十篇：地形篇）

根据你的理解，孙武心目中的理想将帅应该具备哪些特点？

_____

_____

_____

8. 无论多么好的兵法，都需要执行力。所谓有法必依，执法必严；同时，又要懂得变通。规则是死的，人是活的，情况是不断变化的，不能简单死记硬背理论知识，而是应该学以致用。这两个方面的关系，孙武是怎样论述的？你如何评价？

_____

_____

_____

9. 读完这部书，你对作者增加了哪些印象？对《孙子兵法》有哪些新的理解？如果让你给没读过这部书的同学做一个三分钟介绍，你将从哪些方面来谈？请在下面写出你的发言提纲。

_____

_____

_____

四、艺术鉴赏

《孙子兵法》一共只有 6 066 个字,相当于现在一篇普通论文的篇幅,但它体系严谨、博大精深,囊括了中国古代军事理论的精髓。无论是站在当时春秋时代的背景下,与其他诸子百家横向比较;还是站在历史的长河岸边,从对后世影响的角度,都能显示出它横空出世的姿态和出类拔萃的品质。2000 多年来,《孙子兵法》之所以一直受到古今中外众多著名军事家的顶礼膜拜,除了其思想上的辐射价值和军事上的指导价值之外,还因为其艺术上的精密设计、精准分析、精确表达以及精巧的风格,为该书成为文化经典锦上添花。

☆ 问题来了:

1. 宋代散文家苏洵认为,孙武作为一个军事家,在指挥作战能力上并非十分优秀,之所以能在中国古代军事家中占领独一无二的至尊地位,就是因为他写下了无与伦比的著名军事著作《孙子兵法》。

(1) 苏洵这段话是什么意思?请用一句话概括。
_____
_____
_____

(2) 你同意苏洵的评价吗?理由是什么?
_____
_____
_____

2. 从章法上来看,全书一共 13 篇,每一篇都独立成文,有观点,有阐述;或分析,或对比,或举例,深入浅出、有理有据、完整深入地论述各自主题;而 13 篇文章合在一起,又能浑然一体,天衣无缝,构成了一个对战争各种要素的全面分析和论证，形成了一个严谨的军事理论体系。请结合你的阅读体会，给《孙子兵法》写一个结构提纲，体会其结构的严谨性。

● 整本书论述的中心是：
_____
_____

A. 从战略角度来谈的，包含哪些篇章？
_____
_____

B. 从战役角度来谈的，包含哪些篇章？
_____
_____

C. 从战术角度来谈的，包含哪些篇章？
_____
_____

3. 从行文看，春秋时代的作品多数是语录体或者对话体，话题比较宽泛，而且往往没有题目，现在我们看到的题目大都是后人加上去的，基本上都是以文章中的第一句话作为题目（最典型的如《论语》）。而《孙子兵法》每一篇都有题目，而且语言简练，概括准确，主题鲜明。在论述过程中，作者打破了当时简单的语录体表达体式，阐述观点之后，逐层深入地分析和论证，率先构成了纵深式的行文风格，聚焦问题，逻辑清晰，辨析透彻，深化主题。请从中找出一篇你感兴趣的文章，或者一段精彩的论述，略做分析，体会《孙子兵法》在文章学方面的贡献。

_____

_____

4. 从语言表现手法或者修辞上来看，能把一部以逻辑思维取胜的严谨的军事理论著作写得如此生动传神、通俗易懂，其语言表达技巧也是可圈可点，值得我们研究和借鉴的。请用心体会下列引文，它们各采用了哪些特殊表达方法或者修辞手法？达到了怎样的表达效果？

（1）故曰：知彼知己，百战不殆；不知彼而知己，一胜一负；不知彼不知己，每战必殆。

_____

_____

（2）夫兵形象水，水之形，避高而趋下；兵之形，避实而击虚。

_____

_____

（3）凡战者，以正合，以奇胜。故善出奇者，无穷如天地，不竭如江河。

_____

_____

5.《孙子兵法》的艺术魅力，远远不止于文学和语言，你在阅读中有什么新的发现？可以与同学分享。

五、争鸣商榷

《孙子兵法》问世已有 2 500 多年，一直被兵家认为是中国古代军事理论著作的第一圣书，对古今中外的重大战事和著名将领都产生过重要的影响，可谓家喻户晓、人尽皆知。我在阅读该书相关资料的过程中，发现绝大多数读者都对《孙子兵法》充满崇敬，但也发现少数读者有不同的声音。下面择要呈现几种代表性的观点，供大家分析和甄别。

观点一（荀子）：临武君与孙卿子议兵于赵孝成王前，王曰："请问兵要？"临武君对曰："上得天时，下得地利，观敌之变动，后之发，先之至，此用兵之要术也。"孙卿子曰："不然。臣所闻古之道，凡用兵攻占之本，在乎壹民，弓矢不调则羿不能以中微，六马不和则造父不能以致远，市民不亲附则汤武不能以必胜也。故善附民者，是乃善用兵者也，故兵要在乎善附民而已。"临武君曰："不然。兵之所贵者势利也，所行者变诈也。善用兵者感忽悠暗，莫知其所从出，孙武用之无敌于天下，岂必待富附民哉？"孙卿子曰："不然，臣之道，仁人之兵，王者之志也。君之所贵权谋势利也，所行攻夺变诈也，诸侯之事也。"（选自《荀子·议兵》）。选者注：荀子通过临武君与孙卿子议兵对话的形式，表达了以"仁义"批判"权谋"的观点，开启了后世文人儒者借此否定孙子的先河。

观点二（班固）：春秋之后，灭弱吞小，并为战国……雄杰之士因势辅时，作为权诈以相倾覆，吴有孙武，齐有孙膑，魏有吴起，秦有商鞅，皆禽敌立胜，垂著篇籍。

观点三（诸葛亮）：孙武之所以能制胜于天下者，用法明也。

观点四（李世民）：朕观诸兵书，无出孙武；孙武十三篇，无出虚实。夫用兵识虚实之势，则无不胜焉。

观点五（苏轼）：智有余而未知其所以用智。天子之兵，天下之势，武未及也。

观点六（朱元璋）：以朕观之，武之书杂出于古之权书，特未纯耳。其曰"不仁之至""非圣之主"，此说极是。若虚实变诈之说，则浅矣。苟君如汤武，用兵行师，不待虚实变诈而自无不胜，然虚实变诈之所以取胜者，特一时诡遇之术，非王者之师也，而其术终亦穷耳。盖用仁者无敌，恃术者必亡，观武之言与其术亦有相悖。盖武之书必有所授，而武之术则不能尽如其书也。

观点七（松下幸之助——日本经营之父、松下电器创始人）：《孙子兵法》是天下第一神灵，我们必须顶礼膜拜，认真背诵，灵活运用，公司才能发达！

观点八（《孙子兵法》英译者闵福德）：我不是军人，也不是企业家。我关注的是蕴含在该书中的某些道家思想，而对我在本书中所看到的诡诈与欺骗思想却不甚关注，不幸的是这些诡道却得到世界上很多读者的高度赞扬，这是我特别警惕的。

观点九（美国国防大学战略研究所所长柯林斯）：孙子是古代第一个形成战略思想的伟大人物……孙子十三篇可与历代名著包括2 200年后克劳塞维茨的著作相媲美。今天没有一个人对战略的相互关系、应考虑的问题和所受的限制比他有更深刻的认识。他的大部分观点在我们的当前环境中仍然具有和当时同样重大的意义。

观点十（袁湛江）：第十一篇——《九地篇》中的第六自然段与第一自然段内容重复，都是介绍九种不同的地形以及面对不同地形各自应该采取的策略，虽语言表述不同，但是基本内容完全相同。看行文，不应该是后人传抄错误，而是作者有意强调。但是这种强调与《孙子兵法》整体严谨周密的行文风格不是十分吻合，视为美中不足。尽管如此，瑕不掩瑜，该书的军事价值和哲学思想在中国文化史上还是无可代替的。

☆ **问题来了：**

以上我们摘录了古今中外关于《孙子兵法》比较有代表性的不同观点，这些观点仅作为你阅读的一个补充或者参考，因为每个人的观点都有它产生的背景和视角，代表了不同的立场，表达了不同的文化和理念。重要的是，你要根据自己阅读原著的体会形成自己的观点。

你对《孙子兵法》的评价是：

_____

_____

_____

六、学以致用

读书的最高价值就是学以致用。《孙子兵法》是一部伟大的军事著作，古今中外很多杰出的军事家就是因为读懂了这本书，并能运用于军事指挥实践，创造了历史上无数著名的经典军事神话。或许我们大多数人没有机会直接进入军事领域，那么，《孙子兵法》对我们不同领域的现代生活有什么启示呢？书中的哪些智慧可以让我们活得更淡定、更潇洒、更从容、更有意义或者更有情趣呢？

☆ 问题来了：

1. 下列经典战役，你认为哪次战役充分体现了《孙子兵法》的精髓？请对其中一个战役做简要分析。

　　A. 勾践夫差吴越之战　B. 官渡之战　C. 赤壁之战　D. 红军长征　E. 拿破仑奥斯特里茨战役

2. 说说毛泽东的"人民战争"的军事思想和"游击战"的战术策略，对《孙子兵法》有哪些继承和创新。

3. 美国通用汽车前任董事长兼首席执行官罗杰·史密斯说，他成功的秘诀就是从2 000多年前的一位战略家写的《孙子兵法》一书中学到了许多东西，从而使他获得了一个"战略家的头脑"。根据你的理解，他所说的"战略家的头脑"是指什么？

4. 日本逢屋千村说《孙子兵法》不是教打仗的，《孙子兵法》是教人和平的，孙子是和平主义者，是不战主义者。你认为日本学者的这种观点是对《孙子兵法》的误读，还是对误读的纠正？为什么？

5. 在日常的学习和生活中，你认为《孙子兵法》中的哪些观点对你有启发，让你产生了顿悟和进步，不断赢取人生的主动权？先做个选择（可以多选），然后说说你的体会。

A. 前瞻意识。做事之前应有精准的研判（五事：道、天、地、将、法；七计：主孰有道、将孰有能、天地孰得、法令孰行、兵众孰强、士卒孰练、赏罚孰明）。

B. 规则意识。契约精神，建章立制，有法必依（言不相闻，故为金鼓；视不相见，故为旌旗）。

C. 成本意识。计算战争的各种费用，就地取材，减少内耗（善用兵者，役不再籍，粮不三载；取用于敌国，因粮于敌，故军食可足也）。

D. 变通意识。辩证思想，打破墨守成规，懂得灵活应变（夫兵形象水，水之形，避高而趋下；兵之形，避实而击虚。水因地而制流，兵因敌而制胜。故兵无常势，水无常形）。

E. 激励意识。掌握人的心理，根据贡献，论功行赏（故杀敌者，怒也；取敌之利者，货也）。

F. 机制活力。君、将、兵之间责任明确，互相策应，但不要越俎代庖（将能而君不御者胜）。

G. 系统思考。做任何事情都需要学会系统思考，特别是重大决策，往往牵一发而动全身（兵者，国之大事，死生之地，存亡之道，不可不察也）。

H. 信息意识。知彼知己，百战不殆（故名君贤将，所以动而胜人，成功出于众者，先知也）。

I. 交际意识。两国之交，不动武能保持友好关系最好，一旦出现问题，首先要通过沟通解决，而不是打仗；个人之间也是如此（故上兵伐谋，其次伐交，其次伐兵，其下攻城）。

J. 取舍意识。有所得必有所失，要知道你的目标在哪里，不要丢了西瓜捡芝麻（涂有所不由，军有所不击，城有所不攻，地有所不争，君命有所不受）。

K. 道德意识。做人要讲道德，做事要有底线，上下同心，其利断金（故经之以五事，校之以计而索其情：一曰道……道者，令民与上同意也）。

_____

_____

_____

七、阅读建议

1. 在阅读本书之前，最好先看一下司马迁的《史记·孙子吴起列传》，该文阅读难度不大，先来了解一下孙子是怎样一个人，这是迄今对孙子最早的记载，也是最权威的历史资料。

2. 在阅读的过程中，如果你觉得从前往后阅读枯燥乏味，也可以采用跳读的方式，先挑出自己感兴趣的篇章来读，比如《谋攻篇》《虚实篇》《用间篇》等篇章，写得非常有意思，读懂后再逐步扩大自己的兴趣发展区。

3. 如果你觉得阅读原文有困难，也可以先看译文，当你基本掌握大意之后，再去阅读原文，你就更能体会原文的精妙。

4. 在通读整本书之前，不建议你过多地看别人的评价，以免影响你自己的判断。当你基本形成自己的看法之后，再来看看别人的评价，可以作为一种参考。

5. 要很好地消化这本书的思想精华，我的体会是结合古今中外的一些战例来分析，比如：烛之武退秦师中，烛之武是怎样通过"伐交"的方式化干戈为玉帛的？官渡之战是如何以少胜多实现形势转变的？赤壁之战孙刘联盟是如何采用心理战和火攻的方式打败曹操的？勾践是怎样通过卧薪尝胆、休养生息的策略灭吴的？红军长征是怎样通过战略转移化解被动找到生机的？拿破仑从奥斯特里茨的辉煌走向滑铁卢失败的教训是什么？他为什么说"如果早看到《孙子兵法》这本书就不会遭遇这样的失败"？经过这样的分析，你学到的东西就不是死记硬背的知识，而是能运用于实际的活知识。

6. 学会在阅读的过程中与别人分享，把你的发现和感悟找机会讲给别人听，在别人的反应和互动的过程中既可以巩固强化自己的知识系统，也可以吸取别人有价值的观点。

八、相关链接

1. 如果你想拓展性地了解孙子和他的兵法，可以选择下列书目阅读：

◆ 王丕震. 兵圣孙武 [M]. 成都：四川人民出版社，1998.

◆ 孙晓玲. 孙子兵法 [M]. 武汉：武汉出版社，1994.

◆ 吴如嵩. 孙子兵法辞典 [M]. 沈阳：白山出版社，1995.

◆ 蔡志忠. 孙子说——兵学的先知 [M]. 上海：生活·读书·新知三联书店，1991.

2. 如果你想对《孙子兵法》做深入的研究型阅读，可以参看下列书目：

◆ 孙武. 孙子兵法 [M]. 北京：中华书局，2005.

◆ （清）孙星衍，吴人骥. 孙子十家注 [M]. 北京：商务印书馆，1940.

◆ 郭化若. 孙子译注 [M]. 上海：上海古籍出版社，1984.

◆ 吴九龙. 孙子校译 [M]. 北京：军事科学出版社，1991.

◆ 赵安郎. 孙子兵法百战韬略 [M]. 南京：东南大学出版社，1992.

◆（日）山本七平. 参谋学——孙子兵法大解析 [M]. 郭俊德，译. 台北：台湾牛顿出版有限公司，1988.

成思危难之间　流传千载之后
——走进《孟子》

设计者：牟艳娟（永康市第一中学）

QQ：705045161

一、导语

作为四书之一，《孟子》是中华文化的不朽之作。无论是思想性，还是艺术性都对后世产生了极大的影响。《孟子》是古人所必读的书目，是他们的价值依托。仁、义、礼、智"四端"是《孟子》思想价值的核心基础。孟子长于论辩，其思想的犀利和性格的刚烈在先秦诸子中独树一帜。孟子是继孔子之后一位伟大的辩论家，他周游列国，在推行"保民而王""以仁为本"的思想中，显示了高超的谈话艺术。古代著名的文学理论家刘勰这样评价孟子："一人之辩，重于九鼎之宝；三寸之舌，强于百万之师。"

☆ 问题来了：

1. 从周朝到秦朝的一千年，是华夏开天辟地的一千年，是由分封走向统一的一千年，是留下"百家争鸣"的一千年。他们留下了一部部先秦经典，留下了一个个华夏学派，留下了一段段传奇人生，留下了一个个坚强的背影……你知道诸子百家都有哪些流派和代表人物吗？

_____

_____

_____

2. 你已经读过选自《孟子》的哪些文章？你对孟子的文章有哪些印象？

_____

_____

_____

二、关于作者

孟子是中国古代著名思想家、教育家、政治家，是战国时期儒家的代表人物。那是一个诸侯黩武、政治腐败、民生疾苦、社会紊乱的时代，孟子眼见圣道湮微，正途壅蔽，于是主张人性本善，欲以此拯救人心之陷溺。他继承并发扬了孔子的思想，人称"亚圣"。

孟子一生的经历很像孔子，长期过着私人讲学的生活，中年以后怀着政治抱负，带着学生周游列国。随从的学生最盛的时候，"后车数十乘，从者数百人"。他也到处受到当权人物的款待。他到了哪一国，都无所顾忌地批评国君，甚至责备得国君"顾左右而言他"，而他的政治主张却不被接受。孟子晚年回到故乡，从事教育和著述。他说，"得天下英才而教育之"是最快乐的事。他在家乡与万章等人整理《经》《书经》，阐发孔丘的思想学说，写成《孟子》一书，共11篇，现存7篇。

☆ 问题来了：

1. 四十岁之前，孟子的有关事迹在史籍中几乎是一片空白，那是因为无事可记，或孟子不想太张扬自己，还是其他方面的原因？说说你的猜想吧！

_____

_____

2. 同是周游列国，孔子接触了大量民众，接触了各国的志士仁人；而孟子则把目光聚焦在国君身上。你怎么看待孟子的做法？

_____
_____
_____

三、内容解析

《孟子》的思想，是以"性善"为起点，所有的政治主张、教育思想、行为哲学，无不由此演绎。

政治上，孟子的思想来源于孔子。他把孔子的"仁"发展为"仁政"的学说。他认为实行"仁政"，就必须"制民恒产"，让每家农户有百亩之田、五亩之宅，有起码的生产资料；"勿夺农时"，保证农民有劳动的时间；"省刑罚，薄税敛"，使人民有最低的物质生活条件；加强道德教育，使人民懂得"孝悌忠信"的道理。与此同时，孟子还提出了"民贵君轻"的思想，说："民为贵，社稷次之，君为轻。"（《孟子·尽心下》）他认为君主只有得到人民的拥护，才能取得和保持统治地位，因此他主张国君要实行"仁政"，与民"同乐"。

孟子的教育思想，同样以"性善"为出发点，认为教育之道，应重潜移默化，使其自动自发扩充善性，自然成德。孟子继承和发展了孔子教育方法中的"因材施教"，认为在进行教育时，必须采取因人而异的多种方法。他对孔子的"因材施教"思想还有新的发展，认为教育学生必须要有一定的标准，使学生有一个明确的奋斗目标。

为方便大家了解《孟子》一书的思想内容，将其主要观点提炼如下：

1. 论性善：

（1）人性本善；

（2）存养善性；

（3）存理克欲。

2. 论行为：

（1）行止务本；

（2）涵养操守。

3. 论教育：

（1）自动自发；

（2）确立标准；

（3）环境移人。

4. 论政治：

（1）民贵君轻；

（2）因尊先贤；

（3）仁者无敌。

☆ 问题来了：

1. 孟子出游的第一站明明不是魏国，而且在魏国的时间又不太长，取得的成果也算不上大，但《孟子》却将"孟子见梁惠王"放在首篇首章，加以特别渲染，结合其学说，谈谈这样安排的原因。

2. 不惑之年的孟子率领弟子出游各国。他第一次到齐国，是在齐威王年间。当时匡章背着"不孝"的坏名声，孟子却"与之游，又从而礼貌之"。你怎么看待孟子这一行为？

3. 告子来邹访问，会见了孟子。这是一位年逾花甲的老者，兼治儒墨之道，云游天下。孟子对他很是恭敬，设宴款待，陪其游峄山，观泗水，与之探讨学问。然而二人交谈中时常争辩，争辩最激烈的便是人性问题。其弟子公都子也参与了这场辩论，后世的荀子也发表了自己的观点。读完《孟子·告子上》，你对"性善""性恶""性无善恶"有何看法？

4. 大名鼎鼎的赵威后在问齐国使者的时候，曾先"问岁"，后"问民"，再"问王"，如此眼界让其青史留名。同学们试想一下如果孟子和赵威后同处一个时期，赵威后会怎样对待孟子？

5. 孟子说"不怨天不尤人"，却在离开齐国的路上满脸怨尤；孟子想实现自己的抱负介入政治高层，却又不肯屈就。孟子认为君子有"三乐"，其中"得天下英才而教育之"为一乐，却又说"人之患在好为人师"……《孟子》中似乎遍布着这样的"矛盾"，你是怎样理解的？

6. 读《孟子·公孙丑上》，你认为"浩然之气"是怎样一种气？

又如何去养呢?

7. 孔子在说到"教"时,常常说"教诲",将"教"与"诲"的界限区分得很清楚;而孟子多说"教育",很少谈到"教诲"两字。你怎么看待这一情况?

8. 孟子认为"仁、义、礼、智"是性善的行为表现,缺一而不为人。而孔子却认为仁是道德修养的最高境界。你怎么看待孟子传承中的这一态度?

9. 孟子与孔子同为儒家代表人物。对比阅读后,说说他们的思想有何异同。

四、艺术鉴赏

《孟子》一书不仅是儒家的重要学术著作,也是中国古代极富特色的散文专集。其文,气势充沛,感情洋溢,逻辑严密,滔滔雄辩,从容不迫。善用形象化的语言说明复杂的道理。形式上，虽然没有脱离语录体，但相比《论语》，有了很大的发展。它以问答方式，展开了充分说明和雄辩论证，鲜明地体现出战国时期散文的特点。《孟子》在逻辑上不如《墨子》严谨，但更具有艺术的表现力，更具有文学散文的性质。它既吸收了《论语》中的精华，也接受了《大学》《中庸》的一些优点。

孟子的散文创作对后世的影响很大，唐宋时期的散文大师，几乎都以孟子的文章为典范。

☆ 问题来了：

1. 磅礴的气势。苏辙《上枢密韩太尉书》中言："文者气之所形；文不可学而能，气可以养而致。孟子曰：'我善养吾浩然之气。'今观其文章，宽厚宏博，充塞于天地之间，称其气之小大。"这话虽说得过于抽象，但却说明了孟子行文气势凌人，尖锐犀利，如长河大浪，恣行无阻的特点。结合《孟子》中的有关篇目，具体说说这种"磅礴的气势"是怎样形成的。

_____

_____

2. 巧妙的譬喻。孟子的譬喻"浅近平易而又生动有趣，轻快灵便而又深刻贴切"，"堪称譬喻圣手"。他往往以生活常理就近设譬，运用灵活，精辟允当，一语中的，从而引起读者广泛的共鸣。同为战国时期的思想家，庄子也很擅长运用譬喻。从《孟子》中找出几处譬喻，然后和《庄子》的譬喻比较，看看有何异同。

_____

_____

3. 精练的语言。《孟子》的语言相当精炼，极少烦冗的句子，读来文气顺畅。比如，孟子形容人的眼睛："眸子不能掩其恶。胸中正，则眸子瞭焉；胸中不正，则眸子眊焉。"现在人们常说，眼睛是心灵的窗户，而两千多年前，孟子早就将眸子的"明"和"暗"跟胸中的"正""不正"联系起来认识。这不仅显示出他超人的观察力、思考力，也显示出他运用语言的超人能力。《孟子》中有很多这样的语言，找出几则和同学一起分享下你的发现吧！

_____
_____
_____

4. 方法是通达胜辩的桥梁。孟子的论辩方法是他的论辩艺术的重要组成部分。他能针对不同的对象、不同的问题、不同的态度、不同的情况，采取因势利导、比较异同、利害相参、执中有权等方法，特别是"执中有权"，可以说是孟子分析情况、处理问题的基本方法。找出《孟子》中这样表达的语段，仔细品味，然后设定一个问题和同学来一场辩论，尝试使用以上方法。

_____
_____
_____

5. 比较鉴别。古代文化的某些因素进入了轴心时代，并成为新的开端组成部分。孟子和苏格拉底都生活在这个"轴心时代"。作为中西方的两个文化巨匠，大家可以从对话的角度探讨下两位圣人的言说方式，并进行分析和比较，看看你有什么发现。

_____
_____

五、争鸣商榷

（一）亚圣还是盗名？

亚圣说：

观点一（朱熹《读唐志》）：孟轲氏没，圣学失传，天下之士，背本趋末。

观点二（韩愈《韩昌黎集》）：尧以是传之舜，舜以是传之禹，禹以是传之汤，汤以是传之文、武、周公，文、武、周公传之孔子，孔子传之孟轲。轲之死，不得其传焉。

观点三（程颐）：周公没，圣人之道不行；孟轲死，圣人之学不传道不行，百世无善治；学不传，千载无真儒。

观点四（魏源）：学孟子为易简直捷而适于用。赞扬孟子"宜乎泰山岩岩之象，江河浩浩之流。配神禹，称邹鲁，而存世无休"。

观点五（曾国藩）：愿终身私淑孟子，岁造次颠沛，皆有孟夫子在前，须臾不离。孔子诛乱贼，孟子明仁义，弟子布满天下。

观点六（康有为）：传平世大同之仁道，得孔子之本。举中国之百亿万群书，莫如《孟子》矣。

盗名说：

观点一（李觏）：孟子以仁义乱天下。吾以为，孟子者，五霸之罪人也。

（李觏，北宋思想家、诗人。他不拘泥于汉、唐诸儒的旧说，敢于抒发己见，推理经义，成为"时儒宗"，四方学子前来就学者常数十百人。在《常语》一书中，李觏列举了孟子的十七条罪状。主要的观点是：孟子名为孔子传人，实为孔门之叛逆，"彼孟子者，名学孔子而实背之者也；孔子之道，君君臣臣也；孟子之道，人皆可以为君也"。指责孟子在周天子尚存之时，居然劝进诸侯行天子事，是可忍孰不可忍。李觏的"非孟"言行，曾被时人编为街谈巷议的材料。）

观点二（郑厚叔）：孟子挟仲尼以欺天下。

观点三（司马光）：孟子鬻先王之道以售其身。

观点四（冯梦龙《古今笑》）：乞丐何曾有二妻？邻家焉得许多鸡？当时尚有周天子，何事纷纷说魏齐？

（二）雄辩还是诡辩？

观点一（刘越《孟子的论辩术探析》）：孟子是战国时代首屈一指、技压群雄的论辩大师，是中国历史上一位天才雄辩家。善于论辩是《孟子》最突出的艺术特点，其论辩艺术技巧主要有回避术、转换术、求同求、擒纵术、圈套术、包抄术、比附术、诡辩术、追问术、反诘术、铺陈术、排比术等，可谓集先秦论辩艺术之大成。孟子以逞才使气、锋芒毕露、情辞激越的论战辩驳为特点，在论辩中阐明其思想观点，同时也展示了其思想家、雄辩家的风采、才华。正因此，有人把《孟子》称为"我国古代辩对散文的开元者"和"驳论文体的滥觞"。

观点二（谷振诣《如何进行批判——孟子的愤怒与苏格拉底的忧伤》）：孟子的论辩其一歪曲篡改，蛮横霸道；其二煽动情感，强加因果；其三人身攻击，粗暴无礼。孟子对杨朱、墨子、兵家、纵横家和法家的批判，以及对尧舜的吹捧和辩解充满了情绪化的语言和胡搅蛮缠的作风，缺乏理性的尊严，亦无雄辩色彩。冷静地反思，孟子愤怒的批判和批判的愤怒，其深层根源可能是他以绝对化的主张为标准，以消灭其他所谓的"异端邪说"和维护一家之言为己任，以"为王者师"和"立言不朽"为目标，横扫其他诸家之说的批判方式。如果这种立场式的批判方式不加以改变，愤怒的批判就不会休止，批判的愤怒也不会平息。

☆ 问题来了：

对于上面的争鸣，你怎么看？选择一个视角，谈谈你的观点，说说理由。

_____

_____

_____

六、学以致用

读书的目的在于应用，当年赵普"半部论语治天下"。今天，虽然时隔两千余年，孔孟的思想依然对我们有着指导意义。对于孟子学说，倘能多加了解，相信无论律己治学还是经世治民，必能有所助益。

☆ 问题来了：

读完这本书之后，你感觉到在哪些方面自己有所开悟或者提升呢？请结合当今的生活实际写一篇读后感。

七、阅读建议

1. 对比阅读。对比阅读，开阔视野，启迪思维，有助于深入解读。孟子的学说和理论是在孔子学说的基础上继承发扬而来的，建议在阅读《孟子》之前先阅读《论语》，对孔子的思想有一个整体了解后再读《孟子》。探索孔子、孟子的思想内容与风格特征有何异同。

2. 绿色阅读。孔孟之道已经在中国传承两千多年，解读繁多。建议同学们先读无评论的原文。《孟子》文字并不艰涩，最好是读无注解原文，边读边思考，有了自己的判断和想法之后，可以选择性地找些相关的书来做参考。

3. 知人论世。战国是中国历史上继春秋时期之后的大变革时期。当时的社会对孟子思想的形成起到了至关重要的作用,寻找有关战国的书籍和纪录片读读、看看,会帮助你理解孟子的思想。

八、相关链接

1. 如果你想了解孟子生活的时代,可以阅读:

◆ 冯梦龙. 东周列国志[M]. 北京:人民文学出版社,1970.

2. 如果你想了解关于《孟子》的不同译注,可以阅读:

◆ 陈生玺. 张居正讲评《孟子》[M]. 上海:上海辞书出版社,2013.

◆ 杨伯峻. 孟子译注[M]. 北京:中华书局,2008.

◆ 南怀瑾. 孟子与公孙丑[M]. 上海:复旦大学出版社,2017.

◆ 李鍌. 国学基本教材(孟子、大学、中庸卷)[M]. 北京:新华出版社,2008.

◆ 谷振诣. 如何进行批判——孟子的愤怒与苏格拉底的忧伤[M]. 上海:上海教育出版社,2017.

3. 如果想观看相关的视频及影视资料,如下可供参考:

◆ 纪录片《战国风云之列国》

◆ 傅佩荣《百家讲坛——孟子的智慧》

最贴心的哲学　最浪漫的文学
——走进《〈庄子〉今注今译》

设计者：郝玲君（河北唐山开滦一中）

微信：h19772007

一、导语

《庄子》是中华民族源头性经典之一，其哲学思想和文学艺术的璀璨光芒交相辉映。庄子生活在诞生伟大思想者的轴心时代，那是一个社会矛盾极其尖锐的时代，战乱频仍，民不聊生。各家各派都在探索如何拯救世界。庄子有别于所有人，他关注的是人的内心世界如何强大，如何在一个纷乱的时代找到自己心灵栖息安放的方式。他的文章用生动的寓言讲述了深刻的道理，深入浅出，想象丰富，极富浪漫主义气息。

在这里，我们能学到如何建立自己的"心斋"，放下世俗的是非，放弃狭隘的执念，获得一个"大我"，一种精神上真正的"逍遥"；在这里，我们能学到如何说理，既独到深刻，又生动形象，引人入胜。

☆ 问题来了：

1.《庄子》是古文著作，阅读难度很大。说一说你为什么会选择它？

2. 在阅读本书之前,你读过其中的哪些作品?对于《庄子》,你了解多少?你又希望更多地了解什么?

_____
_____
_____

二、关于作者

庄子(约公元前369—公元前286),名周,宋国蒙(今河南商丘)人,是老子之后战国时期道家学派代表人物,我国古代著名的思想家(哲学家)、文学家。他曾做过蒙地的漆园小吏,与梁惠王、齐宣王是同一时代的人,曾南游楚越,探访古风。他不满现实,不愿为官,傲视王侯,曾拒绝楚威王用厚礼聘其为相;他崇尚自然,任性真率,退隐江湖,著书立言。

陈鼓应,曾任台湾大学哲学系和北京大学哲学系教授,是享誉国际的道家文化学者。主编《道家文化研究所》学刊。他撰写的《老子注译及评介》《〈庄子〉今注今译》成为人们研习老庄的经典读本。其中《〈庄子〉今注今译》一书,对庄子思想和艺术的研究均有创造性的贡献。

☆ **问题来了:**

1. 闻一多说:"中国人的文化上永远留着庄子的烙印。"这句话没有夸张的成分,从哲学到文学,从美学到人格,从寓言到小说,从形式到内容,两千多年来我们中国人多少都受到他的影响。结合搜集到的庄子名言和庄子故事,谈一谈你对庄子的印象。

_____
_____
_____

2. 庄子是道家学派的主要代表，他的思想和文章对后世有着重要的影响。谈一谈你对庄子思想的认知。

_____

_____

_____

三、内容解析

《庄子》又名《南华经》，是道家经文。其书与《周易》《老子》合称"三玄"。《庄子》共33篇，分内篇、外篇、杂篇，由晋代郭象整理而成。内篇7篇为庄子所作，体现庄子的思想核心；外篇15篇和杂篇11篇一般认为是庄子的门人和后学者所作。本文导读内容，以内篇7篇为主。《庄子》一书主要反映了庄子的哲学思想、文学艺术、美学观等。其内容涉及哲学、政治、社会、人生、艺术等方面，博大精深。

郭象《南华真经序》云："夫庄子者，可谓知本矣。故未始藏其狂言，言虽无会而独应者也……故与化为体，流万代而冥物，岂曾设对独遘而游谈乎方外哉！此其所以不经而为百家之冠也。"我们可以看到郭象对庄子的推崇。

☆ 问题来了：

1.《庄子·逍遥游》是庄子核心思想的表达，是他对这个世界的理解。读懂这一篇至关重要。鲲鹏积蓄力量，飞越遥远的路，才能改变生活际遇，过上自己想要的生活。蜩与学鸠自我满足，只顾眼前，耻笑鲲鹏……其中充斥着小大之辩。你如何理解"大而化之"和"小则固守"？你如何理解"逍遥游"？

_____

2. "天地与我并生,而万物与我为一。"万物和人一样是"齐"的,没有什么差别,人就是自然天地万物中的一员。《庄子·齐物论》中,庄子阐发核心思想——齐物论,包含"齐万物""齐物我""齐生死""齐人我""齐吾我"等思想。庄子认为人类自我修行的目的是"绝圣弃智",打碎藩篱,解放人性,重归自然,达到"万物与我为一"的精神境界。请谈一谈你对庄子齐物论的理解,对其"生死观"的理解。

3. 仲尼曰:"若一志,无听之以耳而听之以心,无听之以心而听之以气!听止于耳,心止于符。气也者,虚而待物者也。唯道集虚。虚者,心斋也。"意为如果我们把意识集中到一处,不用耳听而用心去听,不用心听而用气去感应。耳的作用止于聆听外物,心的作用止于感应现象。气乃是空明而能容纳外物的,道只能集于清虚之气中。清虚的心境,就是心斋。用虚静空明的状态来接纳万物,才会澄明,才会照见,才会感悟到"道"。请结合"成心""坐驰"等概念,说一说你对"心斋"的理解以及它的意义。

4.《庄子》是东方寓言的最早代表作。庄子创造了丰富多彩、摇曳多姿的寓言故事,如庖丁解牛、井底之蛙、佝偻承蜩、匠石运斤、安知鱼乐、屠龙之技、触蛮之战、蜗角之争、猴子逞能、东施效颦……司马迁认为"皆空语无事实",是虚构想象创造出来的。庄子寓言具有"多义性"的特点,因为寓意表达比较隐蔽、模糊。同一个寓言,不同的人阅读会有不同的理解。任选文中的一个寓言,反复体味,结合生活实际谈一谈自己的个性化解读。

_____

_____

5. 庄子刻画的众多形象中,惠子与众不同。他不仅在很多场合出现,而且每次都要和庄子进行一场辩论比拼。但是他和庄子又是不可分割的,是相互成全的。一个善问,一个善答。惠子曰:"子非鱼,安知鱼之乐?"庄子曰:"子非我,安知我不知鱼之乐?"惠子曰:"我非子,固不知子矣;子固非鱼也,子之不知鱼之乐,全矣!"这是庄子和惠子最经典的论辩。请你再找出他们的两段论辩,体味论辩的精妙之处,分析惠子这一人物的作用。

_____

_____

6. 庄子是中国古代思想史上的一座高峰。牛顿说:"如果说我比别人看得更远些,那是因为我站在了巨人的肩膀上。"庄子的思想不是凭空而来的,是在继承老子学说基础上发展而来的。中国人习惯将庄子与老子合并,称为"老庄学派"。请比较分析庄子和老子思想的异同。

_____

_____

7.《汉书·艺文志》曾云："诸子十家，其可观者九家而已。皆起于王道既微，诸侯力政，时君世主，好恶殊方，是以九家之术蜂出并作，各引一端，崇其所善，以此驰说，取合诸侯。"诸子之中，大多数积极参与到"取合诸侯"的行列之中，只有老子和庄子学说超然于外。庄子为什么选择避世、构建"心斋"？如果是你，你会做怎样的人生选择？

_____

_____

四、艺术鉴赏

郭沫若曾高度评价庄子，"以思想家而兼文章家的人，在中国古代哲人中，实在是绝无仅有"（《庄子与鲁迅》）。

对于庄子散文，鲁迅曾高度评价说："汪洋捭阖，仪态万方，晚周诸子之作，莫能先也。"（《汉文学史纲要》）庄子行文如行云流水，自然流畅，辞藻瑰丽，句式多变，汪洋恣肆，气势壮阔，想象力丰富，语言表达形式多变，善于运用精致细腻的描写刻画形象，多采用寓言形式，深入浅出表达哲理。

庄子曾自言其文风："以谬悠之说，荒唐之言，无端崖之辞；时恣纵而不傥，不以觭见之也。以天下为沈浊，不可与庄语。以卮言为曼衍，以重言为真，以寓言为广。"（《庄子·天下》）意为：以虚远不可捉摸的理论，广大不可测度的言论，不着边际的言辞，放纵而不拘执，不持一端之见。认为天下沉浊，不能讲庄重的话，以卮言肆意推衍，以重言体现真实，以寓言阐发道理。其语言特点呈现卮言、重言、寓言交融的特点，富有想象力。

☆ **问题来了：**

1. 《庄子》一书中，分别运用了寓言、重言、卮言三种不同的表达方式。寓言是借助故事说道理，重言是借助名人等说出自己的想法，卮言就是酒后之言。请你结合《庄子·逍遥游》分析三种不同的表达方式对庄子思想表述的作用。

_____

_____

2. 庄子塑造了一大批鲜明的人物形象，亦真亦假，亦庄亦谐，令人目不暇接。比如儒家人物孔子、颜回，执政者文惠君、卫灵公，神话传说人物藐姑射山上的神仙，普通劳动者匠石、轮扁、庖丁、梓庆，还有超越常人认知的自然界的蝴蝶、鱼、鲲、鹏、栎社树等动植物形象。请选择一类，分析该类形象的内涵以及塑造方法。

形象	形象内涵	塑造方法

3. 著名美学家李泽厚在三卷本《中国美学史》中，从五个方面阐释了庄子关于"美"的思想。庄子在书中创造了一批外貌丑陋却很有特色的丑人形象：得病的子舆、兀者王骀、申屠嘉、叔山无趾、恶人哀骀它、闉跂支离无脤……形貌或丑陋变形，或缺胳膊少腿，丑到极致。请分析这些丑人形象，说说庄子的美学精神。

_____

_____

4. 诸子散文以说理见长,其中多数以逻辑推理为主。《庄子》的哲理散文,表现出形象奇诡的论辩风格。比如《逍遥游》中,庄子和惠子用寓言辩"有用""无用",结尾竟然是一段富有浓厚抒情意味的话:"今子有大树,患其无用,何不树之于无何有之乡,广莫之野,彷徨乎无为其侧,逍遥乎寝卧其下,不夭斤斧,物无害者,无所可用,安所困苦哉?"请再举出2个例子,体味文中此类论辩独特的说理效果。

_____

_____

5. 庄子行文跌宕开阖,变化多端,运用奇异的想象、丰富的比喻和夸张对细节进行刻画,语言奇峭富丽,韵散结合,诗意洒脱,语言呈现跳跃性、模糊性、召唤性、音乐性、象征性、情感性等诸多特征。请从句式、修辞、用词等角度各选一个,结合实例赏析。

_____

_____

五、争鸣商榷

我国近年来大力推广传统文化经典阅读,力图从传统文化中汲取营养,重构中国人的文化信仰。作为道家重量级人物的庄子,自然也越来越火,《庄子》一书也越来越受到人们的追捧。当然,两千年来对其"逍遥""齐物""小大""无用有用"等观点也有不同的评价。其中"小大之辩"成为历代"庄学"研究的重点,众说纷纭,有较大的分歧。

观点一（西晋著名玄学家郭象）：从"适性"的维度对"小大之辩"进行了解读，对《逍遥游》注解说："夫小大虽殊，而放于自得之场，事称其能，各当其分，逍遥一也，岂容胜负于其间哉！"该注解意思是，虽然鲲鹏与斥鴳在形体大小上有差异，但是各自有各自的逍遥，并无胜负之分与高低之别。庄子并不是扬大抑小，而是认为"小大之殊，各有定分"。只要将物放置于"适性"的地方或者位置就是逍遥的境界。

观点二（明末清初思想家王夫之）：他重建"逍""遥"之辩："逍者，向于消也，过而忘也。遥者，引而远也，不局于心知之灵也。"游于大者如鲲鹏，遥而不逍；游于小者如蜩鸠、斥鴳，逍而不遥。自由之境的开启要连接逍与遥，这就必须超越"小大之辩"，认为小大同抑。

观点三（清初林云铭）：著《庄子因》，在解说《逍遥游》篇时则更是完全以"大"字为纲。"然欲此中游行自在，必先有一段海阔天空之见，始不为心所拘，不为世所累，居心应世，无乎不宜矣。是惟大者方能游也，通篇以'大'字作眼，借鹏为喻。"能"大"然后能游，"大"是游的条件，鲲鹏之所以遨游海天，以海天作为其飞行的场域，在纵横两个层次上皆能辽远悠久，根本原因还是由于其形大、体大、翼大。

观点四（北京大学朱小略）：在其硕士论文中对"小大之辩"的历史脉络发展进行了分析，通过逻辑论证手段指出了"崇大抑小"说法的不足与不合理。他认为庄子在书中指出的"尺有所短，寸有所长"表明了"大"与"小"之间的局限性，进而提出了"越大小而任逍遥"，这与"小大之辩"是雷同的，这也足以显示庄子并不是以大为尊的。

观点五（厦门大学林榕杰）："小大之辩"需结合《逍遥游》的"有无之辩"来进行思考，"小大之辩"仅是某种意义上对物体空间大小之间相对关系的辩论。

观点六（华东师范大学哲学系暨中国现代思想文化研究所陈赟）：事实层面的"小大之辩"，主要涉及存在者（生物-物理之形体）的体量及其活动范围；价值层面上的"小大之辩"，则指向价值刻度上的高低优劣。价值向度上的"小大之辩"之所以能够成立，关键不在于小大事物之对象，而在于观照对象之主体。事物自身并没有自在的价值，价值是主体自身在事物那里的投射……"透视主义"的观看主体，处于某个具体位置或情境之中，并携带着自身的态度、情感与经验积淀等，在观看的同时则可能达成价值性的分辨。蜩鸠、斥鷃嘲笑鲲鹏，就是在透视主义观看的同时达成了价值化分辨。

☆ **问题来了：**

仁者见仁，智者见智。一千个读者眼中有一千个哈姆雷特。对于《逍遥游》中"小大之辩"的争论并没有达成一致。有人认为"崇大抑小"，有人认为"齐大小"，还有人认为"大小"各有局限。但是无论怎么辩驳，都离不开对《逍遥游》篇的整体理解，离不开要从庄子整个哲学思想上去认识。

请同学们选择一个观点，准备各自的辩论内容，在下面写出提纲，在班级辩论赛中辩一辩，加深自己对"小""大"的深度理解，体会论辩艺术的魅力。

六、学以致用

杜甫说:"读书破万卷,下笔如有神。"阅读是吸纳,写作是倾吐,只有结合我们的实际生活加以运用,才是真正的学以致用。《庄子》是一部神奇的书,但也是一部难读懂的书。每一个人经历不同、积累不同、眼界不同、高度不同,收获自然也不同,但是总会有新的东西注入我们的大脑,哲学、文学、美学、寓言、成语、名句……将蕴化升腾为我们一生的营养。"天地与我并生,万物与我为一",让人对自然充满尊重;"心斋"让人关注内心世界,获得大我;寓言故事说理,浪漫想象,让人看到文学的深刻和生动完美结合。

☆ 问题来了:

读完这本书之后,你觉得自己对庄子的思想有了哪些方面的新认识?是否对自己认识世界、认识自我有了新的启发?他的想象力、寓言说理对你的写作有哪些启发?请你仔细想一想,在草稿纸上写出一些关键词,然后再进行关键词分类,整理成一篇自己独立思考过的读后感。

七、阅读建议

1. 摘句阅读。在阅读本书之前,先在网上搜索一下《庄子》的名句,分主题整理好,写在纸上。这样对庄子的重要思想就有了一个比较鲜明的印象。然后对着篇目,看名句出现的语境,深入了解名句的表达内涵。最后,当书本看完了,要背诵这些名句,并在写作中加以应用,增强我们语言表达的力量。

2. 点评阅读。建议大家购买纸质书籍,用"点评阅读法"来勾画重点，写出自己的见解，再对比名家的点评。你的赏析水平会在阅读中逐渐提高。

3. 组团阅读。阅读过程中，可以与同学组团，各自认领任务，一人一篇，各自研读，再进行分享。因为内篇7篇是全书最能体现庄子核心思想之所在，也可以全班集中研读这7篇，一个小组认领一篇，小组讨论，深入解读并确定每一篇中庄子思想的核心概念。然后每个小组将最终成果制作成手抄报，在班内张贴，分享给全班同学；或者组织班级读书分享会，相互分享读书体会。

4. 读写结合。《庄子》阅读片段写作，就是撰写针对庄子的思想或者艺术手法进行赏析的文字，或者撰写一些思想争鸣的碰撞文字。这种赏析片段写作的练习，就是为了让学生有自己的独立思考，练习如何更简洁、更流畅、更有条理地表达自己的观点。建议同学们可以自己写好片段之后，全班召开一个"我眼中的庄子"片段写作发布会，或者集合好稿件"出版"一本"战国狂人庄子"的小册子，在共同交流的过程中，取长补短，碰撞思维，提高水平。当然更理想的是邀请一位研究庄子的专家为同学们做点评，指导提升，举办一场庄子其人其书的讲座。

5. 对比阅读。对比之于阅读，可以开阔视野，启迪思维。而对比的二者，又会被神奇地赋予各种深度、宽度、高度的解读。在对比赏析诸子各家作品的过程中，你会发现他们有很多独特的气质，也会发现他们共性的规律。比如对比一下《庄子》中的庄子和孔子形象，比较一下《庄子》这部书中的孔子和《论语》中的孔子形象，你会产生恍然大悟之感。

八、相关链接

1. 如果你想通过比较阅读，形成对庄子较为全面的认知，可选择以下读物：

◆ 方勇．庄子［M］．北京：中华书局，2017．

◆ 庄周．庄子通释［M］．贾太宏，编．北京：西苑出版社，2016．

◆［唐］成玄英，［晋］郭象．庄子注疏［M］．北京：中华书局，2017．

◆ 庄周．庄子［M］．王丽岩，译注．北京：中国文联出版社，2016．

◆［清］郭庆藩．庄子集释［M］．北京：中华书局，2013．

2. 如果你想对庄子散文的思想性和艺术性有多维度的认知，可以参看以下读物：

◆ 庄周．庄子：在品味中感悟人生的境界［M］．杨禾，注译．北京：线装书局，2019．

◆ 刘建华．独与天地相往来——庄子的世界［M］．北京：作家出版社，2018．

◆ 王景琳，徐匋．庄子的世界［M］．北京：中华书局，2019．

3. 如果你想观看多媒体资料，可以参考如下：

◆ 喜马拉雅：南怀瑾《庄子》讲解52讲

◆ 腾讯视频：《庄子精读视频教程》（陈引驰，全48讲，复旦大学）

笔墨之下，尽现春秋风云
——走进《左传》

设计者：刘雪挺（宁波市咸祥中学）

QQ：183945191

一、导语

《左传》是《左氏春秋》《春秋左氏传》的简称，相传是由春秋末年鲁国左丘明所著的一部解释《春秋》的编年体史书，也是我国现存第一部叙事详细的编年体史书，与《公羊传》《谷梁传》合称"《春秋》三传"。《左传》文字翔实生动，善于叙事，最突出的成就是对战争的描写，如晋楚城濮之战、秦晋崤之战、齐晋鞌之战、晋楚鄢陵之战，都有出色的叙述。谋篇布局，章法严谨；直书不讳，揭示真貌。正因为如此，它在中国文学史上占有重要的地位，有学者认为其有如《荷马史诗》之于西方文学，遗泽后世。

☆ 问题来了：

1. 许多成语出自《左传》，如"居安思危""有备无患""多行不义必自毙""言之无文，行而不远"等，你能否再列举几个出自《左传》的成语？

_____

_____

2.《左传》是儒家经典之一，你所了解的春秋时期儒家还有哪些著作？

二、关于作者

左丘明（约公元前 502—公元前 422），春秋末期鲁国人，是当时著名的史学家和文学家，除《左传》外，还有《国语》流传于世，分别从编年体和国别体不同的视角记录了西周、春秋的重要史事，保存了具有很高价值的原始资料。左丘明是中国传统史学的创始人，被誉为"文宗史圣"。孔子、司马迁均尊左丘明为"君子"。历代帝王对左丘明也多有敕封：唐封经师，宋封瑕丘伯和中都伯，明封先儒和先贤。

☆ 问题来了：

1. 关于《左传》作者左丘明的姓名，多年来已有多种说法：（1）姓左名丘明，如孔颖达《春秋左传正义》："以其姓左，故号为《左氏传》也。"（2）姓左丘名明，司马迁《报任少卿书》及《史记·太史公自序》皆有"左丘失明，厥有《国语》"句，以"左丘"二字连文，朱彝尊《经义考》据此断言"左丘为复姓甚明"。（3）姓丘，名明，左是史官职称。应劭《风俗通义》："丘姓，鲁左丘明之后。"俞正燮《癸巳类稿》由此推论说："丘明子孙为丘姓，义最古无疑。丘明传《春秋》，而曰《左氏传》者，以为左史官言之。"请查阅相关资料，说说你对左丘明姓名的看法。

2. 左丘明诚实耿直，品德高尚，孔子曾把他作为为人处世的楷模："巧言、令色、足恭，左丘明耻之，丘亦耻之；匿怨而友其人，左丘明耻之，丘亦耻之。"意思是说，甜言蜜语、谄言媚色、卑躬屈膝，这种态度，左丘明认为可耻，我也认为可耻；隐匿怨恨而伪装友好，左丘明认为可耻，我也觉得可耻。在当今文化背景下，你是否认同孔子的看法？为什么？

_____
_____
_____

三、内容解析

《左传》虽然不是我国第一部编年体史书（第一部是《春秋》，叙述简练，只有1.8万字），但却是我国第一部叙事详细的编年体史书，全书约18万字，按照鲁国从隐公（公元前722年）到哀公（公元前468年）共12个国君的顺序，记载了春秋时代254年间各诸侯国的政治、军事、外交和文化等方面的重要史实，内容涉及当时社会生活的各个方面，共35卷。作品中记事写人具有相当的艺术性，尤其是写战争和外交辞令，成为全书中最精彩的部分。《左传》不仅是一部杰出的编年史著作，同时也是杰出的历史散文著作。作者在记述史实的同时，也透露了自己的观点、情感态度。

☆ 问题来了：

1. 《左传》是先秦史家叙事文体的最高典范。东晋经学家范宁在评"《春秋》三传"的特色时说："《左氏》艳而富，其失也巫。"意思是《左传》的文章优美而且材料多，但缺点是多述鬼神、预言祸福。请从《宫之奇谏假道》（僖公五年）、《秦晋韩之战》（僖公十五年）、

《晋侯梦大厉》(成公十年)、《崔杼弑齐庄公》(襄公二十五年)中选择一篇,说说范宁对《左传》的评价有无道理。

2. 《左传》中最著名的五大战役为城濮之战(晋、楚)、邲之战(晋、楚)、鞌之战(齐、晋)、殽之战(秦、晋)、鄢陵之战(晋、楚)。文章对战争的描写和分析反映出作者的思想倾向。如城濮之战,晋侯在战前训练百姓,让他们"知义""知信""知礼",而在战争中晋军也因重视德行最终获胜。你认为其余四场战役分别包含着作者道德方面的哪些思想倾向?

3. 在春秋时期,除了战争,相互结盟也是当时诸侯之间一种非常重要的活动。《左传》中有很多记载,如僖公四年:"屈完及诸侯盟。"僖公二十八年:"乡役之三月,郑伯如楚致其师。为楚师既败而惧,使子人九行成于晋。晋栾枝入盟郑伯。"宣公十五年:"子反惧,与之盟而告王。退三十里,宋及楚平。华元为质。盟曰:'我无尔诈,尔无我虞。'"襄公二十五年:"乃歃。辛巳,公与大夫及莒子盟。"诸侯间结盟,本是彼此互为信任之举,但当时也出现了不守盟约的情况。请仔细阅读相关文章,举例说明造成诸侯间不守盟约的原因有哪些。

4.《左传》包含丰富的"以民为本"的政治思想、军事思想和外交思想。请结合作品从这三个角度谈谈《左传》表现的左丘明的思想倾向。

四、艺术鉴赏

《左传》是我国古代杰出的历史散文著作,两千多年来产生了极其深远的影响。其艺术成就主要表现在以下几个方面。

其一:《左传》显示了由单纯记史向注重剪裁史料、精于谋篇、善于演绎故事的重要跨越,空前地增加了叙事的形象性、生动性,从而体现了早期史书中文学成分的显著积累。

其二:《左传》在铺叙事件的过程中,塑造了形形色色的人物形象。虽为记史,却充分运用想象、梦境、渲染、夸饰等多种人物塑造方法,积累了形象塑造的宝贵经验,为此后传记文学、历史小说的涌现提供了难得的启示和重要的借鉴。

其三:《左传》的语言"言近而旨远,辞浅而义深。虽发语已殚,而含意未尽,使夫读者,望表而知里,扪毛而辨骨,睹一事于句中,反三隅于字外。"(刘知几《史通》)语言简洁而准确,生动而富于表现力,注意细致描摹,长于运用比喻,达到了很高的成就,常被后代视为规范;其文学色彩与文学价值,也是此前记事文学中所罕见的,反映了其高超的语言技巧。

从总体看,《左传》思想深邃、文风朴厚,叙事、状物精彩而富于多样性,留下了许多久经传诵的佳作。清初吴楚材、吴调侯编选历代堪称"观止"的优秀古文,所收《左传》竟达33则之多,可见一斑。

☆ 问题来了：

1. 《左传》是一部经典的叙事散文，作品中描写了形形色色的人物，试举例分析《左传》在人物塑造方面的特点。

_____

_____

2. 梁启超说："《左传》文章优美，其记言文渊懿美茂，而生气勃勃，后此亦殆未有其比。又其文虽时代甚古，然无佶屈聱牙之病，颇易诵习。故专以学文为目的，《左传》亦应在精读之列也。"请选取书中的片段来分析《左传》的语言之美。

_____

_____

3. 《左传》被誉为"百代文章之祖"，是我国叙事文学的奠基石。请结合某一篇作品谈谈《左传》的哪些叙事技巧值得我们学习借鉴。

_____

_____

4. 春秋时期战乱频仍，诸侯国之间纵横捭阖的外交活动也十分频繁，理富文美的外交辞令成为《左传》最耀眼的部分。请从《烛之武退秦师》《子产不毁乡校》《秦晋崤之战》这三篇文章中选一篇，从身份、语气、方法、技巧、效果等方面赏析其中的外交辞令。

_____

_____

五、争鸣商榷

作为一部典范的历史性著作,《左传》在叙事、写人方面饱受赞誉,但也有人有不同意见。

观点一(汉·司马迁《史记·十二诸侯年表序》):"鲁君子左丘明,惧弟子人人异端,各安其意,失其真。故因孔子史记,具论其语,成《左氏春秋》。"

观点二(唐·刘知几《史通》):"古者言为《尚书》,事为《春秋》,左右二史,分尸其职……逮《左氏》为书,不遵古法,言之与事,同在传中。然而言事相兼,烦省合理,故使读者寻绎不倦,览讽忘疲。"

观点三(唐·啖助《集传集注义》):"习《左氏》者,皆遗经存传。谈其事迹,玩其文彩,如览史籍,不复知有《春秋》微旨。"

观点四(唐·韩愈《进学解》):"《春秋》谨严,《左氏》浮夸。"

观点五(宋·苏轼):"《左氏》以为段不弟,故不言弟,如二君,故曰'克',称'郑伯',讥失教。求圣人之意,若《左氏》可以有取焉。"

观点六(宋·朱熹):"左氏之病是以成败论是非而不本于义理之正。"

观点七(清·冯李骅、陆浩同《左绣·读左卮言》):"读其文,连其性情心术声音笑貌,千载如生。"

观点八(清·范乙青《春秋左传释人》):"从事《左氏春秋》者,流览乎此,传中之人无一不悉其本末,夫而后因人以论事,即事以征义,默会乎左公之微言,以折衷《春秋》之大旨,庶乎立言有本,不至流为空疏、浮滑之谈,或亦穷经者之一助也乎!"

观点九（刘大杰《中国文学发展史》）："《左传》具有'文史结合'的特点，以善于写人叙事的手法，把多样的人物活跃地记载或形象地表现出来。"

观点十（钱钟书《管锥编》）："吾国史籍工于记言者，莫先乎《左传》""盖与小说、院本之臆造人物、虚构境地，不尽同而可相通"。

☆ **问题来了：**

读了以上的争鸣，你更倾向于哪些观点？谈谈你的看法。

_____

_____

_____

六、学以致用

《左传》以记事方式传递儒家思想，通过大量的具体事例宣扬君子的诚实、守信、勤劳、节俭、谦让、自爱、正直、感恩等美德，据统计，作品中"仁"共出现30次，"义"共出现80次，"礼"共出现320次，"信"共出现126次。对战争场面的描写，则纤毫毕现，作者把每一场战役都放在大国争霸的背景下展开，写战场交锋多用略笔，而战争之起因、战前的策划及战后的影响则详写，把战争的胜负与参战国的政局、民心的向背、将帅的品格等因素有机地联系起来，写出了某种历史的必然性。这些都给我们的现实生活带来了启示。

☆ **问题来了：**

1. 在《曹刿论战》中，曹刿提出"一而鼓，再而衰，三而竭"的观点，强调在行事中，特别是面对困境时，要一鼓作气克服困难。作为学生，无论在学业上，还是处世上，都无可避免地会面临困境，你认为曹刿的论断，教给了我们什么道理？

_____

_____

  2.《烛之武退秦师》作为不朽名篇目，细读之下令人受益良多。试从以下三点思考并记录下感受。(1) 郑伯先前未重用烛之武，而国难当前，他又能虚心接受烛之武的批评与嘲讽。郑伯礼贤下士，学会反思，给你了什么启发？(2) 烛之武攻心为上，通过三个回合，便成功说服秦伯，达到智退秦师的目的。在现实生活中，沟通表达的作用是显而易见的。在沟通不畅时，你觉得应该怎样打破对话僵局，并让对方逐步接受你的观点？(3) 烛之武夜缒而出，孤身涉险，其实他对自己这一趟出使并没有很大的把握，但可以看出他忠于国家，顾全大局。他在关键时刻很有勇气，站得出来；敢于献身，豁得出去。从中，我们可以得到哪些触动？

_____

_____

  3. 父母是孩子的第一任老师。作为父母，最需要做的并非帮孩子把前路的坑洼全部填平，而是要引导他们走向最正确的道路。《左传》中有不少父母教育失败的教训。当今，如何教育好孩子是不少家长关心的大事，2020年疫情之下各地学生长时间居家网课学习，围绕按时完成学习任务这一问题，父母与孩子产生了不少矛盾，无数家长一致盼望疫情早日结束，学校早日复课，让孩子们"神兽归笼"。从历史到当下，教育孩子永远是一个共同的热门话题，也是个难题。结合相关内容，你认为《左传》给父母带来了什么建议？写下你的心得，并与父母交流分享。

___

4. 《左传》中许多广为传诵的名言警句，光照千秋，给后人在治国理政、为人处世、修身养性等方面带来了深刻的启迪。习近平主席就在多个场合引用《左传》中的箴言，如2013年6月28日，在全国组织工作会议上的讲话引用"一命而偻，再命而伛，三命而俯，循墙而走，亦莫余敢侮。饘于是，鬻于是，以糊余口"；2013年3月22日，在俄罗斯"中国旅游年"开幕式上的致辞引用"亲仁善邻，国之宝也"；2018年12月13日，在十九届中央政治局集体学习时引用"善不可失，恶不可长"；在2019年第8期《求是》杂志上发表的文章《一个国家、一个民族不能没有灵魂》中引用"太上有立德，其次有立功，其次有立言"。以上引用，带来了不俗的社会反响。试从以下名句中选取一二，说说带给你哪些方面的启发。

(1) 多行不义必自毙。（《左传·隐公元年》）

(2) 唇亡齿寒。（《左传·僖公五年》）

(3) 民生在勤，勤则不匮。（《左传·宣公十二年》）

(4) 人谁无过？过而能改，善莫大焉。（《左传·宣公二年》）

(5) 众怒难犯，专欲难成。（《左传·襄公十年》）

(6) 思则有备，有备无患。（《左传·襄公十一年》）

(7) 华而不实，怨之所聚也。（《左传·文公五年》）

(8) 我闻忠善以损怨，不闻作威以防怨。（《左传·襄公三十一年》）

(9) 俭，德之共也；侈，恶之大也。（《左传·庄公二十四年》）

（10）不以一眚掩大德。（《左传·僖公三十三年》）

七、阅读建议

1. 原生态阅读：阅读要读原著，不带现成观点去阅读，才能对文本做出属于自己的个性化理解。要精选优秀读本，如郭丹等人主编的《左传》，注释、注音、译文都比较精到。

2. 批注与整理：在阅读时要圈出书中的基本信息。情节、人物、主要事件、重要地点，做好批注、摘抄和读书笔记，加深对作品的理解和体会。也可以尝试打破作品编年体的体例，用国别体列出各诸侯国的发展脉络，如楚国大致经历了三个时期：一是被边缘化时期，主要对应楚武王、楚文王；二是逐步称霸时期，主要对应楚成王、楚庄王、楚共王；三是重振自我时期，主要对应楚康王、楚灵王、楚平王、楚昭王、楚惠王。也可以尝试为春秋五霸作传的形式，分别为齐桓公、晋文公、秦穆公、楚庄王、宋襄公这五位霸主整理出其人生轨迹。举例：霸主晋文公，姬姓，名重耳，晋献公之子，母亲为狐姬。晋文公谦虚好学，善于结交能人志士。骊姬之乱时被迫流亡在外19年，在秦穆公的支持下回晋，杀晋怀公而立。晋文公在位期间任用狐偃、先轸、赵衰、贾佗、魏犨等人实行通商宽农、明贤良、赏功劳等政策，作三军六卿，使晋国国力大增。对外联合秦国和齐国伐曹攻卫、救宋服郑，平定周室子带之乱，受到周天子赏赐。楚成王率领楚、郑、陈等国军队围攻宋国都城商丘。宋国派人到晋国求救。晋文公争取了齐国和秦国参战，壮大了自己的力量。而后，又改善了晋同曹、卫的关系，孤立了楚国。后晋军诱敌深入，楚军陷入重围，全部被歼。晋文公请来周襄王，并召集齐、宋等国在践土（今河南广武）和诸侯会盟，史称"践土会盟"。周天子册封晋文公为"侯伯"（诸侯之长），并赏赐他黑红两色弓箭，表示允许他有权自由征伐。晋文公正式成为第二位霸主，开创了晋国长达百年的霸业。

3. 批判性阅读：阅读文章时，不要仅停留在"是什么"，还要读出"为什么"和"怎么样"。与文本保持一定的距离，独立地进行思考，而不是完全被作者的想法牵着走。阅读时学会提问题，培养自己的批判性思考能力。

4. 借鉴性阅读：适当选择一些名家解读《左传》的文章，如钱钟书《管锥编》中的《左传正义》解读视角独特，张高平的《春秋书法与左传史笔》是现代学者研究《左传》的必读书目，何新文的《〈左传〉人物论稿》故事性强，读来津津有味。

因为《左传》是一部编年体史书，所以会导致对人物的刻画分散在不同的篇章中。我们细读整本书，才能形成对人物的全面认识。高士奇《左传纪事本末》是按照纪事本末体改写的，在一定程度上克服了编年体"断烂朝报"之弊。此外《公羊传》《谷梁传》与《左传》并称"《春秋》三传"，它们都是解释《春秋》的作品，不妨将此三本书结合起来阅读，更好地理解其中所记载的事件，亦能通过对比体会《左传》的杰出成就。

八、相关链接

1. 如果你想详细了解春秋时期的礼制，可以读读殷俊莲的《〈左传〉与齐国风俗文化研究》和赵爱华的《〈左传〉与鲁国风俗文化研究》。这两篇论文都非常专业系统地论述了《左传》中所展现的齐鲁民俗。

2. 如果你想了解比较有代表性的《左传》的解读，可以选择以下书籍：

◆ 杨伯峻，徐提．白话左传［M］．北京：中华书局，2016.

◆ 石珹，王思桐．左传撷华［M］．北京：北京联合出版公司，2019.

◆ 童书业．春秋左传研究［M］．上海：上海人民出版社，2019.

◆ 杨茂义．左传之礼研究［M］．北京：中国社会科学出版社，2019.

◆ 王维堤．左传选评［M］．上海：上海古籍出版社，2011.

◆ 李卫军．左传集评［M］．北京：北京大学出版社，2017.

◆ 郭丹．左传开讲［M］．上海：华东师范大学出版社，2013.

3. 如果你想通过视频来了解当代学者对《左传》的解读，可以观看由北京大学邵永海教授主讲的古代汉语课程《左传》。

史家之绝唱　无韵之《离骚》
——走进《史记》

设计者：王静（浙江省镇海中学）

QQ：718190502

一、导语

它上起黄帝，下至汉武帝，会通三千多年"古今之变"；网罗天下旧闻，汇集百家杂语，首开"百科全书式"通史之先河。《史记》不仅是我国纪传体史学的奠基之作，也是传记文学、戏曲、小说的开山鼻祖，近代学者柳诒徵先生称其为"文学、历史两家之祖"，鲁迅先生誉其为"史家之绝唱，无韵之《离骚》"。

☆ 问题来了：

1.《史记》包罗万象，涵盖政治、经济、文化、学术、军事、谋略、风俗、人情、天文、律历、地理、水利等方面的内容，你对哪些方面比较感兴趣？

_____

_____

2. 后世有许多小说、电影、戏剧等直接取材于《史记》，你能举出一些吗？

_____

_____

_____

二、关于作者

司马迁,字子长,左冯翊夏阳(今陕西韩城)人。汉景帝中元五年(公元前145年)生,大约卒于汉武帝征和三年(公元前90年)。20岁时游历江、淮,开始进行实地历史调查。他还多次跟随汉武帝出巡,西到崆峒(空桐),东登泰山,北出长城……这些经历为他了解各地风土人情、网罗天下放佚旧闻提供了宝贵机会。太初元年(公元前104年),修订完新历法后,司马迁开始著述《史记》。天汉二年(公元前99年),因替投降匈奴的李陵辩护,触怒汉武帝,获罪下狱,并于次年被处以宫刑。两年后遇赦出狱,担任中书令。受刑后,司马迁痛不欲生,多次想引决自裁,但为了完成巨著,不得不忍辱含垢。大约在征和二年(公元前91年),基本完成《史记》的撰写工作。

☆ 问题来了:

1. 在《太史公自序》中,司马迁曾述及父亲司马谈的渊博学识、临终遗嘱以及对他的规划培养。你是否从中体悟到了司马谈家庭教育的成功之道?这对我们当下的家庭教育有何启迪?

_____

_____

2. 游历使司马迁增加了见识,开阔了胸襟,也促进了其进步历史观的形成。

(1)梁启超先生曾将司马迁"经行之地"摘录出来,并"试取一地图,按今地,施朱线,以考迁游踪"。你是否可以仿照①②补充出下面文章中涉及地名的句子,并在地图上一一标示出来?

①《五帝本纪》:余尝西至空桐,北过涿鹿,东渐于海,南浮江

淮矣。

②《齐太公世家》：吾适齐，自泰山属之琅琊，北被于海，膏壤二千余里。

③《孔子世家》：＿＿＿＿＿＿＿＿＿＿＿＿＿＿＿＿＿＿。

④《伯夷列传》：＿＿＿＿＿＿＿＿＿＿＿＿＿＿＿＿＿＿。

⑤《孟尝君列传》：＿＿＿＿＿＿＿＿＿＿＿＿＿＿＿＿。

⑥《信陵君列传》：＿＿＿＿＿＿＿＿＿＿＿＿＿＿＿＿。

⑦《春申君列传》：＿＿＿＿＿＿＿＿＿＿＿＿＿＿＿＿。

⑧《屈原贾生列传》：＿＿＿＿＿＿＿＿＿＿＿＿＿＿＿。

⑨《淮阴侯列传》：＿＿＿＿＿＿＿＿＿＿＿＿＿＿＿＿。

（2）你参加过哪些有意义的研学旅行？到过《史记》中记载的哪些地方？

＿＿＿＿＿＿＿＿＿＿＿＿＿＿＿＿＿＿＿＿＿＿＿＿＿＿＿＿＿

＿＿＿＿＿＿＿＿＿＿＿＿＿＿＿＿＿＿＿＿＿＿＿＿＿＿＿＿＿

3. 很多学者认为，司马迁精湛的学术造诣与独到的历史见解，与他生长的时代、社会息息相关。你了解汉武帝时期的社会生活情况吗？请从政治、经济、外交、文化、学术等领域中选取一个角度做些介绍。

＿＿＿＿＿＿＿＿＿＿＿＿＿＿＿＿＿＿＿＿＿＿＿＿＿＿＿＿＿

＿＿＿＿＿＿＿＿＿＿＿＿＿＿＿＿＿＿＿＿＿＿＿＿＿＿＿＿＿

三、内容解析

全书分为 12 本纪、10 表、8 书、30 世家、70 列传，共 130 篇，

52万余字。

本纪：全书的提纲。按年月顺序记载历代帝王的政绩，其中记载先秦历史的5篇，依次是五帝、夏、殷、周、秦；记载秦汉历史的7篇，依次是秦始皇、楚霸王项羽、汉高祖刘邦、吕太后吕雉、孝文帝刘恒、孝景帝刘启和孝武帝刘彻。

表：全书叙事的联络线。用表格简列各个时期的人物、史事，或年经国纬，或国经年纬，用以补充本纪、世家、列传记叙之不足。分为年表、世表和月表三种，除了《三代世表》《秦楚之际月表》外，其余都是年表。年表按内容又可分为大事年表和人物年表两类，如《六国年表》和《高祖功臣侯者年表》。

书：记述典章制度的变革，涉及礼乐、军事、历法、天文、祭祀、水利、经济等方面，是某一方面专题资料的汇编，比如《天官书》专记天文星象，《河渠书》专记河流水利，《平准书》专记经济政策。

世家：记述影响深远的王侯、贵族事迹，主要包括先秦各诸侯王和汉代封为诸侯王的刘姓子侄、封为侯的开国功臣，以及在司马迁看来有特殊地位、特殊影响的人物，如孔子、陈涉。为什么是30篇？取《老子》"三十辐共一毂"的意思，表示那些"辅弼股肱之臣"像辐条集于车毂一样，"忠信行道，以奉主上"。

列传：记载各时代帝王、诸侯以外各方面代表人物的生平事迹和少数民族的历史。分为专传、合传、附传、类传四种。只写一个人物的称作"专传"，如《淮阴侯列传》；写两个人物或几个人物的称作"合传"，如《廉颇蔺相如列传》，合传有的取事迹相关、行为相类，有的取学术相承、人品相近；同性质的人物或同一专业的人物合在一起叫"类传"，如《游侠列传》《酷吏列传》《货殖列传》等，其中

《匈奴列传》《西南夷列传》是有关少数民族的类传；另外还有"附传"，就是在一个人物的传记后面，附带记叙其家族子孙后人或事迹相近的其他人物。

五种体裁，互相补充，相辅相成，构成一个严密的整体。《史记》还创造了用"太史公曰"评论事件、人物的形式。后人将放在一篇之前的评论叫作"序"，放在一篇之尾的叫作"赞"，夹在一篇之中的叫作"论"。其内容丰富多彩，或总括全篇，阐明一篇之主旨；或自叙见闻，讲清取材之原则；或直抒胸臆，表达对人物的爱憎褒贬；或议论古今，总结治乱兴衰的经验。

☆ 问题来了：

1. 司马迁在《报任安书》中说："文王拘而演《周易》；仲尼厄而作《春秋》；屈原放逐，乃赋《离骚》；左丘失明，厥有《国语》；孙子膑脚，《兵法》修列；不韦迁蜀，世传《吕览》；韩非囚秦，《说难》《孤愤》；《诗》三百篇，大抵贤圣发愤之所为作也。"他总结历史上许多伟人逆境著书的事迹，提出了"发愤著书"说。阅读《史记》后，请具体说说以上人物的经历，并就作家痛苦经历与创作成就之间的关系发表你的看法。

2. 李景星在《史记评议》中说："升项羽于'本纪'，列陈涉于'世家'，俱属太史公破格文字。"在《项羽本纪》《陈涉世家》中，司马迁是如何阐述"破格"理由的？你是如何看待"破格"的？《史记》中是否还有其他"破格"人物？请再举一例。

3.《史记》中记载了很多任用人才的史实,比如以"养士"著称的"战国四君子"——孟尝君、平原君、春申君、信陵君。阅读有关的四篇列传,说说他们是如何礼贤下士、广招宾客的,对今天的我们有何启示。请总结三条以上值得汲取和推广的经验。

4."太史公曰"是司马迁"一家之言"的重要组成部分。请阅读秦始皇、汉高祖、吕太后、孝文帝等本纪的"论""赞",概括司马迁关于治国为政有哪些"一家之言"。

5.钱钟书在《管锥编》中说:"此篇(《货殖列传》)则全非'大事纪''人物志',于新史学不啻手辟鸿蒙矣。"肯定了司马迁在史书中写入经济问题的开创性贡献。司马迁在《货殖列传》中发表了哪些精辟的见解?请摘录出来并根据你的理解加以阐述。

6.《史记》中的英雄人物,影响、塑造着中华民族的价值观、精神品格。1937年5月,日本发动全面侵华战争前夕,商务印书馆从《史记》《左传》《战国策》中撷取8位忠义人士的故事,编成《中华民族的人格》小册,激励人民像典籍中的仁人义士一样保家卫国,在当时产生了重大影响。其中出自《史记》的有五位,分别是公孙杵臼(含程婴)、豫让、聂政(含聂荣)、田横(含二客)、贯高。为什么从《史记》中选取这些人士?你能试着阐述理由吗?今天如果要编写一本关于"开拓进取"的小册子,你会从《史记》中选取哪些人物?请说说你的理由。

_____
_____
_____
_____

四、艺术鉴赏

《史记》创立了"以人为中心、寓意于叙、叙议结合"的史学手法,对后世传记文学有着深远而积极的影响。张大可先生认为,《史记》文学的最高成就是在实录史事的基础上刻画了典型形象。不单写人物事迹,而且写出了人物的性格和灵魂,同时还寄托了作者的爱恨和生活体验。一部《史记》,记录了四千多个人物,其中给人印象深刻的有一百多人。司马迁运用多种手法,塑造鲜明生动的人物形象,比如场景烘托法、对照法、互见法。描写细致传神,注重运用细节描写、心理描写、个性化语言描写等。他高超的写人艺术常为后世小说家所师法。金圣叹在《读第五才子书法》中说:"《水浒传》方法,都从《史记》出来。"《史记》语言通俗易懂,素以"简约"著称。无论是叙述语言还是人物语言,皆精炼生动,富有表现力。晋代张辅说:"迁之著述,辞约而事举。"明代茅坤在《史记钞》中说:"于中欲损益一句一字处,便如于匹练中抽一缕,自难下手。"

☆ 问题来了：

1. 寓论断于叙事。作者将自己的论断寓含在历史叙事中，这是《史记》叙事的一大特色。顾炎武在《日知录》中说："《王翦传》末载客语，《荆轲传》末载鲁勾践语，《晁错传》末载邓公与景帝语，《武安侯田蚡传》末载武帝语，皆史家于序事中寓论断法也。"借助他人言论来表明自己的观点，是"寓论断于叙事"较常用的手法。请以《李将军列传》为例，分析作者是如何借助他人评论或反应来论断飞将军李广的。

2. 典型事例。司马迁善于截取最典型的事例来突出表现人物的个性特征。

（1）宏大叙事。将人物置于一系列重大的历史事件中加以表现，比如用完璧归赵、渑池之会、将相和，集中反映廉颇、蔺相如两人的思想性格。请仿照示例，从《史记》中选取三位人物，结合其主要历史事件，写三副对联。可以专写一人，也可以两人合写。

示例①：酣歌燕市，遂将热血酬知己；
　　　　廷刺秦王，唯留易水作寒声。

示例②：有志者、事竟成，破釜沉舟，百二秦关终属楚；
　　　　苦心人、天不负，卧薪尝胆，三千越甲可吞吴。

（2）生活细节。通过生活细节探寻人物性格或命运的成因，比如韩信的"漂母寄食""俛出袴下"。《史记》中还有哪些生活细节给你留下了深刻印象？请说说这些细节与人物刻画之间的关系。

3. 互见法。"互见法"就是苏洵所说的"本传晦之，而他传发之"，许多人物的缺点不在本传中书写，往往出现在其他传记中。"互见法"写出了人物性格的错综复杂。以项羽为例，除《项羽本纪》外，司马迁还在《高祖本纪》《陈丞相世家》《淮阴侯列传》等篇中对其加以叙述。请阅读相关篇章，写一段人物评析，要求从正反两方面对项羽加以评说。

4. 以文运事。在"实录"的基础上通过合理想象，生动再现历史场景和人物，深入描摹人物的内心，塑造了一批神情逼真、个性鲜明的人物形象。沈从文先生曾这样叙说《史记》的艺术魅力：在四川农村里参加土改工作队的一个难眠之夜，从垃圾堆中翻出了一本残缺不全的《史记》选本，在灯下读了李广、窦婴、霍去病、卫青、司马相如的传记，"不知不觉间，竟仿佛如同回到二千年前社会气氛中，和作者时代生活情况中，以及用笔情感中"。请你在沈先生提到的人物中选择一位，通过"实录与想象"，评析作者是如何来塑造他的。

5. 言微旨远。《史记》语言凝练优美、旨意丰富，有着极强的生命力，很多成语典故、俚语俗谚在民间广泛流传，给人以智慧的启迪，比如"尺有所短，寸有所长""运筹帷幄之中，决胜千里之外""一诺千金""纸上谈兵""毛遂自荐"等，不胜枚举。假如让你编写一本关于《史记》的妙语词典，你会选择哪些词句？

_____
_____
_____

五、争鸣商榷

《史记》这部文史巨著，其史学价值和文学价值是在读者的阐释、争论中不断得到发掘、建构的。历代读者，或评议司马迁的历史观，或评判书中的历史人物、历史事实，或评价其中运用的文学手法。评论形式也多种多样，有史论、诗歌、批注、文论等，不一而足。下面选取了一些比较有代表性的名家观点，请你研读完《史记》后，再看看这些"争鸣"之论，深入思考并发表自己的看法。

观点一（东汉班固）："其是非颇谬于圣人，论大道则先黄老而后六经，序游侠则退处士而进奸雄，述货殖则崇势利而羞贱贫，此其所蔽也。然自刘向、扬雄博览群书，皆称迁有良史之材，服其善序事理，辨而不华，质而不俚，其文直，其事核，不虚美，不隐恶，故谓之实录。"

观点二（北宋苏轼）："吾尝以为迁有大罪二，其先黄老，后六经，退处士，进奸雄，盖其小小者耳。所谓大罪二，则论商鞅、桑弘羊之功也……秦之所以富强者，孝公务本力穑之效，非鞅流血刻骨之功也。而秦之所以见疾于民，如豺虎毒药，一夫作难而子孙无遗种，则鞅实使之。至于桑弘羊,斗筲之材,穿窬之智,无足言者。"

观点三（北宋王安石）:"自古驱民在诚信,一言为重百金轻。今人未可非商鞅,商鞅能令政必行。"

观点四（明代董份）:"史迁遭李陵之难,交游莫救,身受法困,故感游侠之义。其辞多激,故班固讥其'进奸雄',此太史公之过也。然咨嗟慷慨,感叹婉转,其文曲至,百代之绝矣。"

观点五（现代鲁迅）:（司马迁）恨为弄臣,寄心楮墨,感身世之戮辱,传畸人于千秋。虽背《春秋》之义,固不失为史家之绝唱,无韵之《离骚》矣。

观点六（当代高亨）:商鞅变法适应历史的潮流,得到人民的支持,废除奴隶社会制度,建立封建社会制度,秦国从而由奴隶社会进入封建社会。正是由于商鞅在秦国建立了封建制度,奠定了富强基础,因而秦始皇用其雄才大略,在人民的支持下,以秦国的武力灭亡了六国;又把秦国的政治推行于六国,不仅完成了统一大业,而且促进了社会发展。由此可见,商鞅和秦始皇在当时的功业,均是史册的光辉。

观点七（当代韩兆琦）:作品以儒侠对举,以儒为侠作反衬,歌颂了游侠,特别是那些闾巷布衣之侠的言必信、行必果,急人之难,不爱其躯的高尚品质,对他们的行为活动表现出无比的钦敬;对他们的不幸结局表现出极大的愤慨。汉代自武帝尊儒以来,以公孙弘为代表的儒生们皆以猎取功名为目标,以阿谀人主、粉饰酷法为能事。也有少数"拘于咫尺之义""不苟合于世"的人,这些人虽有高名,但对于国家社会却一无所补。以上两种人布于朝野,都是被社会舆论称道的。而那些敢怒敢为,敢触法网以济人之困的豪侠之士,却深受迫害打击,死蒙奸盗之名。而杀侠者,又儒者也。司马迁对于这种是非颠倒的极大不公表现出无比的愤慨。此文（《游侠列传》）应与《儒林列传》《酷吏列传》《平津侯主父列传》并看，其义始明。这是关涉汉代政治法律、道德风尚等许多社会问题的作品，有人单从司马迁受宫刑无人营救，因而向往游侠的角度着眼，这当然也不算错，但恐失之过狭。

观点八（当代张大可）：《刺客列传》和《游侠列传》，大旨都是颂扬反暴的精神。所不同的是，《刺客列传》反映的是政治斗争，宣扬扶弱锄强的正义精神。至于《游侠列传》，可以说是颂扬绿林义气，宣扬下层人民扶弱救困的"仁义"道德。游侠的出现，是封建社会法制瓦解、匹夫抗愤的一种形式。游侠为受压迫、受冤屈的下层人民伸张正义，而不惜牺牲生命，司马迁歌颂他们，表现了他支持广大人民反暴的愿望，这已经超出了传统的儒家思想，受到正统史家的非难。但这正是司马迁思想闪光的精华之一。

观点九（当代张新科）：正是这些奇特人物的出现，使《史记》成为一部具有强大力量的作品。为了突出表现这些奇特人物，司马迁特别注重特异性的故事情节、特异性的场面，如《田单列传》的火牛阵，《淮阴侯列传》的背水一战，《越王勾践世家》的卧薪尝胆，《留侯世家》的张良遇黄石公、借箸发难、商山四皓，《郦生陆贾列传》的"狂生"郦食其见刘邦等，都是极有情致的奇人奇事。"爱奇"的审美观不只是史学家在搜求历史资料，也是文学家通过资料发现自己认为美的对象，能体现生命力的人和事，而且不受他人约束。这就使《史记》不同于一般的历史著作，所写的奇特之人都是"有故事的人"，有热乎乎的生命，具有了文学的传奇色彩、故事特征和审美享受。

☆ 问题来了：

以上言论主要围绕《史记》"序游侠"、论商鞅以及取材上的"爱奇"倾向展开的。这些不同时期的名家虽然落笔于局部，但是着眼于整本书，表达了他们对司马迁写作风格的基本观点。这些评价对你有何启发？请谈谈你的认识。也可以对其他比较感兴趣的话题发表见解，与大家分享。

_____

_____

六、学以致用

《史记》是文史结合的典范，被誉为"正史鼻祖，文章大宗"。其"实录"精神、纪传体史例，对两汉以后史籍尤其是正史的编写产生了重要影响。其叙事写人的笔法，为后世传记文学、小说等各种体裁的文学作品的发展提供了丰富的营养。《史记》中精彩的故事情节和生动的人物形象，触发历代文人的思古幽情，使后代涌现出大量的史论、人物论。《史记》中人物故事也给后人提供了再创造、再表现的载体，从宋代戏文到元明杂剧，从明清传奇到现代地方戏、历史剧和小说，各类作品常取材于《史记》。比如现当代小说，鲁迅《故事新编》中的《理水》《采薇》，就分别借助了《史记·夏本纪》中的鲧、禹治水和《史记·伯夷列传》中伯夷、叔齐之事；张爱玲的《霸王别姬》和郭沫若的《楚霸王自杀》均取材于《史记·项羽本纪》。

☆ 问题来了：

司马迁对历史的尊重和对文学的开创性贡献给我们带来了什么启发？《史记》中哪些人物故事能给我们以生活的智慧和力量？司马迁

在《史记》中所表现的人生观、价值观，有哪些值得我们现代人汲取？请选择一个角度写一篇读后感。

七、阅读建议

1. 最好阅读有注释的文言原著，而不是看白话版的《史记》。先阅读《太史公自序》《汉书·司马迁传》和《报任安书》，以了解司马迁的生平经历和《史记》的全书大概，深入理解作者切身遭遇与其历史观形成、《史记》创作之间的关系。

2. 按照年表划分的五个时期——五帝三王、春秋、战国、秦楚之际、汉代，阅读相关篇目，以求得对每一历史时期的系统了解。比如秦楚之际，相关篇目主要有《项羽本纪》《高祖本纪》《陈涉世家》《萧相国世家》《曹相国世家》《留侯世家》以及《淮阴侯列传》《魏豹彭越列传》等汉初功臣人物的列传。可从自己最感兴趣的某个时期某个人物读起，然后根据"互见法"，阅读与之相关的其他篇章。

3. 章太炎曾说，"读史致用之道有二，上焉者察见社会之变迁，以得其运用之妙；次者牢记事实，如读家中旧契，产业多寡，了如指掌"。阅读时，要善于借助读书札记、评注等形式，熟知重要人物、重要事件，概括、理解作者的"一家之言"，力求对治乱兴衰有自己的见解。

4. 引入其他资料辅助阅读。可以与地理书、地图相配合，与《汉书》《资治通鉴》相比照，借鉴一些史家评议、名家分析，以促进深入理解。也可以通过观看与之相关的诗文、电影、剧本等，激发进一步阅读或再创作的兴趣。

5. 设身处地与史书中的人物共情。在人物跌宕起伏的历史命运、丰富多变的心灵激荡中观照一个时代的精神，探寻民族品格的历史成因，拓展看待事物的思维、视野，汲取人格力量与精神营养，为现实人生提供生存发展的智慧。

八、相关链接

1. 如果你想比较全面、深入地研读《史记》，不妨阅读下面几部作品：

◆ 韩兆琦．史记笺证［M］．南昌：江西人民出版社，2004.

◆ 张大可．张大可讲《史记》［M］．北京：中国人民大学出版社，2013.

◆ 韩兆琦．史记应该这样读［M］．北京：中华书局，2019.

◆ 张大可，匡亚明．司马迁评传［M］．南京：南京大学出版社，1994.

◆ 杨照．史记的读法：司马迁的历史世界［M］．桂林：广西师范大学出版社，2019.

2. 如果你想从《史记》中汲取为人处世的智慧，可以参看下面解读作品：

◆ 张学成．《史记》人生艺术十讲［M］．北京：清华大学出版社，2015.

◆ 计正山．《史记》的人生智慧［M］．南京：江苏人民出版社，2016.

3. 如果你想听听关于《史记》的通俗易懂的讲解，可以在网上搜索观看下面视频或课程：

◆《百家讲坛》之王立群读《史记》

◆《听吕世浩讲史记》

知者行之始　行者知之成
——走进《传习录》

设计者：程载国（浙江省余姚中学）

微信：jiaoshou1545

一、导语

20 世纪初，一位在日本留学的浙江青年在他的日记里记录了这样一番情景："不论在火车上、电车上或渡轮上，凡是旅行的时候，总看到许多日本人在阅读王阳明的《传习录》，许多人读了之后，就闭目静坐，似乎是在聚精会神思索精义。"经过广泛的调研和深入的思考，这位青年得出了一个结论——中日之间，只差一个王阳明。他说："儒道中最得力的，就是中国王阳明知行合一'致良知'的哲学。日本窃取'致良知'哲学的残余，便改造了衰弱萎靡的日本，统一了支离破碎的封建国家，竟成就了一个今日称霸的民族。"

这位来自浙江的青年对他的乡贤前辈的评价是否客观？王阳明到底是一个怎样的传奇人物？《传习录》又是一本怎样的神奇读本？让我们带着疑惑一起走进他的《传习录》，一探究竟吧！

☆ **问题来了：**

1. 将老师与弟子、门人的谈话辑录成书，以记录师生的思想感悟，是儒家学说传承的重要方式。除了《传习录》，你还能举出一两部这样的语录体著作吗？说说它们在内容与体例上有何差异。

2.《传习录》记录师生对话时所用的语言基本是明代官话，而其中的书信用的则是典雅的文言。一本学术著作，语言风格为什么这样不统一？试结合上卷的《徐爱录》和中卷的《答顾东桥书》，具体谈谈你的看法。

二、关于作者

王守仁，字伯安，生于明宪宗成化八年（1472年），卒于明世宗嘉靖七年（1528年），浙江余姚人。曾在绍兴附近的阳明洞讲学，自号阳明子，世称阳明先生。他是朱熹之后的一位大儒，是"心学"运动最有影响力的代表人物之一。王阳明不仅学问精深，在带兵打仗方面也很有造诣。因平定"宸濠之乱"等军功，他被封为新建伯，隆庆年间又被追赠侯爵。

☆ 问题来了：

1. 王阳明故居里面悬挂着"真三不朽"的匾额。你知道什么是"真三不朽"吗？你认为王阳明担得起"真三不朽"的称誉吗？试结合你所掌握的资料具体说说。

2. 浙江大学的董平教授著有《传奇王阳明》一书,介绍了王阳明的生平事迹与学术思想。翻阅这本书或查找其他你能找到的资料,简要说出一两个王阳明的传奇故事吧!

_____
_____
_____

3. 日本学者高濑武次郎曾指出:"大凡阳明学含有二元素,一曰事业的,一曰枯禅的。得枯禅之元素者可以亡国,得事业之元素者可以兴国。"你如何看待阳明心学给中日两国带来的影响?

_____
_____
_____

三、内容解析

《传习录》是一本专论"心学"的语录体著作。全书围绕"心即理""知行合一""致良知"和"万物一体"四大基本命题展开。其中,"心即理"是阳明心学的逻辑起点,"知行合一"和"致良知"是阳明心学的核心要素,"万物一体"是"致良知"的升级版本,四者构成了阳明心学严密的思想体系。王阳明用浅显的语句,阐述了深刻的哲学道理,书中有不少使人警醒的话语。

☆ 问题来了:

1. 或问:"晦庵(朱熹)先生曰:'人之所以为学者,心与理而已。'此语如何?"曰:"心即性,性即理。下一'与'字,恐未免为二。此在学者善观之。"

请根据这条语录说说王阳明与朱熹在哲学见解上的差异。

2. 时至今日，王阳明"知行合一"的学说已经广为流传。据说全国有上百所学校以此为校训。但大众对这四个字的误解也很多。很多人将"知行合一"理解为做人要"说到做到，要讲诚信"。你能从《传习录》中摘引相关语句来解释清楚究竟什么是"知行合一"吗？

3. "夫学贵得之心，求之于心而非也，虽其言之出于孔子，不敢以为是也。而况其未及孔子者乎？求之于心而是也，虽其言之出于庸常，不敢以为非也。而况其出于孔子乎？"

这段话让你想起了当今哪些学术不端的现象？它告诉我们在学问之路上应该秉持怎样的学术精神？

4. 先生曰："人胸中各有个圣人，只自信不及，都自埋倒了。"因顾于中曰："尔胸中原是圣人。"于中起不敢当。先生曰："此是尔自家有的，如何要推？"于中又曰："不敢。"先生曰："众人皆有之，况在于中，却何故谦起来？谦亦不得。"于中乃笑受。

在儒家思想体系中，"圣人"这一称呼只有周公、孔子等人配得上，孟子也只能称"亚圣"。王阳明为什么说自己的弟子王于中是个"圣人"？

5. 请结合全书，说说"致良知"中的"致"字有哪几方面的内涵。你是如何理解"致良知"的？

6. 在《答顾东桥书》《答聂文蔚》中，王阳明对"万物一体"思想有较为详尽的阐发。请你仔细阅读这两篇文章，说说"万物一体"思想与西方激进环保主义者主张的动物与人类享有同等权利有哪些异同。

四、艺术鉴赏

针对当时的社会弊病，《传习录》提出了以"知行合一"和"致良知"为中心的哲学、学术、教育以及政治上的解决方案，因而是一部充满智慧的哲学著作。与此同时，我们也不可忽视《传习录》一书的文学价值。虽然选择语录体这一表达形式，但与其他语录体著作相比，《传习录》中的对话有相对完整的结构，也有集中明确的主旨，读者倾心阅读的过程，如同与一颗伟大的心灵直接对话，敬畏感和崇高感油然而生。《传习录》善用修辞，有信手拈来的典故，有智慧灵动的比喻，有电闪雷鸣般的排比，还有师徒间充满友善的揶揄、调侃。这些富于生活气息又不乏文学才情的对话，多角度、多层次、生动地刻画了王阳明及其弟子的性格。

☆ 问题来了：

1. 细读《传习录》第七条、第二十四条、第九十九条、第二百零二条，品味师生交流背后所蕴含的教育原则与方法，体会这种表达方式的效果。

2. 《传习录》有多位不同的记录者，他们记录话语时问题聚焦是各不相同的，语言风格也会略有差异。试比较《徐爱录》与《薛侃录》所展现出来的不同个性特点或学术取向。

3. 《传习录》中收录了王阳明与友人讨论学术的书信。这些文章综合运用了各种修辞手法，充分展现了王阳明的文学才华。请从《答顾东桥书》《答聂文蔚》中挑选一两个段落，分析里面的修辞手法和表达效果。

4. 王阳明深谙启发式教育之妙用。《传习录》中有些对话，似乎话还没有讲完，却不见下文了。你能不能从《陈九川录》和《黄直录》中各找一两个例子，试着将里面的对话补充完整，并用心体会

《传习录》语言表达的留白艺术。

_____

_____

_____

五、争鸣商榷

观点一（王士祯）："王文成公为明第一流人物，立德、立功、立言，皆居绝顶。"

观点二（曾国藩）："王阳明矫正旧风气，开出新风气，功不在禹下。"

观点三（杜维明）："在东亚，五百年儒家思想的活水源头，就在王阳明。"

观点四（华裔汉学家秦家懿）："基本上说，阳明思想是入世性，救世性的；是好动过于好静的；可以用在现代化，民主化的。"

观点五（顾炎武）："以一人而易天下，其流风至于百余年之久者，古有之矣。王夷甫之清谈，王介甫之新说，其在于今，则王伯安之良知是也。"

观点六（张烈）："阳明一出而尽变天下之学术，尽坏天下之人心，卒以酿乱亡之祸。"

观点七（王夫之）："王氏之学，一传而为王畿，再传而为李贽。无忌惮之教立，而廉耻丧，盗贼兴……故君父可以不恤，名义可以不顾，陆子静出而宋亡，其流祸一也。"

☆ **问题来了：**

评价一本书或是一种学说，不能仅凭个人的喜好，也不能单看其在局部上存在的问题。对此，我们可以借鉴黄宗羲的评论标准："大丈夫行事，论是非，不论利害；论顺逆，不论成败；论万世，不论一生。"的确，我们要从时代潮流的顺逆来判断其对错，要从全局视角来分析其利弊，要从历史高度来讨论其影响。

你对《传习录》的评价是：
_____
_____
_____

六、学以致用

顿悟与渐修
——对《传习录》"致良知"思想的探求

程载国

王阳明本人有极深的佛教造诣，将佛教修炼方法引入身心之学也是很自然的事。佛教徒要成佛，主要有两条路径，禅宗南宗强调顿悟见性，北宗强调渐修成佛。阳明在阐发致良知思想时，因场合和对象的差异，时而强调顿悟，时而强调渐修。

一、致良知：阳明心学的核心概念

不管"良知"还是"致知"，均非阳明的原创概念，但"致良知"确乎阳明首创。"致良知"这一概念将作为本体的"良知"与作为工夫的"致知"一并点出，对中国思想史来说自有直指本心、醍醐灌顶的效应。与孟子的"性善论"相比，"致良知"的内涵更加清晰具体，具有很强的实践操作性；与陆九渊"先立乎其大"相比，"致良知"更加简易可行。"致良知"一是要向内扩充、至极，让内心抵达良知的状态，体察到人心与天理高度统一的状态，祛除心灵的蒙蔽，发现本真的"良知良能"；二是要向外推致、实行，在每时每刻的为人处世、待人接物中谦恭自守、自我砥砺，方能不断加深领悟。

在提出"致良知"这一概念后，阳明对自己的学说充满自信："故迩来只说致良知。"

如果我们把阳明心学的四大理论放到一起来考察，我们会发现"致良知"是其中的核心理论。"心即理"是"致良知"的理论起点，"知行合一"是"致良知"的必要功夫，"万物一体"是"致良知"对象扩展的结果。阳明心学这栋理论大厦的主楼就是"致良知"。

致良知学说是王阳明哲学思想的核心，标志着阳明心学的成熟。

二、致良知与顿悟

西方认知心理学对顿悟思维有过很深入的探讨，他们从文艺创作和科学研究的实例中发现了大量的顿悟案例，并据之总结出顿悟思维的基本模式。但中国古代的顿悟思维是从佛教禅宗那里学来的。

禅宗将顿悟区分为目前当处的顿悟、绝言绝虑的顿悟、智慧作用的顿悟这三大类型，指的是在目前的日常生活里，不借所谓"渐次"即次第与阶段及迂回的方便，当下截断，显现出智慧之作用来。

在阳明成圣之路上，有过两次顿悟的经历。"龙场悟道"经阳明弟子反复渲染之后已尽人皆知。这次顿悟决定了阳明人生大道的最终定向。因为有了这次顿悟的体验，阳明对困扰自己多年的格物致知理念有了全新的理解，而入世与遗世、避世的纠结也就此被抛在了脑后。

平定宁王之乱后，朝廷的猜忌与打压、同僚的中伤与陷害纷至沓来，再加上目睹追随自己的弟子与部下被投入大牢、江西的百姓接连遭遇水旱灾情，阳明经历了相当长一段时间的困苦艰难。而就在这百死千难之中，阳明悟出了"致良知"之说。这应该视作阳明成圣路上的第二次顿悟。

阳明的这两次顿悟，基本符合现代心理学对于顿悟思维的描述。顿悟的发生，需要具备一定的前置条件：一是对某一问题的长期专注的思考，阿基米德发现浮力规律、牛顿发现万有引力都是如此；二是顿悟的主体要具备相应的资质，灵感是需要智商来支撑的；三是要有最恰切的时机。佛教禅宗在讨论顿悟时只强调慧根，顿悟可遇而不可期。顿悟如此神秘，而阳明的"致良知"是要接引所有普罗大众的。因此阳明在与弟子讨论"致良知"学说时偶尔会流露出"顿悟"的观念，但不大会刻意强调这点。

"良知是造化的精灵，这些精灵，生天生地，成鬼成帝，皆从此出。真是与物无对。人若复得他完完全全，无少亏欠，自不觉手舞足蹈，不知天地间更有何乐可代。"将"良知"说成造化的精灵，这是在描绘"良知"虚无神秘的特性，而要体会"良知"的虚无神秘，可能需要借助顿悟。

"既知致良知，又何可讲明？良知本是明白，实落用功便是。不肯用功，只在语言上转说转糊涂。"在禅宗看来，语言文字会对顿悟造成障碍，因此禅宗大多反对立文字学说。阳明在这里强调"良知"的不可言说性，其实也是在暗示"良知"可借顿悟达至。

在阳明出征广西的前夜，王畿与钱德洪二弟子因对四句教理解发生争议而找阳明评判。王畿认为四句教应做"无"解，而钱德洪却认为应以"有"为根基。对弟子间的争执，阳明这样判定："二君之见，正好相资为用，不可各执一边……汝中之见，是我这里接利根人的；德洪之见，是我这里为其次立法的。二君相取为用，则中人上下皆可引入于道。"

在这段非常重要的语录里，阳明道出了致良知的两条路径：天资聪颖的"利根之人"可以采用顿悟的方法，直接体悟良知主体之

"无"；而天资一般的人，则宜用渐悟的方法，先得让他们去体悟良知实体的"有"。在有关"天泉证道"的记录里，我们可以看出，阳明既为自己能有王畿这样聪颖过人的弟子而欣喜，又担心王畿用顿悟的方式去传教会带来大弊端。

孔夫子提倡因材施教，《中庸》将求学者依资质分成"生而知之""学而知之""困而知之"这三个等次，阳明依据求学者的不同资质为他们提供了两套学习方案，可视为对儒家尊重事实精神的继承。

三、致良知与渐修

所谓渐修，即次第行、次第学、次第入道，是指通过逐步修行而转凡为圣，入道而得解脱。孔子十五有志于学，三十而立，四十不惑，五十知天命，六十而耳顺，七十从心所欲不逾矩，这就是渐修入道的最佳范例。

在龙场悟道之前，阳明一直在以渐修的方式探索格物致知之学，走过不少弯路，也遇到了许多挫折。阳明的哲友湛若水说阳明有五溺："初溺于任侠之习，再溺于骑射之习，三溺于辞章之习，四溺于神仙之习，五溺于佛氏之习。正德丙寅，始归正于圣贤之学。"阳明这五溺一方面说明他本人兴趣广泛，另一方面也说明通过渐修的方式悟道进展缓慢，疑惑太多，且容易导致自信缺失。

龙场悟道之后，阳明认清了修道的方向，也确立了修道的自信，但他本人并未因此放弃渐修，跟学生论学也总是强调渐修。

在与弟子谈话时，阳明十分坦诚地说起自己悟道之后的渐修："'我在南都以前，尚有些子乡愿的意思在。我今信得这良知真是真非，信手行去，更不著些覆藏。我今才做得个狂者的胸次，使天下之人都说我行不掩言也罢。'尚谦出曰：'信得此过，方是圣人的真血脉。'"

由阳明的这番话我们可以看出，顿悟与渐修，从一定角度看，是相互对立的两种修行方法，一个讲因缘见性，学有阶渐，一个主一悟得意，不落阶级。但是，从另一个角度看，二者又无不可相统一的地方。渐修与顿悟的统一关系，首先表现在二者的相资互济，相辅相成，假渐修以成顿悟，虽顿悟不废渐修。没有龙场之前的多年渐悟，不会有龙场悟道的智慧飞跃；龙场悟道之后如果不辅以多年的静心渐修，则龙场悟道也会失去意义。

阳明强调"人人心中有仲尼"，是为了鼓舞起学生的道德自信，让他们信得良知所在。而不是要他们总把自己当作圣贤，自以为是，不求上进。阳明不只鼓励学生通过静坐来修心，也提倡读书以摄心。良知是致知的统帅，在致知过程中人们要靠良知来明辨是非；而致知则是良知的实施，唯有在致知中良知才得以践行。《传习录拾遗》中还有一句话非常简明地阐述了良知与致知的关系："'所恶于上'是良知，'毋以使下'即是致知。"如果我们上级有做得不好的地方，靠着良知，我明辨是非，知道他做得不好了。而只有靠着致知，我们才能做到自己在对待下属时不像上级那样去做。生活中点点滴滴的为善去恶，都是在渐修。

阳明的致良知理论朴素真切，鞭辟入里。它就像一道简易的数学公式，第一个发现它的人也许需要借助灵感和顿悟，而一经发现之后，将它用于运算是十分简便易行的。但你得日日操练才能熟练掌握以至烂熟于心。在《答周道通书》中阳明这样告诫周冲："今且只如所论工夫著实做去，时时于良知上理会，久之自当豁然有见。"致良知很简易，但日日依良知而行就不简单了。圣人没有什么特别的，只是能日日依良知而行，"从心所欲不愈矩"。青少年在求学之路上，不要去期待什么顿悟的发现，而要相信渐修的力量。晚明，阳明学末流堕落于空疏的概念游戏，就与他们一味夸大致良知的顿悟，而不肯去渐修渐进有关。

☆ **问题来了：**

有一个中学生访问团来你校交流学习，学校要求你以"知行合一"为主题发表一段5分钟的主旨演讲，与同龄人交流自己学习"阳明心学"的心得体会。请写出你的演讲稿。

七、阅读建议

1. 知人论世，结合阳明的经历理解其学说。王阳明曲折离奇的人生经历对他"知行合一""致良知"等学说的提出起到了一定的推动作用。所以阅读《传习录》之前建议读者先读一本阳明先生的传记资料，以便更深入地理解其中的人生哲理。

2. 不求甚解，尽可能整体理解其思想。王阳明与弟子探讨的话题有很多内容涉及《论语》《孟子》《易经》等传统文化经典著作，即使借助注释、翻译，我们也不一定能读懂每一段对话的深层含义。要结合王阳明的整体思想来理解书中的局部语句，实在艰深的语段可以不求甚解。

3. 注重实践，不空谈心性理论。王阳明将自己的学说称为"身心之学"，以区别于当时为了应付科举考试而十分盛行的"口耳之学"。我们阅读《传习录》绝不是为了背诵里面的名言名句，而是为了用来指导我们的人生，将里面学到的理论与自己的生活联系起来，在生活中"致良知"。

八、相关链接

1. 经典原著：

◆ 王守仁. 王阳明全集［M］. 上海：上海古籍出版社，2012.

◆ 陈荣捷. 传习录详注集评［M］. 重庆：重庆出版社，2017.

2. 人物传记：

◆ 董平. 传奇王阳明［M］. 北京：商务印书馆，2010.

◆ 冈田武彦. 王阳明大传［M］. 重庆：重庆出版社，2015.

3. 权威解读：

◆ 徐梵澄. 陆王学述［M］. 武汉：崇文书局，2017.

◆ 秦家懿. 王阳明［M］. 北京：三联书店，2011.

◆ 蔡仁厚. 王阳明哲学［M］. 北京：九州出版社，2013.

穷游 · 乐游 · 智游
——走进《徐霞客游记》

设计者：孙丽君（余姚市第八中学）

QQ：78971056

一、导语

它不是小说，却有着鲜活生动的人物和扣人心弦的故事；它不是诗歌，却充溢着真挚浓郁的情感和超然脱俗的意境；它不是学术专著，却成为我国古代的地学百科全书和具有实录性质的历史著作。《徐霞客游记》无愧于"千古奇书"的美誉，它的作者徐霞客也无愧于"千古奇人"的称号。

☆ 问题来了：

1. 以前你读过游记类作品吗？用简略的语言谈谈你的印象。

_____
_____
_____

2. 现在你对《徐霞客游记》又有怎样的阅读期待呢？

_____
_____
_____

二、关于作者

徐霞客（1587—1641），名弘祖，字振之，别号霞客，明代南直隶江阴（今江苏江阴）人，我国古代杰出的旅行家、地理学家、探险家和文学家。出生在书香门第的徐霞客，弃绝科举，走上了一条从未有人走过的道路。22岁时他踏上旅途，从此便"以性灵游，以躯命游"，直至54岁在云南鸡足山双脚致残，被护送回家，不久，与世长辞。徐霞客毕生从事地理考察事业，大部分时间都在旅途中度过，他的足迹遍布明代的两京十三布政司（相当于现在的19个省市自治区）。徐霞客是我国古代一位伟大的旅行家，被世人尊为"旷世之游圣"。

☆ 问题来了：

1. "霞客"是徐弘祖的别号，读完《徐霞客游记》，你对他的这个别号有了怎样的理解？

_____

_____

2. 徐霞客7岁就在私塾读书。优裕的生活、丰富的藏书，为少年徐霞客提供了良好的学习条件。但徐霞客却没有走上"学而优则仕"的道路，也没有遵循"父母在，不远游"的古训，却奔向大自然，在崇山峻岭中跋涉30余个春秋。《浙游日记》《楚游日记》《滇游日记》等篇章中都有对当时社会的描述。有人说，《徐霞客游记》是历史实录，我们能从中发现作者生活时代的真实模样。如果说，促使徐霞客走上探索之路的原因是多方面的，那么请你通过阅读来寻找其中的主要原因。

_____

_____

3. 徐霞客从小勤奋聪颖，特好奇书，尤其是探险类、山海图经类的书籍。16岁徐霞客参加童子试落第后,在母亲的支持下,脚踏芒鞋,头戴远游冠,投身到了大自然的怀抱中。徐霞客的好友陈函辉在《徐霞客墓志铭》中写道:"其言游与人异:持数尺铁作磴道,无险不披。能霜露下宿,能忍数日饥,能逢食即吃,能与山魈野魅夜话,能袄被单夹耐寒暑。尤异者,天与双骈,不假舆骑;或丛菁悬崖,计程将百里,夜就破壁枯树下,即燃脂拾穗记之。"他不走大路官道,而是行常人未行之路。在荒野与密林中,他遭遇过盗贼,跌入过深潭,偏离过路线。他的担夫、仆人背叛他,逃离他。有时候甚至落魄到身无寸丝、绝粮忍饥的地步。而他排除重重困难,为完成好友静闻和尚长埋鸡足山的遗愿,带着静闻的骨灰一路跋涉走向鸡足山的事迹更是让人唏嘘不已。

读完《徐霞客游记》,你对他的哪段经历最感兴趣呢?穿越时空,若是与徐霞客相遇,你会就这段经历问他些什么?

_____

_____

_____

4. 徐霞客出游,大致说来可分为前后两个阶段。在1636年之前,徐霞客游览的是国内名山胜迹,佛教、道教圣地和著名景区,这些旅程也已是险象环生。在《游雁荡山日记》中,徐霞客记录了用绑腿布将自己顺下悬崖的情景。"持布上试,布为突石所勒,忽中断;复续悬之,竭力腾挽,得复登上岩",才得以脱险。在《游嵩山日记》中,徐霞客"解衣从之,登其上,则南顶之九峰,森立于前;北顶之半壁,横障于后。东西皆深坑,俯不见底,罡风乍至,几假翰飞去"。

崇祯九年,51岁的徐霞客与静闻、顾仆结伴出发,开始走向西南蛮荒之地。这一次出游是徐霞客外出时间最长的一次,也是他人生中最后一次出行,被世人称为"万里遐征"。这一路的凶险和危情又非常人所能想象。《滇游日记八》中,徐霞客逆溪深入,那突立石崖上的沟槽"高虽丈余,腻滑不可着足",徐霞客"独在潭上觅路不得。遂蹑峰槽,与水争道,为石滑足,与水俱下,倾注潭中,水及其项。亟跃而出,踞石绞衣"。《楚游日记》中徐霞客详细记录了他在湘江遇盗的过程,这一次遇盗导致徐霞客一行的钱物被焚劫无遗。在静闻的舍命护持下,徐霞客才得以存留游记手稿和部分经籍。

以上种种,还仅仅是徐霞客旅程中的几个小小的插曲。如果阅读小组要开展一次"徐霞客探险故事分享会",你会选择哪一段来和同学们分享?写下你的分享内容吧!

---

5. 徐霞客曾感叹:"吾荷一锸来,何处不可埋吾骨耶?"可见,《徐霞客游记》的意义不仅仅体现在科学价值和文学价值上,它还向我们展示了一种精神。在《徐霞客游记》中,你看到了一种怎样的精神?请你用自己擅长的文体和语言赞一赞它吧!

三、内容解析

徐霞客用日记体的形式把他旅途中的所见、所闻、所感做了详细的记录。在他去世之后,他的亲友对他的手稿进行多次整理,最终编辑完成巨著《徐霞客游记》。流传至今的《徐霞客游记》达 63 万字,有学者认为,原著的字数应远远不止63万。其内容广博,涉及文学、旅游、地学、生态学、史学、民族学等众多领域,其中地学就包含地貌、岩溶、江河、水文、地热、气象、物产、政区、交通、地面等方面。

☆ 问题来了:

1. 关于地学的记载,《徐霞客游记》有着突出的科学价值。我们来看一组统计数据,徐霞客的科学考察总行程约25 995里,其中步行16 679里,占64%;坐船7 105里,占27%;骑马1 255里,占5%;坐轿956里,占4%。《徐霞客游记》中记载了102种地貌类型:其中山名653个,亲自攀登141座,占22%;记载洞穴357个,亲自入洞考察306个,占86%。在这357个洞穴中,石灰岩洞穴有288个,非石灰岩洞穴有69个。此外,徐霞客还记载了岭名243个,峰名216个,岩名41个,坳名27个,冲名20个,坡名27个,湾名20个,坑名18个,坪名34个,冈名22个,台名27个,峡名17个,天生桥15座,滩名55个,石名68个,各类地貌名称总数达3 000多个。记载的植物有133种,动物42种,寺庙总数为730个,桥梁361座……(以上数据摘自杨文衡《从统计数字中看徐霞客的成就》)可见,《徐霞客游记》是一部内容丰富的百科全书式著作。如果你有兴趣,也可以就某一个方面进行统计,比如气候、物产、吃住情况、少数民族、作者遭遇的危险次数等。这些数据又让你产生了怎样的思考?

_____

_____

2.《徐霞客游记》让我们看到了许多生动可感的人物形象,《徐霞客游记》的每一篇山水画卷,都伴随着作者勇敢无畏的探索精神。徐霞客时而侧身攀登,策杖独前;时而俯窥辗顾,步步惊心;时而解衣伏水,蛇行入洞……为寻访胜景,他不惮往复之烦、升陟之琐、猛兽毒蛇之危,唯恐与奇山秀水失之交臂。他会因云雨凄凄不能成行而忧,他会为观石梁卧虹、飞瀑喷雪而几不欲卧,也会因明星满天而喜不成寐。这是一个怎样的旅者啊!除了徐霞客这位"奇人",在这部作品中,我们还遇见了为数不少的山野樵夫、僧人担夫、乡绅官吏等,还有徐霞客的仆人顾行、伙伴静闻、友人唐泰等,每一个人物都是鲜活而生动的。你对哪个人物的印象最为深刻?你发现了这个人物身上的哪些特征呢?

---

3. 关于明朝末年的社会状况,我们在《徐霞客游记》中也会得到最真实的了解。《滇游日记二》中记录了关于黄草坝的经济状况、道路情况、四邻关系等。"黄草坝土司黄姓,加都司衔,乃普安十二营长官司之属。十二营以归顺为首,而钱赋之数,则推黄草坝";"广南以兵争之,据其大半。道路不通,实由于此";"黄草坝东十五里为马鼻河,又东五十里,抵龙光,乃广西右江分界。西二十里为步雄,又西五十里,抵江底,乃云南罗平州分界。南三十里,为安障,又南四十里,抵巴吉,乃云南广南府分界。北三十里,为丰塘,又北二十里,抵碧洞,乃云南亦佐县分界。东西南三面与两异省错壤,北去普安二百二十里。其地田塍中辟,道路四达,人民颇集,可建一县。而土司恐夺其权,州官恐分其利,莫为举者"。这些是关于黄草坝最早的历史记录,徐霞客还发出"土司糜烂人民,乃其本性,而紊及朝廷之封疆,不可长也"的告诫。《滇游日记三》中也有"岭东为越州,西为石堡,乃曲靖卫屯军之界,互相推诿,盗遂得而乘之耳"的记

载。《黔游日记一》中记载了"独山土官，昔为蒙诏，四年前观灯，为其子所弑；母趋救，亦弑之。乃托言杀一头目，误伤其父，竟无问者"的事件。从以上历史记录中可以感受到《徐霞客游记》的笔触涉及不同领域多个阶层、多个方面，它真实展现了明末时期的社会现实，具有实录精神。你在阅读过程中，是否关注到这些？你可以选择某个记录的片段，从现象到根源进行探究，比如农民起义、官员腐败、商业发展、少数民族习俗等。

_____

_____

4. 《徐霞客游记》也是研究饮食文化的重要资料。旅途中的徐霞客是如何解决食宿问题的呢？在徐霞客的日记中，我们发现他与同伴大多寄宿在当地的佛寺道观之中，他们的一日三餐有寺庙道观提供的，也有当地亲朋宴请的，徐霞客时而还自行购买食材烹煮。因此，《徐霞客游记》不乏对当时各地美食的详细记载。在《游太和山日记》中徐霞客记录了一种叫作榔梅的果品，其"形侔金橘，漉以蜂液，金相玉质，非凡品也"。《粤西游日记二》中，徐霞客曾想令庙僧买绿豆杂米作糜，以芽菜鲜姜为供，虽最终因无米而未能如愿，也可见粥食之考究。除此之外，《徐霞客游记》中还有关于荔枝、龙眼、笋、蕨菜、鲶鱼、竹豚等的记录。如果要开办一个以《徐霞客游记》为主题的美食介绍会，请你介绍其中一道主食或菜肴，你会如何选择？写下你的介绍内容吧！记得先给这道主食或菜肴取个合适的名字。

_____

_____

5.《徐霞客游记》中记录的那些碑刻拓片、文物记录，也是珍贵的历史留存。《粤西游日记二》中有对真仙洞洞中勒记的详细记录，如《真仙岩记游》《真仙岩诗叙》《春题真仙洞八景》等。该篇还记录了徐霞客拓《老君像碑》《党籍碑》及韩忠献《画鹘行》等碑文的过程及细节，其考察活动足见徐霞客对前人所勒之文的珍爱。徐霞客对碑文、题刻等或读，或录，或拓，不同的考察方式产生不同的考察认识。细读《粤西游日记》《滇游日记》等相关篇目，选择你最感兴趣的碑文读一读，结合徐霞客的相关评价，说说它出现在《徐霞客游记》中的价值。

四、艺术鉴赏

《徐霞客游记》未正式刊行前，其手稿的影响已经很大。明末清初的文学家钱谦益称其为"世间真文字，大文字，奇文字"，称《徐霞客游记》为"古今游记之最"；鲁迅先生将《徐霞客游记》原八册重订为四册，并用"独鹤与飞"四字做题跋。有学者评价，"《徐霞客游记》的生命力主要不在于地学，而在于文学"。就其文学成就来说，《徐霞客游记》所记时日之繁多，篇幅之浩大，内容之宏富，也确实皆为古今第一。

☆ 问题来了：

1. 文体特征。游记类的文学一般都有哪些艺术特性呢？你能结合《徐霞客游记》中的某一篇进行具体说明吗？

2. 工笔摹写。徐霞客"用工笔画的细腻手法,对大自然进行详尽的摹写",写实与求真是徐霞客记游的基本原则。然而,朴素的语言、清新流畅的文笔、不失韵味的描述,却也使得《徐霞客游记》具备了天然质朴、不事雕琢的气质。潘耒在序文中曾有"记文排日编次,直叙情景,未尝刻画为文,而天趣旁流,自然奇警"的评价。《游太和山日记》中,"桃李缤纷,山花夹道,幽艳异常。山坞之中,居庐相望,沿流稻畦,高下鳞次";《游太华山日记》中,"怒流送舟,两岸秾桃艳李,泛光欲舞",这样的写景片段俯拾皆是。你一定也被《徐霞客游记》中多姿多彩的山光水色吸引了吧!选择其中一段写景的文字,模仿徐霞客的笔风,试着用现代散文的笔调扩写一番吧。

3. 情景合一。通过阅读,我们会发现,徐霞客写这些山水景色时,并非以一个旁观者的姿态出现,而是与他笔下的山水交融合一的。在《游太华山日记》中,徐霞客看到两岸的山花时,不禁感叹"出坐船头,不觉欲仙也",与大自然身心俱化;《游黄山日记》中,"予至其前,则雾徙于后;予越其右,则雾出于左",这黄山的雾与徐霞客捉起了迷藏,活泼生动,饶有趣味;《粤西游日记四》中,"忽幽风度隙,兰气袭人,奂耷两翅欲飞,更觉通体换骨矣"。这样的游玩体验是多么吸引人啊,你是不是也仿佛置身其中了?眼前之景亦是心中之情,选择《游黄山日记》《游庐山日记》《游太华山日记》等篇章,去寻找写景的语段,说说作者笔下的山水为何如此灵动活泼。作者的那些真实而又自然的主观感受又给了你怎样的思考?

4. 比较的魅力。徐霞客善用多种表现手法来展现旅途见闻,比如比喻、用典、化用诗句等。通过同类比较,突出所见之景或所遇之人的特色在《徐霞客游记》中是比较多见的。比如,徐霞客一路遇到僧人无数,有高僧、俗僧、奇僧、恶僧、苦行僧等,他常以"有无道行"作为评判标准,通过僧人居住环境、言行举止等的比较来表现不同的僧人形象。以鸡足山僧为例,徐霞客在《滇南日记六》中提到明空与白云两位僧人,明空声名显赫,但徐霞客认为"明空犹俗僧也",而白云折梅浸方池,积行通神,明空不如白云。这样的比较法你还能再罗列一些吗?比如不同山峰、不同瀑布、不同洞穴之间的比较。比较法使得《徐霞客游记》产生了怎样的艺术魅力?

5. 语言的科学性。作为我国古代的地学百科全书,《徐霞客游记》对地貌、岩石、水文、植物、气候等的考察都做了观察记述,其科学价值显露无遗。那么,在思维、结构和表达上,《徐霞客游记》又是如何体现它的科学性和严谨性的?试举一例说明吧。

五、争鸣商榷

徐霞客和《徐霞客游记》距今已有 300 多年的历史，然而历代学者专家从未停止过对徐霞客和《徐霞客游记》的研究和探讨，我们先来看一些观点。

观点一（明代文学家陈继儒）：不谒贵，不借邮符，不觊地主金钱，清也；置万里道途于度外，置七尺形骸于死法外，任也。负笠悬瓢，惟恐骇渔樵而惊猿鸟，和也。吾师乎徐先生也。

观点二（钦定《四库全书·徐霞客游记总目提要》）：弘祖耽奇嗜僻，刻意远游；既锐于搜寻，尤工于摹写；游记之伙，虽莫过于斯编。虽足迹所经，排日记载，未尝有意于为文，然以耳目所亲，见闻较确；且黔、滇荒远，舆志多疏，此书于山川脉络，剖析详明，尤为有资考证；是亦山经之别乘，舆记之外篇矣。存兹一体，于地理之学，未尝无补也。

观点三（陕西师范大学许正文）：徐霞客的一生是从事野外科学考察的一生，他的野外考察活动，对于认识我国的山川自然和推动地理科学发展起了积极作用。但历史是不断发展的，时代是不断前进的，徐霞客和历史上其他有成就的科学家一样，由于历史和阶级的局限性，在一些问题的分析和记述上还存在缺陷和不足，如在考察南、北盘江上游水系时，虽付出了艰辛努力，但因石灰岩地区水系复杂，在当时条件下，以他单个人的力量是不容易弄清南、北盘江水流系统的，所以错把南盘江列为右江上源，把直接流入金沙江的杨林水作为北盘江源头。

观点四（云南大学朱惠荣）：以一个人毕生的精力，要搞清楚一个伟大国家的全部地理状况是不可能的。《徐霞客游记》中存在的某些错误和不足,无损于这部名著的光辉。

观点五(报社编辑邝海炎):与袁宏道之类"游山玩水"的文人不同,徐霞客有一种不畏死的求知精神,他竭尽所能发挥了科学精神和自己的地理学才华,确是千古奇人。如果说徐霞客有什么缺憾,那就是我们不能以"事后诸葛亮"的态度苛责前人。

观点六(编辑周宁霞):尽管在考察自然现象的多数情况下能够遵循科学的认识路线,徐霞客思想上还存在着比较浓厚的唯心色彩。对于他所不能掌握的"命运",他只有仰仗"神权"来裁决;对于凡是超越他的认识水平和理解能力的现象,他就只能用"神力"来解释……徐霞客思想上也曾受到佛教的影响。他每到寺院,往往先去礼佛……《徐霞客游记》中的不少记述反映了这一点,但这正向我们展示了一个有血有肉的、历史的徐霞客,显示了《徐霞客游记》记述的真实性。

观点七(毛泽东):明朝那个江苏人,写《徐霞客游记》的,那个人没有官气,他跑了那么多路,找出了金沙江是长江的发源。"岷山导江",这是经书上讲的,他说是错误,他说是金沙江导江。我看他不到处跑怎么能写得那么好?这不仅是科学作品,也是文学作品。

观点八(李约瑟):正是在明代,中国出现了一位写游记的名家,即旅游家徐霞客。他既不想做官,也不信宗教,但对科学和艺术特别感兴趣。他的游记读起来并不像是17世纪的学者所写的东西,倒像是一位20世纪的野外勘测家所写的考察记录。他不但在分析各种地貌上具有惊人的能力,而且能够有系统地使用各种专门术语。

☆ **问题来了:**

自《徐霞客游记》问世以来,就有众多学者从不同角度对徐霞客和《徐霞客游记》进行解读和探讨,经过长期的积累,已经形成了一门新的学问——徐学。你对徐霞客和《徐霞客游记》一定也有自己独特的判断了，看了这么多不同的评价，你是不是也跃跃欲试了？大胆提出你的观点吧！

_____
_____
_____

六、学以致用

徐霞客"游必有方"，他的母亲曾勉励他"志在四方，男子事也……游必有方，不过稽远近，计岁月，往返如期，岂令儿以藩中雉、辕下驹坐困为？"在母亲的支持下，徐霞客立志出游。被誉为"江南明珠"的太湖是他出游的第一个地方。吕锡生教授特别指出，这次出游绝不是无目的地游山玩水，而是他第一次进行地理科学考察，目的是至洞庭西山林屋洞寻访灵威丈人遗迹。在《游九鲤湖日记》中，徐霞客写道："余志在蜀之峨眉，粤之桂林，至太华、恒岳诸山；若罗浮、衡岳，次也；至越之五泄，闽之九漈，又次也。然蜀、广、关中，母老道远，未能卒游；衡湘可以假道，不必专游。计其近者，莫若由江郎三石抵九漈。"可见，他的外出考察是有详细的旅游路线和旅游计划的，而在旅游的过程中，徐霞客做到每日有记。

☆ 问题来了：

利用假期，带上《徐霞客游记》去寻访路线图上的某个岩洞，某条河流，某座山峰……写下一篇属于你的不一样的游记吧！或者制定一幅"毕业游"的路线图，再或者绘制一幅家乡某处风景的"手绘地图"吧！

七、阅读建议

1. 初读，读通文意。阅读《徐霞客游记》和阅读一般的文言文一样，也需要弄清文言实词、虚词的含义和用法，也需要找准通假字，分析古今异义、文言句式，所以，得准备好相应的工具书。

2. 再读，读出纲要。可以选择自己感兴趣的篇目，从梳理作者的游踪开始，了解作者的游览过程，然后按照时间、地点等列出一个提纲来，这样会对具体篇目有整体的把握，让阅读更加清晰。

3. 细读，读透重点。选择个别篇目精读，在作者驻足观察的地方找找有没有自己感兴趣的景或物，挑选重点读一读，并做好批注，和同伴交流阅读心得，看看会不会有更加深刻的认识。

4. 合作读，读懂专业知识点。遇到专业知识，寻求其他各科老师的帮助，也许会有更新鲜的阅读体验。

5. 比较读，读出它的个性。苏轼的《赤壁赋》和《石钟山记》、王安石的《游褒禅山记》、柳宗元的《永州八记》、陆游的《入蜀记》等均为古代游记典范，可以进行比较阅读，读出《徐霞客游记》的独特之处。

八、相关链接

1. 想要更加直观地了解徐霞客和《徐霞客游记》，可以观看相关的纪录片。CCTV 高清《徐霞客》（全 9 集）和《徐霞客滇游记》（全 7 集）都是不错的选择。

2. 如果你想要跟随徐霞客快速饱览祖国的大好河山，可以读一读

《旷世游圣徐霞客》。该书分为"霞行中华""霞印天下"和"霞映世界"三卷内容,收集了与徐霞客及其游历相关的 5 000 多幅照片,摘录了上千篇文稿,图文并茂。

3. 如果遇到的阅读障碍比较多,你可以先读朱惠荣译注的《徐霞客游记》。此书选文分量占原书的十分之一,遴选了兼及不同内容、文体、地区等多方面代表性的篇目。

4. 想要获得更加全面和深刻的解读,建议你借助朱惠荣的《徐霞客游记校注》。本书分篇不分卷,各篇起讫时间、专文的位置安排等都不变,保持《徐霞客游记》保存已久的整体形象的稳定。加上注解和地图配合,会让你对《徐霞客游记》有更加全面深入的认识。

"劝诫醒世"的智慧
——走进《菜根谭》

设计者：高丽娜（宁波四明中学）

微信：gaogao13857808037

一、导语

当你内心迷茫时，它会让你在"宠辱不惊，闲看庭前花开花落；去留无意，漫随天外云卷云舒"里远离俗世的喧嚣，寻求内心的宁静；当你徘徊于"德"和"才"哪个更重要时，它会让你在"德者，事业之基，未有基不固而栋宇坚久者"的引导下坚定信念；当你苦于提升自己的生活艺术和审美情趣时，它又会在"雨余观山色，景象更觉妍；夜静听钟声，音响尤为清越"里给予你纯美的鉴赏目光。

简言之，这是一部使人不断产生顿悟的文学作品，是当时和后世读书人喜闻乐道的人生修养之书。它就是明代洪应明编著的语录体著作《菜根谭》。

☆ **问题来了：**

1. 作者以"菜根"作为本书的命名，有什么特殊的含义？你还读过哪些以植物命名的书？

2. 看了前面的"导语",你期望在本书中得到怎样的人生智慧呢?

二、关于作者

洪应明,明代思想家,字自诚,号还初道人,明神宗万历年间人,生平不详。根据他的另一著作《仙佛奇踪》中的记录"幼慕纷华,晚栖禅寂"可知,早年他曾热衷于仕途功名;晚年归隐山林,洗心礼佛,开始撰写《菜根谭》。万历三十年(1602年)前后,曾居住在南京秦淮河一带,潜心著述。与袁黄(著有《了凡四训》)、冯梦桢(著有《快雪堂集》)等人有所交往。

☆ 问题来了:

1. 作者早年曾是一位热衷于功名的人,为什么到晚年却归隐山林耐住寂寞书写《菜根谭》呢?你觉得这与他的什么经历和思想有关?

2. 宋代的蒋捷在《虞美人·听雨》中曾发表如此感慨:"少年听雨歌楼上,红烛昏罗帐。壮年听雨客舟中,江阔云低、断雁叫西风。而今听雨僧庐下,鬓已星星也。悲欢离合总无情,一任阶前、点滴到天明。"如果《菜根谭》的作者洪应明看到这首词,会产生怎样的感慨?

3. 洪应明说:"修身种德,事业之基。德者,事业之基,未有基不固而栋宇坚久者。"你认同他的观点吗?为什么?

_____
_____
_____

三、内容解析

《菜根谭》分前后两集,前集 225 条,后集 135 条,共 360 条(上海图书馆藏本为 362 条,中间数条有合并,结尾有数条新增)。其内容丰富,上至治国平天下,下至修身齐家,全部囊括其中。它用闲适的生活方式来涵养理想型的人格,表现出朴素平淡的人生趣味。

《菜根谭》的主要内容有以下几方面:守住内心,在复杂的世界中寻找修身正己之心;心怀敬恕,在困难中砥砺前行的修德立身之法;知守行三者合一,进退有据的超然物外之术;静心做事,推己及人,宽以待人之礼。从思想上看,它主要是讲追求修身养德的价值、超越人生的困境、追求闲适理想的自然生活和完善人格;从理论上说,它融合了儒释道三家思想,涉及圆融中和的生活态度、远离祸害的处世方略等。

《菜根谭》不专论某人某事某物,也不专门阐述某一家的思想和观点,而是兼容并蓄,糅合了儒家的中庸、道家的无为、释家的出世和自己的人生体验,把作者对宇宙、人生、物事的体验和感悟,对于儒释道三教人生哲学的顿悟和理解,都融合在格言的形式里。它既有修身、齐家、治国、平天下等大道,又包含处世哲学、生活艺术、审美情趣等细节,也论述了修养、人生、处世和出世的方法等。常州天宁寺刻本和《还初道人箸书二种》等将全书主题内容分为修身、应酬、评议、闲适、概论五个部分。

☆ 问题来了：

1. 本书取名为《菜根谭》，源自北宋学者信民之语："人就咬得菜根，则百事可成。"① 是说一个人只要能够坚强地适应清贫的生活，不论做什么事情，都会有所成就。明代于孔兼《菜根谭题词》中说："谭以菜根名，固自清苦历练中来，亦自栽培灌溉里得，其颠顿风波、备尝险阻可想矣。"② 意思是说，如果一个人面对厄运，能够坚定自己的操守，积极奋发努力，那么，经历过磨难困苦后，会离自己的理想越来越近。《菜根谭》就是教人如何把这个"根"养好，使人生枝繁叶茂、有滋有味。对你而言，《菜根谭》让你获取了哪些营养呢？

_____

_____

2. 《菜根谭》类似随笔录，貌似作者的一些碎片化的感悟，内容上也没有连贯的脉络，因此在明清时并没有受到重视。但是，随着社会发展和生活水平日益提高，人们似乎更喜欢阅读一些朴素的经典作品，《菜根谭》更是掀起了一股阅读的热潮。请结合《菜根谭》的内容和思想，说说你最认同作者的哪些观点，哪些说法不符合现代人的思维方式。

_____

_____

_____

---

① 逸新．全注全译菜根谭［M］．北京：中国华侨出版社，2018．
② 郭瑞祥．菜根谭［M］．湖南：岳麓书社，2020．

3. 《菜根谭》前集第13条说："路径窄处，留一步与人行；滋味浓时，减三分让人尝。"说的就是学会与人分享。结合现实生活，你怎样看待《菜根谭》里的这种"分享"精神？

4. 《菜根谭》作为一部逻辑上并不严密的学术著作，内容上它教诲世人学会"去妄存真"，也教授世人在修身处世、待人接物时做到"心安"恰如"茅屋稳"，"性定"好似"菜根香"。它选用简短而不失精辟的格言警句构成，读后给人一种"雅听蝉吟雅噪，方知静里乾坤"的清新之感；同时也给人一种"所言清欢，旧时月色暗香来"的清淡之味和回味之美。如果班级里要进行"格言分享会"，请你从本书中选择几则格言进行分享，把发言的提纲写在下面：

5. 有人说，《菜根谭》如寒夜点燃的烛火，也许热量有限，但点点灯火将照亮每一个可能从它那里得到智慧之光的人。对你而言，"做人观"这方面的内容，让你获取了哪些营养？请仿照"为己观"的思维导图，为"做人观"的思维导图填空。

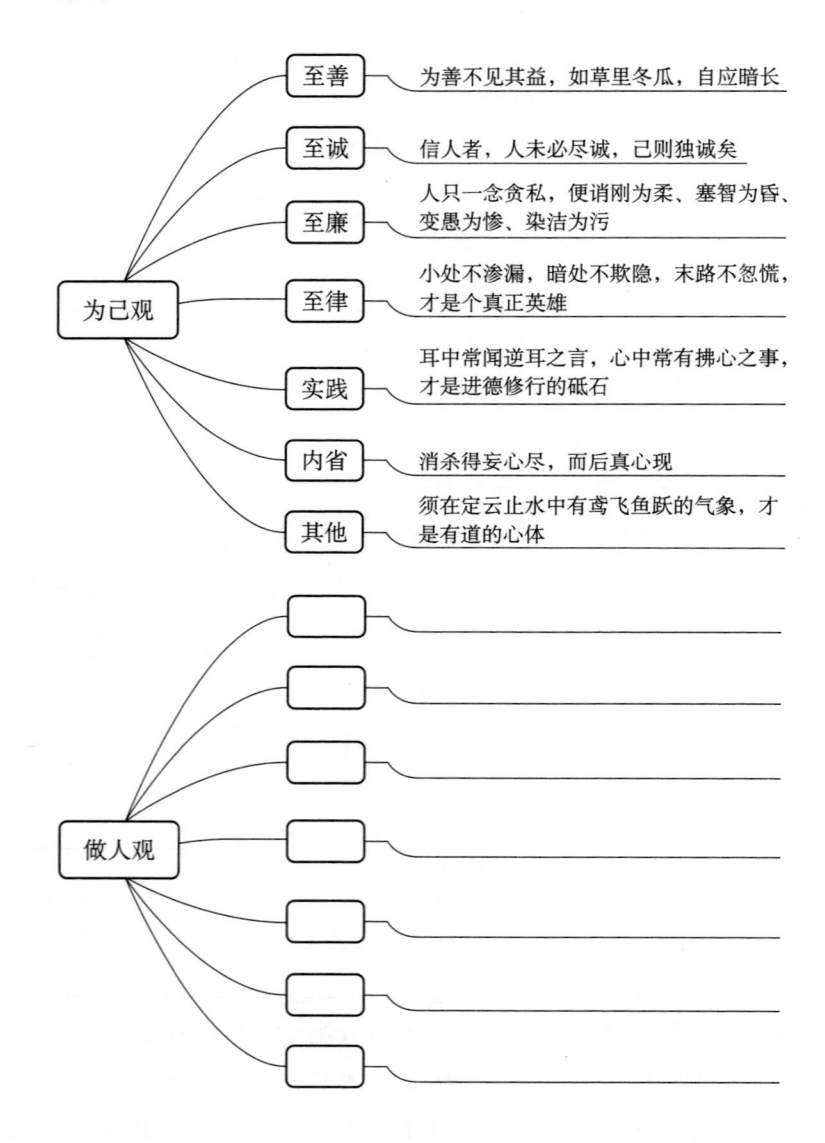

```
                    ┌─ 至善 ── 为善不见其益，如草里冬瓜，自应暗长
                    │
                    ├─ 至诚 ── 信人者，人未必尽诚，己则独诚矣
                    │
                    ├─ 至廉 ── 人只一念贪私，便销刚为柔、塞智为昏、
                    │         变愚为惨、染洁为污
      为己观 ───────┤
                    ├─ 至律 ── 小处不渗漏，暗处不欺隐，末路不怠慌，
                    │         才是个真正英雄
                    │
                    ├─ 实践 ── 耳中常闻逆耳之言，心中常有拂心之事，
                    │         才是进德修行的砥石
                    │
                    ├─ 内省 ── 消杀得妄心尽，而后真心现
                    │
                    └─ 其他 ── 须在定云止水中有鸢飞鱼跃的气象，才
                              是有道的心体


      做人观 ───────┤（七项空白分支）
```

四、艺术鉴赏

《菜根谭》的文体，也叫清言，它实则是一种小品文体，在明清

之际风靡一时。它取材比较广泛，书写比较率意，不以逻辑严密见长，但以短小精辟取胜，多则数行，少则几字，寥寥数语，洞悉人生，阐发哲理。

《菜根谭》中，作者所描写的情景交融、物我合一的境界，大多是以浓郁的情感和对自然本真的热爱，作为整本书的经线贯穿始终。《菜根谭》文辞畅达、辞藻精美、结构工整、意蕴深远。在情感追求上，有中、晚唐诗人诗作中那种情纯意真、心契自然的情味。短小精悍、别具匠心的篇章结构，互文、顶真等修辞手法，朗朗上口、和谐悦耳的音韵节奏，首尾相连的句法形式……都给人留下了深刻的印象。因其意蕴丰富深刻、语言优美精炼，《菜根谭》被奉为集儒释道精神思想为一体的经典佳作。

它是语录，而又有语录所没有的鲜活趣味；是训诫，而又有训诫所缺乏的亲切自然。简洁的文字中饱含着隽永的人生哲理，令人赏心悦目，雅俗共赏。

☆ 问题来了：

1. 请关注作者在本书中是按照什么原则选择材料构筑其修身处世之作的。请你据此总结两点《菜根谭》的文体特点。

_____
_____
_____

2. 请从文白相杂的语言和雅俗共赏的视角，举例来谈谈《菜根谭》的语言特色。

_____
_____
_____

3. 清言的意境以清远萧然为主，而且在其所描绘的山水园林中更多带有庄禅意趣。洪应明澄明的心灵与所描绘的美好图画形成了有机融合。如"日既暮而犹烟霞绚烂，岁将晚而更橙橘芳馨。故末路晚年，君子更宜精神百倍"。这样富有意境的句子，在书中比较多。请找出两例进行赏析。

_____

_____

4. 有人说，《菜根谭》之所以在近些年里引发阅读的热潮，拥有众多粉丝，其中最重要的原因之一是"互文"的运用。它为《菜根谭》的说理增添了几许玄机妙理。《菜根谭》全书共360则，其中运用了互文手法的就有116则，占总则数的32.22%。如果你也喜欢这种"互文"现象，那么请找出你最欣赏的几则，谈谈它们吸引你的原因。

_____

_____

5. 对偶的巧妙运用在本书中随处可见，请找出你最欣赏的两例，说说它好在哪里，品鉴它的形式与内涵的完美统一。

_____

_____

五、争鸣商榷

《菜根谭》成书于明万历年间，距今已有近四百年的历史。在相当长的时间里，它并未受到足够的重视，清乾隆间编纂《四库全书》，连"存目"都未收入，但进入现当代以来，这本书受到很多名家的赞赏，说明学人对它的看法有一定的争议。

观点一：洪应明同大多失意的士人一样，既希望在儒释道的经典中寻求慰藉，又希望在山水自然中寻求真正的乐趣。从他的生平来看，他早年热衷于功名，后来因仕途受挫，晚年归隐山林，洗心礼佛，写下《菜根谭》。蒋士铨在《临川梦》中将这种行为戏剧化地概括为"翩然一只云间鹤，飞来飞去宰相衙"。①

观点二：《菜根谭》因未被收入《四库全书总目》，在近代中国没有受到足够的重视。直到1915年奉化学者孙锵购得日本竹子恭注释的《口袋菜根谭新释——名处世修养篇》（大阪：田中宋荣堂，1910年），认为"盖虽仅数十纸，不足以见学术之本源，然急功近名者服之，可当清凉散；萎靡不振者服之，可当益智膏。以此馈饷国人，似亦不无小补也"②，铅印后，遂引起读书界对《菜根谭》的关注。

观点三：《菜根谭》里说，"胜私制欲之功，有曰：识不早，力不易者；有曰：识得破，忍不过者"③，意思是要自省克己，战胜私欲。有人却说，"合于'人权'的自私心扩张，并不是什么坏事情，它实在是一切文明的种子。"④

观点四：《菜根谭》一书中提到"谦让"时说："让，懿行也，过则为足恭，为曲谨，多出机心。"⑤。季羡林也曾说："在伦理道德的范畴中，谦虚一向被认为是美德，应该扬。而虚伪则一向被认为是恶

---

① 吴承学. 晚明小品研究［M］. 南京：江苏古籍出版社，1999.
② 洪应明，张熙江. 菜根谭［M］. 上海：上海人民出版社，1995.
③ 洪应明，逸新. 全注全解菜根谭［M］. 北京：北京德富泰印务有限公司，2018.
④ 沈从文. 沈从文哲思录［M］. 北京：新世界出版社，2017.
⑤ 洪应明，霍明琨，菜根谭［M］. 北京：团结出版社，2021.

习，应该抑。"①

观点五：作为晚明小品，《菜根谭》的思想内容里常会流露出一些矛盾的情绪。如"栖守道德者，寂寞一时；依阿权势者，凄凉万古"②式的自警，与"进步处便思退步，庶免触藩之祸；着手时先图放手，终脱骑虎之危"③式的消极。而中山大学中文系教授、博士生导师吴承学先生认为，晚明小品以自适悠闲的笔调和漫话格言的形式洞察人生。但他也强调不能过分推崇晚明小品，而应做恰当的评价，否则会使其走向市侩化。④

☆ 问题来了：

看完本书以后，你认同上述争鸣中的哪家观点？你对《菜根谭》的评价是：

_____
_____
_____

六、学以致用

一个人历经沧桑，做事就会比较谨慎，危机也常因为有预见而避免；而年轻人则因历练少而做事大胆，不计后果。只有有所畏惧的人才懂得自谦、自律和自省。《菜根谭》中"修身"一辑，笔墨飘逸潇洒，风轻云淡，写尽了自谦、自律和自省的道理。古人所言的"君子

---

① 王颖. 季羡林谈人生哲学 [M]. 北京：时事出版社，2017.
② 洪应明，逸新. 全注全解菜根谭 [M]. 北京：北京德富泰印务有限公司，2018.
③ 洪应明，李伟. 菜根谭全编 [M]. 长沙：岳麓书社，2006.
④ 吴承学，李光摩. 20世纪中国学术文丛——中国史学研究 [M]. 武汉：湖北教育出版社，2002.

博学而日参省乎己,则知明而行无过矣"。修身自省,曾国藩就是一个典型的例子,他每天记日记来反思自己的言行,并做出检讨。从31岁开始,身为军事统帅的他,坚持每日三省吾身。这种善于反思的意识和习惯,成为曾国藩事业成功的重要原因。

关于如何修身的问题,《菜根谭》强调要从日常生活入手来加强个人的修养。比如说关于读书与做人,它提出这样的观点:"恶人读书,适以济恶;心地干净,方可读书学古,不然,见一善行窃以济私,闻一善言假以覆短,是又藉寇兵而颖盗粮矣。"意思是只有品德高尚的人才能阅读圣贤之书,习得圣人之学。再比如说"忙处不乱性,须闲处心神养得清;死时不动心,须生时事物看得破""忙处事为,常向闲中先检点,过举自稀;动时念想,预从静里密操持,非心自息"等,说明只有平常时刻保持戒慎之心,充实精进努力,加强修养,才能在事务繁忙时保持本性不乱,应付一些未知的忙乱状况。其实,这也是"治疗"我们"拖延症"最有效的方法:加强平日里身心的修养,才可能遇事不慌乱。

《菜根谭》通过一句"人能诚心和气,愉色婉言,胜于调息观心万倍",说明人与人之间在相处时,如果能打开心扉,诚心相待,便可有"人心亦真,便霜可飞,城可陨,金石可镂"的巨大力量。在现代社会里,诚信更是一个人良好品德的组成部分,是一个君子塑造完整道德人格的必备条件。

☆ 问题来了:

这本书读完之后,你感觉哪些方面或者哪个点触动了你,让自己有所开悟或者提升呢?可以《〈菜根谭〉给我的启示》或《文字背后的智慧和力量》为题,写一篇读后感。(读后感的写作要注意:一定要联系自己的生活实际,选择一个小的切口,以小见大,深入思考,书中精华,学以致用,在特定的社会背景里,发掘其内在的思想价值。)

七、阅读建议

在阅读过程中,建议使用"阅读摘抄笔记"和"摘抄卡"的方式,把书上优美的、富有哲理的、和自己的阅历相近的精彩语句、精彩语段摘录下来;

建议通过交换"阅读摘抄笔记"和"摘抄卡"的方式,或通过读书报告会上的诵读分享和赏析,分享给更多的伙伴;

可以针对某一则格言对自己的启发或针对其中的修辞之美进行个性化解读,写出短小精悍的读后感;

可以尝试写一篇推荐语,让更多的人喜欢上读此书;

可以策划一次对整本书的阅读讨论、阅读札记展览等系列活动。

我的推荐:阅读三级跳

阅读一级跳——"闲中不放过,忙处有受用"。通过"前言"熟知作品简介和作者简介。然后进入整本书的阅读,了解本书的主要内容:人是一切的根本,做人应以修德为要,怀有一颗赤诚之心。要修身养性就应"宠辱不惊,闲看庭前花开花落;去留无意,漫随天外云卷云舒"。为学要耐得住寂寞。目的:了解内容,涵养性情。

阅读二级跳——"真味只是淡,要存一点素心"。第一,体会作品的格言和修辞之美。找出最喜欢的格言,品味格言和修辞之美,然后谈自己的理解。第二,挖掘自己的阅读理解,即"存一点素心",对《菜根谭》边读边感悟,进行具有个人色彩的归纳和反思。目的:赏析艺术之美。

阅读三级跳——"风逐自然清,鸢飞鱼跃"。将"读"与"感"

相结合，抓住一个点或某一个视角进行深入挖掘，结合实际，把自己对本书的具体感受和得到的启示通过文字表达出来。目的：学以致用。

八、相关链接

老师推荐几本相关读物，同学们可以根据自己的需要选择。

1. 初步入门类：

◆ 洪应明．中华智典：菜根谭修身智慧［M］．北京：中国华侨出版社，2019.

◆ 洪应明，古秋．白话菜根谭：译注与诠释［M］．北京：时事出版社，2014.

◆ 闵建蜀．易儒道佛全解《菜根谭》［M］．北京：生活·读书·新知三联书店，2013.

◆ 乔克．菜根谭译注［M］．上海：上海三联书店，2014.

2. 深入拓展类：

◆ 何淑宜．围炉夜话［M］．北京：中信出版社，2014.

◆ 张潮，孙宝瑞．幽梦影［M］．郑州：中州古籍出版社，2018.

◆ 洪应明，吕坤．图解菜根谭·呻吟语［M］．崇贤书院，释译．安徽：黄山书社，2016.

3. 中外比较类：

◆ 蔡元培．中国人的修养［M］．苏州：古吴轩出版社，2018.

◆ 钱满素．爱默生和中国：对个人主义的反思［M］．北京：东方出版社，2018.

◆ 顾红亮．中国心灵的转化：杜威论中国［M］．上海：华东师范大学出版社，2017.

览历代精华　入古典殿堂
——走进《古文观止》

设计者：李莉（绍兴柯桥区教师发展中心）

QQ：467219300

一、导语

　　《古文观止》是中华文化的一座宝库，是炎黄子孙了解中国历史、学习传统文化的重要古籍。经过数千年历史长河的披沙拣金，一篇篇优秀的古文脱颖而出，宛如一颗颗璀璨的明珠，闪烁在历史的长河之间，熠熠生辉，动人心魄。它们零零碎碎地散在各个朝代，在清朝初年，终于有人将这些散落着的明珠串起来，供人们集中鉴赏，这便是《古文观止》。让我们一起翻开《古文观止》，穿越千年，领略先贤的风采，探索文化的奥妙，鉴赏这些令人叹为观止的明珠吧！

☆ 问题来了：

1. 在此之前，你一定接触过选自《古文观止》的文章，请写出篇名。

2. 你知道《古文观止》这个书名的由来和含义吗？读完《古文观止》，请你结合里面的篇章，谈谈你对"古文观止"这个题目的看法。

二、关于作者

《古文观止》是清代吴楚材、吴调侯于康熙三十三年（1694年）选定的古代散文选本，是供学塾使用的文学读本。

吴楚材（1655—1719），名乘权，字子舆，号楚材，浙江山阴州山（今绍兴）人。幼受家教，勤奋好学。16岁时，患足疾，一病数年，仍手不释卷。疾愈，学问大进，在家设馆授徒。曾多次应考，但屡试不中。与侄吴调侯共同编成《古文观止》一书。

吴调侯，清朝康熙年间人，饱览经典，长期从事私塾教学，因合编《古文观止》而留名后世。

据为《古文观止》作序的吴兴祚说，吴楚材"天性孝友，潜心力学，工举业"，吴调侯为人"奇伟倜傥，敦尚气谊"。

☆ 问题来了：

利用多种途径查阅资料，了解有关吴楚材、吴调侯更多的相关信息，把他们的生平事迹以及你对他们的评价都写下来吧！

_____

_____

三、内容解析

《古文观止》收录了222篇古文，分为12卷。从春秋到明末两千年间，各个时代（除元代）都有作品入选。尤其突出了先秦和唐宋，先秦入选72篇，唐代入选43篇，宋代入选51篇。因为，先秦散文是中国古代散文的源头，《左传》《国语》《战国策》各有独特的成就，对后世有着深远的影响；汉代的司马迁就是直接继承了《左传》的优秀传统；而唐宋古文运动，总结了秦汉散文与六朝骈文的经验和教训，既重视文章的思想内容，又重视文章的写作技巧与语言的锤炼，把说理、记叙、抒情、写景熔为一炉，创作了很多优秀的散文名篇，韩愈、柳宗元、欧阳修、苏轼则是其中的代表人物。

《古文观止》借鉴了明代选家（如金圣叹等）的成果，衡文标准兼顾思想性与艺术性，其选文多为语言精练、短小精悍、便于传诵的佳作。

《古文观止》几乎收存了我国古代文章的各种样式和各类内容，如先秦时期的作品，就包括外交家优雅而婉转的辞令，纵横家唇枪舌剑、捭阖天下的精彩谋略。书中还有历代的一些讨伐檄文、离别赠序、自荐求职、悼念祭文、观景游记、历史小论文等，展现了各位作家的思想、情怀，如《桃花源记》中美好社会的理想、《岳阳楼记》中的家国忧患意识、《滕王阁序》里的书生意气……这些不朽的经典中蕴含着丰富的历史知识、成熟的人生经验、多彩的文章美学乃至宇宙哲理。纷繁多姿的思想、精彩纷呈的内容，令人目不暇接、流连忘返。

☆ **问题来了：**

1.《左传》是《古文观止》选得最多的一部书。请你说说选文第一篇《郑伯克段于鄢》讲了一个什么故事，你认为故事中的庄公是个怎样的人。

_____

_____

2.《古文观止》中也选取了《史记》中不少篇目。请仔细阅读《伯夷列传》，说说司马迁在此文中主要表达了哪些观点。

3. 关于《前出师表》，南朝著名文艺理论家刘勰曾在《文心雕龙》中说"孔明之辞后主，志尽文畅，表之英也"，大诗人陆游也感叹"出师一表真名世，千载谁堪伯仲间"。这篇奏表是诸葛亮走出隆中，历经半生奋斗后所作。读罢该篇，你觉得诸葛亮是一个怎样的人物？

4. 韩愈的《祭十二郎文》被评价为"情之至者，自然流为至文"。通读全文，你能从哪些地方感受到这种感人肺腑的至情？

5. 有研究者认为《古文观止》在评选古文时遵循这样几条原则：一是以儒学的道德政治为准则，二是以人的真性真情为准则，三是以文章的婉转奇妙、意蕴深厚为准则。你对其中哪条原则体会深刻？请从选集中挑选几篇选文，分析它们是如何体现作者的选文价值取向的。

四、艺术鉴赏

《古文观止》汇聚了历代的经典文章，文体多样，风格各异，颇具艺术鉴赏价值。

在体例上,《古文观止》的编写不以文体分类,而是"以时代为经,以作家为纬"。"以时代为经"是指编者按历史进程将作品进行编录,以历史时间为轴,让读者了解每个时代的代表性作家作品,厘清其中的脉络,而不至于混乱。"以作家为纬"是指收录了各朝代名家的作品,让读者能阅读到该作家的一系列作品,从而了解其经历、思想等内容。在文章中间或末尾,选者有一些夹批或尾批,对初学者理解文章有一定帮助。

在文体上,《古文观止》所收以散文为主,兼取骈文,文体丰富,有论说文、序、奏议、诏令、书、传、杂记、记叙文、铭、赞、祭、碑志、楚辞、赋、骈文等。让我们对多种文体特征有所了解。

《古文观止》中的文章,艺术手法也颇丰富。如邹阳的《狱中上梁王书》,反复隐喻,不能自止,读之似乎可以听到蒙冤哭泣之声;韩愈的《应科目时与人书》,通篇用一个比喻,反复形容自己的才能与处境,有求于人又自负甚高。

书中的评注十分精彩。有时从文章句法和用字入手进行分析,如欧阳修《醉翁亭记》评语:"通篇共用29个也字,逐层脱卸,逐步顿跌,句句是记山水,句句是记亭,句句是记太守,似散非散,似排非排,文家之创调也。"几句话就将这篇文章散中有骈的风致描述出来了。有时评语从身世人情入手,如《屈原列传》评:"史公作屈原传,其文便似《离骚》,婉雅凄怆,使人读之不禁嘘唏欲绝。要之,穷愁著书,史公与屈子实有同心,宜其忧思唱叹,低回不置云。"这段文字又将作者与传记主人公心灵的共鸣之处一笔点透,道出其感人魅力所在。这一段段评语不仅有助读作用,而其文字本身的清丽优美、流畅婉转也给人以美的享受。

☆ **问题来了：**

1. 《古文观止》中的选文文体多样，有论说文、序、奏议、诏令、书、传、杂记、记叙文、铭、赞、祭、碑志、楚辞、赋、骈文等。你对以上这些古文文体了解吗？请你查阅资料，结合具体选文，概括总结以上各类文体所具有的特点。

2. 《古文观止》中选取了不少外交辞令，如《齐桓公伐楚盟屈完》《阴饴甥对秦伯》《烛之武退秦师》《齐国佐不辱命》等，或阐述道理，中肯周到；或描述事件，变化多端。请你从中选择一篇进行赏析，深入感受外交辞令的语言魅力。

3. 《古文观止》精选了"唐宋八大家"的文章81篇。他们的散文各有其独特的思想和艺术风格。韩愈的文章气势磅礴，曲折自如，既善于抒发不平之鸣，又善于在论说中插入对人情世态的典型刻画。请结合书中的一篇韩愈的文章进行赏析。

4. 《古文观止》选取书信19篇，各有艺术特色。如邹阳的《狱中上梁王书》，反复隐喻；韩愈的《应科目时与人书》，通篇用一个比喻。请你选择其中一篇，结合文章内容，对其艺术特点进行具体赏析。

5. "唐宋八大家"被视为中国雅文化的代表，在中国散文史上占据不可动摇之地位。柳宗元的文章，书写社会黑暗，同情人民生活，常常在山水游记中寄托忧愤；王安石散文则以深刻见长，表现出政治家的锐利眼光……八位散文大家各具特色。《古文观止》选录了不少他们的文章。请你选择"唐宋八大家"中的一位，阅读他的文章，从语言、手法等角度去赏析他的文章特色。

6. 《古文观止》语言精练、短小精悍，给我们留下了宝贵的语言财富，成语就是其中之一。如：

"叹为观止"出自先秦·左丘明《左传·襄公二十九年》："德至矣哉，大矣！如天之无不帱也，如地之无不载也。虽甚盛德，其蔑以加于此矣，观止矣。若有他乐，吾不敢请已。"

"以微知著"出自宋·苏洵《辨奸论》："惟天下之静者乃能见微而知著。"

请从书中找寻几则成语吧！把相应的句子摘录下来，查阅它们的意思及用法，丰富你的"成语宝库"。

成语	出处（篇目和句子）	意义	用法

五、争鸣商榷

《古文观止》突破了分类选编容易流于琐细的局限，是一部比较系统的通史性选本。取文能够大致反映古代散文不同发展阶段和不同风格的概貌，给读者以中国散文史的整体观。但对这部书，历来有不同的评价。下面选摘了一部分观点：

观点一（王汝弼《〈古文观止〉评介》）："《古文观止》是真正在二百二十二篇的较少篇幅之内，撷取了两千多年散文的大部分精华。"继而列举了司马迁、贾谊、杜牧、韩愈、柳宗元的代表作品，终不免叹道："真是体物缘情，坛奇竞爽。"

观点二（谭家健《古文观止 续古文观止鉴赏辞典·序》）：它对"历代传诵的名篇尽可能入选，而又重点突出"。

观点三（徐北文《古文观止今译》）："篇幅长短适中，篇目及分卷也较匀称。入选的人物，大都是有影响的作者。"

观点四（张涤华《古代诗文总集选介·古文观止》）：韩愈文不选《张中丞传后叙》《与李翱书》《祭柳子厚文》等，却选了摇尾乞怜、丑态毕露的《上宰相书》（二篇），以及《与于襄阳书》《与陈给事书》；归有光文，不选《先妣事略》《项脊轩志》等较有特色之作，却选了《吴山图记》《沧浪亭记》。

观点五（黄肃秋《取材精炼的散文选集〈古文观止〉》）：《古文观止》在材料的辨伪存真方面，也做得不够，如《李陵答苏武书》《卜居》等都是别人的伪作。其他研究者又找出了《辨奸论》《后出师表》等伪作。

此外，大多数研究者指出，先秦诸子散文未选，汉末提倡"清俊通脱"，开风气之先的曹操的文章，有"建安风骨"的建安七子之文也一篇未选。周大璞指出:"郦道元的《水经注》、杨衒之的《洛阳伽蓝记》、刘知己的《史通》以及李翱、孙樵、文天祥等人的文章也不入选,这也是一种缺陷。"谭家健也补充说:"南北朝文只选一篇,金元文完全阙如,致使通史性选本中间缺了两段。"

☆ 问题来了:

1. 研究者对《古文观止》编选的优劣各有说法。是什么影响了《古文观止》的选文标准呢?请你阅读整理以上观点及自主查阅的资料,谈一谈你对于选文标准的看法。

_____

_____

2.《古文观止》名曰"古文",也即散文,实际上也编选了少量骈文名篇,如《北山移文》《归去来兮辞》等。有学者认为骈文入选"不能完全符合古文标准",但也有学者认为骈文入选合情合理。请你在了解骈文文体的基础上,结合相关文章,谈谈你的观点。

_____

_____

六、学以致用

阅读经典古文不仅可以增长你的文学知识,提高你的文学修养,还可以帮助你更好地学习与生活。就以《陋室铭》为例,《陋室铭》中刘禹锡高洁傲岸的节操、隐逸娴雅的情趣让我十分欣赏,文章虽然短小却写出了应有的人生态度。好的居住条件固然是必要的,社会也当给人们以这方面的关怀。但一个人的成就,并不是由居室状况决定的，而是由其心胸和志向决定的。所以，处陋室就怨天尤人、自暴自弃绝对于事无补，也完全不必。须知"山不在高，有仙则名。水不在深，有龙则灵。斯是陋室，惟吾德馨"。从《陋室铭》中，我们可以悟到，只要一个人有志向，有追求，有德行，那么不管处于怎样一种情形，都可以怡然自得。

☆ 问题来了：

阅读完《古文观止》，你是否感受到其巨大的思想魅力？"书犹药也，善读之可医愚。"你从这一篇篇凝聚着先哲智慧精华的作品中获得了怎样的人生启示呢？请你就整本书的阅读，或者选择其中一篇，联系生活，写下你的感悟吧！

七、阅读建议

1. 初读。阅读需要有扎实的文言基础，当碰到难懂的文言词汇时需要凭借《古代汉语词典》帮助自己顺利流畅地读完文章，读懂其内容。在阅读过程中，可以将疑难字词、成语典故、所思所感记录在笔记本中，或直接在典籍上做些批注。

2. 细读。《古文观止》每一篇都值得品读。要仔细阅读作品，用心去感悟，感受其文字的魅力、思想的魅力，在阅读中加入自己的阅读体验，找寻共鸣点。

3. 整理分享。将自己从《古文观止》中积累的文言文基础知识、每一篇文章的思想和艺术特色以及自己对它们的感悟整理成册，让其见证自己的阅读过程，成为自己的阅读珍宝。也可将自己的阅读成果和其他同学分享，互相交流，分享心得。

八、相关链接

1. 《古文观止》的成书背景：

《古文观止》成书于清康熙三十三年（1694年），刊行于康熙三十四年（1695年），当时最大的社会背景就是建立起大清王朝已半世纪，清政府为了巩固自己的统治，开始在文化领域进行思想上的梳理与控制。据记载，清军入关第二年即恢复了科举取士制度，推动促使读书的平民通过"工举业"走上仕途的道路。

《古文观止》的成书与科举取士制度是分不开的，当时科举制度恢复，为了能够通过科举走上仕途的道路，士子开始进行与科考内容相关的学习，与当下我们进行各种考试的专业备考相类似。由于在当时历经各朝各代，优秀的文章浩如烟海，不可能一一去阅读学习，因此选本类书籍成为士子科考备考的首要选择。

当时古文选本众多，不乏古文名家选评本，但是名家选本中的点评多从其文学派别的观念出发，带有主观的评价色彩，不够客观，点评未贴近科考的应试要求。在这样的背景下，作为私塾先生的吴楚材和吴调侯从科举考试应试文章的视角出发，对前人的古文选本加以借鉴，精选自前秦至明代文章222篇，无论是文体还是文章风格都做到了兼容并包，注释注重基础知识，利于古文初学者的入门。《古文观止》与名家选本最大的不同在于其点评不带有偏重于某种观点的主观语言，其点评注重文法结构与谋篇布局，因而成为士子古文入门的必读书目。

在这样的背景下，由两位私塾先生选编的《古文观止》作为古文的入门教材就带有了功利的色彩。在古文的点评中也自然带有了为适应科举考试而出现的封建正统思想，且两位选编者自身都是"工举业"之人，对于科举考试的文章写作有一定的认知，因此在文章的注释和点评中注重联系应试的思想和内容要求，区别于名家选文的评价过于注重文章的文学性，因而对科举考试具有更具针对性的指导。

2.《古文观止》的版本：

关于《古文观止》的版本，其在流传过程中主要有两个系统。

映雪堂本。《古文观止》映雪堂本也就是流传至今常见的1959年和1978年的中华书局印刷本，其来源于康熙三十三年。当时编者吴楚材、吴调侯将《古文观止》一编寄给当时在"统帅云中、寄身绝塞"的吴楚材的叔伯吴兴祚，吴兴祚看到二吴编选的此书后大为赞赏，为其作序一篇，随即刻板印刷发行，关于其经过可以在吴兴祚的序中略知一二。关于该版本，现今可考证的最早的是谷邑文会堂本。后人猜测大概由于刊刻时吴兴祚与吴楚材、吴调侯并未相互沟通，因此该版本前只附有吴兴祚为此书作的序，而没有吴楚材、吴调侯二人自己为此书作的序及凡例，乾隆五十四年（1789年）映雪堂以该版本为底本进行了刊刻发行，使得映雪堂本得以流传。

润墨堂本。除了映雪堂本，另外一个版本是绍兴的润墨堂本。该版本没有吴兴祚作的序，它是经过编者吴楚材、吴调侯的进一步修改而形成的本子，修改后于康熙三十七年（1698年）得以刊刻发行。该版本附有吴楚材、吴调侯二人作的自序及凡例，但相比映雪堂本，润墨堂版本并未得到广泛流传。

3. 如果你想对《古文观止》有更全面的了解，可以阅读以下文章或观看视频：

◆ 吴兴祚. 古文观止·序［M］. 北京：中华书局，1959.

◆ 韩林华. 简论《古文观止》产生的历史契机［J］. 吉林师范学院学报，1995（4）.

- 祖耀先.《古文观止》评点及其他［J］.语文学习,1980（5）.
- 王忠论.《古文观止》的选文标准［J］.国文月刊,1946（10）.
- 张蒙.《古文观止》选编特色及其价值研究［J］.广西师范学院学报,2011.
- 视频:《闫效平讲解古文观止》.

无尽奇珍供世眼　一轮圆月耀天心
——走进《梁启超论中国文化史》

设计者：简振雷（复旦附中青浦分校）

微信：18019006995

一、导语

黑塞说："我们先得向杰作表明自己的价值，才会发现杰作的真正价值。"在真正进入《梁启超论中国文化史》之前，建议大家在入口处稍做停留，对你所知道的中国历史文化做一个简单的梳理，再打开《梁启超论中国文化史》，看看梁启超先生是怎样思考这些问题的。

☆ 问题来了：

1. 你对儒家、墨家、法家、道家和佛家都有哪些基本的认知？试用一两句话分别对上述概念做个概括。

_____

_____

2. 儒家学说为何始终能够在中国传统的社会生活中占据主导地位？

_____

_____

_____

二、关于作者

梁启超（1873—1929），字卓如，号任公，又号饮冰室主人、饮冰子等。他出生于广东省新会县的茶坑村（这是一个虽僻远但能够开风气之先的地方），是梁实秋先生笔下的《记梁任公的一次演讲》的主角，是当年私塾里一位赫赫有名的学霸。他8岁能属文，12岁中秀才，17岁中举人，22岁成为"戊戌变法"领袖之一。中国近代维新派、新法家代表人物，他集思想家、政治家、教育家、史学家、文学家于一身，堪称"一部读不完的巨著"。代表作品有《中国近三百年学术史》《中国历史研究法》《新中国未来记》等。

☆ **问题来了：**

1. 除了上面的介绍，你还了解梁启超的哪些事？你知道梁家还有哪些著名人物吗？

_____

_____

2. 请给梁启超制作一份简易生平大事年表，通过这份年表，你有什么发现？

_____

_____

三、内容解析

何谓文化？任公首先给文化下了一个还算通俗的定义："文化者，人类心能所开释出来之有价值的共业也"，"文化是包含人类物质精神两面的业种业果而言"。不难看出，在任公看来，文化与纯粹自然无意识的世界完全不同，它是人类社会在物质与精神两个层面所创造出来的一切有价值的成果。这已基本接近我们当代对"文化"内涵理解的高度和深度。

《梁启超论中国文化史》中，就研究文化史的几个重要问题——做了交待：研究中国文化要将归纳法、因果律、进化论结合起来。介绍了国学研究有两条大路：一是用客观的、科学的方法去透过文献来研究，即整理国故，对于文献研究，要求真、求博、求通；二是用内省和躬行的方法来提升自己的德行来研究，即认真领会宇宙人生的道理并去躬身实践（知行合一）。

☆ **问题来了：**

1. 在《社会组织篇》里，任公从七个方面，即母系与父系、婚姻、家族及宗法、姓氏、阶级、乡治、都市等来具体揭示其中的文化内涵。你能够用思维导图梳理出这七个部分的主要内容及其文化意义吗？

2. 氏族是人类从原始社会开始自然形成的血缘组织。原始人过着群体的生活。每个群体的成员都是共同祖先的后代；他们共同生活、共同生产、共同战斗、财产公有，并且有共同的语言、崇拜、葬地等。每个氏族都有族名，用以区别不同的氏族。想想看，任公为什么把《母系与父系》作为第一章？

3.《姓氏》一章里，任公指出，姓早已消亡。今人称姓，实际上是把氏冒称姓而已。姓氏是父系社会的产物，最初为一个部落共同的名字。当今的姓氏，大都可以追溯到周王朝时期。请把当代中国人人数最多的前五个姓氏（王、李、张、刘、陈）来源做一梳理，再看看有何特点，又可以给后世怎样的启示。

_____
_____
_____

4. 在《阶级》（上、下）两章里，任公认为阶级对立和阶级间不通婚是阶级制度成立的必要条件。试以春秋时期为例，介绍一下贵族政治的特点以及贵族阶级消亡在生计上、政治上的原因。再思考一下，元代的阶级划分的样态以及社会关系的调整是怎样进行的。

_____
_____
_____

5.《乡治》和《都市》两章分别从乡村和城市两个维度来介绍中国社会的组织形式。试以任公的家乡茶坑为例，说说我国乡村是如何自治的。请再列举出我国"都市自治"不发达的三点理由。

_____
_____
_____

6. 任公在探讨了中国文化的基本组织形式之后，又专门探讨了阴阳五行之说在历史上的流变，足见阴阳五行之说对中华文化的深远影响。试梳理出"阴""阳"二字语义的变迁过程，概括出阴阳五行之说应该被抛弃的原因。

7. 国学大师胡适对梁启超始终存有感激之情,他在《四十自述》中追忆说,"梁启超的《论中国学术思想变迁之大势》给我开辟了一个新世界,使我知道《四书》《五经》之外中国还有学术思想"。《梁启超论中国文化史》的最后一个章节就是《论中国学术思想变迁之大势》,它从发展的视角来看待中国文化的昨天、今天和明天。在作者看来,中国数千年的学术思想史分为七个时代。儒、释、道的时代各有什么特点?今天,我们怎样去迎接中国学术思想的真正繁荣?

四、艺术鉴赏

任公是"开风气之先"的一代宗师。他独创的"时务文体"具有强烈的政治性和鲜明的时代性,文风自由、无拘无束,语言表达通俗易懂、感情充沛,具有极强的艺术感染性。任公作为一代天才式的实力派学者,在表达自己思想情感和价值取向时所运用的手法和形式非常值得我们借鉴。

☆ 问题来了:

1. 任公在探讨中国文化史的问题上,特别注重厘清范畴。试以"文化"的概念为例,看看他是如何定义"文化"这个概念的内涵和外延的。

2. 善于运用系统化的譬喻是《梁启超论中国文化史》在写法上的一个重要特点。试在文中找出两处譬喻,说说这样写的表达效果。

3. 善于分类和比较是本书的又一大特色。试以《近世之学术》中乾嘉学派为例,说说作者是如何通过分类和比较来表达出各派代表人物的主张及流变的。

乾嘉学派	分类别	
	做比较	

4. 善于列图表将思维可视化,也是《梁启超论中国文化史》的一个特点。书中有十多幅图表。尽管所列图表还不是很完善,但已经能够将复杂的关系通过列图表的形式让读者一目了然。请在《论中国学术思想变迁之大势》中举出一例具体说说列图表的好处。

5. 任公表达自己学术观点的语言风格也时有政论文的色彩,他的新民体文章写得很有鼓动性,但是在语言风格上似乎也远离了学术文章的科学、准确、严谨、平实的语言要求。试以《近世之学术》一章第三节"最近世"末尾四段为例,说说作者在语言表达上的局限性。

五、争鸣商榷

梁任公是中国近代历史上著名的政治家、思想家和享誉海内外的百科全书式的学术大师。他对于近代中国社会文化的发展及政治的走向都产生了较为重大而深远的影响。历史上以严复为代表的"倒梁派"和以黄遵宪为代表的"挺梁派"对梁任公及其学术贡献做出过完全相反的评价。随着时代的推移，人们对梁任公在文化史方面的贡献认识逐渐加深，当代学者对于《梁启超论中国文化史》一书中所体现出来的梁任公的文化思想有非常丰富的认识，有些看法甚至是针锋相对的。现撷取其中的一些表述供大家学习、辨析和思考：

观点一（李喜所）：梁启超在戊戌时期尽管也主张中体西用，但更多的是对西方制度文化的颂扬与引进；流亡日本期间，则可谓"全盘西化"，大力介绍近代西方启蒙思想、学说，着意培育近代西方意义上的"新民"。回国后，直接参政，投身政治活动，很少关注文化问题。一战后欧游归来，开始致力于文化教育事业，中西文化观发生较大变化。《欧游心影录》中对中西文化"化合"，意味着对二者的平等交汇，融二为一，实为创造新文化的一条理性平和的理想原则。但梁启超实际上在发挥中国文化的指导思想中走上了重视中国精神蔑视西方思想的不归之路，背离了其"化合"中西、创造新文明的基本原则。

观点二（杨彩娟）：梁启超对中西文化一以贯之的精神是主张中西文化的调和。不同时期调和方式不同，在国内接受西学时主张拼合，在日本接受西学时主张结合，接触了真正的欧美文化后，主张把西方文化当作一种催化剂，来催生中国新文化的化合。这种调和是符合文化多元化原则的。

观点三（晁罡）：梁氏的思想是随着他所提出的救国主张而变化

的，即是循着变法—革命—宪政—教育这条线索而发展的。梁氏思想的发展始终贯穿着一条救亡图存的主线，他对文化问题的一切思考都没有离开这个立场。梁启超对东西文化问题的回答是在文化上应该采取东西兼收、融会贯通的态度。他曾经试图找出东西文化之间的平衡，热切地希望东西两大文明"结婚"，但是却无法调和两者之间的矛盾，故而徘徊于激进与保守之间，集开放与封闭于一身。梁启超先是积极介绍西方文化，后又退守中国传统文化立场，是基于对工具理性和价值理性相结合的考虑，试图扭转理论界过激的思潮。

观点四（刘永刚）：梁启超已认识到现代化是一个多样的运动过程，并不存在唯一的经典模式或经典道路。这一方面表达了一种比"五四"新文化运动时全盘西化论者健全得多的文化态度；另一方面也为"五四"以后以坚持中国文化为己任的新一代学人指出了一条重要的思想和学术路径。

观点五（袁伟时）：梁启超的成就和失误都受到西方文化的影响。西方现代文化中的某些理论成为他反对民主政治、民主革命的理论根据。他的思想由改良、革命，最后以沙俄式的"开明专制"为奋斗目标就是因为受到伯伦知理的社会有机体理论和英国卡莱尔的英雄史观的影响。梁启超后来对民主和民主革命的否定，一是出于对西方错综复杂的社会矛盾的惶惑；二是对革命风暴造成的社会动荡的恐惧。这一变化与其对西方现代文化缺乏全盘和深入的认识有关。离开为商品经济提供最良好的社会环境的基本点即自由、民主去筛选现代西方文化，必然会出现迷误。

观点六（高海林、杨芳）：梁启超在其后期"迅速轰走进化论，成为实用哲学和创化论的信徒"，到了新民主主义革命时期，梁启超仍站在资产阶级改良主义的立场上去攻击谩骂马克思主义，其消极作用不仅无助于中国社会文化的进步，而且也使他自己被时代抛弃。

观点七（关健瑛）：不论梁启超的文化言行是激昂的、隐晦的还是怀旧的，他的主旨都是"为国而善变"，爱国主义的思想基础始终未曾改变过。

观点八（李里峰）：尽管梁"流质易变"，但梁的思想特征都贯穿于梁一生中的各个时期："自我"与"他者"之间的紧张状态始终存在于他的思想中，从而导致了贯穿其一生的两个基本"倾向"，即以西方为镜像（必须借助西方的方法才能得到自我的真相）、具有浓厚东方主义色彩的中西文化认识，和在此语境之下对中国文化之自我认同的追寻（本国文化足以令全人类得其好处，自然可以激励国人的自信与认同），二者之间既相互联系又彼此冲突。这也正是同时代知识分子所共有的思想特征。

观点九（刘福祥）：包括梁启超在内的晚清士大夫向西方学习，不是来自对西方文化理性思考后的肯定，而是为了挽救亡国灭种的危机所采取的应急措施，因此带有强烈的复仇心理和功利主义色彩，不可能形成坚定不移的政治信仰。又由于传统文化强大的同化能力，使他们学习西方"不能学其所长而尽袭其短"，产生了许多异化现象。

观点十（阮炜）：梁氏对待中国传统文化的态度是：实事求是，去伪存真；该破就破，该守就守；虽讲破坏，却非盲目；在大问题上站稳脚跟，坚持对中国文化的自信。这无疑是一种对待中西文化关系的最正确的态度。

☆ **问题来了**：

以上学者主要围绕《梁启超论中国文化史》所体现出来的梁启超文化思想的演变、文化观念以及论证的风格做了多维度的评价，这些评价表达了他们对梁启超及其透过《梁启超论中国文化史》所表现出来的文化史观的基本观点。对于这些评价,你能在本书中找到相应的佐证吗?这些评价对你有何启发?当下国人高度重视文化自信,我们应该如何建立自己的文化自信?请谈谈你的认识。

六、学以致用

我们今天读梁任公的学术著作,不能就著作论著作,而是应该知人论世,探本寻源,要力争在文本中感受到梁任公到底是一个怎样的人,学习他为人处世的方式和方法,像他一样去思考问题。

在生活中做一个认真观察和总结社会现象真谛的人,善于从社会的表象出发,具有透过表象发现规律,进而感受本质的能力和水平。在《社会组织篇》里,任公紧紧抓住社会形式的组成要素,从母系、父系到婚姻,从家族、宗法到姓氏、阶级,进而乡治和都市,拾级而上,纲举目张,我们据此大体可以想象得出古人是怎样生活的,尤其是从乡村自治模式和都市治理模式中可以窥见中国人的价值取向。

任公认为治国学的两条大路:一是用科学的方法在文献上下功夫;二是在研究中国文化的同时努力提升自己的生命境界,并且去践行,做到知行合一,求真、求博、求通。任公的每一个结论都不是从主观想象出发,不是从简单地归纳出发,也不是从因果关系出发,而是从问题的本身出发,本着实事求是的原则,力争得出比较科学的结论。在《阴阳五行说之来历》中,任公分析了阴阳五行为何成为迷信的大本营,从而为破除迷信扫清了障碍。

对于中国学术思想变迁的大的趋势,任公从儒、释、道学派兴起的原因、历史、派别及其结果入手，比较好地阐发了自己对儒、释、道诸多学派的认识，借助史料分析，见微知著，通晓思想变迁的方式和方法。

☆ 问题来了：

读了《梁启超论中国文化史》，书中的哪一个观点或主张是你最感兴趣的？写一篇不少于800字的读后感。

七、阅读建议

阅读本书的关注点，始终应该放在领会作者对中国文化现象的描述、评价、反思与重构上，领会作者在评论中国文化现象时所体现出来的一种知识分子的使命担当和家国情怀，最终的目的是拯救国运于水火，力挽狂澜于既倒，"穷则思变，变则通，通则久"。比如《论中国学术思想变迁之大势》中的《近世之学术》，作者就先后评价了从明亡到当代的学术变迁的历史，对明末清初的惊人的学术成就以及学者的崇高人格给予高度评价，而对最近世的学术成就用了"综举有清一代之学术，大抵述而不作，学而不思，故可谓之为思想最衰时代"，可见作者对时局的忧虑和反思已经到了痛心疾首的地步。

阅读本书的切入点，可以选在对中国文化现象的梳理上。观点一定是建立在事实基础之上的，没有具体的具有中国特色的文化事实的观点是空中楼阁，是经不起推敲的；而没有观点统领的文化现象无异于一盘散沙，所以尽可能地发现和梳理中国历史发展过程中所呈现出来的文化现象，从而形成自己对中国文化史的基本认知，就抓住了阅读本书的牛鼻子：一方面可以更好地认知和理解具体的文化现象，哪些现象是符合历史潮流的，哪些现象是开历史倒车的；另一方面可以更好地理解、领会、评价甚至反驳作者的观点，从而摆脱对作者的迷信和盲从。比如《论中国学术思想变迁之大势》中的《佛学时代》，你就首先要初步了解佛教传入中国的历史以及各宗派的基本主张，有了基本认识后你就大体可以看得出作者对佛学的评价是公允的还是偏颇的。

对中国历史上重要的文化现象，大家应该有理性的认识，这一认识首先应该体现在阅读者对中国历史主要文化现象的认知，诸如婚姻、家族、宗法、乡治、都市等。阅读者对这些文化现象了解得越全面，理解得就越深刻，最好能够反思这一文化现象中合理的成分和缺陷的部分，探究形成的原因，再提出解决问题的办法。本书的最后一个章节是《论中国学术思想变迁之大势》，这是从发展的视角来看待中国文化新的走向。任公的一大创造是将中国数千年的学术思想史分为七个时代：胚胎时代、全盛时代、儒学统一时代、老学时代、佛学时代、儒佛混合时代、衰落时代和复兴时代等。这些时代各具特色，都在一定程度上反映了那个时代的人们对中华文化的最全面、最深刻的理解。中国正在崛起，中华文化大发展的时代已经到来，只有东西方贯通起来，取长补短、互通有无，才会迎来中国学术思想的全盛期。我们不仅要破坏一个旧世界，还要善于结合本国的国情和时代特征建设一个理想的新世界。

八、相关链接

1. 如果你想对梁启超生平、学术成就及影响有一个全面的了解，可参考以下图书或视频：

◆ 梁启超. 饮冰室合集［M］. 北京：中华书局，2003.

◆ 梁启超.《饮冰室合集》集外文［M］. 夏晓虹，辑. 北京：北京大学出版社，2005.

◆ 梁启超．清代学术概论［M］．北京：商务印书馆，1944．

◆ 梁启超．中国近三百年学术史［M］．北京：人民出版社，2008．

◆ 夏晓虹．阅读梁启超［M］．北京：三联书店，2006．

◆ 夏晓虹．觉世与传世：梁启超的文学道路［M］．北京：中华书局，2006．

◆ 黄克武．一个被放弃的选择：梁启超胡适思想之研究［M］．北京：新星出版社，2006．

◆ 视频《人物·梁启超》http://tv.cntv.cn/video/C10366/6496cd9bd84947f6ad910005e644e3fe．

◆ 视频《回望梁启超》https://www.bilibili.com/video/av10390458/．

2. 如果你想了解中国文化史方面的知识，可进一步参考以下图书：

◆ 翦伯赞．中国史纲要（上/下册）［M］．北京：北京大学出版社，2006．

◆ 钱穆．国史大纲（上/下）［M］．北京：国立编译馆，1947．

◆ 钱穆．中国文化史导论［M］．北京：商务印书馆，1994．

◆ 吕思勉．中国通史［M］．北京：当代世界出版社，2009．

第三部分

戏　剧

戏剧是一种熔文学、美术、音乐、表演、舞蹈等艺术于一炉的综合艺术，它通过编剧、导演、演员的共同创造，把生活中的矛盾冲突集中地再现于舞台，使观众获得强烈的情感震动和生动的艺术享受。

这里所表达的戏剧概念，是指戏剧创作的脚本，即剧本，是从文学视角对戏剧的一种观察和诠释。

相比诗歌和散文，戏剧诞生得比较晚。唐代以前，诗歌和散文已经蔚为大观，戏剧还只是刚刚萌芽。到了宋代，随着都市的发展，戏剧得到了迅速崛起，但遗憾的是剧本都没有流传下来。直到元代，城市空前繁荣促进了戏剧的勃兴，民族矛盾的空前尖锐为作家提供了强烈的创作动机，知识分子地位的下降又给了作者深入接壤底层的机会，大量优秀戏剧作品应运而生：关汉卿的《窦娥冤》、马致远的《汉宫秋》、白朴的《梧桐雨》、王实甫的《西厢记》……戏剧的势头一度超过了诗歌和散文，元曲成为那个时代最有号召力的一种文学形式，甚至成为元代文学的标识。

元代之后，戏剧的峥嵘逐渐被新兴的小说掩盖，但是作为一种文化形式一直在延续，明代汤显祖的《牡丹亭》、清代孔尚任的《桃花扇》，堪称代表。

为了让同学们在有限的时间了解中华民族最有成就的古典戏剧作品，我们将目光聚焦在元代王实甫的《西厢记》和明代汤显祖的《牡丹亭》这两部最有影响力的作品上去一探究竟。

情不知所起　一往而深
——走进《西厢记》与《牡丹亭》

设计者：章萍莉（浙江省三门中学）

微信：zhang13586222012

一、导语

"情不知所起，一往而深。生者可以死，死可以生。生而不可与死，死而不可复生者，皆非情之至也。"杜丽娘花园一梦，因爱而死；崔莺莺回眸一瞥，缘定三生。那些重门深锁的女子，那些美丽多情的女子，那些光辉灿烂的女子，她们爱得纯粹，爱得炽热，爱得忠诚，生死相许，奋不顾身。如果穿越时空，回到当时，你觉得她们追求的仅仅是爱情吗？让我们一起走进《西厢记》与《牡丹亭》，在比较中鉴赏那些高贵的灵魂吧！

☆ 问题来了：

1. 爱情是文学永恒的主题。能分享一下你最喜欢的一个古典爱情故事吗？

_____

_____

_____

2. 中国是一个多民族的国家，地方戏剧丰富多彩，京剧、评剧、越剧、豫剧、黄梅戏……你的家乡有哪种戏剧？你更喜欢哪种？你能在同学联欢会上展示一曲吗？

二、关于作者

《西厢记》的作者,元代王实甫(约1260—1336),名德信,大都人,生平事迹不详。约生活于元前期元贞、大德年间,早年曾经为官,宦途不无坎坷,晚年退隐。王实甫著有杂剧14种,善写儿女风情,丽句天成,创造了典雅清丽、质朴隽永的元曲语言,成为中国戏曲史上"文采派"的杰出代表。

《牡丹亭》的作者,明代汤显祖(1550—1616),字义仍,江西临川人。他天资聪慧,勤奋好学,21岁中了举人。因不与当朝宰相合作,几次会试都名落孙山。34岁时,汤显祖才以极低的名次中了进士,只被授予闲职。但他并未忘怀世事,后给皇帝上了一道著名的《论辅臣科臣疏》,却被贬谪。两年后,被调到浙江遂昌任知县,政简讼清,口碑很好。但朝政的腐败使他痛感难以有所作为,遂向吏部告归。政治上饱受挫折的汤显祖在文学上逆袭而上,他不为权势所屈,反理学、反传统、反专制,提出"至情"论,高扬真情、至情,与理学家所维护的理、心性相抗衡。这一思想高度使汤显祖站到了时代潮流的前列。

☆ **问题来了:**

1. 比较王实甫与汤显祖的生平遭际,你发现他们有哪些共同点?这种经历对他们作品的主题产生了什么影响?

2. 王实甫生活在元代，在蒙古族建立的少数民族政权统治之下，北方刚健开放的草原文化冲击了汉族的封建礼教；而汤显祖生活在明代，明代初期由于政治思想上的高压统治，贞洁礼教之风愈演愈烈，随着统治的稳固，统治者对思想文化的控制逐渐放松，异端思想层出不穷，社会上掀起了一股张扬个性的思潮。你觉得时代背景对这两部作品有怎样的影响？

_____

_____

三、内容解析

《西厢记》：唐贞元中，崔相国夫人携女莺莺扶相国灵柩回家乡安葬，途中暂住普救寺。书生张珙赴京城赶考，游于普救寺，无意中遇到崔莺莺，一见倾心，便借住西厢。时孙飞虎起兵作乱，贪慕莺莺美色，以乱军包围普救寺，欲夺莺莺为压寨夫人。老夫人在危急之中许下诺言，谁能破贼解围，就将莺莺嫁与他为妻。张生写信请好友白马将军率兵前来相救，解了普救寺之围。不料老夫人出尔反尔，只许张生与莺莺两人以兄妹相称。张生因不能与莺莺成亲，害了相思。经莺莺侍女红娘从中帮助传递书简，两人背着老夫人私下幽会。后两人私会之事被老夫人发现了，便把红娘叫来拷问。经红娘一番辩驳，老夫人无奈答应了张生与莺莺的婚事。但老夫人又逼张生赴京应试，待张生应试及第后，才允许他与莺莺成亲。

《牡丹亭》：南宋年间，南安太守杜宝只有一女杜丽娘，视若掌上明珠，但管教甚严，请来腐儒陈最良教其读书。杜丽娘读到《诗经》"关关雎鸠"，春心萌动，在丫鬟春香的怂恿下，私出游园，由大好春色而萌动情思,在梦中与秀才柳梦梅相会。事后,一病不起,终因思恋过甚而亡。杜宝升任安抚使,离南安时,在丽娘葬地建梅花观。而杜丽娘死后,游魂来到地府,判官问明她致死情由,查明婚姻簿上有她和柳梦梅结亲之事,便准许放她回返人间。书生柳梦梅进京赶考,卧病梅花观中,拾得丽娘自画像,并与丽娘幽灵欢会。在丽娘指点之下,柳梦梅启墓开棺,丽娘起死回生,两人结为夫妇,居于都城临安。柳梦梅应试,因边战骤起未能及时发榜,遂受丽娘之托,去淮扬探望岳丈,却被杜宝误认为劫坟贼,备受侮辱拷打。敌兵退后,柳梦梅得中状元,杜宝仍不肯与女儿、女婿相认。后由皇帝传旨,方才认可婚事,合家团圆。

☆ 问题来了:

1. 女主人公。很多人看完《西厢记》不喜欢崔莺莺,她要红娘带信,口说是叫张生"下次休是这般",但寄去的却是约张生月夜私会的诗简;当张生应约而来时,她又翻脸不认账,把张生教训了一顿。崔莺莺为什么会如此矛盾,口是心非?她真正的心思是什么?《牡丹亭》中的杜丽娘,触景伤情,因情而梦,因梦而思,因思而死,死而复生,为爱而死,为爱而生,炽热深情,但你发现杜丽娘的矛盾了吗?这两个出身于名门的青春少女有着怎样相似的处境和不同的个性呢?

2. 男主人公。在《西厢记》中,红娘说张生就是个"傻角儿",一见到莺莺就神魂颠倒,想入非非;一见到红娘就自报家门,强调未曾娶妻,抓住机会便向红娘打探莺莺小姐的消息。但是,一旦表达爱意受挫，他便无法承受，不是害相思病便是下跪、自尽。在你看来，这个形象是不是太轻狂软弱了？在《牡丹亭》中，柳梦梅因梦而改名，对着画像深情呼唤，不顾律法为丽娘掘墓，虽然害怕丽娘是鬼但也接受了，因丽娘所托出生入死寻找岳父母……请比较这两个书生形象的异同。

———————————————————————————
———————————————————————————
———————————————————————————

3. 众多配角。红娘和春香分别是崔莺莺和杜丽娘的贴身丫鬟，她们都充满活力，活泼开朗而又机灵聪慧。而红娘更是"帮助崔、张克服自身弱点和对老夫人的斗争取得胜利的关键人物，是作品里对封建礼教最具有冲击力量的光辉形象"。治家严厉、出尔反尔的莺莺母亲与勤政爱民、顽固不化的丽娘父亲又可有疼爱女儿之心？陈最良到底是一个迂腐虚伪的人，还是一个真诚善良的人？惠明和尚和石道姑分别在故事中发挥了什么作用？请在两部剧作中选择某一对配角形象做比较分析。

———————————————————————————
———————————————————————————

4. 戏剧冲突。戏剧冲突主要有两种形态：一种是"外在型冲突形态"，一种是"内在型冲突形态"。读《西厢记》，你能很明显地感受到莺莺、张生、红娘一方与崔夫人之间的矛盾，这便是外在型冲突形态。而在《牡丹亭》中，杜丽娘因春萌情，因情而梦，因梦相思，一病而亡，我们并未看到杜丽娘被什么人逼迫而死，但又分明感受到有一股强大的、残酷的力量在逼迫着她，非死无法实现她的梦，这便是内在型冲突形态。在两部剧作中，这两种戏剧冲突分别是怎么展开的呢？

_____
_____

5.爱情理想。《西厢记》中，张生与崔莺莺一见钟情当然缘于外貌，但随着酬韵、赖婚、琴挑、酬简等故事情节的推进，两个人增进了了解，更加情投意合。"你与俺崔相国做女婿，妻荣夫贵，但得一个并头莲，煞强如状元及第。"显然，崔莺莺的爱情观超越了功名追求，注重的是人的价值和感情的忠诚。那么在《牡丹亭》中，杜丽娘的爱情理想是怎么样的呢？剧中男女主人公的爱情观一致吗？

_____
_____

四、艺术鉴赏

在我国灿烂的戏剧艺术宝库里，《西厢记》《牡丹亭》是最为璀璨的双璧。《西厢记》打破了元杂剧一本四折的限制，结构宏伟，情节曲折，戏剧冲突展开充分，人物刻画细腻丰满，唱词华美典雅，意境创设如诗如画。明王世贞云："北曲故当以《西厢》压卷。"清人金圣叹也给予《西厢记》很高的评价，认为《西厢记》一问世，便成为"世间妙文，天下万世人人心里公共之宝"。《西厢记》对戏曲、小说、诗文、绘画、舞台演出以及工艺美术等都产生了广泛的影响，渗透到文学艺术的各个方面。

汤显祖的《牡丹亭》是在对《西厢记》的继承中创作的传奇。《牡丹亭》最为突出的就是它的浪漫主义艺术特色，情节跌宕起伏，离奇神秘，险象环生；描写人物内心情感具有浓郁的抒情诗风格；曲文铺排典雅绚丽，意境深远。汤显祖曾经真诚自白："一生四梦，得意处唯在牡丹。"明代的沈德符在《顾曲杂言》里称："《牡丹亭》梦一出，家传户诵，几令《西厢》减价。"作为经典中的经典，《牡丹亭》这本传奇剧不但轰动了当时的文坛和剧坛，而且对今天的我们来说也有着不可取代的思想价值和审美价值。

☆ **问题来了：**

1. 语言艺术。在《西厢记》中，人物语言都是充分戏剧化和个性化的，而唱词以经过提炼的民间口语为主，适当地融合化用前人的诗词佳句，形成一种既明白通畅，又清丽华美的语言风格，既能表现特定的场景中人物的真情实感，又具有浓郁的诗情画意，能让人产生强烈的共鸣。在《牡丹亭》中，杜丽娘的曲白是以"雅"为主的。柳梦梅、杜宝等人因其书生或士大夫的身份，语言的基本格调也是"雅"。其他配角的语言则以"俗"为主，但因为人物的多层面，俗与雅是灵活交错运用的。请试找几例剧中的人物语言谈谈你的感受。

2. 情景交融。《西厢记》以普救寺、梨花深院、月夜、长亭四个典型环境为基础，其中以月夜环境的描写最为详细丰富，起承转合，构成了整个戏剧的中心意境，烘托了人物细腻丰富的感情变化；而《牡丹亭》的戏剧场景也充分展现了情景交融的艺术技巧。请找到后者的典型曲目来赏析。

3. 人物塑造。《西厢记》通过人物的语言（对话）进行心理描写，通过人物情态动作进行心理描写，从而出色地完成了人物内心世界的刻画，创造出栩栩如生的各类人物形象。《牡丹亭》在人物塑造方面注重展示人物的内心世界，发掘人物内心幽微细密的情感，使之形神毕露，从而赋予人物形象以鲜明的性格特征和深刻的文化内涵。请找到典型的例子来印证。

_____

_____

4. 结构技巧。《西厢记》5本21折连台演出，使得戏剧冲突更加曲折多变，是结构体制上的创新与突破，尽管是单线链状结构，却安排了两组同时存在及并行发展的矛盾，一组是张生、莺莺、红娘与老夫人之间的矛盾，一组是张生、莺莺、红娘之间的矛盾。在结构安排上，作者没有将两组冲突分开论述，而是让其形成故事发展的两条线索，交错进行，不但没有影响读者对剧作冲突的理解，反而使得整部剧作的戏剧冲突得以更加完整清晰地展现。与之相比，你能发现《牡丹亭》有哪些精巧的结构特点呢？

_____

_____

5. 整体风格。《牡丹亭》是一部浪漫主义的剧作，汤显祖把故事放在虚构的梦境中发展，以人鬼幻化的浪漫构思表现杜丽娘与柳梦梅的爱情追求。让一对陌生的青年男女在梦中相会，在梦中相合，而女主人公杜丽娘由梦生情，由情而病，由病而死，死而复生。这种异乎寻常、出生入死的爱情，使全剧从主题情节到人物塑造都富于浪漫主义的色彩,在爱情剧方面形成了新的独特的风格。那么《西厢记》是何种风格?谈谈你的理解。

_____

_____

_____

五、争鸣商榷

观点一(游国恩等《中国文学史》):王实甫《西厢记》更以同情封建叛逆者的态度,写崔、张的爱情多次遭到老夫人的阻挠和破坏,从而揭露了封建礼教对青年自由幸福的摧残,并通过他们的美满结合,歌颂了青年男女对爱情的要求以及他们的斗争和胜利。虽然爱情故事的主人公莺莺与张生是出身于封建统治阶级的一对佳人才子,但在故事的长期流传过程中,突出了他们的热情、勇敢等新的品格,并在他们的美满结合中寄托了自己的希望。王实甫的《西厢记》正是充分体现了这种思想感情和愿望,使它成为数百年来封建礼教束缚下的青年男女追求爱情幸福的赞歌。《牡丹亭》是汤显祖的代表作,也是我国戏曲史上浪漫主义的杰作。作品通过杜丽娘和柳梦梅生死离合的爱情故事,热情歌颂了反对封建礼教、追求自由幸福的爱情和强烈要求个性解放的精神。

观点二(成柏泉《"理之所必无,情之所必有"——〈牡丹亭〉一解》):单就题材而论,《牡丹亭》事实上并没有超出《西厢记》的范围。中国古代作家思想的活跃与丰富,丝毫不能掩盖他们作品取材的贫乏与狭窄,即使在第一流作家身上,也在所难免。这种例子不胜枚举。《牡丹亭》有两次提到《崔徽传》,即《莺莺传》或《西厢记》,我们可以发现,两者的题材惊人地相似,连人物也几乎是一分为二,杜丽娘即崔莺莺，柳梦梅即张君瑞，杜母就是老夫人，春香就是红娘。《惊梦》岂不就是《酬简》？杜母拷问春香，岂不就是《拷红》？柳梦梅状元及第、奉旨完婚，岂不就是张君瑞的翻版？所以，假如根据题材的相同，我们把《牡丹亭》主题的"标准答案"改成"通过崔莺莺和张君瑞的爱情故事，热情地讴歌了反抗封建礼教，争取爱情自由"云云，以此移赠《西厢记》，不也是同样合适的吗？

由此可见，《牡丹亭》在生死以及争取自由爱情的表达，都不过承袭旧题，未能突破前人的樊篱。因此它的感人之处不在于它所描写的这些前人已经写过的题材，也不在于后人赠予它的那些"反抗"或"争取"什么的主题思想，而是汤显祖通过杜丽娘这个活生生的、有血有肉的形象表达出来的情——也就是前面已提到过的那种追求天然之情。这个情的内容包含着对青春难在的珍惜，对韶光流逝的惋恨，对纯真爱情的憧憬向往。不错，《牡丹亭》主要写的是爱情，形式上不脱封建社会一般的才子佳人式的"幽期密约"，但是内容上深化了，而且赋予了人生的哲理意义。少年、青年和将要告别青春或已经失去青春的古往今来的许许多多的人，都可从中领会到兴奋、流连、淡淡的哀愁、深沉的惋惜、无限的怅惘……使观众无不经受一次感情的洗礼。我想，这或许就是《牡丹亭》的魅力所在吧。

观点三（叶树发《〈牡丹亭〉主题与明中叶美学嬗变》）：杜丽娘不同于比她早几百年的刘兰芝和崔莺莺，也不同于比她晚一百多年的林黛玉。她并不像莺莺那样，不满包办婚姻，要求郎才女貌的结合；不像黛玉那样要求男女双方思想、道德、感情一致的婚姻；也不像兰芝那样以死而殉情。她对爱情的理解很简单，就是女人应当有得到男性情爱的权利。所以，她是一个近代启蒙运动前孕阶段体现追求人性解放的艺术形象，是中国古代爱情文学发展史上的一个中点人物。

观点四（陆力《略论〈西厢记〉与〈牡丹亭〉的团圆结局》）："夫贵妻荣"式的团圆结局，使进步意识形态与封建传统势力的矛盾冰消化解了，这是由于当时历史没有提供解决矛盾的社会条件，作家当然无法超越自己的时代，王、汤二氏也不例外。但是，两剧以团圆化解矛盾所引起的客观效果并不相同，这仍和杜丽娘的性格弱点有关。《西厢记》中以崔、张、红三人斗争胜利、老夫人失败而告终，由于老夫人一再败阵，虽然几次阻挠最终也只好承认崔、张结合，矛盾化解，崔、张、红一方处于主动地位。《牡丹亭》叙写了杜丽娘还魂后的曲折故事，由于杜宝的固执，最后竟由封建社会最高统治者皇帝钦定杜、柳的婚姻。但就杜、柳一方看，杜丽娘还魂后对婚事的态度比较被动。柳梦梅催，她说"这事还早，扬州问过了老相公老夫人请个媒人方好"，并进一步解释道"秀才，可记得古书云必待父母之命，媒妁之言"，"比前不同，前夕鬼也，今日人也，鬼可虚情，人须实体"。而后虽然成婚，她也一直力图按封建婚姻的标准，渴望得到父母的宽容与承认，以求得婚姻的合法化。于是，《牡丹亭》终于没有跳出"才子及第，奉旨完婚"的框架。

☆ **问题来了：**

1. 明初贾仲明说："新杂剧，旧传奇，《西厢记》天下夺魁。"但《牡丹亭》一出，沈德符《顾曲杂言》说："家传户诵，几令《西厢》减价。"《西厢记》《牡丹亭》都是表现反对封建礼教、追求自由幸福的爱情和强烈要求个性解放的精神。那么从倡导人性的复苏和回归、冲破理学禁锢的角度来看，你认为哪部作品表现得更强烈、主题更深刻一些呢？为什么？

2.《西厢记》与《牡丹亭》都以"大团圆"结局。所谓大团圆，是指在主人公遭遇悲剧命运，历经种种磨难之后，安排一个圆满的结局：善战胜恶，美战胜丑，在爱情剧中则是有情人终成眷属。大团圆结局是中国古典戏剧结尾的一种普遍形态，中国观众在戏剧审美接受中往往拒绝痛苦悲伤，向往和谐圆满，因为美好的理想在现实中无法实现，就希望通过戏剧观赏得到想象的满足。大团圆结局会不会削弱社会批判力度？你如何看待这两部剧作的"大团圆"结局？

六、学以致用

《西厢记》与《牡丹亭》是中国戏曲史上的璀璨明珠。戏曲艺术融文学、歌舞、杂技、美术于一体，通过唱、念、做、打（舞），摒弃生活的原始形态，强调虚实相生、形神兼备，从生活中提炼出虚拟的动作加以美化，在舞台上尽可能自由地表现剧情、塑造人物，并唤起观众的想象和联想，共同完成艺术形象的创造。戏曲艺术之美，还美在夸张华丽的脸谱，美在精致华美的服饰，美在典雅清丽的音乐，美在婉转百折的唱腔，美在繁复细腻的舞蹈，美在千年流传的至情至性，更美在传统文化的博大精深。戏曲文学是中华文明的瑰宝，应该在新时代重焕生机，重绽光芒。

☆ 问题来了：

1. 崔莺莺挣脱封建礼教的束缚，最终有情人终成眷属；杜丽娘为爱而死，为爱复生，以命来爱。爱情到底是什么？跨越几百年，你认同她们的爱情观吗？你有着怎样的爱情观？

_____

_____

2. 由白先勇改编的青春版昆曲《牡丹亭》受到了年轻观众的追捧，在社会上掀起了一股"昆曲热"，你觉得戏曲应如何做好继承与创新才能让更多的年轻人喜欢？

_____

_____

七、阅读建议

欣赏戏剧艺术可以从以下三个方面入手：

1. 了解古代戏曲常识，消除阅读障碍。戏曲是一门综合性艺术，表现形式和美学内涵的独特性让戏曲艺术呈现出与其他文学样式不同的风格。阅读戏曲作品要建立在对古代戏曲常识的了解之上，比如剧本体制、基本行当、曲牌音乐、表演方式、语言特点等，了解这些常识，为下一步读懂作品做好准备。

2. 强化戏曲作品的朗读，赏析戏曲文本之美。戏曲作品与其他文体相比，具有明显的特点：矛盾冲突更尖锐，严格遵守戏剧创作的"三一律"，人物、事件、场面高度集中；通过唱词、宾白、动作等塑造人物形象，展示人物性格，推动情节发展。剧本这种特殊的文学作品，具有独特的文字之美，它体现在唱词、宾白之中。只有通过对唱词、宾白的反复朗读，才能感受戏曲的曲词之美、韵律之美、细节之美、画面之美、情节之美。

3. 观赏戏曲，尝试演剧，领略戏曲的无限魅力。除了文本之美，婉转流利的唱腔、精美绝伦的舞蹈更令人目迷神醉，心旌摇曳。通过直接观赏戏曲或者尝试演剧，从听觉和视觉上获得直接的审美感受，从戏曲的音乐之美、形动之美中更细腻地感知人物形象，更深入地体会作品意义，更全面地领略戏曲魅力。

八、相关链接

1. 阅读古典名著要选比较完善的版本：
- 王实甫．西厢记［M］．上海：上海古籍出版社，2016.
- 汤显祖．牡丹亭［M］．上海：上海古籍出版社，2016.
- 赵山林．牡丹亭选评［M］．上海：上海古籍出版社，2018.
- 李梦生．西厢记选评［M］．上海：上海古籍出版社，2018.

2. 经典连环画：
- 王叔晖．西厢记［M］．陕西：陕西人民美术出版社，2008.

3. 改编剧作：
- 白先勇青春版《牡丹亭》
- 方荧导演电影《牡丹亭》
- 白先勇青春版《西厢记》

第四部分

小说

小说在所有的文学体裁中诞生最晚，但是发展很快，其中很重要的一个原因是小说的容量大，便于表现更丰富的内容和更复杂的思想情感，这一特点满足了社会的进化与人类情感成长的需要。

现代小说的概念是从近代开始受西方文艺理论的影响形成的，指运用虚构手段塑造人物形象、展示故事情节和环境描写、反映社会生活，传递作者情感倾向和思想价值的一种文学体裁。

然而中国古代小说的概念与此相去甚远，而且不断演变。

"小说"一词最早出现在《庄子·外物》中，与"大达"相对，它的本意是指浅薄琐屑的言论，而且往往出自民间，类似于街谈巷议，道听途说，浅显通俗，不登大雅之堂。

但历史就喜欢开玩笑，很多美好的东西恰恰来自民间。小说这种一直被认为是与帝王之道和政教得失相去甚远的小作品，就像野火在大地蔓延，逐渐发展为燎原之势。

我们看到最早的小说记载是《汉志》，它收录1 390篇，但原文具已亡佚。我们现在能见到的最早的小说应该就是六朝时期的志人志怪小说了，如《搜神记》和《世说新语》。

此后小说的演变大致经历了唐传奇、宋话本、明清小说的发展过程，逐渐清晰、逐渐成熟，陆续出现了冯梦龙、凌蒙初、罗贯中、施耐庵、吴承恩、蒲松龄、吴敬梓这样一批有成就的小说家，其中包括曹雪芹这样大师级的小说家和《红楼梦》这样跨时代的伟大作品。

让我们走进大师，和他们深邃的心灵进行一番对话吧！

真名士自风流
——走进《世说新语》

设计者：马乐（浙江宁波鄞州蓝青学校）

QQ：475505132

一、导语

魏晋风度，一直被中国文化界传为千古美谈，其中到底深藏着什么秘密？被鲁迅先生称为"名士底教科书"、被冯友兰先生誉为"中国的风流宝鉴"的《世说新语》，将为你拨开迷雾，引导你寻找答案，并为你的现实生活提供智慧的启示。

☆ 问题来了：

1. 有人说魏晋六朝是"中国人生活史里点缀着最多的悲剧，富于命运的罗曼司的一个时期""是强烈、矛盾、热情、浓郁生命色彩的一个时代"。你了解这个时代吗？你知道"八王之乱""五胡乱华""南北朝分裂"等这些酿成社会秩序大解体、旧礼教总崩溃的历史事件吗？说说你对这个时代的印象。

_____

_____

2. "王羲之父子的字，顾恺之和陆探微的画，戴逵和戴颙的雕塑，嵇康的广陵散，曹植、阮籍、陶潜、谢灵运、鲍照、谢朓的诗，郦道元、杨衒之的写景文，云冈、龙门壮伟的造像，洛阳和南朝的闳丽的寺院,无不是光芒万丈奠定了后代文学艺术的根基与趋向。"看到上面这些人物及其所取得的成就,你对这个特殊的时代有什么感觉?

_____

_____

_____

二、关于作者

《世说新语》因语言风格不统一,条目安排不尽妥当等原因,有成书于众手之说。但由隋至清,历代之官、私书目均题南朝宋临川王刘义庆。在没有找到新的证据之前,我们姑且取此一说。

刘义庆(403—444),南朝宋彭城(今江苏徐州)人,移居京口(今江苏镇江)。宋武帝刘裕幼弟道规无子,以义庆为嗣,刘宋建国,刘道规追封为临川王,刘义庆承袭。刘义庆一生的主要活动时间在宋文帝刘义隆元嘉年间,病故于南兖州刺史任上。

鲁迅在《中国小说史略》里提出:"乃纂缉旧文,非由自造:《宋书》言义庆才词不多,而招聚文学之士,近远必至,则诸书或成于众手,未可知也。"《宋书·临川烈武王道规传》附《刘义庆传》载:"太尉袁淑,文冠当时,义庆在江州,请为卫军谘议参军;其余吴郡陆展、东海何长瑜、鲍照等,并为辞章之美,引为佐史国臣。"据此推测,袁淑、陆展、何长瑜、鲍照等,当是参与《世说新语》编纂工作的人。不过,说《世说新语》是在刘义庆主持之下,或者说在他思想指导之下编成的,基本上可以达成共识。

☆ **问题来了:**

1.《刘义庆传》载:"少善骑乘,及长以世路艰难,不复跨马。

招聚文学之士，近远必至。"刘义庆为什么弃武从文，着力编写《世说新语》这样一本书呢？请你从时代背景、人物经历等方面查阅资料，探究刘义庆编写《世说新语》的动因。

_____

_____

2. 为《世说新语》作注的有很多，其中广受认可的是刘峻（刘孝标）。他的注"引事以补正文之不足，引类似之事以补充正文，注文与正文相映成趣，辨证正文的真伪错讹"（《世说新语译注》）。刘峻是一个怎样的人？他为什么要给《世说新语》作注？请你查阅刘峻的相关资料，并以此为阅读《世说新语》做好准备。

_____

_____

3. 目前流传的《世说新语》版本主要有明嘉靖间袁褧嘉趣堂刻本、清光绪间王先谦思贤讲舍校订本和日本影印宋绍兴刻本。你手里的《世说新语》是据哪一个版本编辑的？你为什么要选择这个版本的《世说新语》呢？

_____

_____

_____

三、内容解析

《世说新语》共 36 篇 1 130 则，主要记叙东汉至东晋间士族文人的言行轶事。内容大都采集汉魏以来的小说和诸子、史传中的故事成分，广泛反映了当时的社会风尚。

其中大量篇幅为魏晋文人清谈玄学和人物评价。清谈玄学活动多在《言语》《文学》二门中。人物评价活动多在《赏誉》《品藻》二门中。此外，书中还记载与清谈玄学活动相关的魏晋文人放达怪诞的行为和奇妙玄远之举，魏晋女子受时代潮流影响排除礼教束缚、追步名士风流的举止以及批判继承传统道德精华、记载嘉言懿行的故事。书中故事按内容分为若干门类，同类中故事性质相似，人物各异；单个人物事迹又散见于各门类中。门类与人物互为经纬，形成庞大的网状结构。

☆ 问题来了：

1. 《世说新语》首创分类体系寄寓价值判断的范式，其条目归属反映出编者的关注重点和批评立场。正因分门设类不乏主观意味，分类标准、条目归属，可以大致反映编者的关注重点和价值立场，此即"以类为评"。就具体条目而言，任何一种归置都难以被所有人认同，王思任《世说新语跋》便直言："门户自开，科条另定，其中顿置不安、征传未的，吾不能为之讳。"可以说，关于这一话题的纷争经久不衰。如果说《世说新语》的类目设置和条目归属代表了刘义庆的批评眼光，那么评者所论就是对这种眼光的重审。请你根据《世说新语》的分类推测本书编者的关注重点和价值立场。你从《世说新语》的分类中看出了作者的什么倾向？

_____

_____

2. 《世说新语》的广泛传播与书中记述的一系列精彩故事分不开。如"陈仲举礼贤""割席断义""雪夜访戴"等。但是，即使在人们耳熟能详的故事中,仍然隐藏着许多不为人知的秘密,而这些秘密实际上更能深刻地反映魏晋时代的文人精神,更典型地体现了《世说新语》作为魏晋文化百科全书的重要意义。请你从下面提供的故事名目中选择其一,探究故事背后的秘密,并与同学分享。

(1)"竹林七贤"背后的历史旧梦。

(2)嵇康锻铁与服散养生背后的真相。

(3)阮籍长啸背后的衷情。

(4)王长史登茅山背后的女权主义。

(5)……

3.《世说新语》着力刻画了当时上流社会形形色色的人物,为他们做了具体而微的艺术剪影。据马瑞志统计,在《世说新语》中出现了626个人物,他们构成了一个规模宏大、异彩纷呈的人物画廊,可以看作魏晋士族文化的百科全书。其中《世说新语》中有两类人物,在全书中虽然不是主角,但所占篇幅不少,为《世说新语》增添了一道美丽的光环。他们就是"芝兰玉树"的男孩们和"林下风气"的新女性。这两个群体中都有谁?他们有着怎样拔尘脱俗的颜值气质?请你用文字为他们画像。

群像一:"芝兰玉树"的男孩们

群像二:"林下风气"的新女性

_____
_____

4. 从作品的分类中即可感受到作者鲜明的认同倾向。请从作品中选择一个故事,谈谈作者最欣赏魏晋名士的哪些品质。

_____
_____

5. 同理,从作品的分类中也可以看到作者鲜明的批评态度。请以书中一个具体故事为例,说说作者最讨厌哪些品质,以及对此你是否认同。

_____
_____
_____

四、艺术鉴赏

《世说新语》的出现是中国文学史上的一件大事,正是由于这样一部文献的存在,不但使读者对文学有了更多感性的认知,同时它本身的艺术性也标志着这一时期的文学所能达到的高峰。当然,强调《世说新语》的文学价值,绝不意味着它只限于文学领域,徐震堮先生就如此说:"除了它的历史价值和文学价值之外,本书还保存了一部分当时士大夫中间的口语,为历来辞书所没有著录的,可供研究汉语变迁者爬梳探索。"近来有学者甚至提出"世说学"的概念,这也在很大程度上再次呈现了《世说新语》在艺术上的独特价值。

☆ 问题来了：

1. 《世说新语》在语言艺术方面取得了卓越的成就。明胡应麟说："刘义庆《世说》十卷。读其语言，晋人面目气韵恍惚生动，而简约玄谈，真致不穷，古今绝唱也。"《世说新语》这种永恒的语言魅力来自哪里呢？请你踏上《世说新语》的语言艺术探究之旅。

（1）清刘熙载在《艺概》卷一《文概》中指出："文章蹊径好尚，自《庄》《列》出而一变，佛书入中国又一变，《世说新语》成书又一变。此诸书，人鲜不读，读鲜不嗜，往往与之俱化。"他所说的"变"一般认为在《世说新语》中表现为通俗的方言、口语与典雅的书面语汇的完美融合。请你在阅读的时候搜索《世说新语》的"方言""口语"与"书面语"等信息，结合具体语境，举例解释它们如何使作品的语言具有极大的丰富性和极强的生动性。

_____

_____

（2）六朝时代是诗的艺术异彩纷呈的时代。在这个时代里，诗对其他文学形式均有不同程度的渗透。基于这样的文化背景，《世说新语》作为叙事文学亦形成了诗一般的语言美。出色的用典技巧是这部古典名著创造这种美的关键。请你从下面提供的"《世说新语》用典特征微课题研究"的子课题中任选其一，尝试进行微课题研究，然后与同学分享。

子课题一：《世说新语》用典"旁征博引，化古通今"特征研究

子课题二：《世说新语》用典"自然浑成，融化无迹"特征研究

子课题三：《世说新语》用典"传情达意，形完神足"特征研究

子课题四：《世说新语》用典"自出机杼，富于新意"特征研究

子课题五：《世说新语》用典"意蕴深厚，发人深思"特征研究

（3）《世说新语》产出了大量的成语。如"难兄难弟""望梅止渴""一览无余""二童一马""七步成诗""才疏志大"等。这些成语的大量运用，反映了魏晋人士的生活状况、思维方式乃至整个社会的风气，活跃了语言的生命表现力，对后世文学领域产生了积极的影响。请从书中找出3~5个至今仍在运用的成语，并且写在一段话中。

2.《世说新语》在人物的容姿、行止、言语、嗜好的描写中处处贯通着魏晋名士的"玄心、洞见、妙赏、深情"（冯友兰语），让人感觉其人面目生动，如在眼前。你认同这个观点吗？请你从"容姿传神""行止见性""言语画人""山水喻（衬）人""自我标榜与假借他人"五个角度中任选其一举例加以阐释，跟同学一起分享。

3.《世说新语》的叙事由于作者在编辑之初就已将自己"志人风流"的意图贯彻在材料的选择与整体框架的编排上，因此在叙事过程中既没有以精确而琐碎的时间、地点约束自己，也没有时时站出来对选定的人指手画脚。请选择一篇作品说说《世说新语》是如何巧妙运

用叙事视角的。

4. 阅读《世说新语》，你理解"清谈"吗？

《世说新语》是魏晋名士清谈之渊薮，妙语隽永，精理玄旨，无不毕见。鲁迅称之为清谈之书，实际上它就是清谈家语录。冯友兰指出："魏晋的新道家和他们的佛教朋友，以'清谈'出名。"可以这样说，理解"清谈"是进入《世说新语》的必经之路。

（1）清谈方式研究。如"口谈与笔谈"：清谈或凭口，或凭笔。前者为口谈，后者为笔谈。二者凭借不同，但内容上亦有关联。如公座之谈、私座之谈与自然之谈：晋时公座之谈主要发生在某些寺庙内；晋人清谈以私座为主，士人们喜欢在夜间聚会清谈，通常是集于某位名人家中；中古时代，名流雅士们也经常在大自然中进行清谈。请在阅读中留心，并在清谈方式上做一些标记。

（2）辩论艺术研究。清谈家在辩论艺术方面是颇为考究的，他们对此都有比较深入的研究，并且能够熟练地运用到清谈的具体实践中。能言善辩是清谈家乃至所有士人必须具备的一种修养、一种功夫。如裴楷"善宣吐，左右属目，听者忘倦"；司马虓"少好学，驰誉，研考经记，清辩能言论"；冯统"少博涉经史，识悟机辩"。请从中选择一例分析其中的论辩艺术及其表达效果。

（3）言语游戏研究。在魏晋时代的清言俊辩中，我们经常可以发现一种幽默滑稽的言语游戏，那就是嘲戏。嘲戏通常与学术研讨无关，但又经常发生在清谈的场合，实际上构成了清谈的一种调剂方式。人们在高谈阔论阐述某些重大问题的时候，往往情绪非常紧张，嘲戏使人们的心情得到弛缓。同时，嘲戏也是一种机智深蕴的语言游戏，从一个方面显示了清谈家们的辩才。有大量材料证明，嘲戏是盛行于中古士林的一种习俗，它既有其深厚的历史渊源，也有其时代特点。总的来说，它与清谈之风的昌炽是息息相关的。请从书中选取几例，从嘲戏的内容特点（如家族郡望、生理容貌等）和形式特点（如自嘲、他嘲等）展开分析。

_____

_____

5. 《世说新语》对多门艺术均产生了重大影响。如对于汉语言文学之文体、文风的深远影响；《世说新语》的"空间结构"与"故事链"效果，对于后世章回体长篇如《水浒传》《儒林外史》的布局结构有深刻的影响。再如《世说新语》问世之后，中国古代以琴棋书画为中心的"雅文化"传统宣告确立。此外，对游戏、建筑甚至方术医道乃至文化艺术心理均产生了积极的影响。请从某一个视角切入，对《世说新语》的艺术影响做个巡礼，与同学分享。

_____

_____

五、争鸣商榷

《世说新语》问世以来，引起了读者的广泛关注，并引发了不同的评价。下面列举一些具有代表性的观点。

观点一（南朝齐敬胤）："《世说》苟欲爱奇而不详事理。"

观点二（南朝梁刘孝标）："《世说》虚也""疑《世说》穿凿也"。

观点三（宋朝刘应登）：病思无聊、打发时间。

观点四（元朝刘辰翁）：借他人酒杯浇自己块垒。

观点五（明代胡应麟）："读其语言，晋人面目气韵，恍然生动，而简约玄澹，真致不穷。"

观点六（清代李慈铭）：有扬才露己以期被赏识的政治渴求。

观点七（鲁迅）："名士底教科书""记言则玄远冷隽，记行则高简瑰奇"。

观点八（宗白华）："汉末魏晋六朝是中国政治上最混乱、社会上最痛苦的时代，然而却是精神史上极自由、极解放，最富于智慧、最浓于热情的一个时代。这晋人的美，是这全时代的最高峰。《世说新语》一书记述得挺生动，能以简劲的笔墨画出它的精神面貌、若干人物的性格、时代的色彩和空气。文笔的简约玄澹尤能传神。""中国人对于人格美的爱赏渊源极早，而品藻人物的空气已盛行于汉末，到'世说新语时代'则登峰造极了。"

观点九（吴代芳）：《世说新语》和正史的区别，还在于不少地方只是道听途说，严重失实。

观点十（网民"存萃文化"）：刘义庆疏离于权柄圈外，治学严谨，笔述有据，所以《世说新语》一书的最大特点就是几乎没有丝毫的伪善和道统气，不妄评、不说教，还原言行事实本身，以人物为中心，读来有历史动感，个性鲜活，栩栩如生。故此我一向认为《世说新语》是史籍中最值得研读的著述之一，通过读这本书，你可以深刻地理解那个时代的人文精神。

☆ 问题来了：

上述观点呈现了不同视角对《世说新语》的不同态度。完全不带主观成分的历史是根本不存在的，历史原貌一经记录，就夹杂着主观成分，再经过采摘编辑，就会更加走样。走样的程度与叙述者对所叙之事的态度有关。如孔子修《春秋》其实是要通过记事来传道，所以他在史著允许的范围内创立了一套遣词造句的规则，含蓄而又毫不含糊地传达着自己尊王攘夷的思想观念。《尚书》多以上凌下的诰文，《战国策》多臣客对君主的说辞，都带有强烈的政治色彩。那为什么《世说新语》中有这么多不足称为故事的篇章呢？作者的主观意图与叙事态度又是怎样的呢？结合上述争鸣谈谈你的看法。

_____

_____

六、学以致用

曹雪芹在创作红楼梦的过程中，曾经大量地借鉴了《世说新语》的内容写法以及创作思想，堪称学以致用的典范。比如刘义庆《世说新语》中的"远实用、近娱乐"的写作态度令人想起曹雪芹在《红楼梦》楔子里所说的"消愁破闷""喷饭供酒"而"非关理治"的写作观念。至于《红楼梦》谈情实录、务求新奇之说也与《世说新语》的叙述风格颇为相近。《红楼梦》不仅运用了很多《世说新语》的事典与语典，而且渗透着《世说新语》时代的文采风流与真性真情。曹雪芹的性格也近于魏晋名士。曹雪芹字梦阮，此"阮"即阮籍，可见他对阮籍十分倾慕。考查《世说新语》与《红楼梦》的关系，既有利于了解文化传承的脉络与规律，也有利于从精神层面深入解读《红楼梦》，把握魏晋风流对《红楼梦》的影响。

☆ 问题来了：

我们不可能成为曹雪芹，但是曹雪芹借鉴前人学以致用的精神我们完全可以学习。请根据你的阅读收获，思考《世说新语》一书中的哪些智慧可以迁移到你的学习和生活中，让自己的生命变得更有质量，并写一篇读后感。

七、阅读建议

《世说新语》故事短小生动，语言简约传神，人物个性鲜明，可读性强，建议采用推进式阅读。

（一）做好前期准备

1. 了解成书背景。《世说新语》的编纂成书既与刘宋家族喜好魏晋风流和社会各层人士追慕魏晋风流的时代特质有关，也与刘义庆对魏晋士人情有独钟及个人身世的内在原因有关。感兴趣的同学可以了解《世说新语》成书背景，了解那个时代因素和编写者自身因素对作品的影响。

2. 掌握阅读方法。尽管《世说新语》中有大量口语，但中古文言在阅读时并不轻松。建议选择有注释和译文的版本。语文素养较高的同学建议先看原文再看译文，程度低的同学可以直接看译文兼顾原文。在时间安排上，总时间一个月比较合适。平时每天阅读 20 分钟，周末每天阅读 60 分钟，最好与家长共读。在阅读积累上，建议每周完成一张阅读卡，阅读卡除了书名、阅读起止页外，主要包括两部分：第一部分为摘抄积累，主要关注基本信息和自己主题阅读任务的相关信息；第二部分为写作部分，记录阅读随想或完成主题阅读任务。

（二）讲究阅读效率

1. 顺序阅读，梳理已知。《世说新语》中很多篇章内容为大众所熟知，语文教材中也不乏入选的内容。建议阅读过程中，特别关注原本熟悉或略知一二的篇章，在已知前提下，重点阅读补充认知部分，尽可能多地掌握文章内容。

2. 横向阅读，片段整合。《世说新语》中很多人物的言谈逸事都分散在不同类目中，建议进行横向片段整合式阅读，以人物为例，如嵇康这个人物在《世说新语》中的"德行"篇、"容止"篇、"政事"篇等均有记述，可以整合这些具体篇目，全面系统地考查人物。

（三）关注问题设计

在前面的"内容解析""艺术鉴赏""学以致用"等板块中，都以"问题来了"的方式设置了主题阅读探究的学习任务，并进行提示或提供落实的支架，既可以帮助同学们还原故事，积累丰富的写作素材，挖掘作品精髓，开发阅读感悟，也可以引导同学们培养自己的质疑精神，检验自己的阅读效率，同时读写结合的学习任务设计还可以帮助同学们提高证明文、阐释文的写作能力。建议同学们按照这些主题探究的阅读要求展开阅读。

八、相关链接

《世说新语》成书之后，便有文人学者从文学、文献学、美学、哲学等诸多角度对其进行了系统的研究，提出了自己的见解，既有较高的学术价值，更为同学们提供了广泛的阅读素材。下面推荐的几部相关书籍是比较有影响的，供同学们选择。

◆ 鲁迅．中国小说史略［M］．上海：上海古籍出版社，1998.

◆ 陈寅恪．魏晋南北朝史讲演录［M］．贵阳：贵州人民出版社，2007.

◆ 贺昌群．魏晋清谈思想初论［M］．沈阳：辽宁教育出版社，1998.

◆ 李泽厚．美的历程［M］．北京：文物出版社，1981.

◆ 宗白华．美学散步［M］．上海：上海人民出版社，1981.

◆ 刘伟生．世说新语艺术研究［M］．上海：上海远东出版社，2008.

◆ 夏德靠．世说新语生成研究［M］．天津：天津古籍出版社，2018.

◆ 范子烨．魏晋风度的传神写照——《世说新语》研究［M］．北京：世界图书出版公司，2014.

◆ 宁稼雨．魏晋士人人格精神——《世说新语》的士人精神史研究［M］．天津：南开大学出版社，2003.

◆ 李建中．乱世权苦魂——世说新语时代的人格悲剧［M］．北京：东方出版社，1998.

英雄的史诗　智慧的宝藏
——走进《东周列国志》

设计者：竺辽妍（宁波诺丁汉大学附属中学）

微信：15058089955

一、导语

烽火戏诸侯、完璧归赵、荆轲刺秦王……相信这些故事大家都耳熟能详。东周列国，征战无休，那是一个动荡不安的年代，但那也是一个迷人的时代：英雄辈出，思想光芒四射、智慧包融天地。今天就让我们走进《东周列国志》，去感受历史长河中的是非善恶、忠奸智愚吧！

☆ 问题来了：

东周时期是我国历史上一个既混乱而又精彩的时期，春秋五霸、战国七雄先后登上历史舞台，演绎了各种精彩的历史故事。你曾经读过发生在那段历史时期的哪些故事呢？

_____

_____

_____

二、关于作者

《东周列国志》是明末小说家冯梦龙著、清代蔡元放改编的长篇历史演义小说，成书于清代乾隆年间。

冯梦龙（1574—1646），字犹龙，又字子犹、公鱼，号龙子犹、墨憨斋主人等，南直隶苏州府长洲县（今江苏苏州）人，明代文学家、思想家、戏曲家。冯梦龙被称为"天才狂士"，然而他从20岁开始考取功名，却屡屡落榜。屡试不第的冯梦龙后在家中著书，竟然写了大批的科举考试指导用书。不仅如此，冯梦龙用毕生的精力搜集、整理和创作民间文学，在通俗文学方面的成就和贡献巨大。他编订的《挂枝儿》《山歌》等民歌集被誉为"明代一绝"，增补改编了长篇小说《平妖传》《新列国志》。除《东周列国志》外，代表了他的创作成就的还有"三言"（《喻世明言》《警世通言》《醒世恒言》）。"三言"与明代凌濛初的《初刻拍案惊奇》《二刻拍案惊奇》合称"三言二拍"，是中国白话短篇小说的经典代表。

冯梦龙以其对小说、戏曲、民歌、笑话等通俗文学的创作和整理，为中国文学做出了独特的贡献。

☆ 问题来了：

冯梦龙受挫于科举，直到57岁时才补了一名贡生；但他却作为通俗文学大家而留名青史。你了解他吗？请找寻相关资料，说一说他的人生和他的创作吧！

_____

_____

_____

三、内容解析

《东周列国志》取材于《战国策》《左传》《国语》《史记》等文学典籍，演绎了从西周末年（公元前789年）到秦统一六国（公元前221年）这500余年间的故事。东周，包括春秋、战国两个阶段，其间群雄纷争,危机四伏,作者将分散的历史故事和人物传记按照时间顺序穿插编排,演绎成一部内容丰富、人物众多、思想深邃、气象宏大的历史演义小说。全书共108回,前83回写的是以"春秋五霸"为主的诸侯争斗,后25回写的是"战国七雄"动人心魄的精彩故事。

☆ 问题来了:

1. 《东周列国志》不仅是一部历史小说,更是一场文化盛宴。我们从中可以读到许多神奇的传说、古代的民俗、成语典故等。你是否可以分类整理一下,让这张表格更丰满呢?

内容	示例
神奇传说	褒姒降生时神迹(第一回)、外蛇与内蛇相斗(第十九回)……
古代民俗	端午竞舟(第九十三回)、寒食禁烟(第三十七回)……
成语典故	千金买笑(第二回)、大义灭亲(第八回)、功败垂成(第七十九回)……

2. 诸侯争霸,权臣相争,无不凸显了智慧的锋芒。书中哪些奇谋雄略给你留下了深刻的印象呢?

_____
_____
_____

3. 《东周列国志》充满着忠、孝、节、义等一套完整的伦理道德观念。其中忠义道德是作者区分善恶标准的核心和规范。小说中有哪些情节表现了忠义这一思想?请试举几例进行说明。

_____
_____
_____

4. 春秋战国时期，思想活跃。《东周列国传》以通俗的语言将辩证思想贯穿于其中。晏子使楚，楚王想羞辱他，不料反自取其辱；养由基百步穿杨，号称"天下第一箭"，反丧生于乱箭之中……看似矛盾的背后却映照出相生相克的辩证之理。在作品中，像这样的故事还有吗？你是否能再举一两例并分析其中所蕴含的辩证之理。

_____

_____

_____

5. 小说向我们描绘了春秋战国时期一个特殊的社会阶层——"士"。从春秋开始，诸侯、卿大夫养士的风气已经开始，直至战国，"士"的阶层越发庞大，各国统治者争相养士，著名的战国四公子孟尝君、信陵君、平原君、春申君养士各在三千人以上。你了解中国的"士"文化吗？它有何特点？范文澜先生在《中国通史简编》里将"士"分为"学士""策士""方士（术士）""食客"四大类，你能将作品中的"士"归一下类吗？

_____

_____

_____

6. 春秋战国几百年，其间治乱兴衰、各色人等，思想文化的繁荣与碰撞成为中华民族千年文化的瑰宝。例如：

第五十四回，艺人优孟用歌向楚庄王进谏："贪吏不可为而可为，廉吏可为而不可为。贪吏不可为者，污且卑；而可为者，子孙乘坚而策肥。廉吏可为者，高且洁；而不可为者，子孙衣单而食缺。君不见楚之令尹孙叔敖，生前私殖无分毫，一朝身没家凌替，子孙丐食栖蓬蒿。劝君勿学孙叔敖，君王不念前功劳！"

第八十六回,聂政刺杀韩相侠累后,因不能逃脱,自刺其喉而死。姐姐聂䓨去收尸时,官兵要她说出是何人主使,聂䓨说:"妾如爱死,不至此矣。吾弟不惜身躯,诛千乘之国相,代人报仇,妾不言其名,是没吾弟之名也;妾复泄其故,是又没吾弟之义也。"

这两则故事体现了什么思想?在现今社会仍有借鉴的价值吗?书中像这样的故事还有哪些?

四、艺术鉴赏

明、清两代,自罗贯中创作《三国演义》获得成功之后,许多文人竞相仿效,"其浩瀚几与正史分签并架"。历史演义小说不仅对于传播历史知识意义重大,而且对于小说创作之繁荣,对于小说艺术的发展、成熟等,都曾有着不可忽视的重要作用。《东周列国志》的艺术价值尤其不可忽视,它将先秦五百余年头绪纷纭如一团乱麻的春秋战国历史叙说得井然有序,既能佐以历史,又能在历史的框架内运用文学笔法驰骋想象,在艺术上取得了无可比拟的成就。

☆ 问题来了:

1. 人物。可观道人在《新列国志叙》中说道:"凡国家之兴废存亡,行事之是非成毁,人品之好丑贞淫,一一胪列,如指诸掌。"作品塑造了众多人物,包括王侯、将相、勇士、刺客,特别是作品中还有对100多位女性形象的刻画,个个性格鲜明,诸侯不同于诸侯,士人不同于士人,女人又不同于女人。那么,在众多人物中,你印象最深的是谁呢?你觉得他(她)吸引你的是什么?作者又是如何刻画这些人物形象的呢？

_____

_____

_____

2. 哲思。本书语言凝练，多成语典故，富于哲理思想。

可与共患难，不可与共安乐。（第八十三回）

良材不终朽于岩下，良剑不终秘于匣中。（第九十二回）

士之立身，忠信为本。（第二十七回）

成大事者，不恤小耻，立大功者，不拘小谅。（第十六回）

请你再找找这样富有哲理的句子，摘抄在下面，作为你的日常积累吧！

_____

_____

_____

3. 虚构与真实。"九分史实，一分虚构"，冯梦龙认为写历史题材的作家要恪守史实，不能任意虚构和创造；而明代学者谢肇淛在《无杂俎》中提出"凡小说及杂剧戏文，须是虚实相半"，你怎么看？

_____

_____

4. 诗赋。作品中，以诗唱贯穿始终，呈现了优美的古韵遗风，以诗说事，以诗言志，以诗抒情。如第六十八回描写晋平公造瓶祁之宫后，引"髯翁"诗："章华筑怨万民愁，不道虒祁复效尤。堪笑伯君无远计，却将土木召诸侯。"诗歌前两句概述内容，后两句以批判的态度评价晋平公的行为。

请你在阅读中关注一下，作品中的这些诗歌从题材上看主要是以什么为主？在作品中起到了什么样的作用呢？

5. 叙述。《东周列国志》的叙述平中见奇，平中见曲，语言洗练却富有表现力。"敷演不无增添，形容不无润色"，"其描写摹神处，能令人击节起舞"。我们试比较以下两段文字：

"于是叔坚率兵杀入宫中，斩卓子于座下。荀息见卓子被诛，亦触阶而死。"（《列国志传》）

"梁五闻东关五被杀，急趋朝堂，欲同荀息奉卓子出奔，却被屠岸夷追及。里克、慭郑父、雎遄各率家甲一时亦到。梁五料不能脱，拔剑自刎，不断，被屠岸夷只手擒来；里克乘势挥刀，劈为两段。时左行大夫共华亦统家甲来助，一齐杀入朝门。里克仗剑先行，众人随之，左右皆惊散。荀息面不改色，左手抱卓子，右手举袖掩之。卓子惧而啼。荀息谓里克曰：'孺子何罪？宁杀我，乞留此先君一块肉。'里克曰：'申生安在？亦先君一块肉也！'顾屠岸夷曰：'还不下手？'屠岸夷就荀息手中夺来，掷之于阶。但闻趷蹋一声，化为肉饼。荀息大怒，挺佩剑来斗里克，亦被屠岸夷斩之。"（《东周列国志》第二十八回）

与第一段文字相比，第二段文字的语言有何特点？对你的写作有怎样的帮助和借鉴？

五、争鸣商榷

《东周列国志》问世以来,影响很大,但褒贬不一,下面仅罗列部分观点供大家参考:

观点一(孙楷第《戏曲小说书录题解》):不知《春秋》内外传多记传说,本非后世史书之严谨,太史公著书极富文学趣味,至于先秦两汉子书言古事者,大抵传录古今口耳相传之故事,虽书隶乙丙部,实与小说无异,本书(《东周列国志》)即取材于此,以补经史之未备,而博其趣味,其方法甚是。

观点二(龚维英《历史演义的佼佼者——〈东周列国志〉》):《东周列国志》是紧列《三国演义》之右的历史演义中的佼佼者,尤其是连缀全书的复仇故事,每每都写得极其惨烈动容,具有较高的艺术鉴赏价值。

观点三(曾良《〈东周列国志〉的史实与虚构》):"其描写摹深处",的确能"令人击节起舞",所以《东周列国志》不是一般的历史通俗读物,而是一部有一定艺术感染力和创造性的历史演义小说。

观点四(王锡成《〈东周列国志〉品析》):《东周列国志》弘扬了中华优秀传统文化,陶冶人们的心灵,丰富人们的智慧。这对于一个处于价值观念多元化的社会,厘清生命意义,树立积极的人生态度,无疑具有积极的作用。

观点五(鲁越、文庆《中国文学大师与中国文学名著》):冯梦龙的苦心经营,使《东周列国志》没有沦为历史大账簿式的平常之作,而成为一部羽翼信史派历史小说的代表性作品。

观点六(李元复《常谈丛录》):于各朝代之兴衰治乱,皆有叙述,而《三国演义》最称,其次则《东周列国志》。

观点七（南开大学中文系《中国小说史简编》）：由于过分依傍正史记载，很多篇幅变成了烦琐的流水账。因此，总的看来，《东周列国志》的文学价值不高。

观点八（魏文哲《在历史与艺术碰撞中〈三国演义〉与〈东周列国志〉比较》）：《东周列国志》基本上是综合史书记载而进行排比，不仅较少虚构和加工，叙述上也较贫乏，缺乏强烈的艺术感染力、吸引力。《东周列国志》的作者写作此书的本意就是传播历史知识而不是满足人们的好奇心和人们对文学的要求。

观点九（鲁迅《中国小说史略》）：大抵效《三国志演义》而不及，虽其上者，亦复拘牵史实，袭用陈言，故既拙于措辞，又惮于叙事。蔡元放《东周列国志读法》云："若说是正经书，却毕竟是小说样子……但要说他是小说，他却件件从经传上来。"本以美之，而讲史之病亦在此。

☆ **问题来了：**

有人认为《东周列国志》的独特之处是其他小说不可比拟的，并经常将之与《三国演义》相比。这两部作品，你更喜欢哪一部呢？为什么？说说你的理由。

_____

_____

六、学以致用

一部《东周列国志》，道破诸侯争霸，写尽历史沧桑，将洋洋550年春秋战国史跃然于108章回间。"书犹药也，善读之可医愚。"读史使人明智，《东周列国志》确是一部人生教科书。管仲的"衷于为国，不私其友"，蔺相如的"国计为重，私仇为轻"，介子推的淡泊名利，孙叔敖的贤德睿渊；郑庄公掘地见母，楚庄王一鸣惊人；纪叔姬拒不改嫁，"生为嬴氏妇，死为嬴氏鬼"；一介游侠荆轲，心系苍生，甘愿以死一搏……作品中蕴含的人生哲理为人所书写，或积极进取，或急流勇退，或刚正不阿，或轻生重死……正如冯梦龙所说："归于令人为忠臣，为孝子，为贤牧，为良友，为义夫，为节妇，为树德之士，为积善之家。"人，为什么而活着？请你在《东周列国志》中体味古人的人生情怀，感受那一段滚滚红尘中的清风朗月吧！

☆ 问题来了：

有人说阅读《东周列国志》如同开启了一扇智慧的大门，你读完之后受到了什么启发呢？请你就其中最喜欢的一个人物或者一段故事写一篇读后感吧！

七、阅读建议

1. 摘抄。在阅读前，制定阅读计划，有计划地安排阅读时间和阅读节奏，并准备好工具书——《古代汉语词典》和摘抄本；在阅读过程中摘抄作品中出现的成语、典故以及富有哲理性的语句。

2. 归纳。以回目为突破口，《东周列国志》共108回，每一回目实际上都是对本回故事的高度概括，借助回目细读故事情节和人物。在阅读中，细致分析故事或人物类别，总结出故事或人物的类型和特点，并进行科学归纳。

3. 比较。作品取材于《战国策》《左传》《国语》《史记》，在阅读中我们可以采用比较法，将不同作品中的相同人物、情节等进行比较，通过比较加深对作品艺术特色和创作手法的理解。

4. 分享。在阅读中可结合自身的阅读体验去作品中寻找自己关注的视角，感悟蕴含在故事中的人生哲理。在班级中寻找阅读过这部作品的同学，以"我最喜欢的一个人/一个故事"为内容，分享各自的心得。

八、相关链接

1. 《东周列国志》的成书、版本及作者：

春秋战国时期为我国重要的历史时期，列国故事历来被人们传诵。这个时期或稍后出现的叙述这一时期历史故事的典籍有《左传》《国语》《史记》《战国策》等。

明朝嘉靖、万历年间，是历史小说创作的高峰，春秋战国时期这段波澜壮阔的历史成了小说家们看好的题材。福建建阳人余邵鱼始起发轫，根据先代历史典籍的记载，吸取话本成果，加工成《列国志传》，使列国故事初具规模。全书共八卷，分节不分回，共226节，起自"苏妲己驿堂被魅"，终于"秦始皇统一天下"，比较全面地记载了列国的故事。

明朝末年，长洲（今江苏苏州）人冯梦龙根据"本诸左史，旁及诸书"的原则，对《列国志传》进行了删改、增补、润色，凡是余邵鱼疏忽或遗漏之处，都一一做了订正，并将《列国志传》改名为《新列国志》。全书的字数由原来的28万字增至70余万字，由原来的226节变为了108回。从叙述年代上来看，《新列国志》砍掉了商朝末年和西周的一段历史，以周王东迁作为全书的开端，集中写春秋战国时期列国纷争的故事，成了一部叙述东周列国的演义小说。从艺术水平上看，冯梦龙一方面力求情节更加忠于历史，另一方面又不完全拘泥于历史，保留了一些民间故事，并且"敷演不无增添，形容不无润色"，使《新列国志》的内容既尊重史实，又富有传奇色彩，文学价值和可读性较《列国志传》有明显提高。

清代乾隆年间前后，蔡元放对《新列国志》进行评点，加入了序、读法、评语和简要的注释，并略做修改，同时将作品改名为《东周列国志》，全书共23卷，108回。

一般意义上，我们现在认为《东周列国志》是由明代小说家冯梦龙著，清代蔡元放改编。

2. 如果你想对《东周列国志》有更全面的了解，可以阅读下列文章或著作：

◆ 曾中辉.《东周列国志》中小人物的传统文化精神与当代价值[J].广播电视大学学报（哲学社会科学版），2018（4）.

◆ 曾良.《三国志演义》与《东周列国志》比较论[J].内江师范学院学报，2005（2）.

◆ 王锡成.《东周列国志》品析[M].北京：金盾出版社，2013.

◆ 傅承洲.冯梦龙的历史小说理论与创作[J].江苏社会科学，2004（3）.

3. 影视作品：

◆ 央视1996版连续剧《东周列国志》

◆ 纪录片《东周列国志小说中的真实历史》

鬼狐有性格　笑骂成文章
——走进《聊斋志异》

设计者：李涛（宁波荣安实验中学）
QQ：597498103

一、导语

《聊斋志异》借助神鬼的故事创造了一个色彩斑斓、光怪陆离的艺术世界。它深刻反映了人民的思想情感、愿望要求，同时也表现了迷人的艺术魅力，读后使我们得到艺术美的享受。蒲松龄将他奇特的命运与价值追求寄寓其中，创造了事奇、人奇、情奇、文奇的综合美感效应。

☆ 问题来了：

1. 书中写了哪些奇人、奇事？说它们"奇"，在当时来看"奇"在哪里？

_____
_____
_____

2. 《聊斋自志》是蒲松龄为《聊斋志异》写的序言，序言虽短，却是阅读《聊斋志异》的一把钥匙。结合这篇序言，谈谈你对《聊斋志异》写作缘由的思考。

_____
_____
_____

二、作者简介

蒲松龄（1640—1715），字留仙，一字剑臣，别号柳泉居士，清代著名文学家。他才华横溢，开朗、乐观，也很执着，立志通过科举考试建功立业，但命运没有眷顾他。从19岁考中秀才之后，每逢乡试他必参加，却屡战屡败，屡败屡战，即使有了儿孙，带着儿孙仍继续无望地努力，晚年终获得了个"安慰奖"——当了贡生。科举的失败是他一辈子的心痛。

"有志者，事竟成，破釜沉舟，百二秦关终属楚；苦心人，天不负，卧薪尝胆，三千越甲可吞吴。"这是蒲松龄落第后的自勉联。苍天不负苦心人，蒲松龄矢志不渝，虽未科举成名，但终成一代文坛巨星。主要著作除誉满中外的短篇小说集《聊斋志异》外，还有文集13卷400多篇、诗集8卷900多首、词100多阕以及俚曲14种、戏3出、杂著5种。

☆ 问题来了：

1. 曹雪芹在《红楼梦》第一回有诗云："满纸荒唐言，一把辛酸泪，都云作者痴，谁解其中味"，道出了所有伟大作品创作的艰辛和寄寓的情感。那么，《聊斋志异》的"辛酸泪"和"荒唐言"体现在何处？"其中味"该做何解？请谈谈你的看法。

2. 古人说："言为心声，文如其人。"性情褊急则为文急促，品性澄淡则下笔悠远。这意味着作品的格调趣味与作者的人品应该是一致的。然而，金代元好问《论诗绝句》却认为"心画心声总失真，文章宁复见为人"，艺术家笔下的文雅不能证明其为人的脱俗。这意味着作品的格调趣味与作者人品有可能是背离的。《聊斋志异》的格调趣味与蒲松龄的人品之间的关系是怎样的？说说你的看法。

3. 浪漫主义和现实主义融于一体的《聊斋志异》是蒲松龄"梦"的化身。蒲氏的浪漫之"梦"是什么？如何看待这个浪漫之"梦"？这个梦能实现吗？在未来的路上，我们都是"追梦人"，你的梦又是什么？

三、内容解析

《聊斋志异》包括约500篇小说。故事来源或出自作者的亲身见闻和离奇的想象，或借鉴于过去的题材，或采撷民间传说，或为作者自己的虚构。从内容上来看，大致可分为以下五类：

第一类，反映社会黑暗，揭露和抨击封建统治阶级压迫、残害人民罪行的作品，如《促织》《红玉》《梦狼》《梅女》《续黄粱》《窦氏》等；

第二类，反对封建婚姻，批判封建礼教，歌颂青年男女纯真爱情以及为争取自由幸福而斗争的作品，如《婴宁》《青凤》《阿绣》《连城》《青娥》《鸦头》《瑞云》等；

第三类，揭露和批判科举考试制度的腐败和种种弊端的作品，如《叶生》《于去恶》《考弊司》《贾奉雉》《司文郎》《王子安》《三生》等；

第四类，歌颂被压迫人民反抗斗争精神的作品，如《商三官》

《席方平》《向杲》等；

第五类，总结生活中的经验教训，教育人要诚实、乐于助人、吃苦耐劳、知错能改等带有道德训诫意义的作品，如《种梨》《画皮》《崂山道士》《瞳人语》《狼三则》等。

☆ 问题来了：

1. 《聊斋志异》又名《鬼狐传》，谈鬼者170多篇，说狐者82篇，约占全书总篇数的一半。在这之前有写鬼狐的作品，但《聊斋志异》既有对传统鬼狐文化的继承，又有对传统鬼狐文化的创新。结合具体的某一篇作品谈谈继承和创新各体现在哪些地方，以及为什么说这部作品把鬼狐文化发挥到了极致。

2. 几千年的中华文化，最后沉淀出儒、释、道三家。南怀瑾先生在《论语别裁》中曾说："儒家的孔孟思想则是粮食店，是天天要吃的。道家则像药店，不生病可以不去，生了病则非去不可。佛学像百货店，里面百货杂陈，样样俱全，有钱有时间，就可以去逛逛。"你能否从《聊斋志异》中找到中华文化的这几种代表性符号？这几种独特的符号，在当今的社会又具有怎样的价值和意义？

3. 画鬼狐，其实是写人；谈梦幻，其实是讲现实。这就是为什么蒲松龄笔下的鬼狐那么通人性、说人话、做人事，甚至超越了现实生活中的人，成为作者理想的化身。书中的哪一个鬼狐的形象让你感到了人性的美好？请举个例子略做分析。

_____

_____

_____

4. 汪曾祺先生的《聊斋新义》脱胎于蒲松龄的《聊斋志异》，主体的内容没有大的变化，但情节化繁为简、清晰明快，又增加了一些生活的场景或细节，人物变得更具体、可感。汪先生改写《聊斋志异》的最初意图是"做一点实验"，想使蒲松龄的《聊斋志异》具有一些"现代意识"。他在改写的时候，带着现代的审美、道德的评判眼光重新审视这些故事，如《蛐蛐》一篇将原来《促织》中的儿子从蛐蛐变回人，父亲被加官受爵的大团圆结局改成儿子变成蛐蛐，帮助父亲解脱困境后最终死去，增加了小说的悲剧性和感染力。你是喜欢原著的故事还是改编后的新故事？对于这些新故事你受到哪些启发？

_____

_____

_____

5. 蒲松龄是借助鬼狐的故事，表达积郁在他心中的情感、对假恶丑的鞭挞以及对真理的追求；但有的读者却本末倒置，甚至误入歧途，读进去却跳不出来，整天神情恍惚，疑神疑鬼。如果你遇到这样的同学，你会怎样开导他（她）？

_____

_____

_____

6.《聊斋志异》是一部充满积极思想意义的文言短篇小说集，如果请你从中选择一篇你认为写得最好的作品推荐给同学，你推荐哪篇？理由是什么？

四、艺术鉴赏

前代志怪传奇中的主人公多帝王将相、志士仁人、孝女节妇，但《聊斋志异》的主人公大多数为穷书生、小贩、农夫、走卒，乃至孩童。人物平民化、故事生活化，虽有鬼狐掺杂其中，显示了丰富的想象和浪漫的色彩，却无不具有坚实的生活基础和底层民俗依托。

《聊斋志异》是在中国古代的戏剧和白话小说，乃至说唱文学日趋成熟后出现的，并成功地吸取了它们的营养。这使得本书在故事的编撰上，无论是内容的复杂性上抑或是情节的曲折性上都超越了前代。语言用的是浅显文言，其中人物对话生动跳脱，如从口出。这也是此前的文言小说不可比拟的。

☆ 问题来了：

1. 形式的继承与创新。对于文学艺术形式的新旧与内容的新旧关系，可形象地比喻为瓶与酒的关系。鲁迅在《准风月谈·重三感旧》中写道："近来有一句常谈，是'旧瓶不能装新酒'。这其实是不正确的。旧瓶可以装新酒，新瓶也可以装旧酒。"那么，同学们，蒲松龄的《聊斋志异》是"旧瓶装新酒"，还是"新瓶装旧酒"，抑或是"新瓶装新酒"？你怎么看？

2. 人物的塑造方法。"画虎画皮难画骨，知人知面不知心。"我们总在美与丑、善与恶之间徘徊。文学作品中的人物都包含着作者的一种审美标准、价值取向或情感态度。如《祝福》中的"柳妈"、《最后的常春藤叶》中的"老贝尔曼"等，作者往往会综合运用塑造人物的方法来刻画人物形象，表达自己的情感态度和价值取向。《聊斋志异》中你最厌恶的"魔鬼"是谁？请你设计一张"魔鬼"的名片，提炼"魔鬼"的特征，并揭示作者是通过哪些方法来塑造这一形象的。

人物：

身份：

外在特征：

内在品质：

塑造手法：

3. 卒章显志的结尾。《聊斋志异》是蒲松龄的"孤愤"之作。他"冷眼旁观观不尽人情冷暖，侧目而看看不完世态炎凉"，呐喊"六道轮回，岂无天理"。我们看到作品中作者运用讽喻的手法或褒或贬、或笑或骂、或喜或哀、或诙谐或庄严，最终在错位反差中达到"谴责"和"劝诫"的目的。请模仿蒲松龄"异史氏曰"的结尾，以"氏曰"为题，从《崂山道士》《青凤》《画皮》《陆判》《聂小倩》《司文郎》《狼三则》《席方平》中选择一篇，补写一段你自己的点评式结尾。

_____

_____

4. 独特的讽喻手法。郭沫若先生为蒲氏故居题联，赞蒲氏著作"写鬼写妖高人一等，刺贪刺虐入骨三分"；老舍也评价过蒲氏"鬼狐有性格，笑骂成文章"。之所以能够有"刺贪刺虐入骨三分"和"笑骂成文章"的艺术效果，讽喻这种手法的运用起到了至关重要的作用。哪些篇目让你体会到了蒲氏讽喻手法的艺术效果？请举例说明。

_____

_____

5. 口语化的语言风格。《聊斋志异》虽然是文言文，但都是老百姓读得懂的文言文，也就是当时老百姓最流行的语言。据说当时蒲松龄经常深入街巷之中搜集民间故事，还在自己的家门前摆上茶摊，免费为口渴的行人提供茶水，条件是要讲一段故事。可见这部作品的许多素材就来源于民间，因此才得到了老百姓的欢迎和传播。你是否能从作品中找出几个这样的例子来，体会一下口语化语言的生命力和表现力？

_____

_____

五、争鸣商榷

1. 关于《聊斋志异》的思想倾向：是否表现反清思想？

观点一（晋驼，原名刘庆芳，山东文学研究所所长）：从时代背景看，蒲松龄创作《聊斋志异》时期的明末清初，"和历次外族入侵时期一样"，"民族矛盾居于主导地位"。具体到《聊斋志异》书中，民族思想主要表现在如下几个方面：一是反映"清兵的奸杀掳掠"；一是诅咒清政权传播妖异；一是用狐影射胡（也即影射清）。《聊斋志异》的民族思想并不止于"当年普遍存在于汉人中间的反清复明"，它达到了"前人从未达到的高峰"。

观点二（何满子，原名孙承勋，著名杂文家）：蒲松龄的《聊斋志异》以曲折隐晦的笔法，宣泄他的民族思想。这方面的篇幅虽然不多，而且大都是通过侧面渲染，以有限的笔触完成的。

观点三（冯金起，上海古籍出版社古籍整理专家）：有人认为蒲松龄的《早春》诗中有"花落已惊新岁月，燕归犹识旧山河"句，说明作者对朱明王朝怀有故国之思。这首诗作于蒲氏32岁随孙蕙去江南高应县做幕宾的时候，只是抒发他的归欤之情。这个时间段距离明王朝灭亡已有二十六七年了，并且蒲松龄在写这首诗的前几个月，很踊跃地接受了孙蕙的幕宾邀约，并作诗《三月三日呈孙树百，时得大计邸钞》表明"天定何劳避畏途"，这就证明了蒲松龄认为清政权的统治是顺应天命的且不可动摇的。蒲松龄还写过《谢表》一类的歌颂清朝统治者的文章，从这些举动中都可以看出他对清朝的统治者并无不满。

2. 关于《聊斋志异》的艺术方法：是不是浪漫主义？

观点一（鲁迅）：虽亦如当时同类之书，不外记神仙狐鬼精魅故事，然描写委曲，叙次井然，用传奇法，而以志怪。变幻之状，如在目前；又或易调改弦，别叙崎人异行，出于幻灭，顿入人间；偶叙琐闻，亦多简洁，故读者耳目，为之一新……明末志怪群书，大抵简略，又多荒诞不情；《聊斋志异》独于详尽之处，示以平常，使花妖狐魅，多是人情，和易可亲，忘为异类，而又偶见鹘突，知复非人。

观点二（郝延霖，新疆大学中文系教授，兼任中国红楼梦学会常务理事）：其内容所写鬼狐最多，真是层见迭出，变化无穷；水佩风裳，眩人耳目，因此就构成了这部小说集艺术特色上浓重的浪漫主义色彩。作者以强烈的主观色彩去构思故事和塑造形象，所以明明已点出鬼狐，而忘其为异类；明明知道那是超现实的存在，而偏偏沉浸在幻想的故事中，这就不能不使人惊叹蒲松龄浪漫主义妙笔的高超和塑人造形的神巧。

观点三（何满子，原名孙承勋，著名杂文家）：不能单纯地看作品情节是否有非人间的妖异的描绘当作现实主义和浪漫主义的区别标志，这里要考虑到作者所处的时代的认识水平。莎士比亚的许多戏剧中都有鬼魂和精灵出现，如《哈姆雷特》，但谁也不否认它是"伟大的现实主义杰作"。

观点四（赵俪生，著名历史学家、教育家，兰州大学历史系教授）：仅仅说蒲松龄是一个浪漫主义作家，"似不足以概括他的主体"。从总体来看，恐怕应该说他是一个伟大的现实主义作家，观其对明、清之际贪官劣绅的揭发和控诉，对科举制度的讽刺和挖苦，对妇女婚姻不自由的反抗，即可确证。

☆ **问题来了：**

观点争鸣与思想交锋是文学自由的传统，好多话题在你来我往的争辩中，思想魅力灵光四射，真知灼见水落石出，读之酣畅淋漓，掩卷沉思良久。请你根据自己阅读后的思考，面对上述专家的评论，说说你的立场和补充的理由。

_____

_____

_____

六、学以致用

有一首经典老歌《说聊斋》，歌词曰："你也说聊斋，我也说聊斋／喜怒哀乐一起那个都到那心头来／鬼也不是那鬼，怪也不是那怪/牛鬼蛇神它倒比正人君子更可爱/笑中也有泪,乐中也有哀/几分庄严,几分诙谐/几分玩笑,几分那个感慨/此中滋味,谁能解得开。"通俗易懂的歌词中蕴含哲理,发人深省,引人深思。请你就歌词中最有感触的一句或几句,结合社会现实,写一篇读后感。

七、阅读建议

1. 工具书的准备。于天池先生选编的《聊斋志异》读本,文言语体的原文生字词偏多,因此同学们要准备好几本语文学习必备的工具书,如《古代汉语词典》《古汉语常用字字典》《辞源》《现代汉语词典》,以减少阅读中的障碍,提升语文学习的能力和水平。

2. 文言与白话对照。阅读时,建议不要直接从白话文入手,运用工具书,结合注解,掌握文言现象,疏通文义,提升文言学习素养。在与白话对比的学习中,体验不同语体的特点,品味其独特的表达效果,进一步增强对祖国语言文字的热爱和民族自豪感。特别推荐《席方平》和《胭脂》。

3. 人物对比分析。对比阅读的切口要小,比如从故事内容、人物性别和身份及品性、作者对这个人物寄寓的情感和态度等找到异同,从而达到阅读有深度、宽度和高度。例如:《婴宁》中的婴宁与《聂小倩》中的聂小倩可选取不同的角度比较阅读。

八、相关链接

1. 不同注本:

◆ 张友鹤《聊斋志异会校会注会评本》

◆ 朱其铠《全本新注聊斋志异》

2. 研究专著：

（1）《聊斋志异》的思想内容。

◆ 杨柳．《聊斋志异》研究［M］．南京：江苏文艺出版社，1959．

◆ 何满子．蒲松龄与《聊斋志异》［M］．上海：上海出版公司，1955．

（2）《聊斋志异》的艺术成就。

◆ 李厚基，韩海明．人鬼狐妖的艺术世界［M］．天津：天津人民出版社，1982．

◆ 吴组湘．《聊斋志异》欣赏［M］．北京：北京大学出版社，1986．

◆ 马振方．聊斋艺术论［M］．上海：上海文艺出版社，1986．

3. 影视剧：

◆ 2005 年吴锦源导演《聊斋志异》电视剧，剧集由六个具代表性的故事单元构成的，分别为《画皮》《小翠》《痴心灵雀》《陆判》《小谢》《小倩》。

◆ 1925 年黎北海导演的香港版《胭脂》。

◆ 1960 年李翰祥导演的香港、台湾合拍版《倩女幽魂》。

◆ 1987 年程小东导演的香港版《倩女幽魂》。

◆ 2008 年陈嘉上导演的《画皮》。

乱世英雄的悲歌
——走进《水浒传》

设计者：王永辉（宁波市正始中学）
QQ：83362050

一、导语

《水浒传》是我国第一部以歌颂农民起义为题材的长篇章回体小说，是英雄传奇小说的代表作。小说自诞生以来，广泛传播，深受读者喜爱。及时雨宋江、花和尚鲁智深、豹子头林冲、黑旋风李逵……梁山好汉的名字如雷贯耳；大闹五台山、智取生辰纲、武松打虎、逼上梁山等，精彩故事脍炙人口；小说中疾恶如仇的英雄气概和令人扼腕的悲剧结局让人欲罢不能！《水浒传》在明代即被列入"四大奇书"；清代著名文艺评论家金圣叹又将其列入"六才子书"，并认为"天下文章，无有出《水浒》右者"。如今，小说被拍摄成电影、电视剧，影响更加广泛。

下面就让我们一起走进精彩纷呈的"水浒"世界吧！

☆ 问题来了：

1. 小说《水浒传》有多个版本。你知道各个版本的区别吗？你更喜欢哪个版本呢？

_____

_____

_____

2. 你观看过《水浒传》的相关电视剧（1988年央视43集版、2011年鞠觉亮执导86集版等）吗？在情节上，相对于小说原著而言，电视剧有哪些改编？你认同这样的改编吗？

二、关于作者

  《水浒传》的作者历来争议不断，但大众比较认可的说法还是施耐庵。文献资料中关于施耐庵的记载较少，仅存的一些记载又往往矛盾较多。施耐庵，江苏人，原名彦端，字肇瑞，号子安，别号耐庵。施耐庵生活的时代为元末明初，曾效力张士诚。后因张士诚贪享逸乐，不纳忠言，施耐庵弃官而去。为躲避战乱隐居在江苏兴化，创作完成《水浒传》。

  相传施耐庵力大无比，有一次教训了一个调戏妇女的恶少。后恶少纠集几名无赖前来寻仇，可是几个人一起用力也无法拉动施耐庵。施耐庵拿出铁棒，一棒便将身旁的一棵大杨树打断。无赖们见他有如此功力，知道遇上了高手，个个叩头认输。据说这段经历就是《水浒传》中鲁智深降服众泼皮的故事原型。据说，施耐庵写完《水浒传》后没过几年就病逝了。

  ☆ 问题来了：

  1. 你知道关于《水浒传》的作者都有哪些说法吗？请将你了解到的说法罗列在下面。可查阅《〈水浒传〉研究史》，其中梳理了从明清以来关于《水浒传》作者研究的众多说法。

2.2013年，中国水浒学会副会长蒲玉生创作的《草泽英雄梦——施耐庵传》出版，为《水浒传》的作者补充了诸多重要信息。有兴趣的话可以看看，对施耐庵会有更全面的认识。

三、内容解析

《水浒传》小说以宋徽宗宣和元年（1119年）发生的宋江起义为主要原型，在综合宋、元以来有关水浒的故事、话本、戏曲的基础上，由作者加工整理、创作而成。小说成功塑造了一批性格鲜明的英雄人物，艺术地再现了中国古代人民反抗压迫、英勇斗争的悲壮画卷，揭露了当时尖锐对立的社会矛盾和"官逼民反"的残酷现实。

☆ 问题来了：

1. 在《水浒传》前70回中，108条好汉相继出场并陆续登上梁山。从第二回史进第一个出场，到第七十回张清、皇甫端、龚旺、丁得孙归顺，小说以"逼上梁山"为核心，将人物一一引出。请仿照以下表格将《水浒传》内容进行系统梳理，一目了然。

序号	回目	主要事件（100字以内）	108将人物	其他关键人物
1	张天师祈禳瘟疫 洪太尉误走妖魔	洪太尉奉仁宗之命上龙虎山请张天师祈禳瘟疫，却不慎放走被镇压在伏魔殿中的妖魔。		洪太尉
2	王教头私走延安府 九纹龙大闹史家村	高俅凭借擅长蹴鞠，几经辗转结识宋徽宗（当时为端王），并被提拔为太尉。教头王进因当年父亲教训过高俅，惧怕被报复而逃难，在史家村收史进为徒。后史进由于结交少华山三个强人遭围捕。	史进 朱武 陈达 杨春	高俅 王进 李吉

续表

序号	回目	主要事件（100字以内）	108将人物	其他关键人物
3	史大郎夜走华阴县 鲁提辖拳打镇关西			

2. 整部《水浒传》，宋江无疑是核心人物。但是在金圣叹点评本《水浒传》中，宋江这一形象却饱受批评。金圣叹甚至说"《水浒传》有大段正经处，只是把宋江深恶痛绝，使人见之，真有犬彘不食之恨"，将宋江归入下下等。宋江俨然成了一个面善心伪、攻于算计的伪君子。而央视版电视剧《水浒传》中，宋江又变成了一个奴颜婢膝的投降派。那么，宋江在《水浒传》中到底是一个怎样的人？请结合小说相关情节简要概括。

3. 《水浒传》的最成功之处在于塑造了一大批形象鲜明的英雄人物，描写了他们的英雄事迹。其中林冲、鲁智深、武松等着墨较多。请你在这些人物中选择一个，为他写一篇150字左右的小传。

4. 《水浒传》被人们争相传诵，原因之一是作品的"除恶济困"和"反抗淫政"等正面思想，正像《好汉歌》中唱的那样："路见不平一声吼，该出手时就出手，风风火火闯九州。"在你的脑海中，一定有很多这样的情节，请你选取一个，以说书的形式形象地向同学或者亲朋好友转述，可以进行适当的增删。

_____

_____

_____

5. 民间称宋江等人为108条好汉。所谓"好汉"，当然应该是做事光明磊落、敢作敢为、正直有担当的人，但在《水浒传》中，众好汉身上却发生了一些匪夷所思的行为。比如，为了让秦明落草，宋江、花荣等人派人假秦明之名杀害无辜百姓，致使秦明全家被杀、有家难回，不得不落草为寇；同样是为了让朱仝上梁山，李逵将朱仝照看的年仅4岁的小衙内一斧子劈成了两半；还有武松血溅鸳鸯楼时将无辜之人一并杀害等。你如何看待这种现象？

_____

_____

_____

6. 《水浒传》中一个明显的主题就是"官逼民反"，但有人认为，在108将中，除去像林冲这样本身忠厚老实、确实因被高俅迫害而被逼无奈上梁山的，很多人本身就是社会的不稳定因素，比如张青、孙二娘专要将客人麻翻做人肉包子，连鲁智深都差点不能幸免；李立、张横等人原是打劫过往客商的主；穆弘、穆春等人都是地方一霸……你觉得这两者矛盾吗？你如何看待这种现象？请结合小说背景谈一谈你的看法。

7. 有人说,《水浒传》中有明显的歧视女性思想,男子一沾女色便与"好汉"二字无缘了。《水浒传》中塑造的女性要么是悍妇:像顾大嫂和孙二娘这样的自不必说,不论长相还是行为都无法让人看到半点女性之美,好不容易出了扈三娘,却毫无主见,甚至认杀父仇人为亲人,连终身大事也只能听从安排。要么是淫妇:阎婆惜、潘金莲、潘巧云、贾氏,不但不守贞洁,像潘金莲这样的甚至谋杀亲夫。当然还有恶妇等。你认同这种说法吗?请结合小说谈谈你的看法。

8.《水浒传》描写了不少具有神话性质的情节,使水浒故事带上了一定的神秘色彩。比如第一回中的"洪太尉误走妖魔"、第四十二回中的"宋公明遇九天玄女"、第七十一回中"忠义堂石碣受天文"、第九十七回"乌龙岭神助宋公明"等。你觉得这些情节是否多余?请说说理由。

四、艺术鉴赏

说起《水浒传》,闪入人们脑海的往往都是那些经典情节:鲁提辖拳打镇关西,林教头风雪山神庙,景阳冈武松打虎……而对于小说的语言和创作手法，人们往往不太关注，却不知经典作品之所以区别于快餐作品，往往在这方面造诣深厚。对于一部经典作品而言，人物、情节、语言、手法等几个方面往往相辅相成，相得益彰。关于《水浒传》在这几方面的特色，金圣叹在《水浒传》中的相关批语为我们提供了宝贵的启示。金圣叹曾说：《水浒传》章有章法，句有句法，字有字法。人家子弟稍识字，便当教令反复细看，看得《水浒传》出时，他书便如破竹。

☆ **问题来了：**

1. 金圣叹在《读第五才子书法》中说："独有《水浒传》，只是看不厌，无非为他把一百八个人性格都写出来。《水浒传》写一百八个人性格，真是一百八样。"《水浒传》在塑造人物时使用了"正犯法"：相似情节的前后相继出现，比如写武松打虎，又写李逵杀虎，后面又有二解争虎，但读者看来却毫无累赘之嫌；又有不同形象的类似性格，比如说到鲁莽急性，鲁智深、武松、李逵都是典型，但读者绝不会将三人弄混。请你选择小说中使用"正犯法"的例子，具体说一说这种方法在人物塑造中的妙处。

_____

_____

2. 提起《水浒传》的创作方法，就不得不提到"草蛇灰线法"（反复使用同一词语，多次交代某一特定事物，可以形成一条若有若无的线索，贯穿于情节之中）。景阳冈打虎一节，金圣叹便一直关注小说中提到的武松的哨棒。从武松拜别柴进开始第一次出现，一直到武松抡起哨棒打虎，反复出现，结果却一击不中，打在枯树上，断成两截。金圣叹点评道："半日勤写哨棒，只道仗他打虎，到此忽然开除，令人瞠目噤口，不复敢读下去。哨棒折了，方显出徒手打虎异样神威来，只是读者心胆堕矣。"又比如潘金莲对武松的称呼，从见面时第一声"叔叔"，一共39次，后一句却说"你若有心，吃我这半盏儿残酒"。金圣叹批道："写淫妇便是活淫妇。以上凡叫过三十九个叔叔，至此忽然换作一你字，妙心妙笔。"请在小说中再找一处"草蛇灰线法"的例子，并分析它的妙处。

_____

_____

3. 细节描写是叙事文学情节构成的基本单位。没有细节就没有叙事艺术，也就没有性格鲜明、有血有肉的人物形象。因此我们要准确、深刻地理解《水浒传》人物的性格，就不能只看大略情节，而是要关注细节。比如看林冲的隐忍，且看他面对调戏自己妻子的高衙内时的细节：当时林冲扳将过来，却认得是本管高衙内，先自手软了。再看后面发配路上、野猪林、沧州牢城营、草料场点点滴滴的表现，林冲的隐忍以求平安的性格、希望与妻子团聚的强烈愿望跃然纸上，这也使我们更好地理解在陆谦等人火烧草料场之后林冲杀人的无奈与痛苦。《水浒传》中还有很多这样的细节描写，请选取一个水浒人物，结合小说中的细节，分析其人物性格。

_____

_____

4. 金圣叹是一位著名的书评家，他从形象、主题、结构、语言、手法等方面对《水浒传》进行了详细点评。在结构上既有对整部小说的总评，也有对整个章节的总批，更多的是对具体情节语句的夹批。请你学习金批本其中一个章节的点评方式，选择《水浒传》中的一个章节，尝试从形象、结构、手法、语言、主题等方面进行批注。

_____

_____

_____

五、争鸣商榷

如果说要选出关于《水浒传》最受关注和争议的问题，那么一定非"招安"莫属。到底应不应该接受招安，历来众说纷纭。

观点一（小说人物宋江）：宋江一方面认为"今皇上至圣至明，只被奸臣闭塞，暂时昏昧"，所以想着替天行道，总有一天会感动皇帝；另一方面觉得自己这些人替天行道，到时接受朝廷招安，可以青史留名。

观点二（小说人物武松）：武松在第三十二回对宋江说："天可怜见，异日不死，受了招安，那时却来寻访哥哥未迟。"但是在第七十一回宋江作《满江红》词，唱到"望天王降诏早招安，心方足"时，武松第一个跳出来反对："今日也要招安，明日也要招安去，冷了弟兄们的心！"

观点三（小说人物吴用）：吴用不反对招安，但是也不像宋江那样急于接受招安，面对宋江极力促成的第一次招安，他曾言："论吴某的意，这番必然招安不成；纵使招安，也看得俺们如草芥。等这厮引将大军来到，教他著些毒手，杀得他人亡马倒，梦里也怕，那时方受招安，才有些气度。"

观点四（书评家金圣叹）：金圣叹极其讨厌宋江，也不相信梁山好汉接受招安会有什么好结局，索性将七十一回后面的内容全数删去，待到一百零八将聚齐，也不要宋江作《满江红》，就以当夜卢俊义醉梦梁山全伙一起被处斩、梦醒全书终结。

观点五（文学家鲁迅）：鲁迅先生不喜欢梁山招安，在《鲁迅全集》第四卷《三闲集·流氓的变迁》中有这样的话："一部《水浒》，说得很分明：因为不反对天子，所以大军一到，便受招安，替国家打别的强盗——不'替天行道'的强盗去了。终是奴才。"

观点六（政治家毛泽东）：毛泽东批判招安，在 1975 年《人民日报》中强调"《水浒》这部书，好就好在投降。做反面教材，使人民都知道投降派"。

观点七（某网友）：其实招安并没有错，就算没招安，梁山起兵推翻了朝廷，或是联合方腊一起。成功之后，一山不能容二虎，方腊野心这么大，一定不会让位给宋江，而梁山兄弟也不会让方腊做皇帝。到时两军还是得交战。那样好汉们的结局也不一定比招安好到哪去。况且招安后，梁山为国去征讨方腊，虽然结局惨重，但至少为后人所称赞，而且摆脱了"贼寇"的骂名。若是前者，就终归是"贼寇"。如果招安前把高俅等人杀了就好了。

☆ **问题来了：**

对于这个问题的争议，你怎么看？请结合小说谈一谈你的看法。

_____

_____

_____

六、学以致用

我国民间有一句俗语：少不读水浒，老不读三国。意思是，人在年少的时候不应该读《水浒传》，年老的时候则不应该读《三国演义》。至于"少不读水浒",有人解释是因为少年血气方刚、易于冲动,看了《水浒传》学里面的英雄好汉,形成不良的习性,所以少不读水浒。也有人说是因为《水浒传》对人性、社会的深刻洞察以及其反映出的故事发生和创作时代的苦难,都带有一定的灰暗色调,少年读了可能会感到前途渺茫,产生悲观情绪。

☆ **问题来了:**

对于上面陈列的几个观点和理由,你怎么看?请结合小说写一篇读后感。

七、阅读建议

1. 知人论世。对小说人物性格、思想和行为的解读一定要放到对应的历史背景中,简单地用现代人的眼光去评价古人不符合历史唯物主义的观点。阅读前,可以查阅相关资料,了解北宋末年的历史,特别是小说中提到的历史事实,比如宋徽宗、蔡京等人和方腊起义等。

2. 回归原著。受电视剧等改编艺术的影响,大众常常将《水浒传》电视剧的剧情与小说情节混淆,甚至将电视剧情当作小说情节来研究讨论。建议完整地阅读百回本《水浒传》小说,系统地梳理小说情节,掌握故事的梗概和小说的发展脉络,这样你才有对作品的发言权。

3. 版本对读。《水浒传》有众多版本,各版本在内容增删上区别较大,建议阅读时能够参考各个版本对照阅读,以比较各个版本的优劣得失。要特别关注金圣叹点评本《水浒传》中的评语,养成阅读批注的习惯。

4. 思辨阅读。要思辨地看待《水浒传》小说中体现出来的漠视生命、歧视女性等的负面现象。在分析小说形象和思想内容时要尽可能做到全面客观,同时能够理性对待名家以及网络上对小说主题及小说人物的评价。

八、相关链接

1. 如果你想要更加深入了解《水浒传》，借鉴他人的研究成果进一步学习探究，下面这几篇论文也许会给你一些新的思路与启发：

◆ 许勇强，李蕊芹.《水浒传》研究史［M］.北京：中国社会科学出版社，2017.

◆ 鲍鹏山.江湖不远［M］.上海：学林出版社，2018.

◆ 张馨月.《水浒传》中女性人物分析［J］.文学教育，2019（14）.

◆ 陈思.毛泽东与《水浒传》［J］.人民周刊，2019（07）.

◆ 焦凤华.论《水浒传》中宋江形象思想性格冲突［J］.戏剧之家，2019（12）.

2. 如果你想观看《水浒传》被改编成的同名影视作品，下面两部最有代表性：

◆ 电视剧《水浒传》，1998年央视版，张绍林执导，杨争光、冉平改编，李雪健、周野芒、臧金生等主演。

◆ 电视剧《水浒传》，2011年版，鞠觉亮执导，张涵予、李宗翰、胡东、严屹宽、陈龙等主演。

英雄东逝水　青山依旧在
——走进《三国演义》

设计者：赵桂凤（宁波诺丁汉大学附属中学）

微信：13777045361

一、导语

一部《三国演义》承载了我们多少内心的渴求。在这里，我们可以一饱眼福，可以看心怀天下的曹孟德如何力挽狂澜；可以看义薄云天的刘关张如何崛起草莽；可以看少年英雄孙仲谋如何坐稳江东。赤壁烟火，六出祁山，北伐悲歌……精彩纷呈。在这里，我们也可以读懂社会——武功、谋略、权术、口才、勇气、机变……在三国的舞台上，应有尽有。一旦入手，你会发现："凡是饮水处，必有《三国》在。"

☆ 问题来了：

1. 你对三国历史曾有哪些了解呢？请简单说说吧！

_____

_____

2. 儿时，你可能已经读过这本书的儿童版，现在重读，又期待从阅读中收获什么呢？

_____

_____

二、关于作者

罗贯中（1330—1400），名本，字贯中，山西并州太原人，号湖海散人。他是小说家、戏曲家，也是中国章回小说的鼻祖。14岁时母亲病故，罗贯中辍学随父亲去苏州、杭州一带做生意。20多岁，天下大乱，群雄并起，罗贯中也曾参与其中。后不得已才淡出江湖，流寓于江、浙一带，发愤著书。50多岁后，罗贯中将流散在民间的各类关于三国历史的故事话本、传说和正史《三国志》及裴松之注相结合，最终著成历史小说巨著《三国演义》。罗贯中的博大精深之才，经天纬地之气，对军事学、心理学、智谋学、公关学、人才学等学问之精通，淋漓尽致地呈现在《三国演义》之中。

☆ 问题来了：

1. 罗贯中作为一名有志青年，本想在政治上大展宏图，却遇上了张士诚，注定了他从政之梦的幻灭。那么，在那样一个群雄逐鹿的年代，罗贯中为什么选择了投奔张士诚，而不是后来做了皇帝的朱元璋呢？我们不妨搜集并读一读他的故事，了解其中的原委。

_____

_____

2. 素来"有志图王"的罗贯中，在政治上无法一展宏图时，不是抱怨，而是毅然选择了隐居创作，最终在《三国演义》的小说中施展了自己的谋略才华，并在砚山笔海、白纸黑字中打下了自己"虚拟"的江山社稷。对此，你有怎样的感悟呢？

_____

_____

3. 儒家有云："天道无亲，常与善人……天下土地，唯有德者居之。"但在《三国演义》中，历史的发展常常事与愿违：暴政战胜了仁政，奸邪压倒了忠义，全能全知、超凡入圣的诸葛亮竟无力回天……从中，我们又可以探寻到作者怎样的内心思想呢？

三、内容解析

第一板块（1~33回）：群雄逐鹿。主要写了东汉末年，群雄并起，割据天下的局面。

第二板块（34~50回）：赤壁鏖战。主要写了孙刘联军击败曹操，为三分天下奠定基础。

第三板块（51~84回）：三足鼎立。主要写了赤壁之战后，刘备入蜀称帝并击败曹操夺得汉中，曹操击败马超稳固后方，孙权夺回荆州并在夷陵之战大败刘备，呈三足鼎立之势。

第四板块（85~105回）：南征北战。主要写了诸葛亮七擒孟获，六出祁山，九伐中原。

第五板块（106~120回）：三国归晋。主要写了司马氏一统天下。

☆ **问题来了：**

1. 填空并补充省略号内容，梳理一下魏、蜀、吴三国的发展趋势。

国家	主要人物	初期	中期	后期
蜀	刘备、孔明、五虎大将、姜维……	刘备打着"恢复汉室"的旗号……	刘备在离开刘表之后……	
魏	曹操、曹丕、司马懿、司马昭……	曹操一直奉汉献帝令各地割据势力……	曹操去世，其子曹丕继位……	曹丕死后……
吴		孙策时期，策以传国玉玺为交换借袁术之力，承先父遗志，转斗江东，开创东吴基业……	200年孙策早逝，孙权继位为江东之主……	孙权死后……

2.《三国演义》写了大大小小数十次战役，比如北方统一战、江东统一战、西川统一战、官渡之战、赤壁之战、潼关之战、合肥之战、汉中之战、荆州之战、夷陵之战等。你觉得哪一次最精彩？试举一例略做分析。（可以从"战争最激烈""规模最壮观""指挥最高明"等不同角度入手）

3. 世人历来对曹操这一人物褒贬不一。毛宗岗在评点《三国演义》中说："曹操是古往今来奸雄第一奇人，堪称奸绝。"罗贯中也曾评价曹操："治世之能臣，乱世之奸雄。"而鲁迅却有不同的看法，他说："曹操是一个很有本事的人，至少是一个英雄，我虽然不是曹操一党，但无论如何，总是非常佩服他。"那么，你眼中的曹操是英雄还是奸雄呢？请具体阐述。

4. 《三国演义》中呈现了多种兵法韬略。请在以下计谋中挑选其中一个，准备在"专题读书会"中的发言提纲，以便分享给大家。

兵法：反间计、假途灭虢、空城计、骄兵计、金蝉脱壳、连环计、欲擒故纵、借刀杀人、釜底抽薪、激将法、苦肉计、美人计、十面埋伏、攻心为上、将计就计、缓兵之计、走为上计、暗度陈仓、围魏救赵等。

发言提纲：

5. 罗贯中在《三国演义》中，深刻阐释了乱世的社会心态、图王称霸者的潜质、乱世英雄的品德等重要问题，充分展现了他对现实及历史的独特见解。你能举例说说他的独到见解吗？从中又让你获取了哪些有价值的东西？

四、艺术鉴赏

《三国演义》不仅是较早的一部历史小说，而且代表着古代历史小说的最高成就，历来受到很多人的喜爱。究其原因，有人欣赏其宏大严密的复杂结构，彼此关联，环环紧扣；有人喜欢其各具个性的人物形象，对比映衬，旁见侧出；有人喜欢其精彩的战争描写，波澜曲折，摇曳多姿；也有人喜欢其雅俗兼具的语言特色，浅显易懂，深入人心。

☆ **问题来了：**

1. 结构。结构宏伟复杂、严谨精巧是《三国演义》的一大艺术特色。全书以魏、蜀、吴三国的矛盾斗争为主线，以蜀国的人物事件为中心，以描写战争为重点，用三大战役串起大小各种斗争，做到了有条不紊、首尾呼应、前后连贯、主次分明。你能否用思维导图的方式来展现本书的结构，让人一目了然？

2. 战争。《三国演义》最擅长描写战争，涉及的战事多达几百次，不仅精彩纷呈，而且每一场都写得各有特点。有人说主次分明、详略得当、重点突出、无一雷同。有人说张弛有度、动静相宜，作者在激烈紧张的战斗过程中经常插入一些轻松的情节。你赞同他们的观点吗？或是有自己独到的见解？请结合文中的例子说明。

_____

_____

_____

3. 人物。在刻画人物形象方面采用了多种手法：(1) 善于在性格冲突中刻画人物。无论是刻画相同还是相反性格，作者都喜欢在冲突中展现人物，使人物形象更鲜明。(2) 用衬托的手法刻画人物。正衬和反衬手法的运用使得人物刻画更为栩栩如生。(3) 忽隐忽现，层层铺垫手法的运用。对人物渲染，不是静止的，而是通过旁人的观察、反应和上下回人物活动影响，层层显示，引起读者的想象，产生美感。(4) 用夸张手法突出人物主要性格。在刻画人物形象时，为突出其某一方面，故意言过其实，使得人物的个性鲜明。那么，你能以一个人物为例，说说作者塑造该人物主要用了哪些手法吗？
_____
_____
_____

4. 语言。本书语言"文不甚深，言不甚俗"，可谓雅俗共赏，老少咸宜。尤其是小说中各位"主公"的精妙语言，成为凸显其性格、笼络人才的有力武器。如果你身在其中，会被谁的语言打动而选择投入他的麾下？请结合他的语言说出你欣赏他的理由，并为自己写一封自荐信。
_____
_____
_____

五、争鸣商榷

《三国演义》中体现了怎样的历史真实，自明清两代以来引发了多方人士的争议，既有著名的专家学者，也有不知名的普通百姓；既有专业的学术著作评论，也有有影响力的网络言论。摘录几条以供大家参考：

观点一（清代杰出的史学理论家和方志学家章学诚）：《三国演义》七分实事，三分虚构，以致观者往往为所惑乱。演义之属，须实则概从其实，虚则明著寓言，不可错杂如《三国》之淆人耳。

观点二（明代博物学家、诗人谢肇淛）：惟《三国演义》等书，淡而无味矣。何者？事太实则近腐，可以悦里巷小儿，而不足为士君子道也。凡为小说及戏剧杂文，须是虚实相半，方为游戏三昧之笔，亦要情景造极而止，不必问其有无也。

观点三（现代文学家、思想家鲁迅）：然据旧史即难于抒写，杂虚辞复易滋混淆，故明谢肇既以为"太实则近腐"，清章学诚又病其"七实三虚惑乱观者"也。至于写人，亦颇有失，以致欲显刘备之长厚而似伪，状诸葛之多智而近妖，惟于关羽，特多好语，义勇之慨，时时如见矣。

观点四（当代作家、社会活动家金庸）：在中国的古典小说中，《三国演义》享有崇高之极的地位，没有任何一部小说比得上，近三百年来，向来被称为"第一才子书"或"第一奇书"。毛泽东主席认为《红楼梦》有攻击封建意识的革命意义，从阶级立场来说，把《红楼梦》提到了前所未有的高度，以致一生以性格粗豪出名、战功赫赫的许世友将军，也说要研读《红楼梦》。但我相信，许将军读了《三国演义》之后，对于"情切切良宵花解语，意绵绵静日玉生香"那样回肠荡气的情景一定会不耐烦，必定更加欣赏"虎牢关三英战吕布""周公瑾赤壁鏖兵"那样的场面。它的布局和气氛安排也是高明之极，如刘备三顾茅庐，一步一步把本书的主角诸葛亮从喧天的锣鼓声中引出场来；又例如"草船借箭"的写箭，"借东风"的写风，一步逼一步地扣得极紧。

观点五（武汉科技大学文法与经济学院李曼老师）：《三国演义》作为中国第一部长篇章回体通俗历史演义小说，既具有史料价值，又具有文学价值，在我国文学史上具有开创性的意义。但由于其处在一种新体裁的初级阶段，各种艺术表现手法的运用不够成熟，因而文学性大打折扣，但我们并不能因此低估其文学价值而仅仅把它成书的意义归结于史学层面。文学性的评判标准是多层面的，书中所体现的艺术真实、作者真挚的情感和善的判断、客观呈现的审美因素都是其中一维。

观点六（当代学者易中天）：《三国演义》有一面可疑的旗帜：忠义；两颗有毒的药丸：伪善与权谋。这是我对《三国演义》的定义。我觉得要拍"三国"，就要回到《三国志》，要陈寿，不要罗贯中。

观点七（原日本京都大学教授，20世纪日本著名汉学家小川环树）：这部小说可大致分为前后两个部分，前半部到八十回止，以刘、关、张三兄弟和诸葛孔明的活动为中心，其高潮是孙、刘联合火攻曹操的赤壁之战，这次战争导致魏、蜀、吴三国鼎立。战争的描写是小说的绝大部分，而突出描写的是人物在战争中的勇敢和机智。故事的进行层次分明、环环紧扣，一直牵引着读者，手法非常高明。中国历史小说很多，《三国演义》可说是最优秀的。

观点八（网名为"自勉勤学"的网友）：那些肆意诋毁贬低小说《三国演义》的人，有些人可能是真的不清楚文学作品和史书记载之间的区别。但是还有些人，明明清楚两者之间的区别，却故意吹捧抬高史书记载，诋毁贬低文学作品。也许他们这样做就是为了表达自己的看法，也许他们只是想表现得与众不同，通过这种方式来吸引别人的注意，刷一波存在感。众口难调，只要不触犯法律，他们批评小说《三国演义》不符合史实是他们的自由，但是批评应该适当，太过分了难免会伤害到别人。

观点九（网名为"泠朔"的网友）：说句实话，《三国演义》才是历史的功臣。因为有了《三国演义》，我们才知道有三国这样一段历史，才找到了我们家喻户晓的各色人等，才有人会去翻翻《三国志》，可以说，是《三国演义》给予了人们这样的兴致。试问没有《三国演义》，在座的各位有几个愿意去看《三国志》？试问罗贯中怎么不尊重历史了？罗贯中最后让刘备统一三国了？曹操赤壁之战被抓了？司马懿被曹睿杀了？没有，一个都没有，历史的大事，罗贯中一个都没有改，只是在某些小事件上渲染了一下。试问那些抨击《三国演义》的，改编《三国演义》的多的是，把它改编得惨不忍睹的多的是，为什么偏偏揪着《三国演义》不放？人家没有篡改历史啊！

☆ 问题来了：

"一千个人眼中，有一千个哈姆雷特"，对本书真实性的评价，众说纷纭，那么，你的观点呢？

_____

_____

_____

六、学以致用

《三国演义》不仅是较早的一部历史小说，而且代表着古代历史小说的最高成就。小说采用浅近的文言、富于变化的笔法、宏伟的结构把百年左右头绪纷繁、错综复杂的事件融合在一起。书中有丰富的历史知识、成语、谚语、典故、歇后语等应有尽有；其典型的人物与生动的情节描写为人所称道，如仁义的刘备、忠义的张飞、奸诈的曹操，如变化多端的官渡之战、惊心动魄的赤壁之战等无不让人拍案叫绝。凡此种种都让人受益匪浅，关键的问题是：你得到了什么教益？

☆ 问题来了：

读完本书，其中内容与你的心灵产生了哪些碰撞呢？那么就让我们一起来写写读后感，结合现实，记录下内心最真切的感受吧！

七、阅读建议

1. 选版本。你如果想读原著的话，可以选择人民文学出版社出版的《三国演义》（上下册）。若觉得阅读有困难，可以先尝试长江文艺出版社出版的《三国演义（青少版）》。

2. 绘导图。整本书阅读容量巨大，线索错综复杂。建议在阅读前，先通过查阅资料，把握文本的框架，整理出几幅有关本书的人物、情节、战争、国家等构成的思维导图。这样读起来思路更加清晰，也更容易形成长久记忆。

3. 抓亮点。作为一名优秀的"矿工"，我们最重要的任务是在作品中寻找出最闪光、最耀眼的"金块"——整篇小说中自己感受最深的语句或情节，并把它们用笔画下，做好旁批。只要"点"抓得准、抓得巧、抓得好，就可以"吃透"整座金矿。这种方法特别适用于长篇小说。

4. 会比较。我们在分析小说的人物形象、故事情节、表现手法、主题思想时，都可采用比较法，可以将不同篇中的同类作品、同一篇中的不同人物拿来比较。如在人物形象上，可将诸葛亮、司马懿、周瑜进行比较。同样是极具智慧的人物，诸葛亮智慧忠义、司马懿智慧多疑、周瑜智慧忌妒等。通过比较，我们可以加深对人物形象的理解。

5. 贵创造。创造性阅读是阅读活动的最高级形式，指在阅读过程中，产生超出材料的新思想、新观点，从而进一步拓展思维，提升自己的人生观和世界观。创造性阅读的过程大致是：①在综合阅读的基础上列出一些论题，紧扣论题进一步深入阅读；②从中搜寻有关论题的答案；③分析各种答案，并推导结论；④在各种不同答案的基础上提出新的见解，创造性地解决问题。

八、相关链接

1. 如果你想从历史科学的角度来验证这本书所陈述内容的客观性，或者对某些历史现象做更深入的探讨，下面几部历史学著作具有公认的权威性：

◆ 朱一玄，刘毓忱．三国演义资料汇编［M］．天津：南开大学出版社，2003．

◆ 龚书铎，刘德麟．图说天下·三国两晋南北朝［M］．长春：吉林出版集团，2006．

◆ 三国才子．看懂三国的第三本书［M］．广州：广东经济出版社，2012．

◆ 陈寿．三国志［M］．北京：光明日报出版社，2016．

2. 如果你想从历史文学的角度来比较作品的艺术特色，可以参看下面几部脍炙人口的作品：

◆ 昊天牧云．三国那些事儿［M］．北京：中国工人出版社，2016．

◆ 曾仕强．品三国［M］．广州：广东旅游出版社，2016．

◆ 吕思勉．三国史话［M］．北京：人民文学出版社，2018．

3. 如果你想获得生动丰富的视觉感受，可以参看下面的链接：

◆《三国演义》84集电视连续剧 https：//www.iqiyi.com/v_19rrjac83w.html？vfm＝2008_aldbd&fv＝p_02_01

◆ 百家讲坛：易中天《品三国》https：//www.iqiyi.com/v_19rrk6w8uo.html

奔驰与坚守
——走进《西游记》

设计者：孙瑾（宁波中学）

QQ：417736855

一、导语

它是一部奇幻的作品，又是一串奇趣的故事。它充满着刀光剑影，却又常让人捧腹大笑。更可贵的是它具有常读常新的魅力。初看，貌似是荒诞不经的神魔小说；再看，好似艰难险阻的人生之旅；继看，又有错综复杂的文化融合。还等什么？让我们立刻踏上这段与众不同的阅读之旅吧！

☆ **问题来了：**

1. 在你幼时的阅读视野或观影经历中，《西游记》一定不是陌生的存在，你是以怎样的方式接触它的呢？

_____

_____

2. 作为中学生的你，再读《西游记》又有什么新的期待？

_____

_____

二、关于作者

吴承恩是一个多才多艺的明代文人,在仕途上失意潦倒,可在文学创作上却展现出天赋异禀的一面:除了创作被誉为"四大奇书"之一的《西游记》外,还著有《禹鼎记》《射阳集》《春秋列传序》,但可惜的是,这些作品大多已失传。

☆ 问题来了:

1. 其实,关于《西游记》的作者一直是有着巨大争议的,我们现在普遍将其认定为吴承恩,是因为有很多资料和文献的记载偏向于吴承恩。如果你对此有兴趣,不妨去搜集资料,你的发现是:

2. 有人说,如果没有《西游记》,可能不会再有人记得如沧海一粟的吴承恩。你如何看待著书立言与留名青史的关系?

三、内容解析

《西游记》是一部章回体小说,共 100 回,可以分作三部分来解读。第一部分(1~7 回),主要讲的是孙悟空的身世和大闹天宫的故事;第二部分(8~12 回),介绍唐僧这一人物,并交代西天取经这一中心事件的由来;第三部分(13~100 回),讲述唐僧师徒四人取经路上经历九九八十一难,斩妖除魔,最终到达西天,取回真经的故事。

☆ 问题来了:

1. 在漫漫取经路上,唐僧和孙悟空师徒二人之间的关系在各种外力因素的作用下经常受到冲击。请梳理小说情节,在横线处填空:_____,师徒结缘,师徒心生嫌隙,_____,悟空中计戴金箍,_____,_____,师徒关系破裂,师徒破镜重圆,真假美猴王,师徒关系再破裂,观音指出假悟空,_____。

2. 《西游记》中的故事大多情节曲折,扣人心弦,其中大闹天宫、三打白骨精、大战红孩儿、车迟国斗法、女儿国遇难、真假美猴王、三调芭蕉扇等故事尤为精彩。请细读相关片段,仿照"大闹天宫"一部分的内容,填写完成下面其余情节的表格:

经典片段	梳理情节	分析形象	评价感悟
第3~7回 大闹天宫	龙宫借宝物 强销生死簿 受封弼马温 闯祸蟠桃园 被烧炼丹炉 受困五行山	【孙悟空】悟空接受招安,被授以"弼马温"之职,当他得知此为末等官职,一怒之下打出南天门,又回到花果山,自封"齐天大圣";搅乱王母娘娘的蟠桃盛会,偷吃太上老君的仙丹,打败天宫十万天兵天将,与如来佛祖斗法。这些都可以看出悟空桀骜不驯、热爱自由、勇于斗争、敢做敢当,具有强烈的反抗精神。 【玉帝】玉帝令托塔李天王率天兵天将去捉拿悟空,并请如来佛收服他,可见其昏庸无能、不辨忠勇。	感悟一:天庭的神权统治腐朽,玉帝的昏庸无能、凶残暴戾,曲折地反映出现实的社会矛盾,表达了人民的愿望和要求。 感悟二:这一故事的象征意味很浓:天宫是人间朝廷的代称;玉帝是封建皇帝的化身;孙悟空是人民意愿的化身和民主主义思想的代表。

续表

经典片段	梳理情节	分析形象	评价感悟
第27回 三打白骨精		【孙悟空】 【唐僧】 【猪八戒】	
第40～42回 大战红孩儿		【孙悟空】 【红孩儿】	
第44～46回 车迟国斗法		【孙悟空】 【三仙】 【车迟国国王】	

3.《西游记》全书都是围绕着"唐僧不断受困又不断脱险"为核心展开的。而唐僧屡屡被抓的最直接原因是：他是如来弟子金蝉子转世，与天同寿，吃了唐僧肉就能长生不老，所以从白骨精开始，所有妖魔鬼怪都对其垂涎三尺，可在作品中我们分明看到可以吃后长生不老的东西很多，或像孙悟空一样去阎王府更改生死簿。妖魔鬼怪为什么偏偏热衷于吃唐僧肉呢？你对这个问题有什么看法？

4. 《西游记》以唐僧师徒四人为代表，把人的四种不同性格刻画得出神入化。唐僧属于追求完美型，这类人细致敏感，却又常常悲观无力；孙悟空属于力量行动派，这类人坚定果断，却又往往自负桀骜；猪八戒是活泼热情型，这类人活力四射，在人际交往中如鱼得水，但也多变不定；沙僧则是平和温良型，这类人沉稳随和，但却寡言而缺乏主见。你觉得自己属于哪种人格？如果让你从四类人中寻找朋友，你又会怎么取舍呢？

5. 任何文学作品都包含着作者的精神诉求，这是作者创造的原动力，而读者对于作品的阅读，就是理解作品本身，进而走进作者精神世界的过程。虽然孙悟空的故事家喻户晓，美猴王的形象也在世界范围内影响广泛，但小说的主旨却没有一个定论，或许这正是所谓的"一千个读者眼中，就有一千个哈姆莱特"。你读懂作者的精神诉求了吗？请谈谈你的看法。

6. 中国古典文学的研究大家周汝昌先生，曾经分别用一个字来概括中国四大名著的精神内核，他将《三国演义》《水浒传》《红楼梦》分别归纳为"忠""义""情"。如果让你用一个字概括《西游记》，你会用哪个字呢？请阐述你的理由。然后，再查找资料看周汝昌先生是如何概括的，推测一下他的理由。

_____

_____

_____

四、艺术鉴赏

　　《西游记》向读者展示了一个绚丽多彩的神魔世界，他们无不在作者丰富而大胆的艺术想象面前惊叹不已。而任何一部文学作品都是一定社会生活的反映，作为神魔小说杰出代表的《西游记》亦不例外。正如鲁迅先生在《中国小说史略》中指出，《西游记》"讽刺揶揄则取当时世态，加以铺张描写"。所以，它在奇幻世界中曲折地反映出世态人情和世俗情怀，表现鲜活的人间智慧，具有丰满的现实血肉和浓郁的生活气息，而这艺术魅力主要表现为奇幻和奇趣。

　　奇特瑰丽的幻想首先体现在作品创造了神奇绚丽的神话世界，并用饱蘸奇幻的游戏笔墨成功塑造了孙悟空超凡入世的英雄形象。这种浪漫的幻想源于现实生活，折射出世态人情，当然也源于作者开放无拘的艺术思维。诙谐玩世的奇趣与人物形象的思想性格相辉映，比如孙悟空豪爽、乐观的喜剧性格，滑稽谐趣却憨厚朴实的猪八戒形象等；奇趣也体现在幽默诙谐、妙趣横生的对话之中。同时，《西游记》的童真童趣有更丰富的思想文化内蕴。

　　总之《西游记》善于幻想的思维模式，有着超现实的意识。它是一份宝贵的思维财富和艺术财富。是的，《西游记》不仅是中国文学中的一部杰作，也是世界文学中的瑰宝。

☆ **问题来了：**

1. 人物塑造。人物是小说创作中不可或缺的三要素之一，在一般的英雄小说中，尽管主人公的经历、个性大相径庭，却都是以人类为绝对主人公的。《西游记》一书的人物原型虽取材于现实生活，但已经超过了人类的领域。你瞧，师徒四人中，除了唐僧以"肉体凡胎"的形象出现，孙悟空、猪八戒和沙和尚都不是普通意义上的"人"，可以说他们身上都有着人、魔、神的三种特性。请选择一个你感兴趣的形象从这个角度来加以分析吧！

2. 结构艺术。对于《西游记》的艺术结构，具有代表性的观点有两种。第一种观点是：前七回是一个独立的神魔故事，它和取经故事的情节没有内在联系，作者虽然竭力进行了缀合，但由于构成艺术情节的矛盾关系、性质并不相同，因此给读者的印象仍然是两截子，每个不同的故事，缀合并没有使它们完全融合成一体。还有一个观点认为：全书是一个完整的艺术结构，作者为此煞费苦心。结构的完整首先依靠主题统一，《西游记》虽有双重主题，却统一在孙悟空的形象中，还统一在两大部分共同具有的正义性中。此外，《西游记》由大闹天宫、唐僧出世、西天取经三部分组成，因此《西游记》的结构有其连续性和一贯性。你的观点是什么？

3. 喜剧因子。《西游记》的喜剧性主要体现在喜剧人物的塑造和戏谑手法的运用中。从喜剧人物的塑造上看，猪八戒是小说喜剧的重要成分，他贪吃好色、自私庸俗、愚笨可爱的世俗形象和出家人的身份格格不入；而唐僧的每一次恐惧、轻信以及偏执，也是喜剧至关重要的凸显。正是这些喜剧艺术的巧妙运用，才使读者爱不释手。你还能从哪里感受到作品的喜剧因子呢？从作品中举例分享给我们吧！

4. 现实影射。吴承恩在他的诗中说道："胸中磨损斩邪刀，欲起平之恨无力。"但他却以小说为"刀"，谈笑间扫荡一切邪恶势力，这就是我们所说的现实影射，"幻中之实"。你看，作品中有这样一类角色形象：他们是高高在上的神佛的下属，如太上老君的青牛、普贤菩萨的大象、观音莲花池里的金鱼、文殊菩萨座下的狮子。他们常常下凡为害，但是施害后又能逃脱罪罚。这到底是神仙世界的事，还是现实生活的文学化写照呢？聪明如你，说说自己独特的思考吧！

5. 浪漫主义。高尔基说："浪漫主义乃是一种情绪，它其实复杂地而且始终多少模糊地反映出笼罩着过渡时代社会的一切感觉和情绪的色彩。"浪漫主义精神，其实质就是孕育于历史转折时期的不满现实、否定现实的叛逆情绪、反抗精神，以及由此而产生的对理想世界的向往和追求。《西游记》作为浪漫主义的叙事文学，其浪漫主义精神主要是通过神话英雄主人公孙悟空体现出来的。你能根据上述关于浪漫主义的阐述，举例说明孙悟空身上浪漫主义精神的表现吗？

五、争鸣商榷

作为古典小说"四大名著"之一,《西游记》蕴含着极为丰富多元的思想文化。有人说"僧侣从中读到了佛法无边,道徒读到了金丹大旨,哲学家读到了阳明心学,历史学家读到了社会现实;而对于普通读者来说,则更多读到了一段段降妖伏魔的精彩故事,充分领略了寄寓其间的自由、智勇"。下面的七种观点是通过不同方式搜集到的相关评论。它们有些来源于纸媒的言论,有些是有一定影响力的网络平台上的评论。而这些评论者有的是我们耳熟能详的专家学者,有的则是芸芸众生。你可以先看看他们对《西游记》的评论,然后"运用脑髓、放出眼光",独抒己见。

观点一(明代博物学家、诗人谢肇淛):《西游》曼衍虚诞,而其纵横变化,以猿为心之神,以猪为心之驰,其始之放纵,上天下地,莫能禁制,而归于紧箍一咒,能使心猿驯伏,至死靡他,盖亦求放心之喻,非浪作也。

观点二(清代学者张书绅):《西游记》一书,自始至终,皆言诚意正心之要,明新至善之学,并无半字涉于仙佛邪淫之事。或问《西游记》果为何书?曰实是一部奇文、一部妙文。

观点三(著名思想家、文学家、哲学家胡适):《西游记》至多不过是一部很有趣味的滑稽小说、神话小说;它并没有什么微妙的意思,它至多不过有一点爱骂人的玩世主义。这点玩世主义也是很明白的;它并不隐藏,我们也不用深求。

观点四（被誉为"20世纪东亚文化地图上占最大领土的作家"鲁迅）：然作者虽儒生，此书实出于游戏，亦非语道，故全书仅偶见五行生克之常谈，尤未学佛，故末回至有荒唐无稽之经目，特缘混同之教，流行来久，故其著作，乃亦释迦与老君同流，真性与原神杂出，使三教之徒，皆得随宜附会而已。

观点五（复旦大学历史系教授钱文忠）：《西游记》直射汉民族的性格。《西游记》从大的角度来讲，最能反映中国传统的国民性。在唐僧师徒中，有三个是虚幻人物，这三个人中最讨巧的是谁？是猪八戒，唐僧最喜欢的实际上是猪八戒。这么一个投机取巧的人在小说里面很受读者的喜欢，也很受他师父的喜欢。孙悟空能干但不驯服，唐僧念紧箍咒来管他，像这样的人物描写，背后揭示了中国国民性当中非常多的东西，比如我们对人生的态度，对真理的态度，对追求这个过程的态度。四大名著中恐怕更需要被进一步研究和探讨、被进一步感受和阐释的恰恰是我们以为妇孺老少皆知的这部《西游记》。

观点六（人民出版社出版的《西游记》前言部分摘录）：《西游记》的思想内容是比较复杂、存在着矛盾的。其中有民主性的精华，也有封建性的糟粕。作为一部古代文学作品，它的主要倾向是好的。它通过奇特的文学幻想，在作品里相当广泛地揭露和批判了黑暗的封建社会，歌颂了对天宫、地狱统治者及危害人民的妖魔鬼怪的反抗斗争，也反映了古代人民征服自然力的理想愿望。这部作品在当时的历史条件下是有进步作用的，在今天，通过分析批判可以帮助我们认识历史，认识当时的社会。

观点七（名为"幼清同学"的知乎网友）：如果把《西游记》的取经团队想象成一个国企，就很好理解了，国企里面有四种人。第一种是背景特别硬的，关系特别强的，像唐僧一样的小领导，这样的人精于人情世故，非常擅长打压下属，左右平衡，媚上欺下，牢牢地维护自己的地位，典型的既得利益者，正因为这样的人，整个企业才会不上不下。第二种是凭关系进去的，但是后台不是特别硬的，比如猪八戒这样的普通关系户，这样的人往往被一些大领导压住，所以他们往往会组建自己的小团体，利用一些小聪明维护自己的利益。第三种是凭实力考进去的，精彩绝艳，很有才干的，比如孙悟空，这样的人没有什么领导意识和权威意识，很容易触犯领导的利益，也容易得罪同行，慢慢地在沉默的螺旋下也会学会改变作风来保护自己。第四种是考了很多次才考进去的那种，任劳任怨的人，比如沙僧，这样的人既没有孙悟空的才干，又没有唐僧的出身，所以只能被牢牢地固定在下面做好自己的事，很难有逆袭的可能。西游记的取经过程，讲的是人生百态和世态炎凉，从这里面我们可以看出很多中国人的处世哲学，对于缺乏社会经验的人，有很好的借鉴意义。

☆ **问题来了：**

看到以上的争锋，你更信服哪一方？对此，你是否有新的见解呢？

_____

_____

_____

六、学以致用

语文学习离不开阅读，尤其是对经典的阅读，而阅读又往往是提升认知的第一步，只有打通阅读和写作的"任督二脉"，思想的深度和广度才能真正得以拓展。在这里，我们为大家提供了一些思考的方向，循着这些指示，你可以尝试着写一篇专题小论文，然后在班级中与同学交流。

思考方向：（1）《西游记》的谐趣；（2）《西游记》中各式女妖的形象特征；（3）《西游记》中的诸神形象；（4）师徒四人的形象及现代意义；（5）《西游记》的真实与虚幻；（6）《西游记》中的个人主义和集体精神。

如果你有更感兴趣、更有研究的话题可为文，我们更加期待。

☆ **问题来了：**

还等什么？确定一个角度，写一篇专题小论文吧！

七、阅读建议

《西游记》是一部伟大的小说，创造了一个光怪陆离、神秘莫测的魔幻世界，充满了浓郁而绮丽的浪漫主义色彩。又因为其亦真亦幻的跌宕情节，多年来一直备受动漫和影视编剧和导演的青睐。可是观看影视剧毕竟不等同于原著阅读，而且画面所呈现的内容和小说包含的艺术特色以及精神内涵有时相去甚远。因此，对于《西游记》，我们还是要通过阅读原著的方法，从中体会名著创作的技巧手法和内在的文化底蕴。那么我们可以怎么阅读呢？

1. 跳读与精读并举。有人说"读完十本书，不如读烂一本书"，这是一种十分理想的阅读状态。但是在这个资讯爆满的时代，面对像《西游记》这样的"大部头"，进行详尽的解读未必是一件易事，这时不妨采用"跳读"的方式。那么，哪些地方可以"跳读"呢？比如从13回到97回我们就可以根据个人爱好选择性地阅读，因为书中很多降妖除魔的情节雷同，一目十行地阅读并不影响你的阅读效果。而有些内容则必须采取"精思、鉴赏"的态度，比如1回到7回被人称作"齐天大圣传"，精彩纷呈，我们就要在这样关键处细细品味。

2. 阅读与交流并行。如果说阅读是吸收和内化，那么交流就是碰撞和释放。交流的方式多种多样，可以是问题式的，比如哪些章节最能体现人物精神；可以是评论式的，比如小说为什么要塑造如来、观音等人物形象；可以是专题式的，比如《西游记》中的古诗词知多少。通过交流不仅展现了你个性化的解读成果，也在思想火花的碰撞中令你的思维走向纵深。

3. 读写结合。包括采用摘录式、批注式、心得式读书笔记，在阅读过程中及时地含英咀华，记录自己的认识、感想和体会。

八、相关链接

如果阅读了《西游记》一书之后，你意犹未尽，还有兴趣去了解其更多的艺术精髓，你还可以通过以下途径继续学习：

1. 相关著作：

◆ 刘勇．比特西游——破解取经伏魔的终极密码［M］．成都：四川科学技术出版社，2018.

◆ 林庚．《西游记》漫话［M］．北京：北京出版社，2011.

◆ 马瑞芳．西游记风情谭［M］．北京：商务印书馆，2016.

◆ 吴闲云．煮酒探西游［M］．长沙：湖南人民出版社，2009.

2. 影视资源：

通过以下链接，你可以观看和《西游记》相关的影视作品和解读类栏目，相信借助这些资源，能让你感知更丰富多元的西游文化。

◆ 1986 年版电视连续剧《西游记》：杨洁执导。

◆ 电影《西游记之大圣归来》：2015 年田晓鹏指导。

◆《蜗牛看西游》栏目：https://list.youku.com/show/id_z9e204c52c1d411e6b16e.html

//
科举制度下的儒林百态
——走进《儒林外史》

设计者：王巧飞（浙江省宁海县知恩中学）

QQ：15002419

一、导语

"儒林"泛指读书人，"外史"指野史、杂史。《儒林外史》是一部没有神仙鬼怪，没有英雄儿女，没有斗争风云，甚至没有中心人物的小说；它也是一部流传得最不广泛的一流小说。鲁迅先生曾为它鸣不平："伟大也要有人懂。"这部小说"伟大"在哪里？是灵动的语言特色，是传神的士人群像，是独特的结构艺术，还是对科举制度的深刻反思？让我们一起打开《儒林外史》，去探寻书中的"伟大"吧！

☆ 问题来了：

1. 你对古代读书人的印象是怎样的？请用两三句话描述一下。

_____

_____

_____

2. 人总有实现个体价值的欲望。科举制度为读书人满足这一欲望指出了一条明确但不平坦的道路，激励千百万读书人挤上这条道路的是看上去光彩照人的科举功名。实际上，围绕着科举功名，上演了太多的人间悲喜剧。当然，我们也不能简单粗暴地给科举制度贴标签，而应该做到有理有据地去评价。所以，请你在查阅相关资料后，来谈一谈科举制度存在的利弊。

二、关于作者

吴敬梓（1701—1754），字敏轩，又字粒民，晚号文木老人，安徽全椒县人。他出身于仕宦名门，受到良好教育，对文学创作表现出特别的天赋。及至成年，因为随父亲到各处做官而有机会见识到官场内幕。他22岁时，父亲因正直丢官，抑郁而亡，族人趁机侵夺他的祖产。吴敬梓30岁应科举时，被斥为"文章大好人大怪"。此后他便绝意于科举，也拒绝朝廷的征辟，晚年研究经学，穷困以终。著有《文木山房诗文集》十二卷（今存四卷）、《文木山房诗说》七卷（今存四十三则）、小说《儒林外史》。

☆ **问题来了：**

1. 一个人的成功，绝非偶然。除了与自身有关，还可能与地域文化有关，可能与时代风云相连，也可能有祖上泽被后世的"家底子"的影响。文学史上还有这么一种现象：许多作家或诗人处于逆境或遭遇厄运的时候，往往能写出光照千古的名作和感人肺腑的诗篇。"国家不幸诗家幸，赋到沧桑句便工""诗穷而后工""愤怒出诗人"等话语，都表达了这类观点。吴敬梓为何会创作出这样一部杰作？不妨搜集一下他的资料，探究《儒林外史》创作成功的外在和内在原因。

2. 很多小说中的人物形象，其实是有人物原型的。作者有时候还会以自身为原型塑造文学形象。你认为本书中哪一个人物身上有吴敬梓的影子？结合作者的人生经历谈谈你的理由。

_____

_____

_____

三、内容解析

本书常见的版本共 56 回，可分成以下四个部分：

第 1 回：以王冕事迹喻示全书主旨；

第 2～32 回：描写各地各种类型的儒林人物；

第 33～55 回：随着杜少卿从天长迁居南京，全书的中心便转移到南京士林的活动，并以祭泰伯祠为主要事件；

第 56 回：以"市井四大奇人"收结全书。

小说以明代为背景，描写了一些深受八股科举制度毒害的儒生形象，讽刺了官吏的昏庸无能、豪绅的贪婪刻薄、假名士的附庸风雅，歌颂了那些不慕荣利、豁达正直的理想人物。通过这些人物，表现了当时读书人的命运以及生活、精神状态，批判了科举制度在思想和心灵上对文人士子的毒害，并且对科举制度下读书人群体的命运进行了深刻的思考。

☆ **问题来了：**

1.《儒林外史》的人物命名很多出自"四书五经"，主要来源于《论语》《孟子》《诗经》《尚书》《礼记》《易经》等。"名以正体，字以表德"，意思是"名"用来表示本身，"字"用来表示德行。显然，吴敬梓是在利用这一传统形式，把人物命名作为人物形象塑造的一种补充手段了。你能从书中选取三个人的名与字,谈谈取名来源和含义吗?

_____
_____
_____

2.《儒林外史》表现的是读书人日常生活中的生存状态与精神境界。这些读书人大致可以分为贤人、儒生、假名士、官绅、侠士、女子、市井奇人等。请仿照示例,在每类人物之下选择一个代表,并替这个代表人物写一段人物小传。

人物分类	代表人物	人物小传
贤人	(示例)虞育德	(示例)字果行,应天苏州府常熟县麟绂镇人。进士,国子监博士,管理南京教育。担任吴泰伯祠落成大典主祭。他被视为贤人的领袖和楷模。 襟怀冲淡,自然浑雅,既不热衷于功名富贵,又不因不满恶浊而激为狂狷。
儒生		
假名士		
官绅		
侠士		
女子		
市井奇人		

3. 《儒林外史》中的严监生历来被认为是"吝啬鬼"的典型。不过也有很多人提出疑问：这样的人真的会是吝啬鬼吗？如金克木先生就曾撰写过《两根灯草》，借严监生鬼魂之口为严监生翻案："我为什么临死还要争灯草多少呢？我为的是活下去的子孙后代，不是为自己呀！难道我应当想，只要自己活得痛快，哪管我死后别人怎么样？我活着为全家节省，死时还记挂着全家，有什么不对？"但是也有很多人坚持认为严监生是吝啬鬼，认为原文中严监生的言行恰恰是他心理极度扭曲的表现。阅读《儒林外史》第五回《王秀才议立偏房 严监生疾终正寝》后，你对严监生持何种看法？请大胆写下你的观点和理由。

4. 目前，《儒林外史》被搬上荧幕的次数只有2次，影响都不大。1985年版的电视剧选了书中10个人物拍了10集的故事，2015年版对原著进行了很大的改编。如果又要拍《儒林外史》，你有机会担任这部电视剧的编剧，从湖州莺脰湖高士集会、杭州西湖斗方诗会、南京莫愁湖高会中选取一次集会，拍一集30分钟的电视剧，你会如何安排剧情？请把你的剧情大纲（主要包括出场人物、活动场景、剧情发展等的说明）记录在下面。

5. 《儒林外史》中的祭泰伯祠，堪称全书的重中之重。重修先贤礼乐，聚集百种人物，陡然将儒林故事送至高峰。然而这一部分的叙写却让很多读者感觉到平淡、枯燥、琐碎。那么，你怎么看待作者如此叙写泰伯祠大祭？

_____

_____

_____

6. 最能打动人心的作品往往是最悲伤的作品，那些不朽的篇章常常是纯粹的眼泪。自古至今，无数文人以自己的血泪为后世留下了咀嚼不尽的篇章，虽然作为18世纪中国知识分子命运写真的《儒林外史》不乏嬉笑怒骂的描写，然而读完全书，我们的内心却感到股股寒意、阵阵悲凉，或怅惘，或难过，千回百转，无法释怀。你从书中感受到了吴敬梓寄寓的哪些沉痛的情感？

_____

_____

_____

四、艺术鉴赏

《儒林外史》是中国传统小说中最优秀的作品之一，不受时间与地域的限制，得到众多读者的推崇。有人认为：这是一部可称为世界上最不引经据典、最饶有诗意的散文叙述体之典范。既然能得到古今中外无数读者的认可，《儒林外史》一定具备突出的吸引人的艺术魅力。可能是其准确、生动、简练的白话语言，可能是其短篇连环的结构，可能是其栩栩如生的人物形象，可能是其优美细腻的景物描写，也可能是其出色的讽刺手法。

☆ 问题来了：

1. 结构。长篇小说，除了在局部安排上要和短篇小说一样缜密构思,也需要一个适当的整体结构来容纳其庞杂的内容。把一部长篇小说的内容捏合在一起的,可能是人物、事件等显性因素,也可能是情绪、记忆等隐性关联。不同于一般的长篇章回体小说,《儒林外史》把纷繁复杂的内容放在一个独具特色的结构容器中,有人用"珠串式线性结构""缀段式结构""滚动式结构"来称呼它。你体会到了本书的结构特点吗?请你用100字左右的文字谈谈你的理解。

_____

_____

2. 人物。《儒林外史》中,刻画了大大小小近300个人物。正如《儒林外史》的序作者闲斋老人所说:"篇中所载之人不可枚举,而其人之性情心术,一一活现纸上。"在作者笔下,得意或者失意的科场举子、清廉或者贪腐的官场老手、逃婚的才女、冒牌侠客、水货隐士、找不到心上人的世家子弟、寻不着老父亲的孝顺儿郎、骗吃骗喝的书生、坑蒙拐骗的江湖游士……形形色色,各行各业的人都在书中行走,每一位都表现出了鲜明的性格特点。请在书中选择一位你最感兴趣的人物,说一说作者是通过哪些手法来塑造这个人物形象的。

_____

_____

3. 语言。《儒林外史》是以北方方言为主,同时掺入了一些作者的家乡——安徽省滁州全椒的方言。其语言准确、洗练而富于形象性,用笔极简而刻画极为传神,常以三言两语使人物"穷形尽相"。对话中时常恰当自然地引用谚语、歇后语。这些文字绘人描景传神,情感表达节制而动人,言浅意深,寓庄于谐。例如:小乡镇上要兴龙灯，众人"捺着姓荀的出了一半"；范进笑疯，需要有人去把他打醒，"（胡）屠户被众人局不过"；"王冕屈不过秦老的情，只得应诺了"。这三处中的"捺""局""屈"，三个字都有勉强的意思，却各有各的姿势和神情。你有没有被作者的语言打动呢？请你找出两处最欣赏的文字，说说作品语言吸引你的原因。

4. 讽刺。《儒林外史》作为中国文学史上第一部长篇讽刺小说，鲁迅称赞它为"诚微词之妙选，亦狙击之辣手"，认为它标志着"说部中乃始有足称讽刺之书"。书中的讽刺手法极富变化，随着情节的展现纷至沓来，揭露种种不和谐、悖于人情、逆于常理的荒谬现象，描写人物的自吹自擂、大言不惭、自作聪明、弄巧成拙、欺世盗名、自命清高、自相矛盾等。你发现其讽刺艺术的特点了吗？请你选择两个人物，谈谈本书的讽刺艺术。

五、争鸣商榷

《儒林外史》问世后，被某些人视为谤世书，群起而攻之；而一些有识之士也自觉地起而反驳。该书传播到今天，有一个现象值得注意：知识分子、文人学者虽然也有争论，但往往对《儒林外史》给予较高的评价，甚至将它和《红楼梦》相提并论；但是，一般的大众读者对《儒林外史》却反应平平，《儒林外史》的受众面始终不广。很多人读完《儒林外史》，没感觉有多么"伟大"。我们从前人的评点、学者的论著和当代"知乎""豆瓣"这两个有影响力的网络平台中摘取几段比较有代表性的观点，供大家参考。

观点一（卧评本《儒林外史》的作序者闲斋老人）："其书以功名富贵为一篇之骨：有心艳功名富贵而媚人下人者，有依仗功名富贵而骄人傲人者；有假托无意功名富贵自以为高，被人看破耻笑者；终乃辞却功名富贵，品地最上一层，为中流砥柱。"

观点二（《缺名笔记》）："《儒林外史》之布局，不免松懈，盖作者初未决定写至几何人几何事而止也，故其书处处可住，亦处处不可住。处处可住者，事因人起，人随事灭故也；处处不可住者，灭之不尽，起之无端故也。此其弊在有枝而无干。"

观点三（文学家鲁迅）："秉持公心，指摘时弊。机锋所向，尤在士林。其文又戚而能谐，婉而多讽，于是说部中乃始有足称讽刺之书。""惟全书无主干，仅驱使各种人物，行列而来，事与其来俱起，亦与其去俱讫，虽云长篇，颇同短制。"

观点四（文学家胡适）："这书的'楔子'一回，借王冕的口气，批评明朝科举用八股文的制度道：'将来读书人既有此一条荣身之路，把那文行出处都看得轻了。'这是全书的宗旨……《儒林外史》没有布局，全是一段一段的短篇小品连缀起来的；拆开来，每段自成一篇；斗拢来，可长至无穷。"

观点五（作家、文学评论家郑振铎）："《红楼梦》是绮丽若蜀锦瓯绸的，精致而漂亮，但《儒林外史》却有点像泼妇骂街，虽粗豪而少含蓄，虽痛快而欠深入。""过于松散，几乎全书没有布局，没有中心人物，像片段的回忆，又像个人的随想录，其故事随引随放，随插入随抛开，尽管割成几段，也是无妨的。"

观点六（中国《儒林外史》学会会长李汉秋）："其实，'功名富贵'主题说尽管不够科学，但比起'反科举'主题说来，要更接近实际，更能统摄《儒林外史》的思想内容。只是需要我们加以科学的阐释。"

观点七（北京师范大学文学院教授郭英德）："《儒林外史》主要描写科举生活中读书人的生活状况、精神面貌和价值追求，重在'穷极文士情态'，所以从这样的题材来看，既缺少风花雪月、才子佳人的趣味，也缺少金戈铁马、沙场征战的故事，当然也没有天马行空、独来独往的神话的想象，它只不过是描写读书人日常的生活，而且是我刚才说的不动声色地去描写读书人日常的生活。小说是以'平'见长，而不是以'奇'见长的，这对于习惯于'好奇'的大众读者来说，这样的人物和故事的确是难以讨好，既难以激发他们的阅读趣味，更难以调动他们的情感投入。"

观点八（"知乎"网友高红权）："《儒林外史》的结构不好，像众多短篇小说连缀在一起的，这也是中国古典小说的通病。再加上讲述的又不是什么传奇故事，所以读者就少，影响力不够大。不过，吴敬梓的思想认识是极深刻的，基本达到了曹雪芹的水准，这又是非常难得的。"

观点九（"豆瓣"网友"行云流水"）："初读《儒林外史》，故事上并不出众，读起来也有些平淡，但随着故事的推进，和不同性格人物的依次出场，读书的感觉也渐入佳境，有种引人入胜的吸引，不在故事，而是作者写人状物的水平和观察社会所表现出的高度，每周末用心去看一章，手不释卷，很有意义。"

☆ **问题来了：**

请你在细心阅读小说的基础上，针对以上争鸣中的一点，大胆质疑，写下自己的思考。

六、学以致用

观《儒林外史》，可做学问，可观吏治，可明事理，可练人情，可成文章。有人从《儒林外史》里能够读出清代的科举制度之弊端，有人从《儒林外史》里能够读出清代的风俗俚语，更有人从《儒林外史》里读出人物的百般形态。闲斋老人在《儒林外史（序）》中说："读之者，无论是何人品，无不可取以自镜。"书里有着形形色色的人物，败家子有之，冠冕堂皇的官员有之，古道热肠的侠客有之，声名远扬的儒者亦有之。

在《儒林外史》这本书中，你不一留神，就能看到自己的影子，看到心目中的理想人物，当然也容易看到身边人们的影子。比如，书中画荷花的王冕，散尽千金的杜少卿，筑城造福一方的萧云仙，都是未向世俗潮流低头的智者。这份对自我的坚持，不管身处什么样的时代，都是难能可贵的。

☆ **问题来了：**

这本书读完之后，你感觉到在哪些方面自己有所开悟或者提升呢？现在给你一个独立的思考时间，谈谈阅读这部小说对你带来的启示或帮助吧！

七、阅读建议

1. 阅读准备。在阅读本书之前，你可以先在网络上搜索了解明清科举制度的相关信息，但是要注意筛选出与阅读本书有价值的信息。

2. 厘清人物。小说中的人物众多，差不多每一回都有新人物登场，旧人物退场，而且各种叙事线索的旁逸斜出、交错缭乱。在阅读过程中，我们很容易遗忘某些已经退场的人物。所以每阅读完一回的文字，有必要把人物以及人物间的关系理一理。你可以仿照下面的表格进行整理。

章回	主要人物	穿插人物	主要地点
第一回	王冕	危素、时知县、吴王朱元璋	浙江
第二回	周进	申祥甫、夏总甲、梅玖、王仁	山东

3. 关注重要情节。在全书众多的叙事中有五个情节，众多人物汇聚，像是溪流汇集成的湖泊，可以算是小说中的高潮。这五个情节分别是莺脰游湖、西湖宴集、金陵梨园榜、泰伯祠大祭和登高会饯贤。重点关注这五处情节，有助于我们厘清人物关系。

4. 阅读检测。复述有助于在阅读过程中对重点内容的理解和把握。建议你在同学中寻找同样阅读过这部作品的读友,举办一次"说书沙龙",一起来分享自己感兴趣的故事,邀请老师来担任点评嘉宾。

八、相关链接

1. 《儒林外史》有相当多的版本,推荐以下三个版本:

◆ 吴敬梓. 儒林外史[M]. 北京:人民文学出版社,2001.

◆ 吴敬梓. 陈批儒林外史[M]. 北京:商务印书馆,2014.

◆ 李汉秋. 儒林外史会校会评本[M]. 上海:上海古籍出版社,1999.

2. 如果你喜欢听书,各大有声平台里有《儒林外史》的免费有声书,如"喜马拉雅"等。

3. 如果你想更深入地了解《儒林外史》相关研究,可以参看以下作品:

◆ 李汉秋. 儒林外史研究资料[M]. 上海:上海古籍出版社,1984.

◆ 陈美林. 独断与考索:《儒林外史》研究[M]. 北京:商务印书馆,2013.

◆ 王俊年. 吴敬梓和儒林外史[M]. 上海:上海古籍出版社,1980.

见红楼　见苍生　见自己
——走进《红楼梦》

设计者：徐春香（浙江镇海区龙赛中学）

QQ：50476127

一、导语

"开谈不说红楼梦，读尽诗书也枉然。"《红楼梦》的魅力在于，我们可以从中品味中国人的文字艺术，识见中国人的人生哲学，读懂中国人的处世之道。《红楼梦》以其对中国古代社会世态百相的史诗性表现，被誉为"天下第一书"。

打开红楼，让我们一起品红楼奇梦，读苍生百态，见自己人生。

☆ **问题来了：**

1. 在阅读本书之前，你听说过书中哪些人和事呢？请谈谈你的印象。

_____

_____

_____

2. 你会带着什么期待进入本书的阅读？

_____

_____

_____

二、关于作者

曹雪芹（1715—1763），名沾，字梦阮，号雪芹，又号芹溪、芹圃，祖籍辽阳，先世原是汉人，后为满洲正白旗"包衣"，是为旗人。清朝最伟大的小说家，工诗书，擅绘画。曹雪芹在富贵荣华中长大，经历了家庭由盛转衰的过程，由富家公子降为落魄寒士。但他以坚韧不拔的毅力于悼红轩中，披阅十载，增删五次，写出了旷世奇书《红楼梦》，把中国古典小说创作推向巅峰。这本书，被誉为封建社会的"百科全书"，自问世以来备受社会各界关注，逐渐形成了以《红楼梦》为研究对象的专门学问——红学。

☆ 问题来了：

1. 作为一名亲身经历了封建社会家族由盛转衰的作家，曹雪芹以自己最深情的笔触和独特的视角，思考展现封建社会历史变迁的画卷，引起自古而今一批又一批读者的精神共鸣。然书未成，人先去，如果对作者这种"字字读来皆是血"的精神感兴趣的话，不妨搜集一下他的故事，分析他著成"天下第一书"的内在原因。

_____

_____

_____

2. 《红楼梦》描绘的社会现实涉及封建社会的官场、家族、意识形态、医学、建筑、服饰、哲学、爱情、人性等诸多方面。也许正是它题材的广泛性和主题的复杂性成就了它永久的艺术魅力。然而阅读的珍贵之处，不在作品给了你什么，而是你能透过作品读出什么。那么,作为读者,你觉得曹雪芹要通过《红楼梦》向我们传达什么呢?

___

___

___

___

3. "红学"索隐派认为,整部《红楼梦》属于曹雪芹的自传,应该透过故事表面,解密书中人与事在现实中的影射。如索隐派认为书中的贾宝玉是康熙朝废太子胤礽的影射,秦可卿是胤礽之女等,进而认为《红楼梦》就是康熙朝政治状态的艺术反映。请联系曹雪芹的生平经历,谈谈你对这一观点的看法。

___

___

___

___

三、内容解析

《红楼梦》是一部中国封建社会的百科全书,它以贾宝玉、林黛玉、薛宝钗三人之间的爱情故事为主线,描写了贾、史、王、薛四大家族的兴衰,深刻揭示了封建大家庭的各种错综复杂的矛盾。小说塑造了一系列女子形象,展示了极其广阔的封建社会的生活图景,是中国古老封建社会已经无可挽回地走向崩溃的真实写照。作品还歌颂了以贾宝玉为代表的贵族叛逆者和违背封建礼教的自由爱情观,体现出追求个性和自由的初步民主主义思想。

☆ 问题来了：

1. 阅读《红楼梦》的前三回，请将贾家荣、宁二府的主要人物关系图画出来。完成了这一步，就为后边的阅读打开了通路。

2. 《红楼梦》的内涵非常丰厚，许多细节都在不同视角丰富着作品的内涵。《好了歌》和十二支《红楼梦曲》就是两条重要的线索，细细品读，都可以从中洞察作品主要人物所经历的重重悲剧。请选取其中一例，谈谈你的发现。

_____

_____

3. 针对小说最主要的三个人物——贾宝玉、林黛玉、薛宝钗，著名红学家蒋和森先生如此评价：宝玉是个不想长大的少年，对成人的世俗世界有着本能的排斥；他心思细腻，善于感知人世间一切温情；他对所有年轻女性都心怀敬意，是自觉的女权主义者，潜意识中有着对个性解放和平等自由的追求。黛玉是"一个诗人气质的少女，一个少女气质的诗人"；她多愁善感而又坚强不屈，孤标傲世而又温柔体贴，天真聪慧而又心直口快。宝钗容貌丰美，举止娴雅，世事洞明，人情练达。

那么，你是如何看待宝玉的？在现代社会中，黛玉和宝钗谁更受欢迎？为什么？

_____

_____

4. 关于宝、黛、钗三者的爱情与婚姻悲剧，历来众说纷纭。传统说法是"抑钗扬黛"，认为宝黛之间才是真爱；也有人认为，三人的爱情与婚姻不只是少男少女的一场爱情追逐，更是理想与现实冲突的折射；另有研究者认为，三者的爱情与婚姻其实是儒家的圆融思想与道家的个性体认的哲学碰撞。那么你又怎样看待这个问题呢？

_____

_____

_____

5. 关于《红楼梦》的主题，200多年来众说纷纭。有人认为是封建制度的挽歌，有人认为是对青春和爱情的歌颂，有人认为是对女性的颂扬以及对女性悲惨命运的同情……而鲁迅先生说，一部《红楼梦》，"经学家看见《易》，道学家看见淫，才子看见缠绵，革命家看见排满，流言家看见宫闱秘事"。不知你又会看出什么？

_____

_____

_____

6. 《红楼梦》被誉为中国封建社会的百科全书。它包含着服装文化、饮食文化、建筑文化、交通文化，医学、经济学、社会学、宗教学、玄学、政治学、艺术学、道德学、伦理学、植物学、动物学，甚至还包含了儒、释、道的具体思想。请你就其中的一个角度，参照下面表格仔细梳理书中的具体内容。

人物	病情	医理	用药	中医文化

7. 《红楼梦》高鹗续写的部分，一方面安排了贾宝玉远离红尘；

另一方面又安排了"兰桂齐芳"的局面，使贾家的荣华富贵有东山再起之势。高鹗这样的处理，你认为是否合适？为什么？

_____

_____

_____

四、艺术鉴赏

《红楼梦》的伟大之处，不仅仅是保持人物故事独立性，而是将个体故事融入贾府从繁荣走向没落的发展过程背景中，使读者读来既不感觉零散单调，也无呆板拘谨；而且各种领域的专业知识与文学艺术的跨界融合，达到了空前完美的程度，让人不禁拍案叫绝。

☆ 问题来了：

1. 在结构上，《红楼梦》采用网状结构，全书以四大家族的衰亡过程和宝黛爱情悲剧的发展始末来组织故事，但绝不是沿着一条线索来给我们讲述一个个独立的故事，而是让众多事件有序涌上笔端。曹雪芹甚至虚隐了时间这条纵线，在横切面上同时盘绕种种线索、不同人物的故事，使之纵横交错、左右生枝，这样的结构，犹如斗拱短柱，条条线索错落交织，形成一张多面、立体、千孔成目的艺术之网。

根据四大家族家道中落的纵向主线、人物聚散的横向主线，你能否画一幅思维导图，来展示整本书的结构。

2. 曲笔隐喻的现实主义笔法和曹雪芹浪漫唯美的梦幻哲学相结合,形成了小说异彩纷呈的美学格局。《红楼梦》从生活的每个角落牵引我们思考社会、人生、人性的美学格局,遂成就了这样一部永远读不尽的天下第一书,也成就了一种融合并独立于各种美学之外的"红学"之美。《红楼梦》中,有许多通过梦境或幻觉来表现人物心理、塑造人物形象、暗示情节主题的场面描写。请以"红楼梦中'梦'"为题目,举几个例子,探究这些梦境或幻觉在小说中的作用。

_____

_____

3. 《红楼梦》中的对诗,往往是表现人物性格和气质的点睛之笔。你最喜欢谁的诗,能选取其中一首做个鉴赏分析吗?

_____

_____

4. 除了文学艺术在作品中有淋漓尽致的表现之外,《红楼梦》还在跨学科交流上做了勇敢的尝试,而且获得了极大的成功。比如在天文、地理、动物、植物、医学、膳食、礼学、音乐、管理学等都有所涉猎。请选择你感兴趣的一个方面,说说作者是怎样跨界融合并取得空前效果的。

_____

_____

5. 曹雪芹绝对是写人物的高手。据统计,在《红楼梦》里,有名姓的人物700多人,有鲜明个性的艺术形象100余人。曹雪芹善于运用心理描写，揭示人物的精神面貌；更善于创设适合人物思想、气质、性格的生活环境和不同的意境来烘托人物的气质和性格。如林黛玉的潇湘馆、薛宝钗的蘅芜苑、贾探春的秋爽斋、贾宝玉的怡红院等。请从上面几位人物的住所中选择一个来分析一下环境与人物之间的关系，以及作品是如何通过环境来表现人物特点的。

6. 曹雪芹也非常擅长描写小人物的生活细节，且不说个性鲜明呼之欲出的袭人、晴雯、鸳鸯、紫鹃、平儿等人，即便寥寥几笔的多儿姑娘、焦大、门子、小沙弥等也都是血肉丰满、宛然在目的。请以刘姥姥为例，赏析曹雪芹塑造小人物的独到之处。

7. 《林黛玉进贾府》《宝玉挨打》都曾经是选入中学语文课本的内容。编者为什么会选择这两个片段？如果你是中学语文教材的编者，你做何选择？为什么？

五、争鸣商榷

《红楼梦》问世以来，关于它的研究、批评、争鸣从未中断，而且这种势头至今方兴未艾，实在是因为这本奇书中藏着太多的玄机。

我甚至可以大胆地推断，世界文学史上大概没有一部作品能像《红楼梦》这样引起如此热切的关注。

关于《红楼梦》的争鸣主要集中在以下几个方面：

1. 关于作者。是否带自传体性质，可以说自有红学以来，对此始终争论不休。索隐派不仅追溯曹雪芹的身世经历，甚至将书中人物与雍正、乾隆两朝人物一一对应印证书中人物之经历命运。脂砚斋直批"此乃明珠家事"；红学史专家陈维昭教授把"传统注经学中的实录观念"引入红学中来，随后以翔实的资料，使用"曹贾互证"方法，试图证明《红楼梦》的写实性；红学研究家刘心武在《揭秘红楼梦》中更是把《红楼梦》中所有人物都和史实一一印证；红楼专家吴玲女士认为"曹雪芹"不是《红楼梦》作者的真实姓名，只是作者的笔名，是一组具有深刻含义的寓意符号；而香港大学教授白先勇先生等人则极力反对这种史证的做法，提出《红楼梦》首先是文学作品，而其背景甚至不仅仅是清王朝，而是整个封建王朝的缩影。

我个人认为，作为一名伟大的作者，与其说《红楼梦》是自传，不如说曹雪芹具有一种超越时空的艺术自觉。《红楼梦》岂止是带有时代的印记，书中所显现的很多技巧在成熟的西方小说理论中也有一种浑然天成的魅力。因而曹雪芹在小说艺术上的成就远远超过他所处的时代，他的作品也成为永恒的经典。整部《红楼梦》中，作者是隐形的，神龙见首不见尾，完全采用一种全知视角，从而摆脱了中国小说的说书性特点，灵活地采用各种叙述技巧，因时而定，因地制宜，让整部作品一气呵成。

2. 关于主题。主流倾向认为《红楼梦》是以宝黛的爱情悲剧为主线，以四大家族衰落为背景，对封建社会的各个层面给以史诗般的呈现。以蔡元培为代表的索隐派红学家，一直致力于探索红楼故事与史实的印证与借鉴；吴玲女士则认为《红楼梦》阐述的终极目标就是追求"地天泰卦"象征的理想社会，即追求一个男女平等，男女各就其位、各司其职、社会和谐稳定的理想社会；蒋勋先生在他的作品《细说红楼》中提出，《红楼梦》就是一部人性回归的作品，大观园是守护人性的乐园；白先勇先生则认为《红楼梦》以贾府的衰落为主线，通过大观园的枯荣，实际的指向是人世的沧桑与无常的哲学思想。

3. 关于续篇（后四十回）。以胡适为代表的红学家认为后四十回为高鹗所续写，而且认为是败笔，有狗尾续貂之嫌，理由是后四十回的很多情节根本与曹雪芹的原意不符，文采风格较前八十回更是无比逊色；红学家周汝昌在《红楼梦新证》里说，我们应该骂他（指高鹗），把他的伪四十回赶快从《红楼梦》里割下来扔进废纸篓里去，不许他附骥流传，把他的罪状向普天下读者控诉，为蒙冤一百数十年的第一流天才写实作家曹雪芹报仇雪恨；20世纪70年代始，由中国艺术研究院红楼梦研究所牵头，集中全国一流的红学专家，对《红楼梦》进行第三次校订与注释，于1982年出版。新版《红楼梦》作者的署名有了变化。延续多年的"曹雪芹著、高鹗续"变成了"曹雪芹著、无名氏续"。人民文学出版社古典文学编辑室主任周绚隆认为《红楼梦》后四十回是高鹗续的说法，是胡适等人考证出来的，主要依据是高鹗朋友的一首诗。但现在红学界的主流观点，对胡适的"高鹗说"持怀疑态度。此外，程伟元与高鹗在"程甲本""程乙本"的序中明确说，后四十回为历年搜集所得，程伟元与高鹗只是整理者。林语堂也在《平心论高鹗》中认为后四十回除曹氏旧稿流传出来由高鹗整理补辑以外，任何人不能续。内中故事脉络之连贯及人物个性口吻之弥合，非出于曹氏不可；吴玲女士和吕海东教授都认为《红楼梦》一百二十回是不可分割的一个整体，其章回结构与故事情节是根据"《红楼梦》章回结构图"精心安排、填写组装出来的,《红楼梦》通部书稿是完整的。白先勇先生给出了更充分的解释,他认为后四十回不可能是另一位作者的续作,《红楼梦》人物情节发展千头万绪,后四十回如果换一个作者,怎么可能把这些无数根长长短短的线索一一理清接榫,前后成为一体。

4. 关于艺术成就。对《红楼梦》后四十回持否定态度的大有人在。张爱玲曾说,一生中最感遗憾的事就是曹雪芹写《红楼梦》只写到八十回没有写完;俞平伯先生甚至在他的《红楼梦研究》中写道,以高鹗的笨笔,来写八面玲珑的林黛玉,于是无处不失败。

对《红楼梦》后四十回持肯定态度的研究者也很多。顾颉刚说,我觉得高鹗续作《红楼梦》,他对于本书曾经细细地用过一番功夫……凡是末四十回的事情,至前八十回都能找到他的线索,我觉得他实在没有自出主意,说一句题外的话,只是为雪芹补苴完工罢了;李长之在《红楼梦批判》中发表观点说,通常总以为后四十回不及前八十回,这完全是为一种心理所束缚,以为原来的好,真的好,续的便不好;宋孔显在《红楼梦一百二十回均曹雪芹作》中指出,我细读后四十回《红楼梦》的文章,实在和前八十回没有什么差别。

我也认为《红楼梦》后四十回的艺术成就不容小觑。譬如:黛玉之死,第97回"林黛玉焚稿断痴情",第98回"苦绛珠魂归离恨天",把《红楼梦》推向艺术顶峰。无论是"木石前盟"还是"神游太虚"都可以说是黛玉夭寿、泪尽人亡的命运,作者明示暗示,早有铺排。而97、98两回作者在写苦绛珠临终一刻,却是要倾尽全力,将前面铺排累积的能量一股脑儿全部释放出来,达到震撼人心的效果。作者将黛玉焚稿比喻自焚,林黛玉本来就是"诗魂",焚诗稿等于毁灭自我,尤其黛玉将宝玉所赠的两条沾有自己泪痕的旧手帕连同情诗一并掷入火中,手帕是宝黛心意相通的见证,是两人爱情的信物,随着手帕的烟消云散,宝黛的爱情悲剧瞬间迸发出最动人的艺术力量。这样撼动人心的悲剧魅力,个人觉得并不是高鹗所能续出的。所以我更愿意相信,《红楼梦》让曹雪芹耗尽了毕生的心血,全书他是完成了的。

《红楼梦》作为人类文学史上永恒的经典,当然还有更多玄机、更多秘密,值得我们去解读,去探索,去品味,去体验……

☆ 问题来了:

看了这么多评价,你心动了吗?你对《红楼梦》的评价是:

_____

_____

_____

六、学以致用

关于这本"天下第一书",我们在读它的文化,读它的艺术,读它的美学,读它的魅力的同时,其实就是在读人生,读宝、黛、钗的人生,读封建卫道士的人生,读十二钗的人生,读香菱、晴雯、平儿、袭人甚至夏金桂、多儿姑娘的人生,更是在读我们自己的人生。我相信,《红楼梦》的神奇之处在于,每个人都能从中读出自己在"红楼",甚至每个人在不同时期读《红楼梦》又能从中读出不一样的"红楼",读出不一样的自己。

☆ 问题来了:

读完"天下第一书"的《红楼梦》之后,你感觉到在哪些方面自己有所开悟或者提升呢?给你一个独立的思考时间,然后写一篇完整的读后感悟。

七、阅读建议

《红楼梦》全书 100 多万字，对于学业繁重的高中生来说读起来并非易事。再加上文言文、古诗词、古典文化、时代隔阂以及人生阅历不足等多方面的因素，高中生想要进入曹雪芹的红楼世界，确实不是易事。因此给大家如下建议：

1. 版本选择：推荐人民文学出版社《红楼梦》，120 章回，四册，每册约 386 页，字数约为 107 万字，属于字数较多的版本。

2. 时间安排：《红楼梦》应以连续性精读为主，反复品味更佳。制定阅读计划，每周至少阅读 10 章，这样的经典作品忌碎片化阅读。

3. 重点阅读：第 1～18 回红楼大观，第 22 回宝玉悟禅，第 23 回共读西厢，第 27 回黛玉葬花，第 29 回道士提亲，第 31 回晴雯撕扇，第 32 回互诉肺腑，第 33 回宝玉挨打，第 37 回海棠诗社，第 41 回妙玉献茶，第 45 回金兰互契，第 48 回香菱学诗，第 56 回探春理家，第 57 回紫鹃试情，第 62 回湘云醉卧，第 63 回怡红夜宴，第 69 回毒害二姐，第 74 回抄检内宅，第 76 回湘黛联诗，第 97 回黛玉焚稿。

4. 梳理整合：家道中落的纵向主线，人物聚散的横向主线，表达主题的草蛇灰线。

八、相关链接

1. 研究阅读：红学作为一门专门的学问，值得我们不断地深入思考与研究，下列文章都对《红楼梦》的某一点成就做了深入的分析，值得研究和参考：

◆ 黎文丽. 论《红楼梦》的结构的对称艺术［J］. 宝鸡文理学院

学报（社会科学版），2013（4）.

◆ 沙婷婷.《红楼梦》结构艺术比较研究述评［J］.河南教育学院学报（哲学社会科学版），2013，32（1）.

◆ 高明月."画出心事"——从脂批看《红楼梦》人物情态的心性解读［J］.读书，2019（12）.

◆ 贾涛.直以画法演文法——曹雪芹的绘画修养与《红楼梦》人物形象塑造［J］.红楼梦学刊，2009（6）.

◆ 井普椿.《红楼梦》美学意蕴结构分析［J］.名作欣赏，2019（29）.

◆ 夜朗."有情之天下"就在此岸——从美学眼光看《红楼梦》［J］.曹雪芹研究，2019（2）.

2. 参考阅读：结合名家的解读去读红楼梦，推荐白先勇的《细读红楼梦》、蒋勋的《细说红楼梦》、刘心武的《揭秘红楼梦》、张爱玲的《红楼梦魇》以及脂砚斋批语等。

3. 比较阅读：把《红楼梦》原著和1987版电视剧做对比，用心体会，深入思考，找到这本书的意义，特别是要找到这本书对于我们个体的意义。

后　　记

　　《相约经典　走进名著（中国古典卷）》带着我们的虔诚和创意呈现在您眼前。

　　这不是开始，也不是结束，这是阅读中最重要的一部分，是对古典文学的回溯与对话，是对民族传统的凝望与致敬。39部最有价值的代表性作品，像一颗颗珍珠，串联在中华民族文化的璀璨长河中摇曳、闪烁，我们在回眸中驻足，汲取光明、智慧和力量。

　　《相约经典　走进名著（中国现当代卷）》出版后受到了社会的广泛关注和师生的欢迎，入选"《中国教育报》2020年教师钟爱的100部书"，我们也收到许多读者的鼓励和建议，下面就大家最关心的几个问题给予回复。

　　1. 如何选择适合自己读的书？一个简单的方法——浏览每一篇的导语，你会对整个中国古典作品有个大致了解，一定会有几本跳脱出来，引起你的阅读欲望，那就是你的选择。

　　2. 如何处理整本书阅读与其他学科之间在时间上的矛盾？我们并不主张中学生每天拿出大量的时间做整本书阅读，这不现实。推荐两种方式：一是"细水长流式"，每天20分钟，日积月累，集腋成裘，贵在坚持；一是"集中突击式"，利用节假日相对宽松的时间，连续研读一部作品。这两种方式各得其妙，既不会冲击其他学科正常学习，又可保证阅读效果。两种方式结合使用，效果甚好。

3. 怎样判断自己是否"读好了"？读完了≠读懂了，读懂了≠读好了，"读好了"有标准：第一，了解知识（背景、内容和形式）；第二，汲取精华（思想价值、实用价值和审美价值）；第三，迁移能力（学习能力、解决问题的能力、综合素养）。这些都可以在"问题来了"中得到检测。

4. "问题来了"需要写答案吗？"问题来了"的主要功能是检测自己的阅读成效，可根据自己的阅读实际需要有选择性地写，或在老师指导下使用。

5. 怎样巩固和深化阅读效果？最便利的办法是在同学或者家庭中做好分享与交流，勇于发表自己的看法，然后认真倾听师长的指点。

6. 如果在阅读中遇到问题需要指导怎么办？除了查阅资料、请教身边的老师和同学之外，还可以通过本书相关篇目下面提供的联系方式留言，这些老师堪称相关作品的研究专家，他们会在方便的时候给你回复。这是本书创设的阅读机制为读者提供的贴心便利，学会运用这些资源，才能体现你的智慧。

感谢大家的支持！期待读者在使用中提出更多宝贵的意见和建议。

袁湛江

2022 年初夏于宁波

图书在版编目（CIP）数据

相约经典 走进名著.中国古典卷/袁湛江主编.
--北京：中国人民大学出版社，2022.6
　ISBN 978-7-300-30282-9

Ⅰ.①相… Ⅱ.①袁… Ⅲ.①阅读课—中学—教学参考资料 Ⅳ.①G634.333

中国版本图书馆 CIP 数据核字（2022）第 021015 号

相约经典　走进名著（中国古典卷）
主　编　袁湛江
副主编　李　莉　欧阳凯
Xiangyue Jingdian　Zoujin Mingzhu（Zhongguo Gudian juan）

出版发行	中国人民大学出版社		
社　　址	北京中关村大街 31 号	邮政编码	100080
电　　话	010-62511242（总编室）	010-62511770（质管部）	
	010-82501766（邮购部）	010-62514148（门市部）	
	010-62515195（发行公司）	010-62515275（盗版举报）	
网　　址	http://www.crup.com.cn		
经　　销	新华书店		
印　　刷	天津中印联印务有限公司		
规　　格	148 mm×210 mm　32 开本	版　次	2022 年 6 月第 1 版
印　　张	17.375 插页 1	印　次	2022 年 6 月第 1 次印刷
字　　数	418 000	定　价	60.00 元

版权所有　侵权必究　印装差错　负责调换